고구려통사 5

고구려 후기
정세 변화와 지배체제

고구려통사 ❺

고구려 후기 정세 변화와 지배체제

동북아역사재단 한국고중세사연구소 편

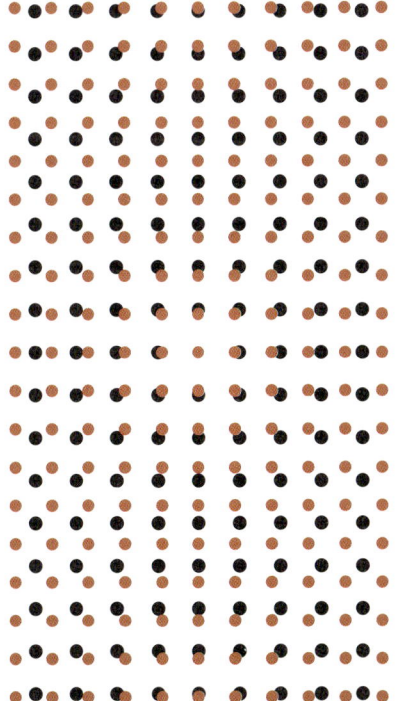

동북아역사재단
NORTHEAST ASIAN HISTORY FOUNDATION

책머리에

『고구려통사』의 편찬 목적과 주안점

고구려사는 한국고대사에서 지난 10년간 가장 큰 변화상을 보였던 분야이다. 『삼국사기(三國史記)』 고구려본기(高句麗本紀)의 초기 기사를 적극 활용하여 고구려사 연구의 방향과 방법론이 새롭게 모색되었으며, 정치사와 대외관계사를 중심으로 연구주제가 세분화되고 다양해지면서 괄목할 만한 성과를 거두었다. 또한 고고학에서는 북한의 연구성과에 기초하여 개설적인 정리를 시도하던 경향에서 벗어나, 중국에 남아 있는 고구려 고고자료가 소개되고 임진강 이남의 한반도 중부지역에서 고구려 유적에 대한 조사가 늘어나면서 고분벽화·고분·토기 등 여러 분야에서 독자적인 연구성과물이 나오는 단계에까지 이르고 있다.

이에 현시점에서 그간의 연구성과를 정리·집약하여 고구려사에 대한 우리의 이해가 어디에 이르렀는지를 파악하고, 남은 과제는 무엇이며, 새로운 연구는 어디로 나아가야 할 것인지를 따져 봐야 할 필요가 있다. 이 책은 다음과 같은 목적을 가지고 편찬하였다.

첫째, 축적된 연구성과를 정리해야 할 필요성이다. 현재 학계가 이용하고 있는 고구려사 개설서나 개인 연구자의 연구서들은 발간 당시의 성과를 반영한 결과물이지만, 담고 있는 내용이 제한적이거나 과거의 이해에 머물고 있다. 지난 10여 년 동안 연구범위가 넓어지고 새로운 이해가 더해졌지만, 학문적 성과를 잘 담지 못하고 있는 것이다. 그러므로 최근 연구성과를 반영한 새로운 정리물이 절실하다.

둘째, 역사상에 부합하는 이해를 제시할 필요성이다. 그동안 고구려사 연구가 커다란 성과를 거두었음은 의심할 나위가 없다. 하지만 일부 연구에서는 재검토가 요청되는 섣부른 결론도 보인다. 이 경우 역사상에 부합하는 이해를 제시하여 이제 막 연구자의 길에 들어선 이나 역사에 관심 있는 이들이 학술적으로 타당한 이해를 토대로 고구려사를 고찰할 수 있도록 해주어야 한다.

이러한 문제의식에서 『고구려통사』 기획위원회를 구성하였다. 위원회가 가장 고민한 지점은 어떻게 하면 역사상에 충실하며 특정 이해에 치우치지 않는 집필이 가능할 것인가였다. 기획위원으로는 임기환(서울교육대학교 교수), 여호규(한국외국어대학교 교수), 김기섭(경기도박물관 관장), 정호섭(고려대학교 교수), 양시은(충북대학교 교수), 김현숙(동북아역사재단 수석연구위원), 이성제(동북아역사재단 책임연구위원)가 참여하였다. 『고구려통사』 총서는 시대별 특징과 고고자료의 중요성을 고려하여 초기사(전 2권), 중기사(전 2권), 후기사(전 3권), 고고자료(전 2권), 그리고 총론(1권)으로 구성하였다.

각 권은 주제와 시기를 달리하지만, 체계와 내용의 주안점에서 기획위원회가 마련한 일관된 기준에 따르도록 하였다. 관련 연구를 진행한 연구자가 책임지고 해당 장절을 집필하는 방식이 아니라, 위원회가 여러 차례 논의를 거쳐 마련한 편목별 내용구성안과 집필기준에 따라 원고를 작성토록 하였다.

한편, 고구려사 연구가 짧은 시간 내에 이토록 발전하게 된 데에는 중국의 동북공정식 연구가 추동한 위기의식 때문이기도 하였다. 이들 연구는 고구려사를 핵심과제로 다루었고, 자연히 고구려사를 구성한 제 분야를 섭렵하는 연구가 쏟아져 나왔던 것이다. 최근에는 유민 묘지(遺民墓誌)나 『한원(翰苑)』 등 1차사료에 대한 활발한 연구와 고고자료를 활용한 새로운 논리 개발도 적극적으로 전개되고 있다. 이 점에서 『고구려통사』는 세 번째 주안점을 새로운 문헌자료와 고고자료의 충실한 소개와 중국 측 논거에 대한 학술적 비판과 정합적 이해의 제시에 두었다.

 『고구려통사』 발간은 이러한 고구려사의 연구성과를 충실하게 정리하여 학계와 일반에게 제공하는 데 목적을 두고 있다. 연구에 막 입문한 이들에게는 고구려사의 주요 맥락과 과제에 보다 수월하게 접근할 수 있는 지침서가 되길 바라며, 역사에 관심을 가진 이들에게는 그간 알지 못했던 고구려의 새로운 모습을 살필 수 있는 자료가 되기를 희망한다.

기획위원회를 대신하여

이성제

차례

책머리에 / 5

1 국내외 정세의 변화

1장 국내 정국의 변화와 귀족연립체제의 성립 / 임기환
  1. 6세기 이후 국내 정국의 변화 / 18
  2. 후기 정치세력의 형성 및 존재양상 / 32
  3. 귀족연립체제의 정치 운영방식 / 46

2장 백제, 신라에 대한 대응과 한강 유역 상실 / 장창은
  1. 고구려의 한강 유역 일대 지배방식과 관련된 논점 / 62
  2. 삼국 간 역관계의 변화 / 78
  3. 551년 나·제 동맹군의 급습과 한강 유역 상실 과정 / 93
  4. 고구려의 한강 유역 상실 배경과 역사적 의미 / 107

3장 남북조 및 주변 국가와의 대외관계 / 이성제
  1. 6세기 전반 북위·양과의 관계 / 123
  2. 돌궐의 침입과 북제 문선제의 유인 송환 요구 / 130
  3. 신라의 대북제외교와 북제의 진흥왕 책봉 / 138
  4. 고구려의 대왜외교 추진과 대외전략 / 147
  5. 거란·말갈과의 관계와 요서 경영 / 158

2 후기 지방지배체제의 재편

4장 중앙정치체제의 재편 / 여호규
1. 후기 관등제의 구조와 운영 / 175
2. 대대로 중심의 권력구조와 막리지·대로의 실체 / 188
3. 관등·관직의 관계 및 중앙관서의 운영체계 / 202
4. 관제 운영에 나타난 신분제 구조 / 209

5장 지방지배체제의 재편 / 김현숙
1. 후기 지방통치제의 구조 / 224
2. 후기 고구려 지방관의 성격 / 231
3. 후기 지방제의 운용방식 / 248
4. 말갈에 대한 지배방식 / 266

6장 장안성의 축조와 이거 / 양정석
1. 장안성의 위치와 축조, 그리고 이도의 배경 / 287
2. 장안성 축성 시기와 과정의 복원 / 299
3. 장안성 외성의 가로구획과 동아시아 도성제 / 315
4. 후기 도성으로서 장안성의 의미 / 326

3 고구려 후기의 사상과 문화

7장 유·불·도 삼교와 역사서 편찬 및 문학 / 조경철
1. 유·불·도 삼교와 정치변동 / 339
2. 역사서 편찬과 문학 및 참언 / 385

찾아보기 / 397

1
국내외 정세의 변화

1장 국내 정국의 변화와 귀족연립체제의 성립
2장 백제, 신라에 대한 대응과 한강 유역 상실
3장 남북조 및 주변 국가와의 대외관계

1장

국내 정국의 변화와
귀족연립체제의 성립

임기환 | 서울교육대학교 사회과교육과 교수

　6세기 이후 고구려 정치사에 대한 근래의 연구동향을 보면, 왕권 약화 및 귀족 중심의 정치 운영양상을 보인 이 시기 정권 내지 정치운영체제를 '귀족연립정권' 혹은 '귀족연립체제'로 이해하는 견해가 현재 학계의 주류이다. '귀족연립정권'이란 개념은 이기백이 통일신라 후기 혜공왕 이후 왕권이 약화되고 진골귀족들이 정치적으로 연립하면서 왕위계승전 등을 전개한 시기를 설명하는 개념으로 처음 사용하였다(이기백, 1974). 노태돈은 이 귀족연립정권이란 개념 및 용어를 고구려 후기 정치사 이해에 적용하였다(노태돈, 1976; 1999). 6세기 중반 이후 고구려 국내 정치 상황을 보여주는 『주서(周書)』와 『구당서(舊唐書)』 고려전은 국정을 주도하는 중심적인 지위에 있었던 대대로(大對盧)를 귀족들이 선임하였고, 이에 대해 국왕이 별다른 영향력을 행사하지 못하였다는 상황을 전해주고 있는데, 노태돈은 이런 정치적 상황을 귀족연립 정권의 성립으로 파악하였으며, 이때 성립한 귀족연립정권의 기본적 인 틀이 고구려 멸망 때까지 유지되었다고 이해하였다. 이와 같은 노태 돈의 이해는 이후 여러 연구자들에 의하여 별다른 비판 없이 받아들여 져 고구려 후기 정치사를 파악하는 하나의 관점이 되었다.

그러나 중기에 지속되었던 강력한 왕권 중심의 정치체제가 왜 붕 괴되었고, 이를 대신하여 귀족연립정권이 등장하게 되는 배경이 무엇 인지, 그리고 귀족연립정권의 구체적인 정치운영체제 즉 귀족연립정 치체제의 양상은 어떠하였는지 등등 귀족연립정권의 구체적인 실체 에 대한 연구는 그다지 진전되지 않았다. 귀족연립체제라는 시각에서 6~7세기 정치사의 변동 과정을 귀족세력의 존재 형태에 초점을 맞춘 접근에는 임기환의 연구가 있다(임기환, 1992). 그 뒤 귀족연립정권의 존부에 대한 비판적인 논의가 나타나자, 이에 대한 반론으로 노태돈은 귀족연립정권설의 타당성을 다시 논증하였다(노태돈, 1999).

그럼에도 근래에 귀족연립정권의 존재 여부에 대해 여러 측면에서 회의적인 시각이 여전하다. 이는 귀족연립정권을 설명하는 중국 측 기 록 양상이 왕위계승전을 비롯한 정변 뒤에 나타난 일시적인 현상이 아 니라 장기간에 걸쳐 하나의 정치체제로서 지속되었다고 볼 수 있느냐 라는 의문에서 출발한다. 이런 입장에서 양원왕에서 영류왕에 이르기 까지 왕권 위상에 주목하는 연구가 이어졌다. 이들 견해는 대체로 다음 두 측면에서 문제를 제기하는데, 첫째 사료상의 근거에 대한 것이며, 둘째 평원왕 이후 각 왕대의 정치적 양상으로 볼 때 귀족연립정권의 지 속을 인정할 수 없다는 입장이다.

귀족연립정권설의 주요한 사료적 근거는 『주서』와 『구당서』 고려전에 보이는 대대로 선임 기사이다.

> 그 대대로는 강약(彊弱)으로 서로 다투어 빼앗아서 스스로 취임하는데, 왕이 임명하지 않는다.[1]

> 그 나라의 관으로 존귀한 것을 대대로라고 부르는데, 1품에 비견되며, 국사(國事)를 총괄한다. 3년마다 한 번 교대하지만, 만약 직을 잘 수행하면 연한에 얽매이지 않는다. 교체일에 혹시 서로 공손히 명령에 복종하지 않으면, 모두 군사를 이끌고 서로 공격하여 승자가 이를 한다. 그 왕은 단지 궁을 닫고 스스로 지킬 뿐 제어할 수 없었다.[2]

이 두 기사는 내용이 서로 통하는데 대대로 선임 시에 귀족들 간에 상쟁이 있었고, 이긴 자가 취임하며 왕은 대대로 임명에 결정권이 없다는 내용이다. 국정 운영의 중심이 되는 자리인 대대로를 귀족 사이에서 실력 행사를 통해 스스로 결정한다는 양상은 분명 왕권이 약화되고 귀족세력이 정국 운영의 중심이 되는 귀족연립정권의 모습을 반영하고 있다. 더욱 관련 기록이 있는 『주서』와 『구당서』라는 역사서 기록이 6세기 후반부터 고구려 멸망기까지를 포함하고 있다는 점에서 고구려 후기 내내 이러한 양상이 지속되었다고 볼 수 있다.

그런데 귀족연립정권설에 비판적인 입장에서는 위 기사의 상황을

---

1 『주서』 권49 고려전, "其大對盧, 則以彊弱相陵, 奪而自爲之, 不由王之署置也."
2 『구당서』 권199상 고려전, "其官大者號大對盧, 比一品, 總知國事. 三年一代, 若稱職者, 不拘年限. 交替之日, 或不相祗服, 皆勒兵相攻, 勝者爲之. 其王但閉宮自守, 不能制禦."

제한된 시기로 해석한다. 즉 『주서』 고려전의 기록은 대체로 북주나 북제 시기에 수집된 정보이지만, 대대로 관련 기록은 평원왕대라기보다는 양원왕대의 상황을 반영하는 기록이며, 『구당서』 고려전 기사는 『주서』 이후의 대대로 기록과 연개소문(淵蓋蘇文) 정변 이후의 상황이 복합되어 기록된 것으로 파악하여, 대대로 관련 기록을 특정 시기의 양상으로 이해하는 견해가 있다(민철희, 2002). 하지만 각 중국 사서가 포함하는 고구려 관련 기사의 성격으로 보아 동의하기 어렵다.

한편, 국내 사료인 『삼국사기』 고구려본기 기사를 중심으로 양원왕대부터 영류왕대까지 각 왕대 왕권의 위상을 검토하여 적어도 평원왕 이후에는 왕권이 안정되어 귀족세력을 통제하고 있었기 때문에 귀족연립정권으로 보기 어렵다는 견해도 있다(김진한, 2007; 2009; 최호원, 2012; 최일례, 2015; 2016). 그러나 왕권의 위상 회복이 곧 귀족연립정권의 붕괴를 뜻하는 것은 아니며, 정치 운영에서 왕권과 귀족세력 사이의 균형이 어떻게 이루어지냐에 따라 귀족연립정권이 유지될 수도 있다.

귀족연립정권에서 정치 운영의 핵심이었던 귀족회의가 이전 시기부터 이어져 온 기구로 파악된다는 점에서, 정치체제의 전환이란 시각에서 귀족연립체제를 파악할 수 있는지 의문을 제기하기도 한다(장병진, 2017). 그러나 고구려 초기에 등장하는 귀족회의는 나부(那部) 통치체제에서 독자적인 세력기반을 확보하고 있던 제가(諸加)세력으로 구성된 회의체인 반면, 집권체제기 귀족회의의 양상에 대해서는 아직 실체가 밝혀지지 않아 비교하기 어렵다. 하지만 적어도 중기의 정치 운영양상이 후기의 정치 운영양상과는 상당한 거리가 있기 때문에 귀족회의의 성격 역시 차이가 있으리라 짐작된다. 후기의 귀족연립정권 혹은 귀족연립체제는 중앙집권적 관료체제 내에서 운영되었다는 점에서 초기의 귀족회의와는 그 성격을 달리하는 것으로 파악된다.

이와 같이 귀족연립정권설에 대한 비판적인 문제 제기가 아직은 귀족연립정권의 실재를 부정하는 논거를 충분히 확보하고 있다고 판단되지는 않는다. 고구려 후기 귀족연립정권의 실재 여부에 대해서는 애초 논의 제공자인 노태돈이 제기한 논증이 아직까지는 유효하다고 생각한다(노태돈, 1999). 다만 귀족연립정권을 인정하면서도 중리제(中裏制)로 표현되는 평원왕 이후 왕권의 위상을 고려하는 연구(이문기, 2008)도 동시에 고려할 필요가 있다.

이러한 후기 귀족연립정권에 대한 연구동향을 염두에 두고, 이 글에서는 다음과 같은 점에 초점을 맞추고자 한다. 첫째, 6세기 이후 고구려 정국에서 나타나는 왕권의 약화 및 귀족세력들의 분열·대립이라는 정국의 변화가 어떠한 정치세력의 역학관계에서 나타나는가를 검토한다. 이는 귀족연립정권의 성립 배경과도 연관되는 문제이다. 둘째, 귀족연립정권에서 귀족세력의 존재 형식과 정치 운영구조를 살펴보도록 하겠다. 전체적인 논지는 귀족연립정권의 존재를 긍정하는 입장에서 논의를 전개하되, 이에 대한 비판적 견해도 충분히 수용하면서 정리하도록 하겠다. 마지막으로 그동안 사용되어온 귀족연립정권 혹은 귀족연립체제라는 용어 중에서 이 글에서는 귀족연립체제라는 용어를 주로 사용하겠다. 왜냐하면 단순히 귀족 중심의 정권 운영에 그치는 것이 아니라 하나의 정치운영체제가 구성되고 그 틀에서 정국이 운영되었다고 판단하기 때문이다. 물론 논지 전개에 따라 귀족연립정권이라는 용어도 함께 사용한다.

1. 6세기 이후 국내 정국의 변화

고구려의 최전성기인 문자왕대를 지나 그의 아들 안장왕대부터 고구려 중앙정계에 심상치 않은 권력투쟁의 암운이 감돌기 시작하였음은 여러 자료에 나타나고 있다. 그런데 『삼국사기』 고구려본기에는 정국의 변화와 관련된 흔적이 거의 보이지 않는다. 다만 양원왕 13년 10월조에 환도성(丸都城) 간주리(干朱理)가 반란을 일으켰다가 주살되었다는 기사가 그나마 고구려 정국 내에 심상치 않은 변화가 있었음을 시사하는 거의 유일한 자료이다. 신라나 일본 측 자료에 보이는 고구려 정국의 혼란한 양상 및 정쟁이 정작 고구려 자체 전승 기록을 담고 있는 고구려본기에서는 나타나지 않는 셈이다. 이는 영양왕대의 『신집(新集)』이라는 역사서 편찬과 관련되었을 것으로 추정할 수 있다.

그러면 이 시기 고구려의 정국 양상을 전하는 자료를 좀 더 살펴보자. 먼저 『삼국사기』 권44 거칠부(居柒夫)전에 551년(양원왕 7년, 진흥왕 12년)에 고구려 혜량법사(惠亮法師)가 신라인 거칠부에게 "금일 우리나라의 정치가 혼란하여 멸망의 날이 얼마 남지 않았다"라고 말하는 대목에서 그 무렵 고구려 중앙정계에서 상당히 심각한 정치적 분란이 전개되었음을 짐작할 수 있다.

이때 벌어진 정치적 분란의 구체적인 양상은 『일본서기(日本書紀)』에서 『백제본기(百濟本紀)』를 인용하여 전하고 있는데, 고구려 안장왕과 그 뒤를 이은 안원왕이 정치적 변란에 의해 희생된 것으로 기록하고 있다. 먼저 『일본서기』 계체기(繼體紀) 25년조에는 531년 3월에 안장왕이 시해되었다고 기록하고 있다. 다만 안장왕이 살해된 동기는 기록되어 있지 않아 잘 알 수 없다. 이 점에 대해 몇 가지 단서를 제공하는 기사를 검토해보자.

안장왕대의 고구려본기 기사는 재위 13년 동안 양과의 대외교섭 기사가 4건, 북위와의 교섭 기사가 1건, 백제와의 전투 기사가 2건으로 대부분 대외관계 기사이고, 국내 기사로는 졸본(卒本)에 있는 시조묘(始祖廟)로의 행차 기사가 1건, 기근으로 인한 구휼 기사 1건, 전렵(田獵) 기사 1건에 불과할 정도로 소략하다. 5세기 이후 고구려본기 기사의 구성을 볼 때 주로 외국의 역사자료에 의거한 대외관계 기사를 제외하면 고구려 국내 전승 기사에 의거한 기사가 대체로 소략한 편이지만(임기환, 2006), 안장왕 본기의 국내 전승 기사는 더욱 소략한 편이다.

그중 안장왕 3년(521년) 4월에 졸본에 가서 시조묘에 제사했다는 기사는 고국원왕 2년(332년) 이후 5대 190년 만에 이루어진 시조묘 제사 관련 기사라는 점에서 주목된다. 물론 190년 동안 시조묘 제사 기사가 보이지 않는 것은 사료의 누락일 수도 있다(노명호, 1981). 그러나 시조묘 제사 기사의 공백 기간이 소수림왕-문자왕대로서, 이른바 왕권이 강화되고 중앙집권체제가 확립된 시기라는 점을 염두에 둘 필요가 있다. 고구려 전기에는 시조묘 제사라는 행위가 매우 정치적인 행위였음을 고려하면, 소수림왕-문자왕대에는 상대적으로 시조묘 제사가 갖는 정치적 의미가 약화되면서 이루어지지 않았을 가능성도 생각해볼 수 있다(조인성, 1991).

그렇다면 장기간의 시조묘 제사 공백 뒤에 다시 등장한 안장왕대의 시조묘 제사 기사는 상당한 정치적 의미를 담고 있는 것으로 추정할 수 있다. 더욱이 안장왕이 졸본에서 시조묘 제사를 마치고 돌아오다가 지나는 주읍(州邑)의 가난한 사람들에게 곡식을 1인당 1곡씩 주었다는 기사가 이어지고 있다. 고구려본기에서 군주의 구휼 행위 자체도 상당히 이례적인 기사이다. 시조묘가 있는 졸본에서 수도 평양성으로 귀환하는 경로가 어디인지 알기는 어렵지만, 옛 수도인 국내성(환도성)이 포함되었을 가능성도 고려된다. 그리하여 안장왕이 졸본으로 시조묘 제사를 간 행위가 갖는 정치적 의미에 여러 연구자가 주목하고 있다.

먼저 안장왕이 졸본 행차 시 국내 지역을 경유하여 장수왕의 평양 천도 이후 중앙정계에서의 세력기반이 위축되어 상당한 불만을 품고 있었을 국내성의 정치세력과 일정한 정치적 타협을 모색했을 가능성을 고려하는 견해가 있다(임기환, 1992). 그리고 그 연장선에서 안장왕의 시해라는 정변은 문자왕대 말-안장왕대에 다시 세력을 만회해가는 국내계 세력의 동향이 하나의 변수가 되었을 가능성이 크다고 본다.

또한 안장왕의 졸본 시조묘 친사를 대외정세의 변화 속에서 서북지역으로 진출하기 위해 국내계 세력과 손을 잡으려는 행위로 이해하기도 한다(최일례, 2016). 즉 문자왕대까지 북위와의 교섭이 중심을 이루는 양상과 달리, 안장왕대에는 즉위 초부터 양(梁)에 사신을 보낸 이후 남조와 빈번하게 교섭하는 외교관계 변화가 나타나는데, 이는 북위 내부의 혼란을 틈타 요해(遼海) 지역 여러 종족에 대한 영향력을 확대하려는 고구려의 대외정책과 맞물려 있다고 본다. 구체적으로 〈한기(韓曁)묘지명〉에 따르면, 고구려가 안원왕대에 북위의 혼란을 틈타 한때 영주 일대까지 세력을 뻗쳤다고 한다(최일례, 2016). 하지만 이러한 대외정책의 변화에서 고구려 집권세력의 변화 가능성을 추론하고, 더욱이 시조묘 제사라는 이념적·정치적 성격이 두드러진 의례 행위를 대외정책과 직접 연관시키는 견해는 납득하기 어려운 면이 있다.

한편으로 안장왕대의 정치적 상황과 관련해서 『삼국사기』 지리지 왕봉현(王逢縣) 및 달을성현(達乙省縣)조에 보이는 안장왕과 한씨(漢氏)

미녀와 관련된 일화에 주목하여, 이를 근거로 정국의 변화 가능성을 설명하는 견해가 제기되고 있다(노태돈, 1999; 김진한, 2007; 최일례, 2016). 한씨 미녀를 한강 일대를 기반으로 한 지방세력으로 보고, 안장왕과 한씨 미녀의 결합을 한강 유역 지방세력의 중앙정계 진출과 이를 후원하는 안장왕의 정치적 입장으로 파악하는 것이다. 즉 안장왕과 한씨 미녀의 로맨스는, 당시 안장왕이 한강 유역을 기반으로 하고 있는 정치세력을 중앙정계에 등용하여 왕권의 기반으로 삼으려 한 정책적 입장이 반영된 것으로 보는 견해이다.

한편, 『삼국사기』 고구려본기 안장왕 13년조와 이어지는 안원왕 즉위년조 기사에서는 안장왕의 죽음에 대해 그 어떤 비정상적인 면도 찾아볼 수 없다. 고구려본기에 전하는 안원왕의 즉위 관련 기사는 다음과 같다.

> 안원왕은 이름이 보연(寶延)이고 안장왕의 아우이다. 키가 일곱 자 다섯 치이고 큰 도량이 있었으므로 안장왕은 그를 사랑하였다. 안장왕이 재위 13년에 죽었는데 대를 이을 아들이 없었으므로 즉위하였다.

즉 안장왕의 뒤를 이어 즉위한 안원왕은 안장왕의 아우로서 안장왕이 후사가 없어서 즉위한 것으로 되어 있다.

그런데 『일본서기』 계체기 25년 12월조에 안장왕이 피살되었다는 기록을 고려하면, 안원왕이 '키가 일곱 자 다섯 치이고 큰 도량이 있다'는 식의 풍모가 예사롭게 이해되지 않는다. 안장왕이 피살되었다는 『일본서기』 기록은 당시 백제 측 정보에 의한 것인데, 여러 정황상 매우 신뢰할 수 있는 기록이다. 만약 안장왕이 비정상적인 죽음을 맞왔다고 한다면, 아마도 어떤 정치적 요인이 크게 개입되었을 가능성이 크다. 그런 요인 중에 앞서 언급한 지방세력인 한씨 미녀와의 결합도 하나의 요인이 될 수 있다고 본다. 지방세력이 왕실과 결합하였을 경우 나타나는 중앙귀족들의 반발은 신라 소지왕의 사례에서 유추할 수 있다.

한편, 안장왕의 뒤를 이은 안원왕의 즉위가 귀족들과의 타협에 의해 이루어진 것으로 보는 견해가 있다. 안장왕이 후계자를 미처 정하지 못한 채 사망함으로써 귀족회의를 통해 차기 왕위계승권자가 선출되는데, 안장왕의 동생이었던 안원왕이 귀족들에 의해 추대되었다. 이때 귀족들과 안원왕 간 정치적 타협의 산물이 귀족회의와 그 수장인 대대로가 정국 운영의 주도권을 장악하는 것이었다고 상정하고 있다(정원주, 2018). 그러나 안장왕의 후계자가 없는 상황에서는 동생인 안원왕이 제1순위 왕위계승권자인데, 과연 이때 즉위를 조건으로 안원왕과 귀족세력 사이에 정치적 타협이 이루어지고, 그 결과 대대로를 수장으로 하는 귀족회의가 정국 운영의 주체가 되었을지 의문이다.

다음 안장왕의 뒤를 이은 안원왕의 죽음에 대해 『일본서기』는 왕위계승을 둘러싼 권력투쟁의 와중에서 희생되었다는 내용을 구체적으로 전하고 있다. 『일본서기』 흠명기(欽明紀) 6년조에는 545년 12월 갑오(甲午)에 변란이 있었고 무술(戊戌)에 박곡향강상왕(狛鵠香岡上王)이 사망하였다고 기록하고 있다. 왕의 이름에서 '狛'은 맥(貊) 즉 고구려를 뜻하고 '香岡上王'은 곧 향원왕(香原王)으로서 안원왕에 비정할 수 있다(이홍직, 1954; 1971). 『일본서기』에 전하고 있는 박곡향강상왕이라는 왕명 중 '곡향(鵠香)'에는 '鵠林香火'라고 하는 불교적인 의미가 내포되어 있다고 파악하고, 고구려에서 불교식 왕명을 표방했던 국왕의 사례 가운데 하나로 이해하는 견해도 있다(남무희, 2007).

『일본서기』 기사에서 전하는 내용은 다음과 같다. 안원왕은 세 부인이 있었는데, 첫째 부인은 소생이 없었는지, 둘째 중부인(中夫人)과 셋째 소부인(小夫人) 사이에 후계를 둘러싼 암투가 있었다. 중부인의 아버지는 추군(麤群)이고, 소부인의 아버지는 세군(細群)이었는데, 545년 재위 15년 만에 안원왕이 병들자 후계를 노린 외척 추군과 세군 사이에 3일간에 걸친 치열한 무력 충돌이 벌어졌다. 그 와중에 안원왕은 죽었고, 싸움은 추군 측의 승리로 끝나 중부인의 소생인 양원왕이 8세의 어린 나이로 즉위하였다. 이때 패배한 세군 측의 희생자가 2,000여 명이 넘었다는 것을 보면, 당시 왕위계승전에는 외척만이 아니라 상당수의 중앙귀족이 참가하였던 것으로 짐작된다.

안원왕 말년의 왕위계승전에서 등장하는 추군과 세군의 성격에 대해서는 여러 견해가 있는데, 그중 세군을 국내계 정치세력, 추군을 평양계 정치세력으로 파악하는 견해가 유력하다(임기환, 1992). 그런데 '추(麤)'와 '세(細)'의 어의에 주목해서 이와는 반대로 파악하는 견해가 있다. 즉 '麤'는 멀다는 뜻이 있으므로 평양에서 먼 지역인 국내성에 기반을 두고 있는 귀족세력이며, '細'는 가깝다는 뜻이 있으므로 평양 지역을 중심으로 점차 영향력을 강화해 나가던 신진귀족세력이라고 본다(남무희, 2007). 그런데 이 견해는 '麤'와 '細'라는 어의상 해석이 옳다는 전제가 불분명하며, 또한 추군과 세군을 국내계 세력과 평양계 세력으로 나누어 파악하는 견해와 정반대 결과가 된다. 그렇다면 고구려 후기의 정치사 흐름을 파악하는 방식도 앞의 견해와는 정반대가 되어야 하는데, 이 점에 대해서는 더 이상의 언급이 없어 후기 정치사 맥락에서 파악하기 어렵다. 또한 추군과 세군을 정치적 지향이 다른 정치세력으로 파악하여, 추군은 고구려식 욕살(褥薩)체제를 지향하였고, 세군은 한문식의 군주(軍主)체제를 지향한 세력으로 파악하는 견해도 있는데(주보돈, 2003), 구체적인 논거가 불분명하다. 안장왕-양원왕대의 정치적 갈등을 국내계 정치세력과 평양계 정치세력으로 나누어 파악하는 견해에 동의하는 입장(민철희, 2002; 최일례, 2010)이 적지 않으니, 이 글에서는 이를 중심으로 살펴보도록 하겠다.

안원왕 말년의 왕위계승전은 세군계가 2,000여 명이나 죽은 대정쟁이었기 때문에, 사건 후 정국 운영에 미치는 영향도 상당했을 것이며, 그 분란이 양원왕의 즉위로 쉽게 일단락될 리 만무였다.『일본서기』기사에 보이는 왕위계승전의 연장선에서 양원왕대의 정치 동향을 좀 더 살펴보자.『삼국사기』고구려본기 기사를 보더라도 이후 국내 지역의 정치적 동향이 주목된다. 양원왕 4년(548년) 9월에는 환도(丸都)에서 가화(嘉禾)를 진상하였다. 가화는 농업 생산과 관련하여 왕자(王者)의 성덕(盛德)을 나타내는 상서(祥瑞)로 인식되지만,『삼국사기』에 기록된 가화를 진상한 몇 사례를 보면 복속 의례의 의미도 담겨 있다. 따라서 환도에서의 가화 진상 기사는 환도 지역이 중앙정부에 귀부·복속의 뜻을 표한 것으로 해석이 가능하다. 그런데 557년(양원왕 13년)에는 환도성(국내성)에서 간주리라는 인물이 반란을 일으켰다.

환도는 평양 천도 이전 고구려의 수도였으며, 고구려 후기 3경의 하나로서 중앙정권과 긴밀한 관계를 갖는 지역이다. 이러한 점에서 볼 때, 9년 정도 시차를 두고 벌어진 가화를 바친 사건과 간주리의 반란, 두 사건은 단지 환도세력이 일으킨 것이 아니라 이들과 연계된 중앙정치세력의 동향과 관련있다고 판단된다(임기환, 1992; 2004). 이런 사례를 통해 양원왕대에는 왕권 내지 중앙정권과 국내(환도) 지역 정치세력

간에 심각한 정치적 대립과 갈등이 있었음을 간취할 수 있다.

양원왕은 외척세력의 후원 속에서 즉위하였다. 따라서 양원왕 초기의 정국 운영은 양원왕의 즉위를 지원하였던 외척, 즉 추군 세력을 중심으로 이루어졌을 가능성이 높다. 그렇다면 양원왕 4년에 가화를 헌상하기까지 양원왕 내지 중앙정권과 대립·갈등하거나, 양원왕 13년에 반란을 일으킨 환도 지역 세력은 적어도 추군계 세력은 아니다. 양원왕 즉위 시에 추군·세군 사이에 왕위계승전이 치열했음을 상기하면, 왕권과 대립하였던 환도 세력은 오히려 양원왕의 즉위에 반대하는 입장에 서 있었던 세군 세력과 동일한 존재이거나, 아니면 세군 세력을 지지하고 그들과 정치적 입장을 같이하였던 세력으로 추정할 수 있다. 이렇게 양원왕대에 정치 변동의 한 축이었던 환도(국내) 세력을 안원왕 말년에 중앙에서 왕위계승전에 참여하였던 세군계와 관련지을 수 있다면, 이 국내 지역 정치세력은 단순히 지방세력으로서가 아니라, 국내성과 연고를 맺고 있는 중앙귀족까지 모두 포괄한 하나의 정치세력권으로 이해할 수 있다(임기환, 1992; 2004).

그러면 국내 지역의 정치세력과 연결될 수 있는 이들 중앙정치세력의 실체는 무엇이었을까? 국내 지역이 고구려의 이전 왕도임을 고려하면, 평양 천도 이전에 성장한 전통적인 귀족세력으로 볼 수 있다. 평양 천도 이후에도 이들 구귀족의 국내 지역 기반은 쉽사리 해체되지 않았을 것이다(서영대, 1981; 임기환, 1987). 물론 이들의 세력기반은 국내 지역에 한정되지 않고, 평양 천도 이후에도 중앙정계에서 큰 비중을 차지하면서, 평양 지역 일대에도 상당한 세력기반을 형성하였을 것이다. 이에 대해서는 고고자료를 통해 약간의 단서를 얻을 수 있다.

현재 평안도·황해도 일대에서 고구려 벽화고분은 상당히 넓은 지역에 산재해 있다. 귀족들이 자기 세력기반에 분묘를 축조했다고 고려하면, 이들 벽화고분의 분포지는 이 시기 귀족들의 세력기반과 밀접히 관련된다. 그런데 이러한 벽화고분의 분포지역이 모두 천도 이후 등장한, 본래 평안도·황해도 지역에 기반을 두고 있는 신귀족세력의 지역기반으로만 보이지는 않는다. 그 가운데에는 천도 이후 평양 지역으로 진출한 구귀족들의 세력기반도 상당수 존재하였을 것이다. 예컨대 평양 지역에 소재한 연화총과 천왕지신총은 5세기로 편년되는데, 이들 고분벽화의 연꽃 형태가 집안(국내) 계열로 분류되고 있다(전호태, 1990). 따라서 이들 고분은 국내계 세력과 연결되는 것으로 볼 수 있다. 그리고 평양 일대 고분군의 분포에서 대성산고분군 동쪽에 위치한 광대산고분군의 경우 그 입지와 자연환경이 국내성의 분위기와 비슷하다고 보고, 이 지역 고분의 주인공이 국내계 출신일 가능성을 상정하는 견해도 있다(강현숙, 2019).

이처럼 국내계 정치세력들이 수도 평양에서 세력기반을 갖고 있었다고 하더라도, 이들이 중앙정계의 권력투쟁에서 패배하였을 경우 개별적인 세력기반을 벗어나서 본래 공통된 세력 근거지라 할 수 있는 국내 지역을 중심으로 결집하였을 가능성은 충분하다. 따라서 양원왕대에 국내(환도) 지역 정치세력 동향을 곧 국내계 귀족세력의 정치적 추이와 관련되는 것으로 파악하는데, 여기서 국내계 귀족세력이란 지방세력으로서가 아니라, 국내 지역에 일정한 세력기반을 두고 있는 중앙정치세력이란 뜻으로 사용하고 있다(임기환, 1992).

안장왕-양원왕대의 왕위계승전을 비롯한 귀족세력 간의 분열·대립 과정에서 국내계 구귀족세력이 하나의 정치세력을 형성하고 있었다면, 이와는 다른 한편의 정치세력, 예컨대 세군 세력과 대립하였던 추군 세력 등에 대해 살펴볼 필요가 있는데, 이에 대해서는 다음 절에서 구체적으로 살펴보겠다.

한편 중앙정계에서 전개된 내분은 지방사회에도 상당한 파급을 미치고 있었다. 『삼국사기』 권44 거칠부전에 의하면, 551년에 백제와 손잡은 신라가 한강 상류지역을 공격하였을 때, 고구려의 고승 혜량법사가 제자들을 이끌고 신라군 사령관 거칠부를 맞이하면서 "지금 우리나라의 정국이 혼란하여 멸망할 날이 얼마 남지 않았다"고 하면서 신라로 망명하였다고 한다.

이렇게 지방세력이 고구려를 이탈하거나 또는 고구려의 옛 도성이었던 환도성(국내성)에서 반란이 일어났다는 사실은 당시 고구려 귀족들 사이의 권력투쟁이 상당히 심각한 상태에 이르렀음을 보여주는 사례이다. 동시에 지방에서는 여전히 중앙정권과 정치적 입장을 달리하는 정치세력이 상존하고 있었음을 알 수 있다(노태돈, 1976).

이처럼 양원왕 즉위 시에 노정된 정치적 갈등은 이후 정국 운영의 주된 변동 요인이 될 수밖에 없었다. 특히 안장왕-양원왕대에 귀족세력 간 정국 운영의 주도권 싸움이 왕위계승을 둘러싸고 전개되었다는 점에서, 그 정쟁 과정에서 왕권이 상당히 약화되었을 것이 예상된다. 그런데 평원왕 이후 연개소문의 정변이 있기까지 80여 년 동안 아무런 정쟁 기사를 찾아볼 수 없다. 이는 이 기간에 상당히 안정된 정국이 유지되었음을 뜻한다. 이와 같은 정국 안정은 어떠한 정치적 관계에서 나타날 수 있었을까? 먼저 이 시기 왕권의 위상을 검토해보자.

양원왕대에서 이어지는 평원왕대의 정국을 살펴보자. 평원왕 재위 7년(565년)에 장자인 원(元)을 태자로 삼았는데, 이가 곧 장차 영양왕이 되는 인물이다. 그런데 원이 태자로 25년 동안 있었다는 점은 태자원의 지위가 안정되었고, 평원왕의 왕권 역시 비교적 강력했다는 반증으로 파악한다. 또한 평원왕대에는 민심을 수습하려는 기사가 다수 등장하고 있다는 점에 주목하기도 한다(최호원, 2012).

즉 평원왕은 재위 2년에 졸본에 있는 시조묘에 친사를 가고, 돌아오는 길에 주군(州郡)의 사형죄를 제외하고 옥에 갇힌 죄수를 풀어주는 조처를 취하였다. 재위 5년에는 크게 가물어 왕이 반찬을 줄이고 산천에 기도를 드렸으며, 13년에는 궁실을 중수하다가 누리와 가뭄 재해가 있자 공사를 중지하였다. 23년에는 백성들이 굶주리자 나라 안을 두루 돌며 위무하고 구제하였다. 25년에는 급하지 않은 일을 줄이고 군읍에 사신을 보내 농사와 누에치기를 권장하였다. 왕자(王者)로서의 왕도적 풍모를 드러내는 평원왕의 이러한 행적이 왕권의 안정과 관련되었음을 부정할 수 없다. 다만 현재 고구려본기에 남아 있는 이러한 기사는 『신집』과 같은 사서 편찬에 따른 결과일 수도 있다는 점에 유의할 필요가 있다(임기환, 1992).

평원왕 28년에 장안성(長安城)으로 이도(移都)한 사실도 평원왕권의 위상과 관련하여 주목된다. 우선 장안성 외성은 리방제(里坊制)를 적용한 도시를 구성하였는데, 리방제가 갖는 도시 주민들에 대한 관리와 통제라는 기능이 고려된다. 당 장안성의 리방제나 일본 고대의 리방제에서도 마찬가지였으며, 신라 경주도성에서 리방제의 시행 목적도 진골 귀족과 주민의 통제 강화와 연결되었다고 파악된다. 그렇다면 고구려 장안성의 경우도 이와 크게 다르지는 않았을 것이기에 장안성 이도가 갖는 정치적 의미도 결코 작지 않을 것이다.

장안성의 축조 시점이 한강 유역을 상실한 직후이고, 또 이전과 달리 방어용 나성(羅城)을 축조하였다는 점에서 축성 배경으로 한강 유역 상실에 따른 도성 방어력의 강화를 주목하기도 한다. 이러한 점도 충분히 고려되지만, 리방제의 시행은 내부의 정치적·사회적 상황과도 연결지어 생각할 필요가 있다.

안원왕 말년에 도성 한가운데에서 격렬한 왕위계승전을 치르고 양원왕이 즉위하였다. 이 과정에서 왕권이 약화되고 귀족세력의 정치적 비중이 높아졌다. 그러나 신라가 성장하고 요동 지역에서 대외적인 긴장감이 높아지면서 정치적·사회적 안정에 대한 왕실 및 귀족의 공감대 역시 높아져 갔을 것이다. 이러한 분위기에서 새로운 도시 계획을 추구하면서 주민들의 통제와 치안을 확보하기에 용이한 리방제를 수용한 것이 아닐까 짐작된다. 장안성의 축조와 리방제의 시행이 반드시 왕권의 강화와 직결되는 것은 아니겠지만, 귀족연립정권 내부에서 왕권의 위상이 결코 작지 않았음을 추정케 하는 요소라 할 수 있다(임기환, 2007).

장안성 축조와 천도를 계기로 6세기 후반 이후 평양도성이 차지하는 정치적 위상은 이전에 비해 상대적으로 높아졌으리라 예상된다. 예컨대 황해도 안악 지역 벽화고분의 존재는 5세기 전반 복사리벽화분, 5세기 후반 안악2호분, 6세기 평정리벽화분으로 이어지지만 그 밀도는 현저히 떨어지고 있다. 이는 평양 일대를 중심으로 지방의 귀족세력이 이주하면서 나타난 결과로 보인다. 따라서 평원왕 이후 정국 운영에서는 아무래도 평양도성으로 결집하는 귀족세력의 동향이 중요해졌을 것이다(임기환, 2007).

다음 영양왕대의 정치적 상황을 살펴보자. 우선 『삼국사기』 고구려본기 영양왕 즉위년조에 보이는 "세상을 다스리고 백성을 구제하기를 자신의 임무로 삼았다(以濟世安民自任)"라는 영양왕에 대한 묘사가 눈

길을 끈다. 그는 598년(영양왕 9년)에 말갈군을 거느리고 요서를 공격하여, 긴장되어 가는 수와의 관계에 불을 지르는 역할을 감행하였다. 그의 친정(親征)은 사료상으로는 475년 장수왕의 한성 공격 및 529년 안장왕의 오곡(五谷)전투 이후 처음으로 보이는 국왕의 친정이다. 대외 정복활동에 있어서 왕의 친정이란 형태가 왕권 강화와 밀접히 관련되는 점을 고려하면, 대외관계를 일정하게 주도할 수 있는 왕권의 면모가 이전과 달라졌음을 간취할 수 있다.

또 영양왕 11년에 태학박사(太學博士) 이문진(李文眞)에게 명하여 고사(古史)를 줄여 『신집』을 편찬케 한 사실도 주목된다. 『신집』의 성격에 대해서는 유학이나 중국 사서의 영향을 받으면서 왕정(王政)의 득실을 논하는 입장에서 편찬되었다고 볼 수 있다(김두진, 1978). 이는 같은 시기에 편찬된 신라의 역사서 『국사(國史)』가 유교적 정치이념에 입각하여 왕자의 위엄을 과시하려는 목적에서 편찬되었다는 점에서도 방증된다(이기동, 1979). 특히 『일본서기』 등에 전하는 왕위계승전 기사가 고구려본기에서 탈락한 것을 보면 그 후 일정한 역사서 개편이 있었음을 예상할 수 있고, 『신집』의 성격과 편찬 의도도 짐작할 수 있겠다. 그것은 곧 왕권의 안정과 관련될 터이고, 그렇다면 이러한 역사서 편찬을 가능케 하는 왕권 강화 양상을 어느 정도 짐작할 수 있다. 그리고 영양왕의 전왕(前王)인 평원왕대의 본기 기사에서 앞서 살펴본 바와 같이 유교의 왕도적 분위기를 느끼게 하는 기사가 두드러져 나타남을 보면, 『신집』 편찬의 기준이 우선 전왕대의 정리에 적용된 것이 아닌가 추측할 수 있다.

무엇보다 영양왕대에는 수의 침공에 국운을 걸고 대결하는 국가적 위기가 지속되었다는 점에 주목해야 한다. 이 과정에서 대수전쟁을 지휘하고 전쟁을 승리로 이끌어낸 영양왕이나 왕제 건무(建武) 등 왕실의 권한이 이전 시기에 비하여 강화되거나 정국의 안정을 주도할 가능성이 높다고 보인다. 물론 이러한 면과는 다른 상황을 전하는 사료도 있다.

〈천남생(泉男生)묘지명〉과 〈고자(高慈)묘지명〉에서 "나라의 권력을 오로지 관장(咸專國柄, 知國政)"하는 막리지(莫離支)의 존재에 대한 기술이나, 수 양제의 조서에서 당시 고구려의 국내 사정을 "힘센 신하와 호족이 모두 나랏일을 손에 쥐고 붕당끼리 결탁하는 것이 풍속이 되니"라고 지적하는 점으로 미루어 보아 앞서 살펴본 영양왕대 왕권의 면모에 의구심이 든다.

이들 자료에 의하면 왕권의 위상이 높았던 영양왕대에도 정국 운영의 주도권은 여전히 귀족세력이 장악했던 것으로 파악된다. 앞에서 살펴본 영양왕대 왕권의 강화와 안정의 면모도 계속된 대수전쟁의 대외적 위기에서 나타난 현상이지, 왕권의 독자적인 기반이 마련된 것은 아니라고 볼 수 있다. 따라서 평원왕 이후 정국 안정도 결국 귀족세력 간 역관계의 안정에서 비롯된 것으로 추정할 수 있다(임기환, 1992; 2004).

안장왕 이후의 정치체제는 기본적으로 귀족연립체제로 운영되었음에도 불구하고 고구려 왕실이 유지되면서 정치 운영에서 국왕권의 영역도 어느 정도 확보되었으리라 짐작된다. 그러한 배경에 대해 노태돈은, 여전히 왕권의 신성성(神聖性)이 여러 귀족세력을 압도하고 있다는 점, 고씨(高氏) 왕족들의 유대감과 정치적 비중이 적지 않았다는 점, 왕실을 대체할 정도로 권력을 일원화할 수 있는 유력 귀족세력이 없었다는 점 등을 들면서, 고구려 국왕이 귀족세력의 권력 분점을 수동적으로 수용하였지만, 역설적으로 국왕이 갖는 본래의 권위가 귀족연립정권을 안정, 유지시키는 토대가 되기도 했다는 점을 지적하고 있다(노태돈, 1999).

요컨대, 왕권의 강화와 안정이 반드시 귀족연립체제의 운영을 부정하는 것은 아니라고 본다. 왕권과 귀족권의 공존방식이 이 시기 귀족연립체제의 성격과 밀접하게 연관되기 때문이다. 뒤에서 검토하겠지만, 귀족연립체제를 유지하는 핵심은 관료제도 아래에서 귀족세력의 지위와 관직의 세습이다. 본래 관료제도는 국왕의 정치적 위상과 통제력을 확보하는 제도인데, 이 시기 귀족연립체제에서는 관료제도 운영에서 임명권자로서 왕권이 상당 부분 제약되었다는 점을 중요하게 고려해야 할 것이다.

2. 후기 정치세력의 형성 및 존재양상

고구려에서 6세기 중엽부터 정쟁이 잇따르면서 왕권이 약화되고 귀족들이 정치 운영의 주도권을 장악하면서 귀족연립체제 성립이 가능했던 배경은 무엇일까? 앞 절에서 국내계 귀족세력이 정쟁의 한 축이었음을 살펴보았는데, 이제 이들과 갈등한 또다른 한 축의 정치세력, 즉 신진귀족세력의 양상을 살펴보자. 여기서는 주로 귀족세력 간의 갈등을 심화시키는 새로운 정치세력의 등장과 추이에 초점을 맞추겠다.

그동안의 연구동향을 보면 6세기 이래 귀족세력 사이의 갈등과 대립을 국내계 정치세력과 평양계 정치세력의 대립으로 파악한 바 있지만(임기환, 1992; 2004), 귀족연립체제의 성립 배경을 밝히고 있지는 못하다. 6세기 이후 고구려 정치사를 다루는 연구에서도 대체로 왕권 약화

현상만을 정리하고 있을 뿐이다. 다만 앞에서도 간략하게 언급한 바와 같이, 6세기 이후 새로운 정치세력의 등장이 후기 정국 운영의 커다란 변수가 되었음은 어느 정도 분명해 보이기 때문에, 먼저 이들 새로운 정치세력의 등장 배경에 대해 살펴보도록 하겠다.

4세기 이래 나부체제의 해체와 중앙집권체제의 정비 과정을 통하여 왕권은 크게 신장되었다. 나부체제가 해체되면서 제가세력은 중앙귀족관료로 전화되었다. 그리고 이 과정에서 부(部) 단위의 결속력이 약화되어 가면서, 귀족세력들은 각 가문별 귀족집단으로 분해되어 갔다. 〈모두루(牟頭婁)묘지명〉과 〈고자묘지명〉에서 보이는 두드러진 가계(家系)의식은 이러한 변화상을 잘 보여준다. 모두루 가문와 고자 가문의 가계를 보면, 두 가문이 모두 선조를 주몽(朱蒙)과 연결시키고 있는 한편, 염모(冉牟)와 고밀(高密) 등 고국원왕대 모용씨와의 투쟁에서 활동한 인물을 중시하고 있다. 이러한 중시조(中始祖)의 존재는 귀족세력이 가문 단위로 분해된 현상을 반영하는 것으로 생각된다(임기환, 1992; 서영대, 1995).

왕권은 관등·관직제의 정비를 통하여 왕도(王都)로 결집한 중앙귀족을 왕권 아래의 관료체제 내로 편제해갔다. 소수림왕대의 율령 반포와 태학 설립은 관료체제 운영의 새로운 기준을 마련한 것이었다. 또 〈광개토왕비문〉의 '왕당(王幢)', '관군(官軍)'이라는 표현에서 보듯이 군사력도 왕권 아래로 흡수되었으며, 종묘·국사(國社)의 설립과 수묘제 정비를 통해 왕실 중심의 제의체계를 확립하였다. 아울러 이념적으로도 왕실의 신성화를 추구하여, 왕실의 시조인 주몽을 〈광개토왕비문〉에서는 "천제의 아들이요, 어머니는 하백의 딸(天帝之子 母河伯女郎)"로, 〈모두루묘지명〉에서는 "하백의 손자요, 일월의 아들(河伯之孫

日月之子)"이라고 신격화한다. 이러한 과정을 통해 국왕의 초월적 권위가 확보되어 전제적 권력을 행사할 수 있는 기반이 마련되었다(서영대, 1981).

여기서 한 걸음 더 나아가 장수왕 15년의 평양 천도는 전제적 왕권의 성장과 정치세력 재편성의 일대 계기가 되었던 것으로 보인다. 4세기부터 고구려 왕권은 평양 지역 경영을 통하여 이 지역을 왕권의 직접적 기반으로 삼으려는 데 힘을 기울여 왔다(임기환, 1995). 따라서 평양 천도는 왕권의 전제화에 하나의 전기가 될 수 있었지만, 반대로 국내 지역에 세력기반을 둔 귀족들에게 정치적으로 타격을 주게 되었다. 천도 이후에도 귀족들의 저항은 상당 기간 계속된 것으로 보인다. 이에 평양 천도를 적극적으로 추진한 장수왕과 이에 반대하는 입장인 귀족들과의 갈등이 적지 않았을 것으로 보이며, 장수왕의 귀족세력에 대한 압박이 상당하였음을 예상할 수 있다. 이러한 사정은 백제 개로왕이 북위에 보낸 외교문서에서 "지금 연(璉: 장수왕)의 죄로 나라가 어육이 되었고, 대신들과 호족이 죽고 죽이는 것이 끝없어 죄악이 가득 쌓였다"고 한 데에서도 잘 나타나 있다. 비록 고구려를 비난하는 백제 측 문서이기 때문에 과장이 있다고 하더라도 장수왕이 기존 정치세력 재편을 시도했음을 충분히 확인할 수 있다.

이 점에서 천도를 계기로 장수왕이 왕권의 기반으로서 자신의 측근 세력 외에도 새로운 정치세력을 대거 기용하였을 가능성을 짐작할 수 있다. 천도를 전후하여 등장한 이들 신진정치세력은 장수왕의 지속적인 뒷받침 속에서 국내시대 이래 전통적인 구귀족세력과 겨룰 만큼 성장해갔을 것이고, 따라서 이후 정세는 장수왕과 신진귀족세력이 손잡고 전통적인 국내계 귀족세력과 대립구도를 이루었던 것으로 보인다.

어쨌든 평양 천도 이후 국내계 구귀족세력이 위축되면서 평양 지역에 기반을 둔 새로운 정치세력이 대거 등장하였을 가능성이 높고, 이들 신진세력은 왕권의 뒷받침을 받으며 장수왕·문자왕대를 통해 구귀족세력과 대립할 수 있는 하나의 정치세력권을 형성하였던 것이다. 이와 관련하여 5세기 고분벽화의 연꽃 표현이 집안 계열과 평양 계열로 나누어진다는 견해가 주목된다(전호태, 1990). 이러한 차이는 양 지역의 문화적 전통 차이뿐만 아니라, 당대 문화를 향유한 귀족세력집단의 차별성에서 비롯한 것으로 생각된다.

이렇게 평양 천도 이후에는 국내시대 이래의 구귀족세력과 구별되는 새로운 정치세력이 등장하였을 가능성이 큰데, 현 사료상으로는 장수왕-양원왕대에서 이러한 신진정치세력의 존재를 구체적으로 확인하기 어렵다. 다만 국내계 구귀족과 성격을 달리하는 몇몇 인물이 나타나고 있으니, 이들에 대한 검토를 통해 이 시기 신진귀족세력의 일면과 그 추이를 짐작해보도록 하겠다.

당시 새로 등장한 신진귀족으로는 낙랑군 이래 평양 일대에서 세력기반을 구축했던 지방세력을 들 수 있다. 예컨대 제2상(第二相)을 지낸 왕산악(王山岳)이나 대승상(大丞相) 왕고덕(王高德) 등과 같은 인물을 들 수 있다. 왕산악은 『삼국사기』 권32 악지에 보이는데, 장수왕대의 인물로 추정되며 현학금(玄鶴琴)을 제작하였다고 한다. 왕고덕은 『해동고승전(海東高僧傳)』 권1 의연(義淵)조에 보이는데, 양원왕·평원왕대에 북제(北齊)에 승려 의연을 파견하였던 인물이다. 이들은 낙랑군 이래의 지방세력인 왕씨계 인물로 추정된다(서영대, 1981). 낙랑·대방 지역에서 발견되는 인장(印章), 명문칠기(銘文漆器), 명문전(銘文塼), 봉니명(封泥銘) 등에 기록된 성씨를 검토해볼 때 왕씨가 이 지역의 가장 유력한 토착호족세력임을 알 수 있다(三上次男, 1964; 1966; 공석구, 1988).

왕산악은 중국 음악에 대한 이해를 바탕으로 현학금을 제작하였고, 왕고덕은 당시 중국 불교계 동향에 대한 이해에서 지론종(地論宗) 남도파(南道派)의 고승인 북제의 법상(法上)에게 의연을 파견하였다. 당시 중국 문화에 대한 이해 수준이 높았던 낙랑·대방 지역 세력의 활동을 짐작케 하는 사례이다.

또한, 『신찬성씨록(新撰姓氏錄)』·『속일본기(續日本紀)』에서 고구려계 인물을 찾아 보면 고씨(高氏), 이리씨(伊利氏), 왕씨(王氏)가 중심을 이루고 있는데, 고씨는 고구려 왕족의 성이며, 이리씨는 후기 집권가문인 연씨(淵氏)이다. 왕씨로는 상부(上部) 왕충마려(王蟲麻呂), 왕중문(王仲文), 왕주(王周) 등의 존재를 찾아볼 수 있는데, 이를 통해 고구려 후기 귀족사회에서 고씨, 연씨와 더불어 왕씨 역시 유력한 세력을 형성하였음을 알 수 있다. 또 『신찬성씨록』 미정잡성조(未定雜姓條)에 "조명사(朝明史)는 고려대방국주(高麗帶方國主)이며 성씨가 한(韓)인 법사(法史)의 후예이다"란 기록이 보이는데, 이 역시 왕씨와 더불어 대방 지역의 유력한 토착호족세력인 한씨계 인물로 생각된다. 낙랑·대방 지역에서 출토된 명문(銘文)으로 보아 한씨는 왕씨 다음으로 유력한 호족세력이었던 것으로 짐작된다(三上次男, 1966; 공석구, 1988).

이러한 왕씨·한씨를 비롯한 낙랑·대방계 지방호족세력의 중앙정계 진출은 고구려의 평양 경영이 적극화되는 광개토왕대부터 시작되었겠지만, 본격적인 진출은 평양 천도 이후 장수왕의 적극적인 신진정치세력 등용과 때를 같이했을 것이다. 특히, 왕고덕·왕산악 등이 대승상, 제2상 등의 재상직을 역임한 것을 보면, 이 시기 평양 일대를 근거지로 한 정치세력은 중·후기 정계를 주도할 정도의 위상을 형성하였던 것으로 짐작된다.

평양계 정치세력의 등장과 관련하여 북중국의 정치적 변화에 따라 고구려로 들어온 중국계 망명인의 활동 또한 주목된다. 북중국에서 망명해온 대표적인 인물을 들어보면, 319년에 망명한 진(晉) 평주자사 동이교위(東夷校尉) 최비(崔毖), 336년에 망명한 전연(前燕)의 동수(冬壽)와 곽충(郭充), 338년에 망명한 전연의 동이교위 봉추(封抽), 호군(護軍) 송황(宋晃), 거취령(居就令) 유홍(游泓), 345년에 망명한 선비 우문씨(宇文氏)의 국왕 일두귀(逸豆歸), 370년에 망명한 전연의 태부(太傅) 모용평(慕容評) 등이다. 그리고 장수왕 24년(436년)에는 북연(北燕)의 화룡성으로 출정하여 북연 지배층을 대거 고구려로 이끌고 돌아왔기 때문에, 이들 일부도 앞서 망명객들과 유사한 활동을 하였을 것이다.

이들 북중국 출신 이주민들은 고구려 왕권의 지원 아래 낙랑·대방 지역에 세력기반을 마련하거나, 고구려의 평양 지역 지배와 관련하여 활동하였다. 안악3호분의 동수와 덕흥리고분의 유주자사(幽州刺史) 진(鎭)이 대표적인 사례이다(임기환, 2004). 이러한 낙랑·대방계 지방세력이나 중국계 망명·이주세력은 고구려의 평양 경영과 관련하여 일찍부터 고구려 왕권과 연결되어 있었고, 따라서 평양 천도 이후에는 보다 용이하게 중앙정계에 진출하여 장수왕의 왕권을 뒷받침하는 신진정치세력의 주축을 이루었던 것으로 추측된다.

『송서』에 보이는 장수왕대 대중 외교사절인 장사(長史) 마루(馬婁), 동등(董騰)이나 풍홍(馮弘)을 살해한 장군 손수(孫漱) 등은 한화(漢化)된 성씨로 미루어 보아 중국계 망명인이나 낙랑계 호족세력으로 짐작된다. 이들은 장수왕대의 막부(幕府) 관료조직을 구성하는 중심인물로서 대중국 활동에서 중요한 역할을 담당하였던 것으로 보인다. 나아가 장수왕대의 대중국 외교관계가 갖는 비중을 고려할 때, 이들은 고구려 정계에서도 상당한 비중을 차지하였을 것으로 짐작된다.

지방세력으로서 중앙정계에서 정치적 진출을 꾀한 사례로는 앞서도 언급한 안장왕대 등장하는 한강 유역 지방세력을 들 수 있다. 『삼국사기』 지리지 왕봉현 및 달을성현조에는 안장왕과 한씨 미녀와 관련된 일화가 전하는데, 이 기사는 통일신라 성덕왕대의 명문장가 김대문(金大問)이 한산주도독(漢山州都督)을 역임하던 시절에 지은 『한산기(漢山記)』에서 인용한 것으로 추정된다. 왕봉현은 오늘날 경기도 고양시에 있는 행주산성과 그 주변 일대, 달을성현 또는 고봉현은 고양시 관산동과 고봉산 일대로 추정된다. 왕봉현 즉 행주산성 앞의 한강을 삼국시대에는 '왕봉하(王逢河)'라고 불렀는데, 673년(문무왕 13년)에 신라와 당군 사이에 격전이 벌어진 곳이다. 즉 한씨 미녀가 안장왕을 맞이한 왕봉현, 고봉산 일대는 한강 하류의 요충지라는 점에서 백제에 대한 안장왕의 군사활동과 연관지어 볼 수 있다. 즉 529년 10월에 안장왕은 친정으로 백제의 혈성(穴城)을 함락시켰고, 백제가 3만 명 군사를 동원한 오곡원(五谷原)전투에서 큰 승리를 거두었다. 안장왕의 군사활동을 한강 유역의 '한씨 미녀와 안장왕 전승'과 연관지어 보면, 한강 유역 재지세력이 안장왕에게 군사적 기반을 제공하면서 정치적 성장을 시도한 것으로 추정할 수 있겠다(최일례, 2016; 정원주, 2013).

한편 평원왕대에 활동한 인물인 온달의 사례도 주목된다. 『삼국사기』 온달전의 내용은 설화적 요소가 많기 때문에 신진귀족의 한 예로 살펴보기 위해서는 신중할 필요가 있겠지만, 적어도 당시에 이와 같은 설화가 형성될 수 있는 시대적 배경으로서 새로운 정치세력의 등장이 활발하였음은 충분히 상정해볼 수 있지 않을까 한다. 온달전의 기록만으로는 온달의 출신이 평민인지(이기백·이기동, 1982), 아니면 하급 귀족신분(이기백, 1967)이었는지는 잘 알 수 없다. 어쨌든 온달이 대형(大兄) 관등을 받고 중앙귀족으로 진출하는 데에는 가문이나 신분적 배경이 아니라 '전택·노비·우마·기물'을 살 수 있는 경제적 기반과 대외전쟁에서 세운 무훈을 배경으로 하고 있는 점이 주목된다. 즉 온달과 같은 유형의 신진정치세력들은 조상 대대로 확고한 경제기반을 갖고 있었다기보다는 이 시기에 새로이 경제기반을 확보한 것이 아닌가 추측된다. 고구려 후기에 형문사양지가(衡門斯養之家)의 자제들이 독서와 습사(習射)를 연마한 경당(扃堂)에는 상층 부민의 자제도 포함되었고(이정빈, 2012), 이들은 경당에서 쌓은 무예와 유교적 소양을 바탕으로 정치적 진출을 적극화하였을 것이다.

더욱이 영양왕대 이후 신라의 북진, 돌궐(突厥)의 위협, 수(隋)의 출현 등 대외적 위기가 고조됨에 따라 군사체제가 확대되고, 이 과정에서 무력기반을 제공하고 대외전쟁에서 공을 세우면서 이들의 정치적 진출이 보다 용이하게 이루어지지 않았을까 추정된다. 그러나 이들이 당시 어느 정도의 정치세력을 형성하였는지는 짐작할 수 없다. 어쩌면 온달은 특수한 예일지도 모르지만, 그가 대형에 오르고 왕의 사위가 되는 것으로 미루어 보아, 온달과 같은 신진귀족의 정치적 진출도 일찍부터 시작되어 평원왕대에는 상당한 세력을 구축한 것으로 보인다.

한편, 영양왕대 수와의 전쟁에서 고구려군의 총지휘관으로 활약한 을지문덕(乙支文德)도 『삼국사기』에서 그 세계(世係)를 알 수 없다고 한 점으로 미루어, 이 시기에 새로 등장하는 신진귀족에 속하는 세력이 아닌가 추측된다. 을지문덕의 세력기반에 대해서는 전혀 알 수 없지만 우중문(宇仲文)에게 보낸 오언시에서 엿보이는 그의 한문학에 대한 이해

수준을 고려하면, 앞서 살펴본 왕산악·왕고덕이 중국 문화에 대해 깊은 이해를 갖고 있었던 점과 관련시켜 볼 때, 혹 이들 세력과 그 성격을 같이하는 것이 아닌가 추측된다(임기환, 1992; 2004).

다음으로 현존하는 사료상 고구려 후기의 대표적인 귀족가문인 연개소문 가문도 신진귀족의 한 사례라고 볼 수 있다. 이를 확인하기 위해 고자 가문와 연개소문 가문을 비교해보자. 두 가문은 양원왕·평원왕 이래 막리지·위두대형(位頭大兄) 등 최고위급 관등을 누대에 걸쳐 역임한 명문가이나 출신기반은 달랐다.

〈고자묘지명〉에 의하면, 고자 가문의 시조는 주몽과 더불어 남하하여 고구려를 건국한 주체세력으로 기록되어 있으며, 20대조 고밀은 모용씨와의 전쟁에서 무공을 세워 식읍 3,000호를 받은 인물이다. 이 모용씨와의 전쟁은 고국원왕 12년 전연의 침략으로 짐작되는바, 고밀의 활동 시기는 대체로 고국원왕대일 것이다. 이러한 고자의 선조에 대한 기록은 모두루 가문의 내력과 유사한 면모를 볼 수 있다. 〈모두루묘지명〉에 의하면, 모두루의 선조 역시 주몽과 더불어 남하한 고구려 건국 주체세력이며, 조(祖) 염모는 고국원왕 때 선비 모용씨와의 투쟁에서 큰 활약상을 보이고 있다(武田幸男, 1989). 〈모두루묘지명〉과 〈고자묘지명〉은 작성 시기상 큰 차이가 있고, 또 묘지명의 방식이 전혀 다른 배경에서 기술었다는 점에서 직접적으로 비교하기에 다소 무리가 따르지만, 고구려의 전통적인 귀족가문이 지닌 가계의식이나 역사관을 이해하는 데에는 문제가 없다고 본다.

첫째, 두 가문이 모두 선조를 주몽과 연결시키고 있다는 점이다. 주몽은 본래 계루부 왕실의 시조신에 불과하였으나, 왕권 강화 과정에서 동명(東明) 전승과 결합되어 전체 고구려족의 시조신으로, 나아가

5세기에는 초종족적인 고구려 국가의 신으로 확대되어 갔다(노태돈, 1988). 특히, 이 과정에서 동일한 동명 전승을 가지고 있는 5부 여러 집단의 개별적인 시조 전승은 부정되고, 동명 전승으로 확대된 주몽 전승의 체계 속에 흡수되었던 것으로 추측된다. 그 결과 고자 가문과 모두루 가문의 예에서 보듯이 각 귀족가문의 시조가 주몽과 관련을 맺는 형태가 되었다.

둘째, 두 가문 모두 선비 모용씨와의 투쟁에서 활약한 인물이 가문을 일으킨 중시조의 위치를 차지한다는 점이다. 고구려 국가 발전 과정에서 모용씨 연(燕)과의 투쟁은 매우 중요한 전기를 이루고 있다. 중국 군현 세력을 축출한 고구려가 요동 지역으로의 진출을 꾀할 때 이를 가로막은 세력이 전연이었으며, 고국원왕대에는 전연과의 전쟁 과정에서 수도 국내성이 함락당하는 패배를 경험하기도 하였다. 따라서 전연과의 전쟁은 고구려 지배세력으로서 가장 힘든 역사적 경험으로 인식되었을 것이며, 그만큼 전연과의 전쟁에서 공을 세운 인물은 가계에서도 두드러지게 인식되었을 것이다. 나아가 전연과의 전쟁에서의 활동과 성과에 따라 각 가문의 정치적 위상이 보장되었을 것이기 때문에, 이들이 각 가계에서 차지하는 위치도 그만큼 뚜렷하였을 것이다.

이와 같이 고자 가문과 모두루 가문에서 공통적으로 보이는 성격은 국내성시기 이래 전통적인 구귀족세력의 가계의식에서 일반적으로 나타나는 현상이 아닐까 추측된다. 이러한 점에서 볼 때 연개소문 가문은 고자 가문과 일정한 차이점이 발견된다.

〈천남생묘지명〉을 보면 연개소문 가문은 시조를 주몽과 연결시키고 있지 않으며, 오히려 독자적인 시조 출생설화를 간직하고 있다. 또 전연과의 전쟁에서 활동한 인물도 보이지 않으며, 단지 증조(曾祖) 이래의 가계와 행적만을 밝히고 있을 뿐이다. 이로 보아 연개소문 가문은 국내성시기의 경험이 없는 것으로 이해된다. 따라서 연개소문 가문을 평양 천도 이후에 등장한 신진귀족세력으로 보아도 무리가 없겠다. 특히, 양원왕·평원왕 이후 막리지 등 최고위 관을 역임하는 것을 보면 연개소문 가문의 중앙정계 진출은 평양 천도를 전후한 시기까지도 소급해볼 수 있고, 그렇다면 본래 평안·황해 지역 일대 지방호족세력으로서의 기반을 갖고 있었던 것이 아닌가 짐작된다. 이와 같이 볼 때 고자 가문과 연개소문 가문은 각각 6~7세기 국내계 귀족세력과 평양 천도 이후 등장한 평양계 귀족세력을 상징하는 가문이라고 할 수 있다(임기환, 1992; 2004). 물론 연개소문 가문의 출신을 동부여 계통으로 보는 견해가 있는데(노태돈, 1999), 이를 따르더라도 대략 광개토왕 이후에 고구려 귀족으로 편입된 가문이라는 점에서 고구려의 전통적인 구귀족세력과는 차이가 있다.

평양 천도와 신진귀족세력의 등장은 귀족관료 전체의 존재방식에도 일정한 변화를 초래하였을 것이다. 중앙집권력의 증대 과정에서 보다 확대되고 세분화된 관료기구와 관등·관직제를 운영하는 기반이 지배귀족층의 양적 확대와 맞물리게 되었다. 왕권의 후원 아래 등장한 신진귀족들이 왕권 중심의 관료체제를 뒷받침한 것은 물론, 본래의 세력기반인 국내 지역에서 유리된 국내계 귀족들도 평양 천도 후 새로운 자기 기반을 마련하는 과정에서 관료체제 내에 적극적으로 편입되어야 했다. 장수왕은 이러한 관료체제 운영을 바탕으로 전제적 권력을 구축한 것으로 보인다. 당시 왕권의 위상은 〈모두루묘지명〉에 왕과 귀족의 관계를 성왕(聖王)·태왕(太王)과 노객(奴客)의 관계로 표현한 데에서 짐작해볼 수 있다.

그런데 장수왕대의 정치세력 재편 과정은 귀족관료 내부에 갈등구조를 잉태케 하는 측면도 있었다. 국내계 구귀족세력과 새로 성장하는 신진귀족의 대립구도를 조성할 가능성도 있었고, 다양한 기반을 갖는 귀족세력의 혼재, 귀족가문의 분화 등은 권력을 둘러싼 정치세력 간의 경쟁을 초래할 수 있었다. 사료의 부족으로 잘 알 수 없지만, 장수왕의 왕권강화책은 근본적인 집권체제의 정비를 통한 왕권 기반의 강화 방향보다는 신진귀족의 등용과 이를 통한 구귀족세력에 대한 견제라는 측면에 주력한 듯하다. 따라서 왕권이 귀족세력을 적절히 통제·조절할 능력을 갖고 있을 경우에는 전제적 지위를 잃지 않았지만, 앞서 언급한 바와 같이 안장왕·안원왕대에 걸친 거듭된 왕의 시해와 왕위계승전을 겪는 과정에서 귀족세력에 대한 통제력을 상실하면서 왕권은 약화되었다. 다만 이때 귀족들의 권력투쟁이 왕위 계승을 통해 전개되는 것은 곧 이제까지 왕권 중심의 권력 행사가 이루어져 왔던 결과임을 유의할 필요가 있다.

전제적 권력을 행사하던 왕권이 6세기에 들어 약화되는 또 다른 배경으로는 대외정복활동의 침체를 들 수 있다. 사실 광개토왕·장수왕대에 전제적 왕권으로 성장한 배경에는 두 왕대에 활발하게 전개된 대외정복활동이 있다. 광개토왕의 정복활동은 당대 고구려인이 그 시호에 '광개토경(廣開土境)'을 붙여 칭송할 정도였다. 장수왕 역시 요동 지역을 안정적으로 확보함과 동시에 남진책을 추진함으로써 백제를 공파하여 한강 유역을 차지하였다.

이러한 대외정복활동에서의 성공은 왕권의 강화에 크게 기여하였다. 대외군사활동은 고구려 사회 내 긴장감을 높여 왕을 중심으로 지배층을 결속시켰을 것이며, 군사력도 왕권 아래 집중시키는 계기가 되었다. 이 점에서 왕이 직접 전쟁에 나서는 친정(親征)이 주목된다. 〈광개토왕비문〉을 보면 총 7회의 외정에서 광개토왕이 직접 군사를 거느리고 전쟁을 주도한 경우가 4회나 된다. 또 장수왕도 475년 백제 한성 공격 시에 직접 3만 군을 지휘하였다. 이러한 친정의 성공을 통하여 왕의 권위는 더욱 높아졌으며, 〈광개토왕비문〉에 보이듯 관념적으로도 고구려 왕은 위엄을 사방에 떨치고 나라를 부강케 하는 주인공으로 인식될 수 있었다. 또 전쟁의 전리품을 왕권 강화의 기반으로 삼거나, 성과물의 분배를 통하여 귀족세력에 대한 통제력을 강화할 수 있었다.

한편, 문자왕대까지도 백제나 신라에 대한 고구려의 공세는 계속되었으나, 백제가 다시 국력을 회복하고 나제동맹을 맺으면서 별다른 성과를 거둘 수 없었다. 안장왕대에 들어서는 그나마 대외전쟁이 급격히 축소되었다. 『삼국사기』에 의하면, 문자왕대에는 백제와의 전쟁이 7회, 신라와의 전쟁이 3회임에 반하여, 안장왕대에 들어서는 백제와 2회의 전쟁 기사만 있을 뿐이다. 이와 같이 장기간에 걸친 대외정복활동의 침체가 왕권의 약화를 초래한 요인 중 하나였을 수 있다. 또 신진귀족의 정치적 진출에 따라 지배층의 저변이 확대된 상황에서 외정에서의 성과가 지지부진하자, 지배층 내부의 권력 분배를 둘러싼 귀족사회의 분열과 동요가 나타나게 되었을 가능성도 있다.

이러한 다양한 정치 변화가 요인으로 작용하여 안장왕-양원왕대에 거듭된 왕위계승전을 겪으면서 왕권이 귀족세력에 대한 통제력을 상실하게 되자, 이때 각 가문 단위로 결집한 유력 귀족집단들이 정국 운영의 주도권을 장악하면서 귀족연립정권을 형성하였던 것이다.

6세기 이후 귀족세력의 분열과 대립 과정을 국내계 귀족세력과 신진 정치세력으로 등장하는 평양계 귀족세력 사이의 갈등구조로 이해하는 견해(임기환, 1992; 2004)가 타당성이 있다면, 지역적 기반을 달리하는 귀족세력의 존재방식과 관련하여 3경(京)제도 눈길을 끈다. 평양 천도 이전 오랫동안 도성이었던 국내성이 평양도성과 더불어 귀족세력의 거주지로서 부도(副都)로 기능하고 있었음은 당연하지만, 새롭게 한성(漢城)이 귀족세력의 거주지로서 부도로 등장한 점은 새로운 정치세력의 등장과 관련 있을 것이다. 한성의 위치는 현 황해도 재령 일대인데, 부도로서 한성의 설치는 이 지역 일대에 대한 지방 통치의 목적과 더불어 이 일대에 퍼져 있는 기존 정치세력을 효율적으로 편제하고, 지배층의 저변을 확대하는 과정으로 파악할 수 있겠다(임기환, 2007).

한성이 부도가 되는 시기와 관련해서 『주서』에서 3경에 대한 기록이 처음 등장하고 있다는 점이 주목된다. 한성 자체가 설치된 시점은 그 이전이겠지만, 부도로서 위상을 갖는 시기는 안장왕-양원왕대의 정치적 대립상을 고려하면 6세기 초 안장왕대일 개연성이 높다. 즉 중앙 정계에서 평양계 귀족세력과 국내계 귀족세력의 갈등은 국내성과 한성이라는 배후의 정치적 기반을 배경으로 더욱 심화되었을 가능성이 높다고 생각되기 때문이다. 한편 이와 관련해서는 앞서 언급한 안장왕이 백제에 대한 공세를 강화하고, 또 한씨 미녀와의 로맨스를 통해 한강 하류 유역으로 순수한 흔적을 보이는 기사도 참고할 수 있다. 즉 안장왕대 한강 유역 일대에 깊은 관심을 보이면서, 그 배후기지로서 한성을 중시하였을 가능성을 생각해볼 수 있다. 동시에 왕권과 결합하여 중앙정계에 등장하려는 이 지역 지방세력의 움직임도 한성이 부도로 등장하는 배경이 되었을 것이다. 다만 이후 정국의 운영 과정에서 한성은 단지 국왕권의 기반이 아니라 독자적인 정치세력의 배후기지로 기능하였을 가능성이 크다.

이와 같이 3경제의 시행은 수도인 평양도성을 제외하고 부도인 국내성과 한성이 지역적 기반을 달리하는 정치세력을 편제하는 기능을 수행하였다는 점에서 그 의미를 다시 음미해볼 필요가 있다. 고구려의 평양도성은 정치적 중심지이기는 하지만, 중앙정치세력의 기반이라는 점에서 볼 때에는 그 완결성에 한계가 있다.

귀족연립정권은 안장왕 이후 정변이나, 안원왕 말년의 왕위계승전, 양원왕대 환도성 반란 등 정국의 불안정을 불러왔으나, 이후 연개소문 정변이 있기까지 80여 년 동안, 그 이전과 같은 치열한 정쟁이 없이 일정하게 안정된 정국이 유지된 점은 큰 관심을 끈다. 여기에는 물론 신라의 성장, 돌궐의 동쪽 진출, 수·당제국의 출현이라는 대외적 위기상황이 배경이 되었을 것이다. 그러나 이러한 대외적인 조건만으로 장기간 정국 안정이 유지되었으리라고는 생각하지 않는다. 따라서 내부적으로 안정적인 귀족연립정권을 유지할 수 있는 정치운영체제의 변화가 예상되는데, 이 점에 대해서는 절을 달리하여 살펴보겠다.

3. 귀족연립체제의 정치 운영방식

지금까지 연구동향을 보면, 6세기 이후 고구려에서 왕권 약화와 귀족 중심의 정치 운영현상이 얼마나 지속되었는지, 이를 귀족연립정권으로 이해하는 방식이 타당한지를 중점으로 논의가 전개되었다. 그러다 보니 이 시기 정치 운영에 대해서는 충분히 구체적인 검토가 이루어지지 않았는데, 관련 자료가 소략한 점이 주된 요인이었다. 다행히 최근에 발견되고 있는 고구려 유민 묘지명에서 약간의 단서를 얻을 수 있는 자료가 있어서 이를 포함하여 귀족연립체제의 정치 운영방식에 대해 살펴보도록 하겠다.

사료상으로 나타나는 귀족연립정권의 정치운영체제에 있어서 가장 특징적인 현상을 정리해보자. 첫째는 국정을 총괄하는 최고의 관인 대대로를 놓고 귀족세력 사이에 선임이 이루어지고 때로는 무력 충돌이 일어나기도 했다는 점이다. 『주서』 고려전에는 "대대로는 강한 자와 약한 자가 서로 상쟁을 벌여 이긴 자가 스스로 취임하는데, 왕이 임명하지 못한다"라고 기록하고 있다. 『구당서』 고려전에 의하면, "대대로는 … 임기는 3년이며, 그 직을 잘 수행한 자(稱職者)가 있으면 연한에 구애받지 않는데, 교체하는 날에 혹 승복하지 않으면 서로 군사를 동원하여 정쟁을 벌여 이긴 자가 취임한다"고 기록하고 있다.

위 두 기록은 그 내용으로 보아 『주서』 기사 내용이 『구당서』 기사 내용보다 이른 시기의 상황을 반영하였을 가능성이 크다. 『구당서』 기사의 '임기는 3년이며, 그 직을 잘 수행한 자가 있으면 연한에 구애받지 않는다'는 상황은 귀족연립정권 초기와는 달리 귀족층 내에서 대대로를 선임하는 일이 관례화되어 그에 관한 준칙이 마련되었고, 현실적으로도 주도적인 귀족세력이 형성되어 상당히 안정된 기반을 확보하였음을 뜻하는 것으로 해석된다(노태돈, 1999). 물론 이 기사대로 대대로 선임이 반드시 무력 대결에 의해 이루어졌다고 볼 수는 없으며, 보통은 귀족 간의 세력 조정을 통해 평화적으로 교체되었을 가능성이 높다. 평화적인 교체이든 무력 충돌이든 대대로 선임 과정에 국왕권이 개입되지 않았다는 점에서 정국의 주도권이 귀족세력에게 있다고 파악하는 근거가 되고 있다. 그러나 이 기사가 대대로로 대표되는 귀족세력과 국왕권의 관계가 어떠했냐를 보여주는 기사는 아니다. 따라서 양자의 역관계에 따라 시기별로 정국 운영의 성격이 달라질 수 있다는 점에 유의해야 한다.

둘째, 집권적 관직으로서 막리지의 등장이다. 막리지는 연개소문 집권 당시의 강렬한 이미지로 인하여 그 실체와 정치적 위상에 관해 논란이 있어 왔다. 문헌상으로 막리지는 연개소문의 집권을 계기로 중국 사서에 갑자기 돌출하였으며, 따라서 그동안의 막리지에 대한 이해는 주로 연개소문 집권기를 중심으로 이루어져 왔다. 그러나 다수의 묘지명 자료를 통해 볼 때 막리지의 출현이 대체로 고구려 후기 정치 변화와 시기를 같이하고, 또 집권적 성격을 갖는 관(官)임을 고려할 때, 막리지의 성격을 명확히 밝히기 위해서는 당시의 전반적인 정치운영체제와 관련지어 살펴보아야 한다. 그런 점에서 연개소문 가문과 관련된 여러 기록에서 혼란이 있는 막리지와 대대로의 관계에도 유의할 필요가 있다. 아울러 근자에 발견된 고구려 유민 묘지명에 보이는 대로(對盧)라는 관의 성격도 고려해야 한다.

셋째, 『한원』에 인용된 『고려기』에는 대대로, 태대형(太大兄), 울절(鬱折), 태대사자(太大使者), 조의두대형(皁衣頭大兄, 位頭大兄)이란 상위 5개 관이 기밀을 관장하고 정사를 도모하며, 군사를 징발하고 사람을 뽑아 관작을 수여한다고 기록하고 있다. 이 기사는 이들 5개 관등의 인사로 구성된 회의체에서 국가의 중요 정무를 결정한다는 이른바 '귀족회의체'로 이해함이 보통이며(노태돈, 1999), 이 회의체를 '오관회의'라고 규정하기도 한다(이문기, 2003). 물론 대대로의 선임 및 3년 임기제를 고려하면 귀족세력으로 구성되는 합의기구의 존재를 상정할 수 있고, 『고려기』의 기사 내용을 귀족회의체를 뜻하는 것으로 연결지어 볼 가능성이 크다는 점도 부정할 수 없지만, 이 기사에서 직접적으로 귀족회의체를 거론하는 내용은 보이지 않는다. 따라서 고구려 관등체계에서 상위 5등급인 위두대형 이상 관등이 중앙정부의 장관직 등 중요 관직을 차지하여 권력 행사의 중추를 차지하고 있는 상황을 보여주는 기사로 해석할 수도 있다.

이상 세 측면을 고려하면서 귀족연립정권의 운영체제를 살피는 것이 합리적인 접근방식이라고 생각한다. 먼저 임기환은 귀족연립정권의 안정적인 정치운영체제를 대대로-막리지체제로 파악하였는데(임기환, 1992), 이 견해는 막리지를 2품인 태대형의 이칭(異稱)으로 보면서 대대로와 막리지를 서로 오르내리는 관계로 설정하고 있는데, 이는 관등체계의 위계상 성립하기 어렵다는 비판을 받았다(이문기, 2000). 또한, 임기환의 견해는 5관회의라는 귀족회의체를 인정하지 않고 이른바 대대로-막리지 회의체만 전제하고 있다는 점, 귀족세력과 왕권의 관계를 밝히지 못했다는 점 등 정치운영체제 전반을 다루고 있지는 않다.

그 뒤 노태돈이 자설인 '귀족연립정권의 존재와 그 운영방식'에 대한 보다 적극적인 증명을 시도하였다. 노태돈은 자율성을 가진 대대로가 중심이 된 귀족회의 중심의 권력 운영을 귀족연립정권의 특징으로 보면서, 일급 귀족인 상위 5관등 소지자의 회의체를 주목하고 있다. 또한, 앞서 언급한 바와 같이 귀족연립정권에서도 고구려 왕실이 유지되었던 배경으로 왕실의 신성성, 고씨 왕족의 유대감과 정치적 비중, 왕실을 압도할 정도의 권력을 갖는 귀족세력의 부재, 왕이 갖는 권위가 귀족연립정권을 안정시킬 수 있는 배경이 되었던 점을 지적하고 있다. 이러한 이해는 귀족연립정권을 권력 운영의 파행적 결과로서가 아니라, 그 자체가 권력 운영의 안정성을 갖고 있었음을 해명하고 있다는 점에서 주목된다(노태돈, 1999).

귀족연립체제의 정치 운영방식을 이해하기 위해서는 대대로의 선임이라는 방식과 더불어 권력을 분점하면서 대대로의 취임에 도전하는 자에 주목할 필요가 있다. 그 후보로는 관의 서열로 볼 때 제2위 태대형이 유력하다고 보는 견해가 있다(임기환, 1992). 그 근거로 이 시기의 관등은 각 귀족들의 세력기반 비중에 따라 획득되었을 가능성이 높고, 따라서 고위 관등에 오른 자는 그만큼 큰 세력기반을 가졌을 것이며, 관등 획득이 각 가문의 세력기반에 의한 것임을 보여주는 '부직(父職) 세습'이라는 연개소문 가문의 사례 등을 들고 있다. 즉 제1위 대대로에 도전하는 관이 제2위 태대형이라는 주장이다. 이 견해는 뒤에서 다시 살펴보겠지만 태대형이 막리지와 동일한 관이라는 점을 전제하고 있다. 대대로와 막리지는 정국 운영의 중심체로서 국가의 중대사를 논의하는 귀족회의체를 구성하며, 대대로는 이 귀족회의체의 의장 기능을 수행하였다고 본다.

귀족회의체의 참여층으로서, 또 대대로의 선임에 도전하는 관으로서 '대인(大人)'을 주목하는 견해가 있다(윤성환, 2015). 대인과 관련된 기록은 『삼국사기』 연개소문전에서 연개소문의 아버지를 '동부대인(東部大人) 대대로'라고 한 사례에 불과하지만, 연개소문이 승습하는 부직을 '대인'으로 보고 이에 대해 여러 견해가 제기되었다. 대인을 부(部)의 대표자로 보거나(정원주, 2011), 부를 관장하는 특정 관직으로서 욕살에 비정하기도 한다(노태돈, 1999). 또 연개소문과 그의 아버지의 사례를 통해, 대인이 공식적인 지위이며, 부병(部兵)을 동원하거나 천리장성 감역의 임무를 받을 수 있고, 또한 부직의 승습 대상이라는 점 등을 고려하여 대인을 관등으로서의 대대로로 비정하는 견해가 있다. 즉 대대로를 관등과 관직으로 나누어보고, 관직으로서의 대대로는 1인이지만, 관등으로서의 대대로는 복수라고 보고 있으며, 이 복수의 대인과 대대로로 구성된 귀족회의체로서 '대인회의'를 상정하고 있다(윤성환, 2015).

이와 같이 귀족연립체제의 주요한 운영기구로서 귀족회의체의 존재를 대부분 상정하고 있지만, 그 귀족회의체의 구성원에 대해서는 여러 견해가 제기되고 아직 어느 하나로 의견이 수렴되고 있지 못하다. 이는 고구려 후기 정치운영체제에 있어서 가장 특징적인 변화 중 하나인 막리지에 대한 이해가 서로 다르다는 점도 하나의 이유가 된다.

막리지의 정치적 위상에 대해서는 연개소문 정변 당시의 집권적 성격으로 인하여 그 실체와 정치적 위상에 관하여 견해가 다양하다. 최고위직인 대대로와 같은 존재로 보는 견해(末松保和, 1954; 이홍직, 1956, 1971 재수록; 講田正幸, 1979), 제2위인 태대형으로 보는 견해(武田幸男, 1978; 임기환, 1992), 최고의 집권적 관직으로 보는 견해(이승혁, 1985), 관등제 운영에서 중리제 관등의 하나인 중리태대형(中裏太大兄)으로 보는 견해(이문기, 2000) 등이 있다.

현 사료상 확인되는 가장 이른 시기의 막리지는 〈고자묘지명〉에 보이는 고자의 증조 고식(高式)과 〈천남생묘지명〉에 보이는 연개소문의 조부 자유(子遊)이다. 이들의 활동 시기는 대략 평원왕대로 추정된다. 이들 묘지명에서는 막리지의 위상을 "국정을 다스렸다(知國政)", "국권을 오로지 장악하였다(咸專國柄)", "나랏일을 전제하였다(專制國事)"라고 기술하여 정치적으로 강력한 실권을 장악한 존재로 묘사하고 있다. 한편 『구당서』 고려전에는 막리지를 당의 병부상서겸중서령(兵部尙書兼中書令)에 비교하고 있다. 중서령에 비견함은 최고위 관직임을 뜻하며, 병부상서에 비견함은 막리지의 주요 직능 중에 군사권의 장악이 포함되었음을 시사한다. 〈천남생묘지명〉 및 〈천남산(泉男産)묘지명〉에 연개소문의 조부가 막리지로서 '양야양궁(良冶良弓)'하였다는 기술은 군권을 장악하였음을 보여주는 기록이며, 연개소문의 아들 남생이 막리지겸삼국대장군(莫離支兼三軍大將軍)을, 남건(男建)이 막리지겸지내외병마사(莫離支兼知內外兵馬使)를 역임하였다는 점도 막리지의 권한 중 군사권을 장악하고 있음을 보여준다.

이처럼 막리지의 정치적 위상을 뒷받침하는 기능이 군사권의 장악이라고 본다면, 대대로 취임 시에 무력 충돌이 전개되는 상황에서, 군사권을 장악한 막리지가 상대적으로 유리한 위치를 차지했을 것이라고 예상할 수 있다. 막리지를 대대로의 선임에 도전하는 유력한 후보로 볼 수 있다는 견해(임기환, 1992)는 이러한 근거에서 제기되었다.

그러나 고구려 말기 연개소문 집권과 관련하여 기술된 막리지의 위상과 성격이 과연 막리지가 등장하는 평원왕대에도 비슷했을까에 대해서는 좀 더 검토할 필요가 있다. 즉 고자의 증조 및 연개소문의 조, 부가 역임한 막리지에 대한 기술에 후대의 인식이 소급 투영되거나 과장되게 표현되었을 가능성이 있어 이 기사들을 제한적으로 검토할 필요가 있다는 지적이다(이문기, 2000).

그런 점에서 막리지를 중리태대형에 비정하고, 이 중리제의 운영이 귀족연립정권의 정치 운영을 견제, 극복하려는 국왕 측의 제도적 장치에서 비롯한다고 파악하는 견해가 주목된다. 앞서 1절에서도 검토한 바와 같이, 왕위계승전이 치열했던 양원왕 초기를 지나 평원왕, 영양왕대에 왕권의 위상을 확보하는 장치로서 국왕의 근시조직인 중리직과 관등을 설치하고 운영했고, 이러한 중리제를 기반으로 구귀족세력은 견제하면서 신진정치세력의 진출을 지원하였다고 파악하였다(이문기, 2000). 다만 고구려 중기에 중앙집권적 관료조직과 관등제를 정비하면서 국왕과의 관계에서 서로 성격을 달리하는 형계(兄系) 관등과 사자계(使者系) 관등의 분화가 이루어져 구성되었다고 이해하고 있는데, 형계 관등에서 국왕의 근시조직으로서 중리제가 성립하였다고 한다면 그 배경을 설명해야 설득력을 갖게 된다.

일단 막리지와 대대로가 서로 성격을 달리하는 관이라는 점은 취임 방법이 다르다는 점에서도 방증될 수 있다. 즉 대대로는 3년을 임기로 귀족들이 상쟁하여 취임한 것에 반하여, 연개소문가의 예를 보면 막리지는 세습되었을 가능성이 높다. 따라서 막리지는 대대로일 수 없다. 또 〈천남생묘지명〉에 태대대로(太大對盧)와 막리지(莫離支)·태막리지(太莫離支)를 구별하여 기록하고 있음을 보면 대대로와 막리지는 결코 같은 관일 수 없다. 막리지의 성격을 태대형과 동일한 관이라고 보든지 혹은 중리태대형으로 보든지 간에 막리지의 성격 자체도 고구려 후기 정치 운영 과정에서 그 위상과 기능이 변화되었을 것이다.

한편, 귀족회의 구성원으로서 대로의 존재에 주목하고, 대로로 구성된 귀족회의의 의장이 대대로라는 견해가 제기되었다. 후기 관등제에서 최고위 관등인 대대로를 제외하면, 대로가 관등으로 사용된 사례는 확인되지 않는다. 그래서 몇몇 단편적인 자료에 보이는 후기의 대로를 관직으로 보기도 하고(임기환, 2004; 윤성환, 2015), 귀족회의의 구성원으로 보기도 한다(윤성룡, 1997; 노태돈, 1999; 정원주, 2013). 최근에 〈고을덕(高乙德)묘지명〉에서 고을덕의 조부인 고잠(高岑)이 "교(敎)를 받들어 대로관(對盧官)을 받고, 본래대로 상사(垧事)를 맡고 평대(評臺)의 직을 담당했다"라는 기술에 근거하여, 고잠은 대로관을 받고, 평대라는 합좌기구의 구성원이 되었다고 해석하여, 대로를 최고 귀족회의 구성원으로 파악하는 견해가 제기되었다(여호규, 2016). 그리고 〈천남산묘지명〉의 "조부와 부친이 대로의 대명(大名)을 전했다"라는 구절은, 그의 가문이 대대로 최고위 귀족회의의 구성원 자격을 승습한 사실을 보여준다고 이해하였다. 즉 귀족연립체제의 핵심적인 기능을 갖는 귀족회의는 곧 대로로 구성된 대로회의이고, 대대로는 이러한 대로회의를 주재하던 최고 실권자로 파악하였다.

최고 귀족회의가 어떻게 구성되었든 간에 그 의장인 대대로가 임기 3년이며, 선임 과정을 거친다는 점이 중요하다. 즉 대대로 선임 과정 자체가 지속적인 권력 독점이 초래할 수 있는 치열한 정쟁을 예방하는 제도적 장치로 기능할 수 있었다. 물론 세력의 우세 여하에 따라 계속 역임할 수도 있고, 세력관계 조정에 실패할 경우에는 군사를 동원한 정쟁이 벌어지기도 하였다. 그러나 주기적인 대대로 선임 과정에서 각 귀족집단의 정치적 이해관계가 반영·조정되었을 것이기 때문에, 과거 양원왕 즉위 과정에서 나타난 왕위계승전과 같은 극한적인 정쟁에서 벗어날 수 있었던 것으로 이해된다(임기환, 1992; 2004).

이러한 대대로 선임 장치가 평원왕대 이후 연개소문의 정변이 있기까지 80여 년 동안, 상대적으로 안정된 정국을 유지했던 배경이었다고 이해된다. 여기에 평원왕 이후 왕권이 보다 안정된 기반을 재확립하려고 시도하면서, 왕권 및 각 귀족집단 간의 정치적 이해관계는 보다 복잡하게 얽히면서 전개되었을 것이다. 그렇다고 하더라도 국왕권의 영역과 귀족회의의 영역이 구분되면서 양자의 역관계에서도 일정하게 균형이 이루어지는 정치 운영이 모색되었을 것이다.

고구려 후기 귀족연립체제의 정치 운영은 현전하는 사료상으로는 대대로, 막리지, 대인, 대로 등의 성격을 통해 접근할 수밖에 없는데, 이들 관 역시 후기의 권력구조 변화에 따라 그 성격이 변화되었을 가능성을 염두에 두어야 한다.

예컨대 대대로 선임을 통한 귀족연립체제의 운영도 점차 그 기능에 한계가 나타났다. 국왕권을 견제하면서 귀족연립체제를 유지하는 중요한 제도의 하나가 가문 단위의 관등·관직 세습이었다고 이해된다. 즉 관료조직의 운영에서 국왕의 인사권이 상당 부분 제한되었던 것이다. 물론 이러한 부직의 승습이 어느 범위에서 어떻게 운영되었는지는 불분명하지만, 적어도 특정 가문이 획득한 최고 관등이 그 가문 내에서 계속 세습되었던 사례는 몇몇 묘지명 자료를 통해서 확인할 수 있다. 이런 점에서 귀족연립체제가 장기간 지속되면서 특정 가문이 권력을 독점하는 현상이 나타났으리라 예상된다. 예컨대 여러 대에 걸쳐 막리지의 지위를 차지하면서 권력을 집중시켜 갔던 연개소문 가문이 대표적인 사례이다. 대대로의 선임을 통해 세력 균형을 도모하는 정치 운영구조에서 연개소문 가문의 독주 가능성이 커졌다. 귀족 간의 합의를 통한 귀족연립체제에서 한 가문의 독주는 귀족들 전체의 이익에 큰 위협이 되었다(전미희, 1994). 그래서 연개소문의 아버지인 대대로 태조(太祚)의 사망을 계기로 귀족들은 연개소문으로 하여금 부직을 계승하지 못하도록 압력을 가하였던 것으로 파악된다.

한편, 영류왕의 입장에서도 연개소문 가문의 독주는 결코 받아들일 수 없었을 것이다. 그래서 연개소문의 정변을 귀족연립체제에서 대대로가 누리던 권한을 유지하려는 연개소문과 왕권을 확립하려는 영류왕과의 대결 결과로 보는 견해도 있다(김기흥, 1992). 귀족 간에 세력 균형이 이루어졌을 경우에는 이전에 비해 상대적으로 높아진 왕권의 위상을 통해 적절히 조정함으로써 왕권을 강화할 수 있는 계기를 얻을 가능성이 있지만, 한 가문이 다른 귀족들을 압도할 경우 오히려 왕권의 지위마저 불안해질 수 있었기 때문이다. 이러한 점에서 영류왕과 다른 귀족들은 연개소문 가문을 견제하려는 데에 이해관계를 같이할 수 있었다.

결과적으로 자신 가문의 세력을 유지하려는 연개소문의 반격을 받아 영류왕과 많은 귀족들이 살해되고 말았다. 연개소문 집권 이후의 정치운영체제를 어떻게 볼 것인가는 논란이 있다. 귀족연립체제가 유지된 것으로 보는 견해, 보장왕의 왕권과 연개소문의 권력이 양분된 이원집정제로 보는 견해, 연개소문의 독재적 권력이 행사되는 체제로 보는 견해 등등이다. 어느 견해에 따르든 연개소문 집권기의 권력 운영이 그 이전 귀족연립체제 운영과 상당한 거리가 있음은 분명하다.

참고문헌

노태돈, 1999, 『고구려사 연구』, 사계절.
여호규, 2014, 『고구려 초기 정치사 연구』, 신서원.
이기백, 1974, 『신라정치사회사연구』, 일조각.
이기백·이기동, 1982, 『韓國史講座(古代篇)』, 일조각.
이홍직, 1971, 『韓國古代史의 硏究』, 신구문화사.
임기환, 2004, 『고구려 정치사 연구』, 한나래.
강진원, 2016, 「고구려 安臧王의 대외정책과 남진」, 『대동문화연구』 94.
_____, 2017, 「고구려 평양도읍기 왕호의 변화와 배경」, 『고구려발해연구』 59.
강현숙, 2019, 「평양 안학궁 대성산성시기 왕궁 주변 고구려고분의 고고학적 함의」, 『한국상고사학보』 105.
공석구, 1988, 「平安·黃海地方出土 紀年銘塼에 대한 硏究」, 『震檀學報』 65.
김기흥, 1987, 「6·7세기 高句麗의 租稅制度」, 『韓國史論』 17, 서울대학교 국사학과.
_____, 1992, 「고구려 淵蓋蘇文 政權의 한계성」, 『조항래교수화갑기념논총』.
김두진, 1978, 「古代國家意識의 成立과 國史編纂」, 『한국사』 2, 국사편찬위원회.
김진한, 2007, 「6世紀 前半 高句麗의 政局動向과 對外關係」, 『군사』 64.
_____, 2009, 「嬰陽王代高句麗의 政局動向과 對隋關係」, 『고구려발해연구』 33.
김현숙, 1999, 「6세기 고구려 집권체제 동요」, 『경북사학』 22호.
남무희, 2007, 「安原王·陽原王代 정치변동과 고구려 불교계 동향」, 『한국고대사연구』 45.
노명호, 1981, 「百濟의 東明神話와 東明廟」, 『歷史學研究』 10.
노태돈, 1976, 「고구려의 漢水流域 상실의 원인에 대하여」, 『韓國史研究』 13.

_____, 1986, 「高句麗史硏究의 現況과 課題 - 政治史理論 - 」, 『東方學志』52.

_____, 1988, 「5세기 金石文에 보이는 高句麗人의 天下觀」, 『韓國史論』19, 서울대학교 국사학과.

_____, 1999, 「귀족연립정권과 연개소문의 정변」, 『고구려사연구』.

서영대, 1981, 「高句麗 平壤遷都의 動機」, 『韓國文化』3.

_____, 1995, 「高句麗 貴族家門의 족祖傳承」, 『韓國古代史硏究』8.

선봉조, 2009 「榮留王代 政局主導權의 變化樣相과 淵氏勢力」, 『고구려발해연구』33.

윤성룡, 1995, 「高句麗 貴族會議의 成立過程과 그 性格」, 『韓國古代史硏究』11.

윤성환, 2015, 「고구려 후기 '大人'의 실체와 大對盧」, 『군사』95, 국방부 군사편찬연구소.

여호규, 2016, 「신발견〈고을덕묘지명〉을 통해 본 고구려 말기의 중리제와 중앙관제」, 『백제문화』54.

이기동, 1979, 「古代國家의 歷史意識」, 『韓國史論』6, 국사편찬위원회.

이기백, 1967, 「溫達傳의 檢討 - 高句麗 貴族社會의 身分秩序에 대한 瞥見」, 『白山學報』3.

이문기, 2000, 「高句麗 莫離支의 官制的 性格과 機能」, 『백산학보』55.

_____, 2003, 「高句麗 中裏制의 구조와 變化」, 『대구사학』71.

_____, 2008, 「高句麗 滅亡期 政治運營의 변화와 멸망의 內因」, 『한국고대사연구』50.

이승혁, 1985, 「고구려의 막리지에 대하여」, 『역사과학』1985-1.

이정빈, 2012, 「고구려 局堂의 설립과 의의」, 『韓國古代史硏究』67.

이홍직, 1954, 「일본서기 所載 高句麗關係記事考」, 『東方學誌』1; 1971, 『韓國古代史의 硏究』, 신구문화사.

_____, 1956, 「淵蓋蘇文에 대한 若干의 存疑」, 『李丙燾博士華甲紀念論叢』.

임기환, 1987, 「고구려 초기의 지방통치체제」, 『朴性鳳回甲紀念論叢』.

_____, 1992, 「6, 7세기 고구려 정치세력의 동향」, 『韓國古代史硏究』5.

_____, 1995, 「4세기 고구려의 樂浪·帶方地域 경영」, 『歷史學報』147.

_____, 2006, 「고구려본기 전거자료의 계통과 성격」, 『한국고대사연구』.

_____, 2007, 「고구려 평양도성의 정치적 성격」, 『한국사연구』 137.
장병진, 2017, 「고구려 정치사 서술에 쓰이는 개념과 용어들」, 『학림』 40, 연세사학회.
전미희, 1994, 「淵蓋蘇文의 執權과 그 政權의 性格」, 『李基白先生古稀紀念 韓國史學論叢』.
전호태, 1990, 「高句麗古墳壁畵에 나타난 하늘연꽃」, 『美術資料』 46.
정원주, 2011, 「榮留王의 對外政策과 政局運營」, 『고구려발해연구』 40.
_____, 2013, 「안장왕의 시조묘 친사와 정국운영」, 『백산학보』 96.
_____, 2018, 「安原王代의 政局 運營과 大對盧 爭鬪」, 『고구려발해연구』 60.
조인성, 1991, 「4·5세기 고구려 王室의 世系認識 變化」, 『한국고대사연구』 4.
주보돈, 2003, 「삼국시대 지방통치체제의 정착과정 – 고구려의 사례를 중심으로」, 『강좌 한국고대사 2 – 고대국가의 구조와 사회 1』, 가락국사적개발연구원.
최일례, 2015, 「평원왕대 정국 운영의 특징과 그 함의」, 『고구려발해연구』 53.
_____, 2016, 「고구려 안장왕대 정국 변화와 그 動因」, 『한국고대사연구』 82.
최호원, 2012, 「高句麗 嬰陽王代의 新羅攻擊과 國內政治」, 『한국사연구』 157.

武田幸男, 1989, 『高句麗と東アジア』, 岩波書店.
三上次男, 1966, 『古代東北アジア史研究』, 高麗書林.
末松保和, 1954, 「新羅建國考」, 『新羅史の諸問題』, 近澤書店.
武田幸男, 1978, 「高句麗官位制とその展開」, 『朝鮮學報』 86.
三上次男, 1964, 「樂浪郡社會の支配構造」, 『朝鮮學報』 30.
李成市, 1993, 「高句麗泉蓋蘇文の政變について」, 『朝鮮史研究會論文集』 31.
請田正幸, 1979, 「高句麗莫離支考」, 『朝鮮歷史論集』 上.

2장

백제, 신라에 대한 대응과 한강 유역 상실

장창은 | 제주대학교 사학과 부교수

　한강은 한반도 중앙을 동쪽에서 서쪽으로 유유히 관통하면서 황해로 흘러들어간다. 한강은 500여km의 길이와 강원도, 충청도, 경기도 등 중부지방의 여러 지류 강을 수렴하는 장대한 유역 면적을 가지고 있다. 한국 역사상 한강이 차지하는 위상은 언제나 독보적이었지만, 특히 고대의 정치·경제·군사적인 의미는 더 각별하였다. 농업생산성과 물길교통로로서의 가치에 더하여, 중국대륙의 국가들과 뱃길로 교류할 수 있는 항구가 한강 하류에 위치에 있었기 때문이다. 삼국시대에도 한강 유역을 차지한 나라가 각축의 주도권을 행사한 것은 자연스러운 귀결이었다.

　고구려 역사상 최전성기로 일컬어지는 광개토왕대(391~412년)와 장수왕대(413~491년) 국력의 원천도 적극적인 남방 진출과 그에 따른 한강 유역의 장악에서 비롯되었다. 특히 장수왕이 475년 9월 3만 명의 군사를 이끌고 백제의 수도 한성(漢城)을 함락한 것은 삼국 관계의 동향에서 획기적이었다. 이로써 백제의 한성기가 불시에 끝났고, 한강 유역을 교두보로 한 고구려의 남방 진출은 더욱 가속화될 수 있었다.

 이 글은 고구려가 한강 유역을 차지한 475년부터 신라·백제 동맹군의 급습에 한강을 상실한 551년까지의 삼국 간 역관계와 한강 유역 영유권의 동향에 대해서 검토하는 것이 주요 목적이다. 이를 위해 먼저 그동안 학계에서 논란이 분분했던 475~551년 한강 유역 영유권 관련 논쟁을 쟁점별로 소개하고, 이에 대한 이해 방향을 모색하고자 한다. 이를 토대로 6세기 전반기 삼국 관계의 흐름에서 고구려와 백제가 각축하는 과정을 살핀 후, 안장왕대(519~531년)부터 양원왕대(545~559년)까지 고구려의 남진정책과 그 결과를 추적하고자 한다. 또한 551년 9월 고구려가 나·제 동맹군에게 한강 유역을 빼앗긴 후 이 지역을 둘러싼 백제·신라의 다툼과 최종적으로 신라가 차지하는 과정을 추적하겠다. 마지막으로 고구려의 한강 유역 상실 배경과 그것이 가지는 역사적 의미를 진단할 것이다.

1. 고구려의 한강 유역 일대 지배방식과 관련된 논점

1) 문제의 소재

『삼국사기』 지리지 권35와 권37에는, 신라의 9주 중에서 각각 한주(漢州, 漢山州), 삭주(朔州, 牛首州), 명주(溟洲, 何瑟羅州)가 '옛날에 고구려의 땅'이었던 것으로 기록되어 있다. 이것을 소위 '고구려고지(高句麗故地)'라고 부른다. 고구려고지의 소속 현을 오늘날 지명에 대비하면, 고구려는 한때 강원도와 경기도 전역을 아우르고 충남 천안에서 충북 진천–음성–괴산–충주–단양 지역과 소백산맥 이남의 경북 영주–봉화–안동 동북부–울진–청송–영덕–포항까지 영역 범위에 포함시켰다고 할 수 있다.

고구려가 남방으로 이러한 양상의 광범위한 영역 진출을 도모할 수 있었던 시기는 광개토왕대와 장수왕이 한성을 공략한 475년 9월 이후가 될 수 있다. 백제는 고구려에게 한성을 빼앗긴 후 한 달 만에 수도를 웅진(熊津: 충남 공주)으로 천도하였다. 한편 『일본서기』 권19 흠명기(欽明紀) 12년(551년)조에는 "백제 성명왕(聖明王: 성왕)이 몸소 군사와 두 나라의 병사를 거느리고(두 나라는 신라와 임나(任那)이다) 가서 고구려를 정벌하여 한성 땅을 얻었다. 또 진군하여 평양(平壤: 남평양, 서울시 광진구 일대)을 토벌했는데, 무릇 6군(郡)의 땅이다. 마침내 옛 땅을 회복하였다"고 되어 있다.

475~551년 고구려가 한강 유역 전체를 안정적으로 차지했다는 현재의 '통설'은 『삼국사기』 지리지 '고구려고지'와 장수왕의 한성 공격 및 그에 따른 백제의 웅진 천도가 함께 고려되어 도출되었다. 여기에 『일본서기』 권19 흠명기 12년조에서 551년에 백제가 마침내 옛 땅을 회복했다는 기록까지 조합하였다.

이와 같은 문헌적 정황에 더해, 1990년대 이후 경기도와 충청도 일대에서 고구려 유물·유적이 지속적으로 발굴되면서 논리를 보완해갔다. 곧 안성 도기동산성과 세종(옛 청원) 남성골(南城谷), 대전 월평동 유적에서는 고구려의 목책성(木柵城)이 발굴되었다. 또한 이들 산성과 세종 나성유적에서는 각종 토기와 철제무기 등 고구려 유물이 출토되었다.

이 밖에 경기도 남부의 성남 판교, 용인 보정, 화성 청계 등에서 고구려 돌방무덤(石室墳)이 발굴되었다. 일부가 파괴되기는 했지만, 무덤 천장의 구조가 모줄임식(末角藻井)으로 줄어드는 고구려 무덤의 전형적인 특징을 가지고 있었다. 무덤 안에서는 소량의 고구려 토기도 출토되었다. 이들 지역의 유물과 유적의 연대는 5세기 후반이라는 데 공감대가 형성되어 있다. 충북 충주에서도 1979년 〈중원고구려비〉[1]가 발견된 이후 두정리고분군과 탑평리유적 등에서 주거지와 각종 고구려 유물·유적의 발굴성과가 쌓이고 있다. 특히 두정리고분군은 한강 이남 지역에서 최대 규모인 6기여서 고구려 남방 진출의 거점지로서 이 지역의 위상을 오롯이 보여준다. 충북 진천의 대모산성과 회죽리에서도 고구려 토기와 금제귀걸이 등이 출토되었다(심광주, 2001; 안신원, 2010; 양시은, 2010; 2016; 최종택, 2011; 2016; 백종오, 2014; 김진영, 2017; 윤성호, 2019a).

이와 같이 경기도 남부와 충청도 일대에서 고구려 고고자료 성과가 누적됨에 따라 통설은 고구려가 475년 이후 한강 유역을 넘어 금강 유역까지 진출해 백제의 수도를 압박했다는 논리로 발전하였다. 시기가 분명하지 않은 『삼국사기』 지리지의 '고구려고지'가 고고자료를 통해 시간성이 부여되면서 실증되어가는 양상이라 할 수 있다.

이와 달리 『삼국사기』 백제본기 기록의 내용과 문면을 존중하면

---

[1] 〈중원고구려비〉는 문화재청에 의해 2010년 11월 1일자로 〈충주고구려비〉로 명칭이 변경되었다.

통설과 다른 입장이 도출될 여지가 생긴다. 우선 475년 9월 장수왕이 한성을 공략하고 개로왕을 아차산 아래로 데려가 살해한 후 포로 8,000명을 데리고 돌아간 것으로 되어 있다. 이에 대해 주력군의 귀환일 뿐 고구려군 일부는 여전히 한성에 주둔해 있었을 것으로 보기도 한다(최종택, 2004; 2007; 2013). 그러나 기록상에는 문주가 신라에 가서 구원군 1만 명과 함께 한성에 돌아온 후 고구려군과 별다른 교전이 없었다. 그뿐만 아니라 문주는 폐허가 된 한성에서 우선 즉위식을 거행하였고, 다음 달에서야 웅진으로 수도를 옮겼다. 고구려군이 한성에 주둔해 있었다면 불가능했을 것이다.

물론 장수왕과 고구려군의 행보가 상식적으로 납득되지 않는 것이 사실이다. 고구려가 절치부심 끝에 힘들게 차지한 한성을 쉽게 방기할 리 없기 때문이다. 그러나 고구려의 입장에서는 개로왕을 살해하고 한성을 파괴함으로써 일차적으로는 소기의 성과를 거두었다고 볼 수도 있다. 게다가 당시는 북방의 강자 북위(北魏)가 여전히 위협적이었다. 장수왕은 신라로 구원병을 얻으러 간 문주의 동향도 신경 쓰였을 것이다. 고구려군으로서는 여러모로 속전속결해야 하는 상황이었던 셈이다. 몽촌토성에서 출토된 주거지와 도로유구, 목곽집수지 및 토기 등 다량의 고구려 유물을 감안하면, 고구려가 이곳을 거점으로 삼아 남방 진출을 도모한 것은 분명하다. 다만 몽촌토성 출토 고고자료의 연대 폭은 5세기 후반으로 비교적 길다. 꼭 475년 직후의 상황이 반영된 것으로 단정할 필요가 없는 것이다. 따라서 백제본기의 문면을 존중한다면, 고구려가 475년 9월 이후 일시적으로 한강 이북으로 물러갔을 가능성도 배제할 수 없다(장창은, 2010; 2014).

백제본기에서 통설과 배치되는 기록은 이것뿐만이 아니다. 475년 이후에도 백제 수도를 지칭하는 '한성(漢城)'과 수도 권역임이 분명한 '한산성(漢山城)'이 백제의 통치범위임을 시사해주는 기록이 남아 있다. 곧 483년 봄 동성왕(479~501년)은 한산성에 가서 10일 동안 사냥을 하고 군사와 백성을 위로하였다. 무령왕(501~523년)은 507년에 한성을 처들어온 고구려와 말갈군을 횡악(橫岳: 북한산) 아래에서 격퇴하였다. 그리고 523년에는 한성에 행차하였다. 무령왕은 그곳에서 좌평 인우와 달솔 사오 등에게 명령을 내려 한북(漢北) 주·군의 백성 중 15세 이상을 징발해 쌍현성을 축조한 후 한 달 만에 한성으로부터 돌아왔다. 한편 고구려의 부용세력인 말갈이 무령왕대에 지속적으로 공격한 백제의 거점성이 고목성(高木城)이었다. 고목성의 위치는 경기도 연천으로 비정하는 견해가 있다(천관우, 1976; 1989). 고목성의 위치 비정에 논란의 여지가 남아 있는 데 반해, 503년 무령왕이 달솔 우영에게 군사 5,000명을 주어 공격하게 한 고구려의 수곡성(水谷城)은 황해도 신계에 있었음이 분명하다. 529년 고구려 안장왕이 백제 성왕과 교전한 오곡원(五谷原) 역시 황해도 서흥 지역임이 명확하다.

　요컨대 475~551년 사이 고구려와 백제가 영역 쟁탈전을 벌였던 지역은 시대에 따른 변화 폭을 감안해도 한강 이북을 넘어 황해도 지방까지 빈번하게 등장하고 있다. 백제본기에 전하는 기록을 그대로 인정할 경우, 475~551년 고구려가 한강 유역을 공고하게 차지했다는 통설은 수정이 불가피하다. 결국 『삼국사기』 백제본기를 그대로 믿을 것인지 아니면 비판적으로 볼 것인지에 따라서 이 시기 한강 유역 영유권 주체를 보는 관점이 달라지는 셈이다. 『삼국사기』 백제본기에 대한 신빙성 논의에서 시작된 475~551년 한강 유역 영유권 논쟁은 학계의 첨예한 쟁점 사안으로 부각되어 여전히 진행 중이다. 백제본기를 부정적으로 보는 통설은 475~551년 한강 유역 영유권에 대해 '고구려 영유설'로 보는 입장이고, 백제본기를 토대로 신설을 제기하는 입장은 '백제 영유설'을 지지하고 있다.

2) 통설로 자리매김한 고구려 영유설

475~551년 고구려가 지속적이면서 안정적으로 한강 유역을 차지하고 있었다는 '통설'을 지지하는 연구자들은 이 기간 『삼국사기』 백제본기의 기록을 대체로 신뢰하지 않는 편이다. 이들의 논리는 크게 나누어 보면, 기록상 오류로 보는 '두찬설', 백제 지배층의 의도적인 '조작설', 당대에 한성시대의 지명을 웅진시대로 옮겨왔다는 '지명이동설', 후대에 사료가 정리되는 과정에서 역사가에 의해 연대가 잘못 정리된 '기년조정설'로 나눌 수 있다.

두찬설은 이병도가 제기한 후 노태돈이 발전적으로 계승하였다. 이들은 475년 고구려의 한성 공격 및 백제의 웅진 천도와 『일본서기』 흠명기에 기록된 '성왕의 551년 한강 유역 회복'을 이 시기 한강 유역 영유권의 시작과 끝으로 파악하였다. 노태돈은 성왕이 고구려에게 빼앗은 한성과 평양(남평양)이 각각 한강 이남과 이북에 해당하기 때문에, 백제가 5세기 말~6세기 전반에 한성 일대를 다시 차지하지 못한 것으로 보았다. 노태돈은 백제본기의 기록이 편찬되는 과정에서 착오를 일으킨 것으로 추정했는데, 이는 이후 기년조정설 연구자들에게 영향을 주었다(이병도, 1959; 노태돈, 2005).

조작설은 백제가 의도적으로 웅진시대의 한강 유역 상실을 은폐시켰다는 문제의식을 가지고 있다. 곧 백제 지배층이 웅진시대 왕실의 실추된 권위 회복을 위해 웅진시대 지명에 한성시대의 지명을 대입시키는 조작을 했다는 것이다(이도학, 1984; 2009).

지명이동설은 백제가 한성에서 웅진으로 천도하면서 지명을 함께 옮겨왔다는 주장이다. 이는 일본인 학자 이마니시 류(今西龍)가 처음 언급하였다(今西龍, 1934). 한국 연구자로는 이기백이 한성에 한정해 지명 이동을 주장하였다. 곧 충남 천안 직산에 소재한 위례성을 웅진시대에 옮겨진 한성으로 이해하였다(이기백, 1978). 노중국은 그 범위를 확장해 웅진시대 지명과 한성시대 지명이 다수 일치하는 현상을 모두 지명 이동의 결과로 파악하였다. 여기에 2000년대 이후 누적되고 있는 남한 지역의 고구려 고고자료를 적극적으로 해석함으로써 통설의 논리와 궤를 같이했다(노중국, 2006; 2012).

지명이동설의 관점이지만 이를 동성왕대로 국한해서 주장하는 연구자도 있다. 김현숙은 백제의 수도가 동성왕대에는 '한산성'으로, 무령왕대에는 '한성'으로 다르게 나오는 것에 주목하였다. 그 결과 동성왕대의 '한산'은 천안 직산 지역으로, 무령왕대의 '한성'은 한강 유역 백제의 도읍지를 지칭하는 것으로 이해하였다. 양기석도 이와 비슷한 입장에서 동성왕대의 한산성을 차령산맥 이남 고구려와의 접경 지역으로 비정하였다. 이들은 지명이동설을 주장하면서도 백제가 무령왕대 이후에는 한강 유역을 차지했다는 입장이어서 통설과 다른 결론을 이끌어냈다(김현숙, 2003; 양기석, 2008).

기년조정설은 백제본기가 후대에 정리되는 과정에서 역사가의 무지와 오해로 인해 다른 시기의 사건이 잘못 삽입되어 편찬되었다는 문제의식에서 비롯되었다. 강종훈은 백제가 한강 이북 지역을 차지하고 있던 4세기 후반의 사실이 5세기 말~6세기 전반으로 잘못 실린 것으로 파악하였다. 김영심도 백제가 가지고 있는 한강 유역에 대한 영유의식을 국권을 회복한 무령왕대로 가져다 붙인 결과로 보았다. 임기환과 여호규도 4세기대의 지명과 전투양상이 475~551년과 비슷하다면서, 한성시대의 사실이 기년 인하되어 웅진시대로 분산 기술되면서 결과적으로 중복 기록된 것으로 이해하였다(강종훈, 2006; 2014; 김영심, 2003; 임기환, 2007; 여호규, 2013).

고고학적 관점에서 통설의 논리를 보완한 연구도 있다. 1980년대 이후 한강 유역과 그 이남인 경기도·충청도 일대에서 고구려 유물·유적의 발굴성과가 지속적으로 쌓였다. 먼저 한성시대 백제의 왕성으로 추정되는 몽촌토성에서 고구려 건물터와 각종 토기가 발굴되었다. 당시 출토된 고구려 토기는 15개 기종 340여 개체에 달한다. 이는 고구려가 475년 이후 몽촌토성을 거점 삼아 주둔한 채 웅진으로 천도한 백제를 압박했다는 논리적 근거가 되었다. 이후 한성백제박물관이 2013년부터 몽촌토성 북문지 권역을 조사한 결과 고구려 도로유구, 건물지, 목곽집수지와 다량의 고구려 토기가 발굴됨으로써 기존 주장의 설득력이 더욱 배가되었다. 곧 고구려는 백제가 사용하던 도로를 폐기하지 않고 확장·보수해 사용하였고, 14×14m의 대형 목곽집수지를 축조하였다. 이들 유구에서 고구려의 원통모양 세발토기, 동이, 항아리 등 의례와 생활용 토기 등이 출토되었다(박중균·이혁희, 2018; 최충기, 2020; 이혁희, 2020; 한성백제박물관, 2020b).

2000년대 이후 세종 남성골과 대전 월평동 유적, 안성 도기동산성에서 고구려 관방유적인 목책성이 발굴되었으며, 세종 나성에서 각종 고구려 토기와 화살촉 등의 유물이 출토되었다. 한강에서 탄천을 경유해 경기 남부로 이어지는 교통로인 성남 판교와 용인 보정, 화성 청계 등에서 고구려 돌방무덤이 연속 발굴되었다. 이들 유적은 무덤 수가 각각 2기 내외이며 출토유물이 빈약하다는 한계가 있지만, 5세기 후반 고구려의 남진 경로와 범위를 시사하는 단서가 될 수 있다는 점에서 의미 있는 발굴성과로 평가된다.

이와 같은 일련의 고고학 성과를 기반으로 백제가 웅진시대에 한강 유역을 차지했다는 주장을 비판하고 통설의 논리를 발전적으로 계승한 연구가 지속적으로 발표되었다(최종택, 1998; 2004; 2006; 2007; 2008; 2011; 2016; 2018; 양시은, 2010; 윤대준, 2010).

3) 계속되는 신설, 백제 영유설

『삼국사기』 백제본기에 대한 선입견이나 사료 비판 없이 475~551년 한강 유역의 영유권을 조명한 것은 이미 조선 후기 실학자들에 의해서였다. 안정복은 동성왕-무령왕의 한성 행차와 고구려와 백제가 한북(漢北) 독산성 및 패수(浿水: 예성강)에서 교전한 점을 감안해 두 나라가 서로 번갈아가며 침탈한 것으로 이해하였다(『동사강목(東史綱目)』 지리고). 정약용은 무령왕 즉위 후 고구려가 잠시 한강을 차지했지만 475년 이후 50여 년간 한성과 한강 이북의 주·군이 모두 백제의 영유하에 있었다고 보았다(『여유당전서(與猶堂全書)』 6집 3권). 한진서도 고구려가 비록 한성을 공략했더라도 한강 이남으로 넘어오지는 못했다고 주장하였다. 무령왕-성왕대 고구려·백제의 교전기록을 그대로 인정한 결과 백제가 553년까지 한강 유역을 차지한 것으로 생각하였다(『해동역사속집(海東繹史續集)』 권8).

실학자들의 이러한 주장은 통설에 묻힌 채 별다른 주목을 받지 못했다. 1990년대 들어서 박찬규가 통설을 비판하고 실학자들의 견해를 계승하면서 백제본기 신빙론을 근거로 한 475~551년 백제의 한강 유역 영유설에 대한 연구가 본격적으로 시작되었다. 박찬규는 백제본기의 문면을 그대로 존중하였다. 그에 따라 475년 9월에 고구려가 한성을 차지한 후 신라의 구원병을 의식해 일단 회군했고, 백제가 웅진으로 천도한 이후에 고구려가 다시 한성을 지배한 것으로 보았다. 그리고 동성왕의 한산성 행차와 무령왕대 한강 이북에서 벌어진 고구려와의 전쟁기록을 믿었다. 그 결과 백제가 동성왕대 이미 한강 유역에 다시 진출했고, 무령왕대에는 지속적으로 경영한 것으로 파악하였다(박찬규, 1991).

2000년대 들어서 통설에 대한 반론 차원에서 백제가 475~551년 한강 유역을 차지했다는 연구성과가 축적되었다. 우선 김영관은 백제본기를 존중하는 입장에서 고구려가 529년 혈성(穴城)과 오곡원전투에서 승리하기 전까지 백제가 한강 유역을 지속적으로 차지했다고 생각하였다. 고구려는 529년 이후에야 본격적으로 한강 이남을 지나 청주 지역까지 진출했는데, 경기 남부의 고구려 고분과 세종 남성골, 대전 월평동 유적 등을 그러한 결과물로 해석하였다. 다만 이들 지역에 대한 고구려의 영역지배는 광역의 면지배가 아니라 군사적 요충지와 교통로 중심의 거점지배임을 강조하였다. 심광주도 이와 비슷한 주장을 하면서, 538년 백제의 사비(충남 부여) 천도 배경을 529년 이후 고구려의 남진과 연관지었다(김영관, 2000; 2006; 2015; 2020; 심광주, 2001; 2008).

김병남도 백제본기를 긍정하는 관점에서 동성왕대 한강 유역 영유권은 백제에 있었고, 성왕대에 이르러 고구려와 백제가 예성강 이남과 한강 이북 사이에서 국경을 유지한 것으로 생각하였다. 성왕이 551년에 되찾은 한성과 평양을 모두 고구려 때 한성군(漢城郡)으로 불렸던 황해도 재령으로 비정한 것은 독특한 주장이었다. 박현숙·임범식 등도 유사한 입장에서 백제의 한강 유역 영유권을 주장하였다. 이들은 다만 문헌자료에 의존한 채 고구려 유물·유적의 고고학 성과는 고려하지 않았다(김병남, 2003a; 2003b; 박현숙, 2001; 2010; 임범식, 2002).

『삼국사기』 백제본기와 고구려 고고자료를 함께 고려하면서 475년 이후 고구려의 한강 이남 지배를 '군사적 거점지배' 형태로 보아야 한다는 연구가 발표되었다. 곧 서영일은 동성왕-무령왕대 한강 유역이 백제의 영유하에 있었다는 입장을 보이면서, 한강 이남의 고구려 유물·유적을 영역지배와 직결시키는 데 신중해야 함을 환기하였다. 서영일은 충청도의 금강 유역에서 출토된 세종 남성골산성 같은 관방유적을 고구려가 충북 충주 내지 진천에서 웅진 방면으로 진출한 결과물로 보았다. 그리고 그 원인은 백제가 한강 하류 유역을 차지하고 있었기 때문으로 보았다(서영일, 2005; 2008).

정운용도 5세기 후반 고구려가 남한강 물길을 이용해 금강 상류 방면으로 진출한 것으로 이해하였다. 그는 백제가 동성왕대에는 한강 이남 지역을, 무령왕대에 이르러서는 한강 이북 지역까지 차지한 것으로 파악하였다. 다만 529년 오곡원전투 이후 고구려가 한강 유역을 재탈환했다고 보면서도 그 지역은 한강 이북으로 제한하고 있다(정운용, 2007; 2013). 이 밖에 안신원·신광철·이정범 등도 한강 이남에 분포한 고구려 산성이 목책성 단계의 소규모라는 점 등에 주목하였다. 그 결과 고구려의 한강 유역 지배를 '군사적 거점지배'의 제한적 형태로 파악하였다(안신원, 2010; 신광철, 2011; 이정범, 2015).

한강 이남의 '탄천로'에 위치한 경기도 성남 판교, 용인 보정, 화성 청계 등의 고구려 돌방무덤과 안성 도기동산성을 교통로상 계기적으로 파악한다면, 475년 이후 고구려 남방 진출의 경로를 한강 하류 방면으로 이해하는 것에 무리가 없다. 다만 이들 유적의 존속 연대를 단정할 만한 근거가 여전히 부족한 것도 사실이다. 따라서 고구려가 475년 이후 웅진 방면으로 백제를 추적·압박한 경로를 굳이 한강 하류로만 국한할 필요는 없다. 한강 하류와 '죽령로'[2]의 거점지역인 충주 방면에서 동시에 전방위적으로 압박했을 가능성도 고려할 필요가 있다.

이처럼 백제가 동성왕-무령왕대에 한강 유역을 차지했다고 주장한 연구자들은 백제본기를 그대로 믿는 '전면 긍정론자'라고 할 수 있다. 반면에 백제본기의 일부만을 신뢰하는 '부분 긍정론자'도 있으니 양기석과 김현숙이 대표적이다. 이들은 동성왕대의 '한산'·'한성' 행차 관련 기록은 지명이동설의 관점에서 믿지 않았다. 그 결과 동성왕대 한강 유역 영유권은 고구려에 귀속된 것으로 보았고, 한강 이남의 고구려 유물·유적도 그때의 산물로 이해하였다. 그러나 무령왕대의 백제본기를 신뢰하며 백제가 한강 유역을 회복한 것으로 파악하였다. 연구방법이나 결과 면에서 통설과 신설의 중간 정도에 자리매김할 수 있다(김현숙, 2003; 양기석, 2005).

---

[2] 죽령(竹嶺)은 고대로부터 고구려와 신라가 우호기에 교섭·교류했던 핵심 교통로였다. 또 두 나라의 갈등기에는 고구려의 남진 길이자 신라의 북진 길이기도 했다. 이 길을 '죽령로'라고 호칭한다. 평양에서 경주 간 '죽령로'의 경로는 서흥-신계-평강-김화-화천-춘천-홍천-횡성-원주-제천-단양-죽령-영주-안동-의성-영천-경주이다.

4) 합리적인 이해 방향의 모색

475~551년 고구려와 백제 간 한강 유역 영유권을 둘러싼 학계의 논의는 여전히 첨예하다. 고구려가 이 시기 한강 유역을 공고하게 차지했다는 통설은 『삼국사기』 지리지 '고구려고지'를 바탕에 깔고 475년 장수왕의 한성 함락과 백제의 웅진 천도, 그리고 『일본서기』 흠명기에 전하는 551년 성왕의 한성 회복을 조합해 구축되었다. 이와 달리 백제가 고구려에 반격을 가해 한강 유역을 차지했다는 신설은 『삼국사기』 백제본기의 '한산'·'한성' 관련 기록과 한강 이북에서 벌어진 고구려와 백제의 교전기록을 신뢰하는 입장에서 도출되었다. 다만 백제의 한강 유역 회복 시기를 동성왕대부터로 볼 것인지 무령왕대 이후로 볼 것인지에 대해서는 연구자 간 견해 차이가 있다.

경기도 남부와 충청도 금강 유역에서 지속적으로 발굴되고 있는 고구려 유물·유적은 분명 통설의 논리를 보완해주는 고고자료라 할 만하다. 그러나 이 지역의 고구려 관방유적이 목책성이라는 점과 출토유물의 규모·양상을 보는 관점에 따라 고구려가 전면적으로 영역지배를 했는지 아니면 교통로 중심의 군사적 거점지배에 그쳤는지 이해의 편차가 큰 것도 사실이다. 그렇다면 475~551년 한강 유역 영유권을 어떻게 이해하는 것이 바람직할까?

먼저 통설의 연구자들이 『삼국사기』 백제본기에 나오는 백제 옛 수도에 소재했던 '한산'·'한성' 지명과 한강 이북의 고구려·백제 간 전쟁 기사를 사료 비판이라는 관점에서 검토 대상으로 삼은 것은 타당하게 생각된다. 다만 한성시대와 웅진시대에 같은 지명이 보인다고 해서 무조건 지명이 이동했다고 보거나, 착간(錯簡)에 따른 기년 조정 내지 중복 게재로 판단한 것은 논란의 여지가 있다. 전쟁 관련 기록은 백제만의 단독 사안이 아니라 고구려·신라 등 다른 나라와 인과관계로 구성되어 있기 때문이다. 5~6세기대 백제본기를 부분적으로 떼어내어 불신하는 것은 백제본기 전체의 사료적 신빙성까지도 의심할 수밖에 없게 하므로 좀 더 신중할 필요가 있다. 『일본서기』 흠명기 12년(551년)조도 백제본기와 상충되는 것만이 아닌 상호 보완적으로 해석될 여지가 충분히 있다.

한강 남쪽의 고구려 관방유적과 고분 분포가 고구려 남진의 결과물임은 분명하다. 그럼에도 불구하고 그것이 475년 고구려의 한성 공략과 시간적 틈이 없는 계기적 산물인지는 아직 단언할 수 없다. 사실 한강 유역과 그 이남에서 출토되는 고구려 유물·유적의 연대 비정은 고구려가 475~551년 한강을 차지했다는 문헌자료에서 도출한 것이다. 주로 토기의 연대관에서 추출된 고구려 유물·유적의 존속 연대는 지역에 따른 선후관계와 대체적인 추정 연대를 알려주는 정도이다.

고구려 고고학 성과가 통설에만 부합하는 것이고, 백제본기의 내용과 배치된다는 생각은 옳지 않다. 현재 출토되는 한강 이남 고구려 유물·유적의 분포양상은 군사적 거점지배 형태인 교통로 위주의 고구려 남진 양상을 살피는 데 유효하다. 그럼에도 불구하고 그 시기를 구체적으로 특정할 만한 근거가 여전히 부족하고, 고구려가 해당 지역을 광범위하게 장기간 영역지배 한 것인지에 대해서도 검토의 여지가 있다.

한편 475~551년 백제가 한강 유역을 차지했다면 과거 도성이었던 풍납토성과 몽촌토성에서 이 시기의 백제 유물이 확인될 법한데 현재까지 그렇지 못하다는 의문을 제기할 수 있다. 특히 475년 이후 고구려가 몽촌토성에 주둔했던 흔적이 분명한 각종 유적과 유물에 대한 합리적인 설명이 필요하다. 최근 몽촌토성 북문지 일대의 발굴조사 결과 성왕이 한성을 회복했을 때의 정황을 시사하는 유물이 출토되어 주목받았다. 곧 고구려 생활단층에 조성된 백제의 벽주(壁柱) 건물지와 세발토기편 등 사비기 토기가 그것이다. 말하자면 몽촌토성에는 475년 이후 고구려군이 주둔해 있었고, 백제는 551년에서야 이곳을 수복했다는 것이다(최충기, 2020; 이혁희, 2020; 한성백제박물관, 2020b).

그러나 몽촌토성에서 출토된 고구려 유적과 유물의 연대가 475년 이후임은 분명하지만 존속시기까지 구체적으로 알려주는 것은 아니다. 지금까지의 발굴성과를 가지고 고구려가 70여 년간 몽촌토성을 점유했다고 단정하기에는 섣부른 감이 있다. 『삼국사기』 백제본기에 따르면, 백제 문주왕은 웅진으로 천도한 다음 해인 476년 2월에 한강 이북(漢北)의 민호(民戶)를 대두산성으로 이주시켰다. 대두산성의 위치는 알 수 없지만, 문맥상 한강 북쪽의 백제 주민을 한강 이남 지역으로 옮김으로써 고구려로부터 보호하려는 조치로 해석된다. 고구려가 당시 몽촌토성에 주둔해 있던 상황이라면 문주왕의 백제민 이주정책은 실패했을 것이다. 고구려가 일시적으로 물러간 틈을 이용했을 가능성이 크다.

백제가 476년 무렵 일시적으로 무주공산이 된 한강 유역 일부를 차지했더라도 그 범위는 제한적이었던 것 같다. 476년 3월 문주왕이 송에 사신을 보냈을 때 고구려가 길을 막아 좌절되었는데, 이는 경기만 일대의 제해권이 여전히 고구려의 수중에 있었음을 시사한다. 삼근왕대인 478년에 좌평 해구와 함께 대두성을 근거로 반란을 일으킨 연신이 고구려로 달아났다는 기록을 통해 당시 고구려와 백제의 국경선이 경기 남부 내지 충청 북부였음을 알 수 있다. 482~483년 무렵 백제가 한산성을 차지했다는 백제본기를 신뢰한다면, 문주왕이 한북의 민호를 이주시킨 476년 2월 이후 고구려가 몽촌토성을 장악해 적어도 482년까지 주둔한 것으로 해석할 여지가 생긴다. 경기 남부와 충청도 일대의 고구려 유물·유적이 몽촌토성을 거점으로 삼아 백제의 수도 웅진을 압박했던 5세기 후반 고구려 남진의 결과물이라는 통설과 부합하는 접점이 존재하는 것이다.[3]

고고자료를 활용한 고구려의 남진 시기와 경로 연구는 향후 발굴과 연구성과를 통해 보완이 필요하다. 우선 『삼국사기』 백제본기에 대한 선입관은 배제한 채, 고고자료와의 비교·검토를 통한 진전된 연구방법이 필요하다. 문헌과 고고자료를 상호 보완적으로 활용함으로써 좀 더 합리적인 해석을 도출해 낼 여지가 분명히 있다. 그것이 곧 475~551년 한강 유역 영역 변천의 양상을 객관적으로 복원할 수 있는 온당한 태도이자 이해 방향이다.[4]

---

[3] 풍납토성은 475년 고구려의 한성 공격 때 소실되어 백제가 무령왕대 이후 한강 유역을 탈환했을 시기에도 재활용되지 못했을 것이다. 또한 고구려군이 물러간 몽촌토성에 백제의 유물·유적이 남아 있지 않은 것은 해당 시기 강 건너 아차산 일대에 고구려군이 주둔해 있었기 때문으로 추정된다. 한강 유역이 고구려와 백제 간 국경의 기능을 했던 시기 아차산 일대가 고구려 남방의 최전선이었음에는 이론의 여지가 없다. 이하에서 언급하는 바와 같이, 필자는 아차산보루군이 백제의 동향을 감시하는 기능으로써 본격적으로 조성·활용된 시기는 안장왕이 남진한 529년 전후 무렵에서 고구려가 성왕에게 한강 유역을 빼앗긴 551년까지로 생각한다. 몽촌토성 북문지에서 출토된 성왕의 몽촌토성 수복 관련 유물도 이러한 추정과 어긋나지 않는다.

[4] 결론적으로 필자는 475~551년 한강 유역 영유권을 '백제 영유설'의 관점에서 이해하고 있다. 이하 2절은 이러한 입장에서 서술한 것이다.

2. 삼국 간 역관계의 변화

1) 6세기 전반 삼국의 역관계와 고구려·백제의 각축

475년 9월 장수왕의 백제 한성 공격으로 고구려 남진의 성과가 가시화된 시기, 백제와 신라는 오랜 동맹관계를 유지하고 있었다. 비록 백제 개로왕(455~475년)이 아차산에 끌려가 고구려군에 살해당했지만, 개로왕의 명령을 받아 신라로 간 문주는 구원군 1만 명을 얻어 수도 한성에 돌아왔다. 이미 한성이 파괴되어 문주왕(475~477년)은 결국 수도를 웅진으로 옮겼지만, 백제의 국가적 위기에 1만 명의 대군을 선뜻 내줄 정도로 당시 백제와 신라의 군사적 동맹관계는 공고하였다.

고구려는 백제 한성을 함락하고도 웅진으로 천도한 백제에 대하여 압박 공세를 멈추지 않았다. 고구려는 동시에 5세기 말까지 동해안 일대와 소백산맥 서쪽 방면의 금강 상류 및 그 지류인 미호천 유역에서 신라와 치열한 공방전을 전개하였다. 청주·진천·증평 등 미호천 유역은 중부지방에서 백제와 신라 간 국경이 맞닿아 있는 접점이었다. 고구려는 이들 지역을 집중적으로 공격함으로써 백제와 신라의 군사동맹을 무력화시키는 동시에 웅진 방면으로의 진출을 모색한 것 같다. 그러나 장수왕대에서 문자명왕(491~519년)대 초반까지 계속된 고구려의 남진은 나·제 동맹군의 시의적절한 공조로 인해 번번이 패배로 귀착되었다. 당시 백제와 신라 사이 동맹을 이끈 군주는 동성왕(479~501년)과 소지왕(479~500년)이었다.

그런데 공교롭게도 이들 두 왕이 비슷한 시기 자국 내의 정치적 변고에 휩쓸려 사망하면서 삼국 관계는 이전과 다른 변화의 징후가 보이기 시작하였다. 곧 백제 무령왕(501~523년)과 신라 지증왕(500~514년)이 즉위한 후, 433~434년부터 우호관계를 맺어 5세기 중반 이후에 군사동맹관계의 절정을 보여준 백제와 신라의 관계가 이전과 다르게 이완되어 간 것이다.

사실 이러한 조짐은 이미 5세기 말부터 싹텄다. 498년 동성왕이 사정성(沙井城: 대전 중구)을 쌓아 한솔 비타로 하여금 지키게 했는데, 이는 신라의 침략에 대비한 것이었다. 동성왕은 재위 23년(501년)에는 탄현(炭峴: 충남 금산 진산)[5]에 목책을 설치함으로써 드러내 놓고 신라에 대비한 방어체계를 구축해갔다. 이후 백제와 신라는 521년에 중국 양나라에 함께 사신을 파견한 것을 제외하면, 548년 독산성전투 때까지 고구려와 백제의 공방전에 신라의 동맹군이 개입하지 않았다. 다만 525년(백제 성왕 3년, 신라 법흥왕 12년)과 541년(성왕 19년, 진흥왕 2년)에 사신을 통해 화친을 도모한 기록이 남아 있다. 이렇게 보면 6세기에 들어 백제와 신라의 관계는 군사동맹의 성격이 유명무실해진 채 느슨한 우호관계를 이어가는 정도라고 할 수 있겠다.

고구려와 신라의 각축양상도 변화되었다. 5세기 후반부터 동해안

---

[5] 탄현의 위치에 대해서는 논란이 많다. 대전시 동구와 충북 옥천군 군북면의 경계에 있는 식장산 마도령(馬道嶺)을 탄현으로 비정한 견해가 먼저 제기되었다(池內宏, 1932~1933; 서정석, 2003). 이후 전북 완주군 운주면 삼거리에 있는 쑥고개(홍사준, 1967; 정영호, 1972)와 충남 금산군 진산면 교촌리의 숯고개(성주탁, 1990)가 탄현으로 주목받았다. 최근에는 금산군 내 같은 진산면 소재이지만 방현리와 행정리 사이에 있는 방현(方峴)을 주목하기도 한다(이관섭, 2015). 이곳은 〈대동여지도〉에도 진산과 연산을 연결해 주는 교통로상의 고개로 남아 있다. 『삼국사기』 백제본기의 백제 멸망 시 좌평 성충과 흥수가 의자왕에게 간언한 내용을 고려하면, 탄현을 경유하는 교통로가 긴 협곡지대이면서 산 아래에 하천을 끼고 있었음을 알 수 있다. 탄현의 별칭이 침현(沈峴)인 것도 이러한 이유 때문이다. 종합적으로 볼 때 탄현의 위치는 충남 금산군 진산면 소재의 고개로 파악된다(장창은, 2020).

일대와 소백산맥 서쪽 방면에서 지속된 고구려의 남진이 6세기에 들어 소강상태를 맞았다. 신라 지증왕은 재위 5년(504년) 만에 파리성(波里城), 미실성(彌實城), 진덕성(珍德城), 골화성(骨火城) 등 12성을 수도 경주 외곽의 주요 요충지에 쌓음으로써 대고구려 축성사업을 마무리하였다. 파리성과 미실성은 동해안의 삼척과 흥해에 있었고, 골화성은 경북 영천으로 위치가 비정된다. 나머지 성의 위치는 분명하지 않지만, 지증왕이 12성 축조를 통해 동해안로와 내륙의 주요 교통로에 방어체계를 구축했음을 알 수 있다(장창은, 2008).

그뿐만 아니라 지증왕은 512년에 이사부(異斯夫)로 하여금 우산국(于山國: 울릉도)을 복속케 하여 동해안 일대의 해상 주도권까지 우위를 점했다. 이로써 신라는 육상과 해상에서 동시에 고구려의 군사적 동향을 안정적으로 감시·통제할 수 있게 되었다. 그 결과인지 단언할 수 없지만 실제로 6세기대에 들어 고구려가 신라를 침입한 기록이 남아 있지 않다. 이를 통해 신라가 지증왕대에 이르러 동해안 강릉 지역을 거점으로 삼아 그 남쪽지역을 안정적으로 영유하고 있었음을 알 수 있다. 고구려 입장에서 남진의 방향을 다시 백제로 바꿀 수밖에 없었던 까닭이 바로 여기에 있었던 것 같다.

당시 고구려의 남진은 여전히 문자명왕이 주도하고 있었다. 백제는 무령왕이 즉위한 직후였다. 이것이 곧 한강 유역을 둘러싼 고구려와 백제의 진검 승부를 알리는 서막이었다. 먼저 무령왕이 재위 2년(502년) 고구려의 국경을 선제공격하였다. 고구려도 곧바로 다음 해 9월 부용세력이었던 말갈(靺鞨)을 시켜 마수책(馬首柵: 경기도 포천)을 불태우고 고목성(高木城: 경기도 연천?)을 공격하였다. 그러나 무령왕이 군사 5,000명을 파견하여 이를 물리쳤다.[6]

무령왕은 기세를 이어가 두 달이 지난 503년 11월 달솔 우영에게 군사 5,000명을 주어 수곡성(水谷城: 황해도 신계)을 습격하였다. 이것은 백제가 내륙 방면에서 일시적일지라도 예성강 상류 지역까지 이르렀음을 시사한다. 경기도 연천과 황해도 신계는 고구려와 백제 간 교통로였던 '방원령로'[7]의 중요한 요충지였다. 그렇다면 무령왕은 방원령로 남방의 일부를 회복한 셈이다. 다만 고구려가 문자명왕 15년(506년) 7월에 말갈을 사주해 고목성을 다시 함락했으므로, 방원령로를 둘러싼 고구려와 백제 간 전선은 예성강 상류 지역에서 임진강 상류 지역으로 다시 조정되었다.

문자명왕의 백제에 대한 공세는 계속 이어져 512년 9월에는 백제의 가불성(加弗城)과 원산성(圓山城)을 빼앗았다. 그러나 곧바로 무령왕의 반격을 받아 위천(葦川) 북쪽에서 패했다.[8] 이때 고구려군은 무령왕이 거느린 군사가 3,000명에 불과한 것을 보고 방심하다가, 무령왕의 신

---

6 『삼국사기』 무령왕본기의 신빙 여부에 따라 6세기 전반 고구려와 백제 간 한강 유역 영유권에 대한 이해가 달라질 수 있다. 곧 백제본기를 신뢰하면 무령왕대 백제가 한강 유역을 회복한 것이 되고, 그렇지 않다면 고구려가 여전히 한강 유역을 차지하고 있는 것으로 파악해야 한다. 여기에서는 당시 삼국 관계 추이를 살피는 차원에서 『삼국사기』 기록을 그대로 활용한다.

7 고구려의 남진 경로는 서영일의 연구에 따른다(서영일, 2007). 서영일이 제시한 평양에서 서울까지의 세 교통로는 다음과 같다.
- 방원령로 : 평양-대동-연산-방원령-수안-신계-토산-삭녕-연천-양주-서울
- 자비령로 : 평양-황주-자비령-서흥-평산-금천-개성-장단-파주(적성)-양주-서울
- 재령로 : 평양-황주-사리원-재령-신원-해주-개성-파주-서울

8 가불성·원산성 및 위천은 그 위치를 비정할 만한 단서가 남아 있지 않다. 원산성을 마한의 중심지였던 천안으로, 위천은 천안과 아산·온양 사이를 흐르는 곡교천으로 비정한 견해가 있다(여호규, 2013). 이 견해에 따르면, 문자명왕과 무령왕대의 전선(戰線)이 한강 이남 지역이 된다. 다만 이는 온조왕대의 원산(圓山)과 같은 지명이라는 전제하에 주장된 것이어서 따르기 어렵다. 왜냐하면 온조왕이 36년에 원산(圓山)과 금현(錦峴) 2성을 수축하고 고사부리성(古沙夫里城, 전북 익산)을 축조했다는 『삼국사기』 백제본기 기록은 후대에 부회된 것으로 믿기 어렵기 때문이다.

묘한 계책에 빠져 크게 패했다. 무령왕은 몸소 출정하여 진두지휘한 전투에서 승리함으로써 군령권을 확실히 장악하고, 고구려와의 군사적 대결구도에서도 주도권을 잡는 계기를 마련할 수 있었을 것이다.

무령왕 재위 중반기까지 고구려와 백제 사이의 대립양상은 무령왕이 집권 초반에 공세를 가해 임진강 상류 지역까지 진출하였고, 이후 고구려의 공격을 받았지만 곧바로 반격함으로써 백제가 한강 이북에서 임진강선을 회복하는 것으로 이어졌다. 이 시기 고구려에 대한 백제 측의 자신감은 『양서(梁書)』 백제전에 남아 있는 무령왕 21년(521년) 양나라에 보낸 표문에서 "여러 차례 고구려를 깨뜨려 비로소 우호를 통했으며 다시 강한 나라가 되었다(累破高句麗 始與通好 而更爲强國)"는 문구로 표출되기에 이르렀다. 외교문서라는 특성상 어느 정도 과장과 꾸밈이 있을 수 있겠지만, 당시 역사적 상황이 담보되어 있음을 부정하기는 어렵다.

2) 안장왕의 남진정책

무령왕 즉위 후 성왕(523~554년) 집권 전반기까지 유지되어 왔던 고구려에 대한 백제의 우위는 고구려 안장왕(519~531년)이 즉위하면서 변화의 계기가 마련되었다. 안장왕은 문자명왕의 맏아들로서 재위 7년(498년) 태자에 임명되었다. 그 후 장성하면서 20여 년간 왕위계승 수업을 착실히 받고 519년 드디어 왕위에 올랐다. 안장왕은 즉위 3년 (521년) 옛 수도였던 국내성(國內城) 졸본으로 행차하여 시조 주몽의 사당에 제사지냈다. 그리고 졸본에서 평양으로 돌아오면서 지나는 주(州)·읍(邑)의 가난한 사람들에게 곡식을 나누어 주었다(『삼국사기』 안장왕 3년).

안장왕의 시조묘 제사는 고국원왕 2년(332년)에 실시된 후 190여 년 만에 행해진 것이었다. 이는 고구려가 평양으로 천도한 427년 이후 처음이었다. 국왕이 즉위 초반에 수도를 비운 채 장기간 지방을 순행하는 것은 상당한 위험요소가 내포되어 있다. 따라서 안장왕의 졸본 시조묘 제사는 단순한 즉위의례의 차원을 넘어서서 국정을 안정시키고 통합하기 위한 고도의 정치적 행위로서 철저한 계획하에 시행되었을 것이다.

안장왕은 재위 5년(523년)부터 군사를 보내 백제를 침략하는 남진정책을 본격화했다. 그렇다면 안장왕의 시조묘 제사와 수도로 귀환하면서 주·읍의 가난한 사람들에게 베푼 곡식은 본격적인 전쟁을 앞두고 백성을 위무하기 위한 경제적 조처였을 것이다. 또한 안장왕이 국내성 및 오고 가는 지역의 유력세력들과 접촉함으로써 그들과 정치적 유대를 강화하고 지지세력의 결집을 도모했을 가능성도 있다(최일례, 2016). 이 밖에도 남방 진출을 앞두고 옛 수도였던 국내성 일대에서 혹시 발생할지도 모를 정치적 변란을 막기 위한 사전 정지작업의 측면도 있었을 것이다. 후대의 일이지만 양원왕 13년(557년)에 환도성에서 반역을 일으킨 사례는 평양 천도 후 국내성 세력이 언제든지 정치적 부담을 줄 수 있는 반대세력으로 존재했음을 시사한다.

6세기 전반 고구려와 백제의 전쟁양상에서 백제 우위로 이어져 온 국면은 안장왕 즉위 11년(529년)에 이르러 반전의 계기를 맞았다. 안장왕은 출정에 앞선 529년 봄 3월에 황성(黃城)의 동쪽에서 사냥을 실시하였다. 고구려사에서 사냥은 단순한 놀이 내지 유희 행위가 아니었다. 사냥은 군사훈련과 국가제사에 바치는 희생동물을 잡는 일석이조의 군사적 의례 차원에서 시행하였다(김영하, 2002). 황성은 평양 일대에 있었던 것이 유력하다. 고국원왕도 재위 13년(343년)에 이곳으로 거처를 옮긴 적이 있었다. 요컨대 안장왕은 본격적인 출정을 앞두고 전쟁의 사전 점검과 승리를 기원하는 의식을 치렀던 것이다.

529년 10월, 안장왕은 몸소 군사를 거느리고 백제 북쪽 변경의 전략적 요충지였던 혈성을 공격해 함락시켰다. 혈성은 강화도의 고구려 당시 이름이 '혈구군(穴口郡)'이어서 이곳으로 비정하는 것이 일반적이다(김병남, 2003a; 양기석, 2005; 문안식, 2006). 다만 안장왕이 이때 수군(水軍)을 동원했다는 기록이 없고, 이어지는 오곡원전투까지 감안해 위치 비정에 주저하는 견해도 있다(김영관, 2020). 성왕은 안장왕의 혈성 함락에 대한 반격 차원에서 좌평 연모에게 보병과 기병 3만 명을 주어 오곡의 벌판에서 고구려군과 맞서 싸우게 했다. 그러나 오곡원전투는 백제 측 2,000명의 군사가 전사하여 고구려의 대승으로 끝났다.

그런데 백제는 무령왕 23년(523년) 2월에 한강 북쪽 주·군의 백성을 차출하여 쌍현성(雙峴城)을 축조하였다. 쌍현성의 위치는 임진강 이북 마식령산맥의 교통로상에 있었음이 유력하다(장창은, 2010; 여호규, 2012). 이후 무령왕이 죽고 성왕이 즉위하는 혼란의 와중인 523년 8월 고구려 군사가 패수에 이르렀다. 성왕은 1만 명의 군사를 보내 패수전투를 승리로 이끌었다. 곧 백제는 성왕 즉위 후 529년까지 예성강과 임진강 상류 지역을 관통하는 방원령로와 자비령로를 통한 고구려의 남하에 대비해 주요 거점지역에 방어체계를 구축하고 있었던 셈이다. 혈성이 강화도에 있었다면, 이와 같은 이유 때문에 안장왕이 이들 내륙지방의 교통로를 우회하여 재령로를 경유해 혈성을 기습적으로 점거한 것이 아닌가 추정된다.

『삼국사기』권37 지리지 한산주조에는 지금의 경기도 고양에 해당하는 왕봉현(王逢縣, 皆伯縣이라고도 함)과 달을성현(達乙省縣)에서 한씨(漢氏) 미녀(美女)가 고구려 안장왕을 만났다는 이야기가 남아 있다. '왕봉(王逢)'이라는 이름이 붙여진 까닭은 한씨 미녀가 안장왕을 만난 곳이었기 때문이며, 달을성현에서는 한씨 미녀가 높은 산마루에서 봉화를 피워 안장왕을 맞이하였기 때문에 '고봉(高峰)'으로 불렀다는 내용이다.

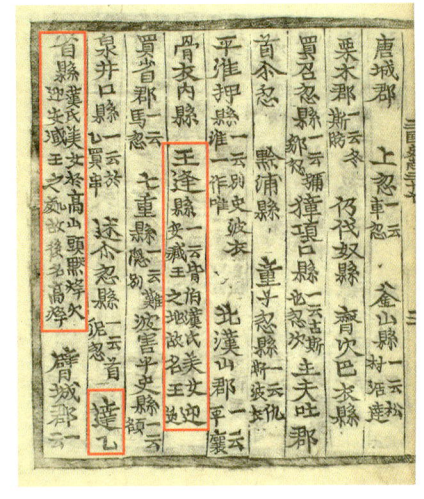

그림1 | 『삼국사기』 지리지 왕봉현 · 달을성현 (국사편찬위원회 한국사데이터베이스)

고양 지역 설화에도 이와 비슷한 내용이 전한다. 곧 한씨 미녀 구슬(韓珠)과 고구려의 태자 흥안(나중의 안장왕)이 백제 땅이었던 이곳에 몰래 왔다가 만나서 혼인을 맺었다고 한다. 흥안은 자신이 나중에 이곳으로 꼭 돌아올 것인데 그때 봉화를 올려 맞이해달라고 부탁하면서 고구려로 떠났다. 세월이 흘러 흥안은 왕이 되었다. 구슬은 흥안의 약속을 굳게 믿은 채 새로 부임한 태수의 혼인 요청을 거절하였다. 그 대가로 구슬은 누명을 썼고 감옥에 갇히는 등 말할 수 없는 고초를 겪었다. 구슬은 마침내 안장왕이 온다는 소식을 들었다. 이에 구슬은 고봉에 올라가 봉화를 올려 안장왕을 맞이하였고, 다시 만난 두 사람이 행복하게 잘 살았다는 이야기이다. 고양 지역의 설화가 『삼국사기』 지리지와 그것을 모티브로 하여 더욱 각색된 형태로 전승되었음을 알 수 있다.

안장왕과 한씨 미녀의 이야기는 안장왕의 남진이 한강 유역 토착재지세력과의 협조 내지 정치적 제휴하에 추진되었음을 시사한다(노태돈, 1999; 강진원, 2016; 김진한, 2020). 그뿐만 아니라 안장왕이 남쪽으로 진출한 경로까지도 오롯이 알려준다. 고구려의 주요 남진 경로였던 예성강과 임진강 상류 쪽이 아닌 하류 방면의 재령로를 이용했을 가능성을 높여주는 것이다.

결국 안장왕은 자비령로의 요충지였던 오곡(황해도 서흥) 벌판에서 벌어진 백제와의 전투에서 완승하였다. 특히 이들 전투에서 안장왕이 몸소 군사를 이끌고 대백제 전쟁을 수행한 것은 주목할 만하다. 이는 장수왕이 475년에 백제의 한성을 직접 공략한 이후 처음 있는 일이었다. 고구려군에 맞대응하는 백제군의 규모도 3만 명의 대군이었으며, 그중 2,000명이 전사하였다. 곧 529년의 전투가 고구려와 백제의 공방전 양상이었으므로 두 나라에 미치는 영향은 상당히 컸을 것이다. 고구려 입장에서는 다시 남진해 백제를 압박할 수 있는 교두보를 마련한 셈이다. 당연히 백제로서는 고구려의 파상적인 공세를 막고 한강 유역을 지켜야 하는 입장이었다.

475~551년 한강 유역 영유권에 대한 학계의 논란은 분분하다. 『삼국사기』 기록을 신뢰하는 입장의 연구자들은 529년 안장왕이 오곡원 전투를 승리로 이끈 후 고구려가 한강 유역을 다시 차지했다고 보고 있다. 물론 세부적으로 고구려 남방 진출범위에 대해 연구자 간 견해차가 큰 것도 사실이다. 곧 이때 고구려가 한강을 넘어 금강 유역과 청주 지역까지 진출했다는 주장이 있는가 하면(심광주 2001; 김영관, 2006; 2008), 고구려의 영유권을 한강 이북으로 제한하기도 한다(정운용, 2007; 장창은, 2014).

고대 서울 분지의 중심지는 조선시대와 달리 한강 북쪽의 중랑천과 남쪽의 탄천이 합류하는 지역이었다. 아차산 일대는 중랑천과 탄천이 합류하는 지역을 감시하고 통제하기 좋은 지점이었다. 아차산의 동쪽으로는 왕숙천을 따라 북쪽으로 길이 뻗어 있다. 곧 중랑천로를 통해서는 경기도 의정부-동두천 방면으로 북쪽과 연결되고, 왕숙천로를 통해서는 포천 방면으로 나아갈 수 있다. 지금도 3번 국도와 47번 국도가 이곳을 따라 남북을 연결하는 주요 간선도로로 기능하고 있다. 아차산 남쪽에 있는 광진(廣津)은 고대부터 조선시대까지 한강을 건너는 주요 나루였다. 광나루에서 한강을 건너면 남쪽의 탄천로와 연결된다. 탄천로를 통해서 남쪽으로 가면 경기 동남부인 성남-용인을 경유해 충청도와 경상도의 각 지역으로 갈 수 있다. 요컨대 아차산 일대는 고대부터 남-북 육상교통로와 동-서 한강 물길교통로가 교차하는 전략적 요충지였다. 그렇기 때문에 삼국 간 각축지역으로 부각되었고, 그에 따른 관방유적이 지금도 많이 남아 있는 것이다(서영일, 2014).

아차산고구려보루군의 연대에 대해 연구자 사이에 다소 견해차가 있는 것은 사실이다. 다만 그 상한선이 6세기 이후라는 데에는 별다른 이견이 없다(국립문화재연구소, 2009; 최종택, 2004; 2013). 그렇다면 아차산에 소재한 20여 개의 보루들은 고구려가 한강 이남 백제의 북진을 감시·통제하기 위해서 축조한 것으로 이해함이 합리적이다. 이것은 아차산 일대의 한강이 고구려와 백제 간 국경 기능을 했거나 적어도 고구려의 한강 유역 영유에서 배후거점지역이었음을 의미한다. 안장왕의 남방 진출을 감안할 때, 아차산고구려보루는 늦어도 529년 무렵에는 축조되어 그 기능을 수행했을 것으로 추정한다(장창은, 2014).

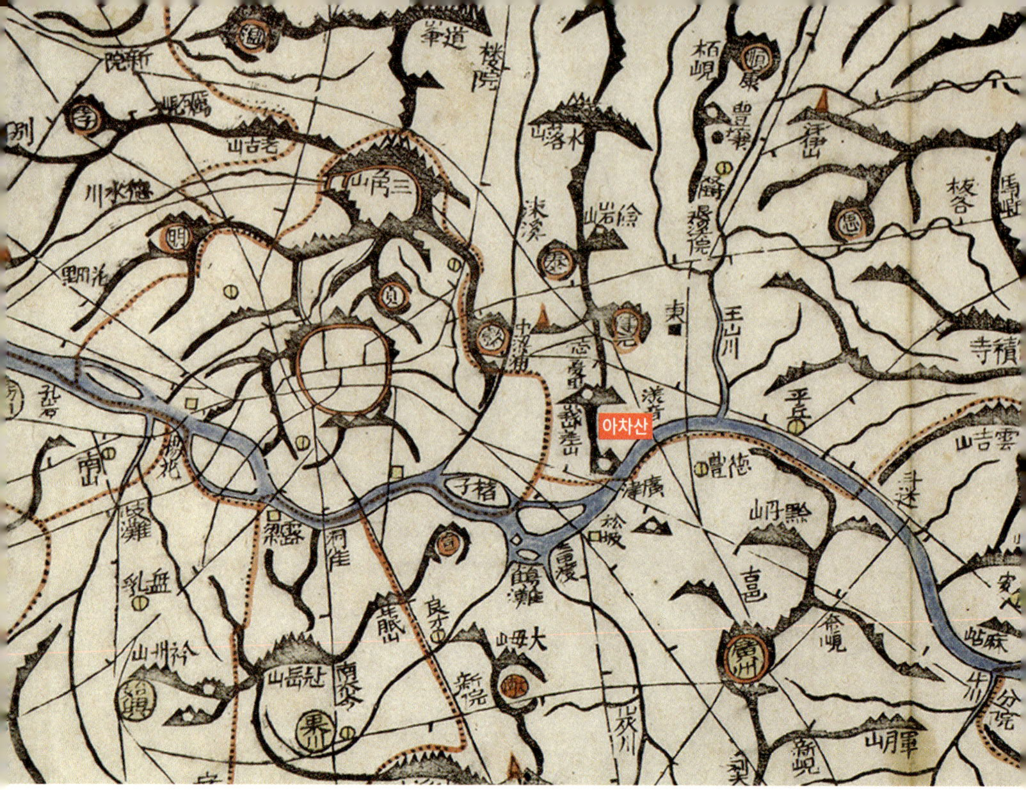

그림2 | 아차산의 지리적 조건(서울대학교 규장각한국학연구원 소장, 〈대동여지도〉)

그림3 | 아차산4보루에서 본 한강

3) 안원왕-양원왕대 국내정치의 혼란과 남진의 답보

안장왕은 백제와의 오곡원전투를 승리로 이끈 지 2년 만인 재위 13년 (531년) 5월에 사망하였다. 『삼국사기』에는 그가 죽은 원인에 대해 별다른 설명이 남아 있지 않다. 반면에 『일본서기』 계체기(繼體紀) 25년 (531년) 12월조에는 안장왕이 시해된 것으로 기록되어 있다. 안장왕이 죽고 아들이 없었기 때문에 왕위는 그의 동생 보연(안원왕: 531~545년) 이 이어받았다. 안장왕의 갑작스러운 죽음은 자연사라기보다는 정치적 변고였다고 파악함이 옳을 듯하다. 구체적인 시해 배경이나 주체에 대해서는 더 이상의 추적이 불가능하다. 다만 안장왕이 남진을 위해 결탁했던 한씨 미녀로 대표되는 세력의 동향과 관련될 개연성은 있다. 예컨대 안장왕이 남진 과정에서 협조했던 재지세력의 등용을 둘러싸고 기존세력과 암투하는 과정에서 사망했을 가능성이다(정원주, 2018). 안장왕 죽음의 수혜자가 결국 안원왕이므로 그가 형의 죽음과 어떠한 형태로든 관련이 있다고 보는 것이 자연스럽다. 적어도 안장왕을 시해한 세력에 의해 안원왕이 옹립되었을 것이다. 『삼국사기』에는 안장왕이 동생을 사랑했다면서 형제 간의 우애를 특별히 강조하고 있다. 이것이 오히려 안원왕의 즉위를 합리화해주는 명분이 아니었을까 싶다.

안원왕이 즉위한 후 고구려의 국내 사정은 편치 않았다. 『삼국사기』 고구려본기에 따르면, 재해와 재난이 연이어 발생하였다. 안원왕 재위 5년(535년) 여름에 홍수로 200여 명이 죽었고, 겨울에는 지진과 전염병이 이어졌다. 이듬해에도 가뭄과 황충(누리)의 피해로 백성들이 굶주렸다. 이에 안원왕은 재위 6~7년 재해현장에 사신을 보내 굶주린 백성을 위로하고 구제하였다. 이와 같은 사회경제적 위기상황으로 인해 안원왕은 안장왕이 추구한 남진정책을 발전적으로 계승하지 못했다. 그래서인지 안원왕대 고구려가 백제를 선제공격한 기록은 남아 있지 않다. 오히려 안원왕 10년(540년)에는 백제의 침략을 받아 우산성이 포위되기에 이르렀다. 다만 안원왕이 날랜 기병 5,000명을 보내 백제군을 물리침으로써 호각지세의 전선을 유지할 수 있었다.

안원왕은 별다른 업적 없이 왕위에 오른 지 15년 만에 죽고 말았다. 왕의 자리는 안원왕 3년(533년)에 태자로 책봉된 맏아들 평성(양원왕: 545~559년)이 이어받았다. 『삼국사기』 고구려본기에는 안원왕의 죽음과 양원왕 즉위가 순탄하게 이루어진 것으로 되어 있다. 하지만 『일본서기』 권19 흠명기 6~7년(545~546년)조에는 전혀 다른 역사적 사실을 전하고 있다.

『일본서기』 흠명기에 인용된 『백제본기(百濟本紀)』에 따르면, 안장왕에게는 세 명의 부인이 있었다. 첫째 정부인(正夫人)은 아들이 없었다. 둘째 중부인(中夫人)이 세자를 낳았는데, 그의 외할아버지가 추군(麤群)이었다. 셋째 소부인(小夫人)도 아들을 낳았으며, 그의 외할아버지는 세군(細群)이었다. 그런데 안장왕은 질병을 앓고 있었고 말년에 병세가 더욱 심해졌다. 결국 545년 12월에 추군과 세군 세력은 왕위를 둘러싸고 궁궐 앞에서 3일간 치열한 전투를 벌였다. 결과는 추군 측의 승리로 끝났는데, 이때 세군 세력 2,000명이 몰살당했다. 양원왕은 중부인의 아들로서 추군세력에 의해서 왕으로 세워졌다.

『일본서기』는 천황 중심적으로 윤색되었고, 설화성 짙은 내용이 많아 사료 비판을 해야 한다. 다만 이 기록은 『백제본기』를 인용한 것이어서 믿을 만한 것으로 평가된다. 곧 안원왕 재위기간에 고구려는 사회경제적 어려움뿐만 아니라 외척세력 간의 정치적 갈등도 점차 심화되어 갔음을 알 수 있다. 이것이 안장왕대와 다르게 백제를 상대로 한 대외전쟁을 적극적으로 치를 수 없었던 근본적인 배경이 되었던 것이다.

양원왕은 즉위 후 3년(547년)까지 매년 동위(東魏)에 사신을 보내 조공하면서 북방 전선의 안정화를 꾀했다. 동시에 요동 지방에 있는 백암성(白巖城: 요령성 등탑 연주성)을 고쳐 쌓고 신성(新城: 요령성 무순 고이산성)을 수리함으로써 혹시라도 있을지 모를 북방에서의 소요와 방어에 만전을 기했다. 그리고 재위 4년(548년) 한동안 주춤했던 대백제 공격에 박차를 가했다. 이른바 '독산성(獨山城)전투'였다. 이 전투는 『삼국사기』의 고구려·백제·신라본기에 모두 실려 있어 삼국 모두에게 중요한 전투로 인식, 기록되었음을 알 수 있다. 인명 등 세부적으로 미세한 차이가 있지만 이야기의 서사구조는 같다. 이를 종합해서 재구성하면 다음과 같다.

548년 봄 정월, 양원왕은 부용세력이었던 예(濊: 말갈)의 군사 6,000명을 동원해 한북(漢北)의 독산성을 공격하였다. 이에 백제 성왕은 신라의 진흥왕에게 사신을 보내 구원을 요청하였다. 진흥왕은 장군 주진(또는 주령)에게 갑옷을 입은 군사(甲卒) 3,000명을 내주어 백제를 구원하게 했다. 주진의 군대는 독산성 아래에 주둔해 있는 고구려 군사와 싸워 크게 이겼다. 사실 5세기 후반 백제와 신라의 관계가 소원해지면서 495년 이후 동맹군의 활동이 없었다. 541년 백제 성왕이 신라 진흥왕에게 사신을 보내 화친하면서 두 나라의 우호관계가 복원되었는데, 이때 그 결실을 맺은 것이었다. 고구려의 남방 진출이 나·제 동맹군에 의해 번번이 좌절되었음을 알 수 있다.

그런데 독산성의 위치를 놓고 학계의 의견이 분분하다. 먼저 충남 예산에 소재한 것으로 보는 견해가 다수이다(김태식, 1993; 양기석, 2005;

여호규, 2013). 이들은 『일본서기』 흠명기 9년(548년) 4월조에 고구려가 백제를 침입한 마진성(馬津城)을 독산성과 같은 곳으로 보았다. 실제로 『삼국사기』 지리지에는 668년 백제 멸망 후 당이 웅진도독부에 설치한 현 중에서 마진현(馬津縣)의 본래 이름이 고산(孤山)이라고 되어 있다. '고산(孤山)'과 '독산(獨山)'은 '홀로 우뚝 솟아 있는 산'이라는 의미상 서로 통하는데, 충남 예산의 옛 이름이 고산현(孤山縣)이었다. 문헌고증적인 면에서 독산성의 위치를 충남 예산으로 비정할 만한 근거가 있는 셈이다.

그런데 예산 일대에서 독산성으로 비정할 만한 산성을 아직 찾지 못했다. 그뿐만 아니라 『삼국사기』 백제본기에는 독산성 앞에 '한강 이북(漢北)'을 병기하고 있어 한강 이남의 충남 예산으로 비정하는 데 근본적인 의문이 따르기도 한다. 이에 대하여 백제 사람들이 의도적으로 '한북(漢北)'이라는 표현을 덧붙임으로써 한강 유역을 지속적으로 차지하고 있었던 것처럼 강조했다고 본 견해도 있다(전덕재, 2016). 다만 이와 같은 부회가 과연 가능한 것인지, 오히려 후대에 신라 측에 의해서 그러한 자료가 개찬되지 않고 전승될 수 있었는지 의문의 여지도 있다.

독산성전투 관련 기록은 백제본기가 가장 자세하므로 원전일 가능성이 크다. 따라서 독산성의 위치로 전제된 '한강 이북'은 소홀히 대할 수 없는 측면이 있다. 이에 근거해 독산성의 위치를 한강 이북으로 보는 주장도 계속 제기되고 있다. 하지만 경기도 포천(김병남, 2003b), 경기도 동북부 또는 강원도 철원(장창은, 2014), 고양 행주산성(윤성호, 2017) 등 구체적인 논거가 뒷받침되지 않아 미완의 과제로 남아 있다.

독산성의 위치가 한강 이남의 충남 예산 일대인지 아니면 한강 이북 지역인지에 따라서 548년 무렵 한강 유역 영유권에 대한 이해는 완전히 달라진다. 나아가 551년 나·제 동맹군의 한강 유역 공략에 대한 계기적 이해도 마찬가지이다. 만약 독산성이 예산에 있었다면 548년 당시 고구려의 한강 유역 영유권은 안정적이었고, 한강을 넘어 남진해 백제의 수도를 계속 압박했다고 볼 수 있다. 그리고 이는 장수왕이 백제 한성을 함락한 475년부터 나·제 동맹군에게 한강 유역을 빼앗기는 551년까지 고구려가 시종일관 한강 유역을 차지하고 있었다는 통설과도 부합한다.

반면에 독산성이 한강 이북에 있었다면 백제가 529년 오곡원전투 패배 이후 548년 이전 어느 시기엔가 다시 고구려의 한강 유역을 차지한 후 그 이북의 거점지역에 독산성을 축조했음을 시사한다. 이 경우라면 6세기대 고구려와 백제 간 한강 유역 영유권은 유동적이었다고 보아야 한다.

3. 551년 나·제 동맹군의 급습과 한강 유역 상실 과정

1) 신라의 북진과 고구려의 국원 상실

548년 봄 정월, 고구려 양원왕은 부용세력이었던 예(말갈)를 동원해 백제의 독산성을 공격했지만, 오랜만에 가동된 나·제 동맹군의 반격을 받아 실패하였다. 그리고 2년이 지난 550년 정월~3월, 도살성(道薩城)과 금현성(金峴城)을 둘러싸고 삼국 간에 치열한 공방전이 벌어졌다. 먼저 백제 성왕이 550년 정월에 장군 달기에게 군사 1만 명을 주어 고구려의 도살성을 빼앗았다. 고구려는 두 달 후 이에 대한 보복 차원에서 백제의 금현성을 함락시켰다. 그런데 고구려와 백제 군사가 피로한 틈을 타서 신라 진흥왕이 이사부를 보내 두 성을 급습해 모두 빼앗고 증축한 후 갑사(甲士) 1,000명을 주둔시켰다. 고구려가 다시 금현성을 공격하였지만 도리어 이사부의 추격군에게 대패하였다.

도살성과 금현성의 위치는 단정할 수 없지만 금강의 지류인 미호천 유역으로 비정하는 견해가 많다. 곧 도살성은 충북 증평군 도안면에 소재한 추성산성(杻城山城: 尼城山城, 二城山城) 내지 진천군 초평면의 두타산성(頭陀山城)으로 비정하였다(민덕식, 1983; 양기석, 1999; 김영관, 2008; 전덕재, 2009a). 다만 이후 추성산성 발굴 결과 축조시기와 운영주체가 4~5세기대 백제로 밝혀졌다(성정용, 2012; 차용걸, 2014). 현재로서 이곳을 도살성으로 보기는 어렵게 되었다. 금현성도 도살성 인근의 진천에 있었던 것으로 추정하거나(윤성호, 2019b), 좀 더 구체적으로 세종시 전의면과 전동면에 걸쳐 있는 금성산성(金城山城)으로 비정하는 연구도 있다(양기석, 1999; 김영관, 2008; 전덕재, 2009a).

고구려가 미호천 유역의 도살성과 금현성을 차지하거나 공격할 수 있었던 것은 국원(國原: 충북 충주)을 남방 진출의 거점으로 장악하고 있었기 때문일 것이다. 곧 지리적인 조건과 교통로를 감안할 때 고구려는 국원에서 군대를 출동시켰을 가능성이 크다. 금현성이 도살성과 같이 진천 관내에 있었다면 말할 것도 없거니와, 설사 세종시 전의·전동면에 있더라도 국원에서 그리 먼 곳이 아니다. 곧 국원에서 달천 상류 방면으로 거슬러 가다가 서북쪽 증평으로 가면 곧바로 도살성이 나온다. 그리고 이곳에서 미호천을 따라 서남진한 후 조치원에서 조천을 경유해 서북 방면으로 가면 금현성에 다다를 수 있다.

신라 입장에서 보면, 도살성과 금현성을 장악함으로써 고구려의 국원 지역으로 진출할 수 있는 교두보를 마련한 것이다. 진흥왕은 실제로 551년 3월에 낭성(娘城)으로 몸소 순행(巡幸)을 갔다. 낭성은 충주 탄금대에 전하는 우륵(于勒) 관련 전설과, 우륵이 음악을 연주한 하림궁(河臨宮)의 명칭에서 풍기는 입지조건 때문에 충주로 위치를 비정하는 경향이 강하다(양기석, 1999; 박성현, 2010). 그러나 『신증동국여지승람』에 청주의 군명으로 분명하게 '낭성'이 전한다. 또한 진흥왕이 552년에 충주에서 우륵의 제자 계고·법지·만덕의 연주를 들으면서 "예전 낭성에서 들었던 [우륵의] 음과 다름이 없다"며 포상한 『삼국사기』 진흥왕 13년조를 음미하면, 낭성은 지금의 청주 권역에 있었던 것으로 판단한다(장창은, 2014·2020).

진흥왕은 낭성에서 국원에 안치했던 대가야의 우륵과 그의 제자를 불러 하림궁에서 악(樂)을 연주하게 했다. 이때의 악은 단순한 유희 차원의 음악이라기보다 정복지에 대한 정치·사회적인 통합을 위한 의례로 해석하는 견해가 있다(이정숙, 2003; 양기석, 2006).

결국 550년 정월 도살성과 금현성 장악으로 시작한 신라의 군사적 행보는 궁극적으로 국원의 장악으로 귀결되었다. 신라가 고구려의 국원을 차지한 시기는 도살성과 금현성을 차지한 550년 3월 이후 우륵을 국원에 안치한 551년 3월 사이임을 알 수 있다. 〈단양신라적성비〉 내용을 참고하면, 신라가 죽령을 넘어 단양의 적성 지역을 차지한 것이 550년 중·후반이다. 요컨대 신라의 국원·적성 공략은 죽령로뿐만 아니라 추풍령로를 경유한 소백산맥 서쪽 방면 등 전방위적 북방 진출의 결과로 볼 수 있다. 그리고 이는 결국 한강 유역 공략을 위한 사전 정지 작업의 성격이 짙었다.

2) 나·제 동맹군의 한강 유역 장악

신라가 고구려 남방 진출의 최대 군사거점이었던 국원을 차지함으로써 한강 유역 북진의 걸림돌이 제거되었다. 이에 신라는 백제와 함께 고구려가 장악하고 있던 한강 유역의 공략에 나섰다.『삼국사기』신라본기·고구려본기와 열전 거칠부전,『일본서기』흠명기 12년조에 관련 기록이 전한다.

551년, 백제가 먼저 한강 하류 방면을 공격하였다. 신라는 그 승기를 이어받아 한강 중·상류로 진격하였다. 신라 공격의 구체적인 시기에 대해 신라본기에는 551년 3월로, 고구려본기에는 551년 9월로 되어 있어 약간의 차이가 난다. 신라본기의 경우 551년 3월에 진흥왕의 낭성 순수(巡狩) 및 우륵의 소환·귀의 과정이 일괄 정리된 후 부기되었다. 따라서 달이 누락되었을 가능성이 있다. 반면에 고구려본기는 돌궐의 신성·백암성 침략과 고구려의 대응, 그리고 신라의 10성 공격이 계기적으로 기록되어 있다. 따라서 신라가 한강 유역의 고구려를 공격한 시점은 551년 9월로 파악하는 것이 맞겠다. 자연히 백제의 공격은 그 직전에 이루어졌을 것이다.

관련 기록을 종합하면, 신라와 백제의 한강 유역 공격은 동맹군의 공동작전하에 결행되었다. 백제가 먼저 옛 수도였던 한성을 급습하여 차지했고, 한강을 넘어 평양까지 진격하였다. 여기서의 평양은 대동강 일대의 평양이 아닌 남평양을 의미한다. 고구려가 차지하고 있었던 때에 '북한산군(北漢山郡)' 또는 '평양'으로 불렸다. 아차산 서쪽 방면 서울시 광진구 일대에 해당하는 지역이다. 백제가 마침내 회복한 옛 땅의 범위는 6군(郡)이었다.

신라는 거칠부와 대각간(大角干)[9] 구진 등 8명의 장군을 앞세워 백제의 승기를 이어받아 고구려로부터 죽령 바깥, 고현(高峴) 이내의 10군을 빼앗았다. 고현은 강원도 회양과 고산 사이에 있는 고개인 철령(鐵嶺)으로 비정한다(池內宏, 1960; 박성현, 2010). 신라가 차지한 지역에 대해 신라본기와 거칠부열전은 '10郡'으로, 고구려본기는 '10城'으로 다르게 표기하였다. 이는 고구려가 한강 유역을 차지할 당시 '성' 단위로 편제해 통치한 것을 신라가 후에 '군'으로 불렀거나 다시 편제한 데 따른 결과일 것이다(노태돈, 1999).

　신라가 10군을 차지했을 때 고구려 혜량법사가 거칠부 군영에 찾아와 신라로의 망명을 청했다. 이에 거칠부가 혜량을 수레에 태워 함께 돌아와 진흥왕을 뵙게 하니, 왕이 법사를 승통(僧統)으로 삼아 극진히 대접했다고 한다. 거칠부는 젊었을 때 승려로서 고구려에 염탐하러 갔는데, 그때 혜량을 만나 환담을 나눈 적이 있다. 거칠부가 신분을 위장하기 위해 승려가 되었을 가능성이 크다. 고대사회에서 승려는 종교인이라는 특수성으로 인해 국경을 넘기 수월했고, 그래서 종종 간첩으로서 활약하였다(김복순, 1992; 김영수, 1993; 2018). 혜량이 망명해 올 때 거칠부는 '전일 유학할 때 법사의 은혜를 입어 생명을 보전하였다'고 고마움을 표시하였다. 이렇게 보면 기록상 분명하게 드러나지는 않지만, 신라군이 북진해 한강 중·상류의 10군을 장악할 수 있었던 데에는 혜량의 도움도 있었을 가능성이 있다.

---

[9] 대각간은 이벌찬의 별칭으로, 신라 경위 17관등 중 1위이다.

3) 신라와 백제가 차지한 10군과 6군의 범위

나·제 동맹군이 551년 각각 고구려로부터 빼앗은 10군과 6군의 범위는 연구자 사이에 다소간의 이해 차가 있다. 우선 신라가 차지한 10군의 범위에 대해 삭주를 중심으로 파악하는 것은 공감대가 형성되어 있다. 삭주는 지금의 강원도 영서지방과 경기도 가평, 충북 제천·단양 일대에 해당한다. 다만 10군의 범위를 삭주 관내에 한정하는 견해도 있고, 삭주 내 일부와 한주 내 일부를 함께 파악하기도 한다. 한주 내 일부는 충북 괴산·진천과 경기도 여주·안성 일대이다(이호영, 1984; 임기환, 2002; 전덕재, 2009a; 박성현, 2010; 장창은, 2014).

신라가 차지한 10군의 범위에 한주 동북쪽 일부가 포함되었을 가능성은 있다. 그런데 삭주 관내에서 철령 이남의 '고구려고지'가 11개라는 점은 우연의 일치라고 하기에 예사롭지 않다. 삭주 관내 중 신라의 북진 경로인 죽령로의 도상에서 동쪽으로 치우쳐 있는 기성군(岐城郡: 강원도 창도)만 제외하면 10개의 군이 남는다. 국원(충주)과 적성(단양)을 장악한 신라가 551년 9월 한강 중·상류 방면의 고구려를 공격한 주요 경로는 죽령로일 것이다. 왜냐하면 한강 하류 방면을 백제가 전담했기 때문이다.

결국 551년 신라가 고구려로부터 빼앗은 한강 중·상류의 10군은 북진 경로를 감안할 때 ① 나성군(奈城郡, 奈生郡: 강원 영월), ② 나제군(奈隄郡, 奈吐郡: 충북 제천), ③ 북원(北原, 平原郡: 강원 원주) ④ 가평군(嘉平郡, 斤平郡: 경기 가평), ⑤ 삭주(朔州, 牛頭州: 강원 춘천), ⑥ 낭천군(狼川郡, 狌川郡: 강원 화천), ⑦ 양록군(楊麓郡, 楊口郡: 강원 양구), ⑧ 익성군(益城郡, 母城郡: 강원 김화), ⑨ 대양군(大楊郡, 大楊菅郡: 강원 금강), ⑩ 연성군(連城郡, 各連城郡: 강원 회양)으로 추정할 수 있다.[10] 군의 범위 안에 포함되어 있는 속현(屬縣)까지 고려해 551년 9월 신라의 북진 길을 복원해 보면, 단양 → 제천 → 원주 → 홍천(또는 양평 → 가평) → 춘천 → 화천(또는 양구·인제) → 김화 → 금강 → 회양으로 이어지는 교통로가 아닐까 한다(장창은, 2014; 그림4 참조).

백제가 차지한 6군의 범위는 『일본서기』 흠명기 12년조의 "百濟聖明王 … 往伐高麗 獲漢城之地 又進軍討平壤凡六郡之地遂復故地"의 해석을 어떻게 하느냐에 따라 달라진다. 곧 "獲漢城之地 又進軍討平壤 / 凡六郡之地 遂復故地"로 하면 "백제 성왕이 … 고구려를 정벌해 한성의 땅을 얻었다. 또 진군하여 평양을 토벌하였다. 무릇 6군의 땅으로 마침내 옛 땅을 회복하였다"라고 해석된다. 이 경우 6군에 한성과 평양이 포함되어 있다. 대부분의 연구자들이 이러한 입장이다.

이와 달리 중간을 끊지 않고 "獲漢城之地 又進軍討平壤凡六郡之地 遂復故地"로 하면, "백제 성왕이 … 고구려를 정벌해 한성의 땅을 얻었다. 또 진군하여 평양을 토벌했는데 무릇 6군의 땅이다. 마침내 옛 땅을 회복하였다"고 해석이 가능하다. 이 경우는 6군에 한성이 포함되지 않은, 곧 백제가 회복한 옛 땅을 '한성+6군'으로 해석할 수 있다(노중국, 2006; 2012).

신라가 차지한 10군과 다르게 6군은 북방과 남방의 한계범위를 추적할 만한 단서가 적다. 그렇다 보니 기존 학계의 주장도 엇갈려 크게 세 가지로 구분해 볼 수 있다.

---

10 신라의 지명을 기준으로 '고구려고지'의 명칭을 병기하였다. 이하의 서술도 같다. 고구려고지의 지명을 신라가 그대로 계승한 경우 별도로 병기하지 않았다.

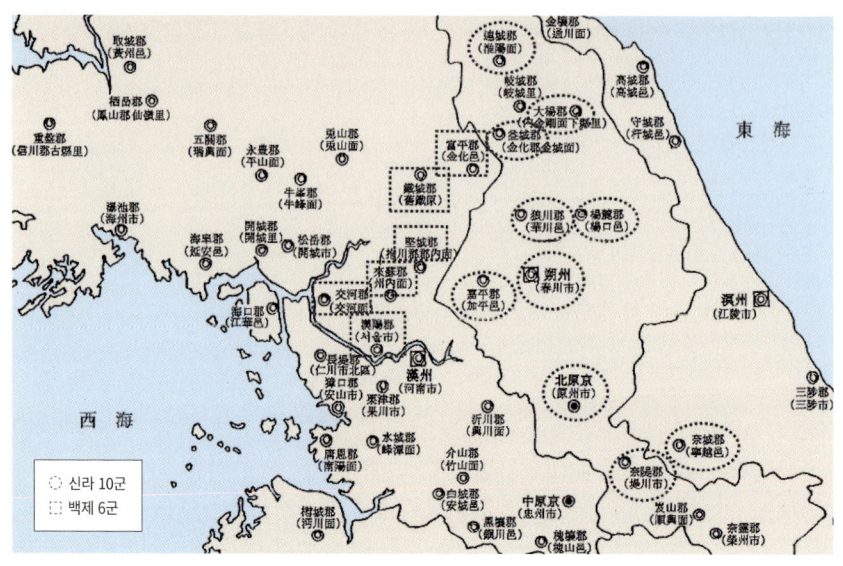

그림4 | 551년 신라와 백제가 차지한 10군과 6군 추정지
(정구복 외, 2012, 『역주 삼국사기』 4, 한국학중앙연구원, 889쪽 지도 활용)

첫째, 한강 이남 지역을 중심으로 파악하는 견해이다. 6군의 위치를 한산군(漢山郡)과 북한산군(北漢山郡) 외에 율진군(栗津郡, 栗木郡: 경기 과천), 장제군(長堤郡, 主夫吐郡: 경기 부천), 개산군(介山郡, 皆次山郡: 경기 안성 죽산), 소천군(沂川郡, 述川郡: 경기 여주), 수성군(水城郡, 買忽郡: 경기 수원)과 당은군(唐恩郡, 唐城郡: 경기 화성)으로 비정하였다. 『삼국사기』 지리지에 나오는 군현의 수에 얽매이지 않고 그보다 폭넓게 파악한 것이다(임기환, 2002).

둘째, 한강 이북 지역으로 국한해 6군의 위치를 비정한 연구가 있다. 먼저 황해도 관내의 오관군(五關郡, 五谷郡: 서흥), 서암군(栖嵒郡, 鵂巖郡: 봉산), 중반군(重盤郡, 漢城郡: 재령), 장새현(獐塞縣: 수안), 폭지군(瀑池郡, 內米忽郡: 해주), 진단현(鎭湍縣, 十谷縣: 곡산)으로 추정한 연구가 있다(양기석, 2005).

이와 다르게 경기도 중심으로 황해도를 포괄하는 견해도 있다. 곧 경기도의 교하군(交河郡, 泉井口縣: 파주), 내소군(來蘇郡, 買省郡: 양주), 견성군(堅城郡, 臂城郡: 포천), 개성군(開城郡, 冬比忽: 개풍), 송악군(松岳郡, 扶蘇岬: 개성)과 황해도의 우봉군(牛峯郡, 牛岑郡: 금천)을 6군으로 비정하였다. 백제가 회복한 옛 땅을 '한성+6군'으로 해석한 데서 이끌어낸 결론이다(노중국, 2006; 2012).

셋째, 한강 이남과 이북을 망라하여 6군의 위치를 파악하는 연구인데, 현재까지 학계의 다수설이다. 대체로 6군의 범위를 임진강 이남에서 한강 하류를 포함하는 경기 남부지역까지로 파악하였다. 다만 구체적인 위치는 연구자마다 다르다. 곧 한강 이남 경기도 남부의 개산군(介山郡: 안성 죽산), 소천군(泝川郡: 여주), 율진군(栗津郡: 과천), 한주(漢州, 漢山郡: 하남·광주), 장제군(長堤郡: 부천)과 한강 이북의 한양군(漢陽郡, 북한산군: 서울 광진), 비성군(臂城郡: 경기 포천), 부평군(富平郡, 夫如郡: 강원 철원), 그리고 해구군(海口郡, 穴口郡: 강화)으로 비정한 연구가 있다. 『삼국사기』 지리지의 군현상으로는 9개 군에 해당한다(이호영, 1984).

이와 달리 한산군과 북한산군을 기본으로 수성군(水城郡: 경기 수원), 율진군(栗津郡: 과천), 장제군(長堤郡: 부천), 견성군(堅城郡: 포천)을 백제가 차지한 6군으로 파악한 연구도 있다(전덕재, 2009a). 한편 북한산 이남의 남평양과 함께 백제가 551년에 천안 일대에서 현재의 경부고속도로(용인까지)와 탄천을 따라 서울 지역으로 진격하면서 차지한 경기 남부를 6군으로 보기도 한다. 구체적으로 당은군(남양: 경기 화성), 개산군(안성 죽산), 백성군(안성), 수성군(수원), 율진군(과천), 한주 주치(하남·광주)로 비정하였다(여호규, 2013).

요컨대 한강 하류 유역 양안(兩岸)을 모두 백제의 6군으로 분석한 연구는 백제가 차지한 한성(한산군)과 평양(북한산군) 지역을 중심으로 그 인근의 군을 주목한 것이었다. 551년 당시 백제가 차지한 한강 유역의 전체범위는 여기에서 크게 벗어나지 않을 것이다.

그런데 흥미로운 점은 『삼국사기』 지리지를 살펴보면, 한강 이북-임진강 이남의 군이 모두 6개라는 것이다. 이를 백제의 북진과 교통로를 감안하면, 한양군(서울 광진), 내소군(경기 양주), 교하군(경기 파주), 견성군(경기 포천), 철성군(강원 철원), 부평군(강원 김화)으로 정리할 수 있다(그림4 참조).

그렇다면 백제가 551년에 차지한 6군의 범위는 한강 이북-임진강 이남일 가능성이 크다. 물론 6군과 별개로 당시 백제가 차지한 한강 하류 유역은 사료상 분명하게 나타난 한성 일대를 포함해 경기 남부 일대를 망라했음이 분명하다.

4) 신라의 한강 유역 탈취와 백제의 대응

고구려는 551년 백제와 신라의 공동작전으로 인해 한강 유역을 상실하였다. 두 나라 간의 애초 약속처럼 백제는 6군을 포함한 한강 하류 유역을 회복했고, 신라는 한강 중·상류의 10군을 새롭게 차지하였다. 그런데 이와 같은 한강 유역 영유의 상황은 얼마 지나지 않아 바뀌었다.

『일본서기』 흠명기 13년(552년)조에는 "이해에 백제가 한성과 평양을 버렸다. 신라가 그로 인해 한성에 들어가 살았다. 지금 신라의 우두방(牛頭方)과 니비방(尼彌方)이다"라고 되어 있다. 『삼국사기』에는 신라가 진흥왕 14년(553년) 7월에 백제의 동북쪽 변방을 빼앗아 신주(新州)를 설치하고 아찬 김무력을 군주로 삼았다고 한다. 당시의 군주는 광역주를 통치하는 지방관이자 군사지휘관의 성격을 겸했다. 신주의 위치는 경기도 이천(강봉룡, 1994; 전덕재, 2009a)과 충북 충주(임기환, 2002)로 비정한 바 있다. 이성산성 등의 발굴성과를 감안하면 경기도 하남과 광주 일대로 보는 견해가 설득력이 있다(황보경, 1999; 윤성호, 2017).

『일본서기』에 백제가 고구려로부터 빼앗은 한성과 평양을 스스로 포기한 것처럼 되어 있지만, 실제로는 신라가 553년 7월에 백제가 차지하고 있던 한강 하류 유역을 빼앗았음을 알 수 있다. 다만 신라의 침탈에 대한 백제의 대응이 전혀 전하지 않아 『일본서기』가 전하는 문면도 시사하는 바가 있을 것이다. 어찌 되었건 간에 백제 성왕이 그토록 염원했고 힘들게 획득했던 한강 유역을 신라에 쉽게 내주었다는 사실은 납득하기 쉽지 않다. 이 때문에 성왕이 전투도 치르지 않고 힘들게 확보한 고토(故土)를 포기하지 않았을 것이라든가(이도학, 2009), 백제에 우호적이었던 『일본서기』의 서술 태도가 백제의 패배를 언급하지 않았던 배경이 된 것으로 보기도 한다(정운용, 2007).

그럼에도 불구하고 백제가 차지한 한강 유역을 신라가 침탈하는 과정에서 대규모 전투가 발발했다는 기록은 남아 있지 않다. 만약 두 나라 간에 전투가 발발했다면, 신라 입장에서 전투를 승리로 이끈 장군의 이름이 반드시 기록에 남았을 법하다. 551년 9월에 신라가 10군을 공략할 때 거칠부와 8명 장군의 이름을 하나하나 기록해 둔 것을 봐도 그렇다. 결국 백제가 차지했던 한강 하류 유역은 신라가 백제와의 동맹관계 파기를 감수하며 급습했고, 백제가 격렬한 저항 없이 방조 내지 묵인한 결과 신라에 귀속된 것으로 이해하는 것이 합리적이다.

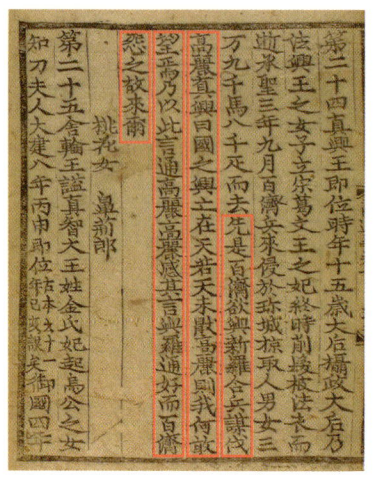

그림5 | 『삼국유사』 진흥왕조의 '여·라 통호' 기사(국사편찬위원회 한국사데이터베이스)

이렇게 보면 백제와 신라의 동맹은 늦어도 553년 9월 이전에 파탄이 난 것으로 보아야 한다. 그런데 백제 성왕은 신라에게 한강 유역을 내준 그해 10월에 자신의 딸을 신라 진흥왕에게 보내 소비(小妃)로 삼게 했다(『삼국사기』 진흥왕 14년). 말하자면 표면적으로는 553년 10월까지도 백제와 신라의 동맹관계가 성왕의 의지에 의해 여전히 유지되었던 셈이다. 상식적으로 이해하기 어려운 대목이 아닐 수 없다. 그렇다면 성왕은 도대체 왜 이러한 행보를 보여야 했을까?

『삼국유사』 기이편 진흥왕조에는 이와 관련한 흥미로운 기록이 전한다. 곧 "백제가 신라와 더불어 군사를 합하여 고구려를 정벌하려 했다. 진흥왕이 말하기를 '나라의 흥망은 하늘에 달렸으니, 만약 하늘이 고구려를 미워하지 않는다면 내가 어찌 감히 [고구려의 멸망을] 바라겠는가?'라고 하였다. 이에 이 말이 고구려에 전해졌다. 고구려는 그 말에 감격하여 신라와 통호(通好)하였다"는 것이다.

백제가 신라와 함께 고구려를 정벌하고자 했다는 것은 551년 9월 고구려로부터 한강 유역을 빼앗은 이후의 추가적인 작전을 의미한다. 그런데 신라가 백제 측의 의도대로 협조해주지 않은 채, 도리어 고구려와 '통호'한 것이다. 기록에 전하는 통호의 배경과 과정은 그대로 믿기 어렵겠지만, 고구려가 나·제 동맹군에게 한강 유역을 빼앗긴 후 긴밀하게 신라와 우호관계를 도모했다는 점은 사실이다. 이를 '고구려와 신라가 은밀하게 맺은 약속'이라는 의미의 '여·라 밀약'으로 부른다(노태돈, 1999). 다만 국가 간의 비밀약속은 늘 있으므로 기록 그대로 '통호' 내지 '화호(和好)'로 불러야 한다는 주장도 있다(노중국, 2006; 박윤선, 2010).

백제가 고구려와 신라의 통호를 원망해 554년 9월에 신라의 진성(珍城)에 쳐들어와서 남녀 3만 9,000명과 말 8,000필을 빼앗아갔다는 내용이 진흥왕의 발언 앞에 있으므로 고구려와 신라 간의 통호 시점은 554년 9월 이전임을 알 수 있다. 그런데 『일본서기』 흠명기 13년(552년) 5월조에 따르면, 백제가 이미 고구려와 신라의 밀약을 눈치채고 이를 일본에 알리면서 구원병을 요청하였다. 곧 여·라 밀약은 나·제 동맹군이 551년 9월 한강 유역을 장악한 이후 552년 5월 이전에 체결되었음을 알 수 있다. 대체로 『일본서기』 기사가 기년상 착란이 많은 점을 감안해 552년 전후 정도로 이해하는 견해가 많다(노중국, 2006; 주보돈, 2006; 전덕재, 2009b).

신라와 고구려의 통호는 백제에게 상당한 부담이 되었을 것임이 분명하다. 삼국 간 역학관계에서 두 나라의 동맹이 다른 한 나라에 가하는 압력이 배가되는 것은 당연하다. 백제는 475년에 고구려 장수왕에게 수도 한성을 빼앗겨 웅진으로 천도했고, 개로왕이 죽임을 당하는 치욕을 맛봤다. 이에 숙적 고구려에 맞서기 위해 신라와 주도적으로 동맹을 맺고 그 관계를 120여 년 동안이나 유지하였다. 이와 같은 절치부심의 결과 비로소 고구려에 빼앗긴 한강 유역을 되찾을 수 있었다. 그런데 그 구도가 한순간에 역전된 것이다. 백제는 이를 타개하고자 552년

5월~554년 정월까지 네 차례나 왜국(倭國)에 사신을 보내 군사원조를 요청하였다. 『일본서기』의 관련 내용에는 왜병을 끌어들이기 위한 과장과 외교적 수사가 있기는 하지만, 신라와 고구려의 밀약을 인식한 백제의 불안과 초조함이 그대로 담겨 있다.

결국 553년 7월 신라의 한강 유역 탈취에 대해 백제가 적극적으로 대응할 수 없었던 까닭은 여·라 밀약과 연관지어 해석하면 궁금증이 풀릴 수 있지 않을까 싶다. 곧 여·라 밀약을 사전에 알아챈 백제로서는 고구려의 개입을 두려워했을 법하다. 백제는 한강 하류 유역을 어쩔 수 없이 포기한 채 신라에 반격을 가할 시간을 벌기 위해 신라와의 동맹을 표면적으로 유지한 상태에서 은밀하게 왜에 네 차례의 군사원조를 요청했던 것이다.

성왕이 신라에게 한강 유역을 빼앗긴 지 불과 3개월 만인 553년 10월에 자신의 딸을 진흥왕에게 보낸 까닭도 이러한 연장선상이라면 해석이 가능하다. 기존에는 이에 대하여 백제가 신라와의 동맹을 유지하면서 관계를 회복하기 위한 조처로 이해한 바 있다(노중국, 1981; 김주성, 2000; 정운용, 2007). 또한 백제가 신라로부터 한강 하류의 반환을 요구하기 위한 고육지책이라고도 보았다(김병주, 1984). 그러나 『일본서기』 흠명기의 내용을 살펴보면 기존의 해석은 평면적인 느낌을 준다.

성왕도 이미 마음속으로는 신라와의 우호관계를 청산했을 것이다. 다만 고구려와 신라를 동시에 상대하기에 군사력이 부족했기 때문에 굳이 신라에 반감을 드러낼 수 없는 상황이었던 듯하다. 따라서 성왕이 자신의 딸을 진흥왕에게 시집보낸 것은 신라를 안심시키면서 군비증강에 시간을 벌어보려는 전술적 차원으로 이해하는 것이 합리적이다. 일종의 기만전술 내지 위장전술이라고 할 수 있다. 성왕이 554년 5월 왜국으로부터 1,000명의 군사와 무기 등 군비를 지원받은 직후 본격적으로 신라를 공격했다는 사실이 그러한 계기적 결과물일 것이다. 두 나라의 동맹관계가 공식적으로 파탄 난 후 충돌했던 최고 분수령이 바로 554년 7월에 발생한 관산성(管山城: 충북 옥천)전투였다.

관산성전투는 성왕이 전사하고 좌평 4명과 3만여 군이 전사하는 백제의 참패로 끝났다. 관산성전투를 주도했던 백제 왕자 여창(餘昌: 위덕왕)은 왕위에 오른 후 한동안 아버지 성왕을 추모하면서 내부통치에 주력할 수밖에 없었다. 이것이 신라에게는 백제와의 관계에 신경을 덜 쓰고 기존에 장악했던 한강 유역에 대한 지배체제를 완비할 수 있는 기회가 되었다. 진흥왕의 순수와 순수비 건립은 그렇게 탄생하였다.

4. 고구려의 한강 유역 상실 배경과 역사적 의미

551년 9월, 고구려는 백제와 신라의 동맹군에게 북한강과 남한강 유역 전역을 빼앗기고 말았다. 고구려가 한강 유역을 상실한 까닭은 우선 군사전략적 측면에서 나·제 동맹군의 적절한 공조에서 기인한 바가 가장 컸다. 곧 백제와 신라가 각각 한강 하류와 중·상류 방면으로 나누어 동시에 진격해옴으로써 고구려 입장에서는 방어전선이 분산될 수밖에 없었다. 자연히 한정된 군사력을 가지고 효율적으로 대응하기가 쉽지 않았을 것이다.

게다가 당시 고구려는 이미 내우외환의 위기를 맞닥뜨리고 있었다. 내부적으로는 안원왕이 죽은 후 545년 12월에 발생한 추군과 세군 세력 사이의 다툼으로 상징되는 정치적 갈등 국면이 양원왕 즉위 후에도 한동안 해소되지 않았다. 양원왕 4년(548년)에 상서로운 벼(嘉禾)를 평양 중앙정부에 바친 환도(丸都: 국내성)세력이 557년에 반란을 일으켜 진압되었다는 『삼국사기』 고구려본기 기록은 이를 시사한다. 551년 고구려 승려 혜량이 신라로 망명을 요청하면서 거칠부에게 "지금 우리 나라의 정치가 어지러워(政亂) 멸망할 날이 얼마 남지 않았다"고 한 발언은 당시 고구려 내부의 정치동향을 생생하게 알려준다. 이것이 추군·세군 같은 외척세력 간의 다툼인지, 기존 연구 주장대로 국내성계와 평양성계 귀족세력의 갈등인지(임기환, 1992) 분명하지는 않다. 하지만 어느 경우이든 고구려 내부 정치세력 사이의 혼란과 분열은 대외항쟁력을 저하시키는 주요 요인이 되었을 것이다. 자연히 6세기 중반 고구려 내부의 동향은 일찍이 한강 유역 상실의 주요 배경으로 설명되었다(노태돈, 1976).

대외적으로 북방에서의 동향도 안정적이지 못했다. 550년 이후 고구려는 돌궐 및 북제와 지속적으로 갈등하였다. 특히 돌궐의 압박은 고구려에게 큰 부담이 되었다. 돌궐은 551년 9월 고구려의 신성과 백암성을 공격해왔다(『삼국사기』 양원왕 7년). 고구려 장군 고흘이 군사 1만 명을 거느리고 가서 돌궐의 군사 1,000명을 죽이거나 사로잡았다고 한 것으로 보아 적지 않는 규모의 침입이었음을 알 수 있다. 이때가 곧 나·제 동맹군이 한강 유역을 공격해온 시점이었다. 백제와 신라가 한강 하류와 중·상류로 군대를 나누어 공격해옴으로써 고구려로서는 군사력을 집중시켜 대응할 수 없었을 뿐만 아니라, 돌궐의 침략에 이미 주력군의 일부가 동원되는 설상가상의 상황이었던 셈이다. 돌궐은 555년 유연을 멸망시킨 후에는 고구려에 대한 압박 강도를 한층 더 높여왔다.

북제(北齊: 550~577년)와의 관계 역시 시작부터 우호적이지 않았다. 552년 북제 문선제(文宣帝: 550~559년)가 영주(營州: 요령성 조양)에 왔는데, 최류(崔柳)를 사신으로 보내 양원왕을 겁박해 북위 말에 고구려로 흘러들어간 유인(流人) 5,000호를 데리고 돌아갔다(『북사(北史)』 권94 고구려). 한 호를 5명으로 산정하면 고구려는 2만 5,000명의 인적 손실을 입은 셈이다. 군사력 내지 노동력의 가용 측면에서 고구려가 막대한 영향을 받았음을 예상할 수 있다. 이는 비록 고구려가 한강 유역을 상실한 직후에 발생한 사건이지만, 북제의 동향은 그 이전부터 고구려의 감시권에 있었을 것이다. 고구려와 북제의 관계가 개선되는 평원왕 2년(560년)까지 돌궐·북제와의 긴장국면이 고구려로 하여금 한강 유역 상실 전후 남방전선보다 북방의 방어에 주력할 수밖에 없는 대외적인 조건을 마련해주었다고 할 수 있다.

마지막으로 고구려 한강 유역 상실의 역사적 의미를 진단해보고자 한다. 고구려 입장에서 그것은 곧 한강 유역이 가지는 군사적·외교적·경제적 가치의 상실을 의미한다. 더욱이 고구려가 한강 유역을 차지하는 동안 누려왔던 혜택이 적대국인 신라에게 넘어갔다. 고구려로서는 단순 손실을 넘어 자국을 위협하는 부메랑으로 돌아올 소지가 컸다는 점에서 두고두고 아쉬울 수밖에 없는 대목이다.

590년대에 당대 최고의 장군 온달은 신라의 아단성(阿旦城)으로 출정하면서 "계립현(鷄立峴)과 죽령 서쪽의 땅을 우리에게 귀속시키지 않으면 돌아오지 않겠다"고 맹세하였다(『삼국사기』 온달전). 642년 백제에게 대야성(大耶城: 경남 합천)을 빼앗긴 후 김춘추는 목숨을 걸고 고구려에 군사원조를 요청하러 갔다. 이때 보장왕도 "죽령은 본래 우리 땅이니, 그대가 만약 죽령 서북 땅을 돌려준다면 군사를 보내줄 수 있다"

는 조건을 내세웠다(『삼국사기』 선덕왕 11년). 이들이 말한 '계립현과 죽령 서북쪽의 땅'이란 곧 한강 유역을 의미하는 것이었다. 한강 유역 상실 후 90여 년이 지났음에도 불구하고, 고구려 지배세력의 한강 유역에 대한 연고의식과 신라로부터 한강 유역을 되찾고자 했던 간절한 염원이 잘 드러나는 기록이다.

신라는 한강 하류를 장악함으로써 중국으로 배를 띄울 수 있는 항구를 확보하였다. 이제 신라는 더 이상 고구려와 백제의 도움을 받지 않고도 단독으로 중국과 교류할 수 있게 되었다. 실제로 진흥왕은 한강 유역을 차지한 후 564년 북제의 무성제(武成帝: 561~565년)에게 사신을 보내 조공하였고, 다음 해에는 책봉까지 받았다(『북제서(北齊書)』 권7; 『삼국사기』 진흥왕 25년·26년). 이후 신라는 남북조와 수·당대에 중국 여러 국가와 빈번한 관계를 이어갔다. 신라와 중국의 교섭·교류는 문화적·경제적 차원에 국한되지 않았다. 언제든 군사동맹과 원조로의 발전 가능성이 내포되어 있었다.

고구려 입장에서는 이러한 점이 가장 뼈아팠다. 이전까지 고구려가 중국을 상대로 한 주요 전략은 방어 위주의 장기농성전을 유도함으로써 중국 원정군의 피로를 증대시키고 보급품을 소모케 하는 것이었다. 그런데 신라가 중국 국가들과 교류하여 그들을 한반도의 전쟁에 끌어들일 경우 문제의 소지가 컸다. 고구려로서는 중국 측의 대규모 군사력도 부담이겠지만, 신라가 중국군의 보급을 조달할 여지가 생길 수 있기 때문이었다. 이는 고구려가 그동안 추구해왔던 지연전술의 구사가 무력화될 수 있음을 시사한다. 실제로 648년 나·당 동맹과 백제와 고구려의 멸망 과정을 살피면 이러한 우려는 현실이 되었다. 결국 신라 삼국 통일의 원동력도 한강 유역 차지에서 비롯하였음을 알 수 있다. 이는 곧 한강 유역 상실이 고구려 멸망의 단초가 되었음을 의미하는 것이기도 하다.

고구려는 한강 유역을 상실함으로써 물길교통로이자 여러 지류를 수렴하는 장대한 한강 유역의 경제적 가치를 신라에게 고스란히 내주었다. 한반도는 동쪽과 서쪽 지역 간 산맥이 가로막고 있는 지형적인 특성 때문에 내륙을 동-서로 연결하는 육상교통로가 발달하기 어려웠다. 그래서 전통시대에는 한강의 물길이 동-서 간 유통로 기능을 담당하였다. 수운(水運)은 육상교통로에 비해 느렸지만 여러 대의 배를 동시에 이용할 경우 대량 수송이 가능한 장점이 컸다. 신라는 한강 유역을 차지함으로써 한반도 중부지역의 물길유통로를 장악하게 되었다. 소백산맥 고갯길로 인해 신라가 한반도 중부를 잇는 완전한 수운교통로를 개통하지는 못했다. 그럼에도 불구하고 신라는 한강의 물길을 통해 중국 선진문물을 수도 경주에까지 효과적으로 수입하였고, 한반도 중부 내륙의 유통로를 안정적으로 유지할 수 있었다. 한강 본류와 지류 인근의 비옥한 농경지로부터 얻은 농업생산력 증대는 당연한 경제적 덤이었다.

고구려는 한강 유역 상실 후 모든 영역에서 신라와 국경을 형성하게 되었다. 이는 곧 고구려와 백제가 바닷길을 통해야만 서로 교류·교섭할 수 있음을 의미하는 것이었다. 신라가 한강 하류를 차지함으로써 고구려와 백제의 연맹을 자연스럽게 차단하는 효과를 누리게 된 셈이다. 삼국 관계의 흐름을 살피면, 한 나라의 국력이 강해질 때 다른 두 나라가 동맹을 맺어 공동으로 대응하는 것이 일반적이었다. 4세기 후반 백제 근초고왕-근구수왕 부자의 전성기에 고구려와 신라가 우호관계를 맺었고, 5세기 광개토왕-장수왕대에는 백제와 신라가 군사적 협력관계하에 고구려의 남진을 저지하였다. 6세기 중반 나·제 동맹군의 한강 유역 장악은 그것이 극대화된 결과물이었다.

　신라가 한강 유역을 차지하고 있는 상태에서 육상교통로를 통한 고구려와 백제의 접촉은 쉽지 않았다. 물론 이것은 신라가 고구려·백제 두 나라와 전선을 형성함으로써 동시에 공격을 받을 수 있는 상황이 연출된 것이기도 하다. 실제로 신라는 이후 그러한 상황을 종종 맞닥뜨렸다. 그런데 이러한 위기 국면이 도리어 신라로 하여금 수·당과의 군사동맹을 촉발시키는 역설적 계기가 되었음을 우리는 잘 알고 있다. 동전의 양면 같은 삼국시대 외교와 전쟁양상을 여실히 보여주는 대목이라 할 수 있다.

참고문헌

구리시·구리문화원, 1994, 『아차산의 역사와 문화유산』.
국립문화재연구소, 2006, 『남한의 고구려 유적』.
_____, 2009, 『아차산 4보루 발굴조사보고서』.
김영수, 2018, 『첩자고-삼국시대의 첩보전』, 아이필드.
김영하, 2002, 『한국고대사회의 군사와 정치』, 고려대학교 민족문화연구원.
김진한, 2020, 『고구려 후기 대외관계사 연구』, 한국학중앙연구원출판부.
김태식, 1993, 『가야연맹사』, 일조각.
노중국, 2012, 『백제의 대외 교섭과 교류』, 지식산업사.
노태돈, 1999, 『고구려사연구』, 사계절.
문안식, 2006, 『백제의 흥망과 전쟁』, 혜안.
안성시, 2016, 『안성 도기동 성곽유적』.
양시은, 2016, 『고구려 城 연구』, 진인진.
이병도, 1959, 『한국사』(고대편), 진단학회, 을유문화사.
장창은, 2008, 『신라 상고기 정치변동과 고구려 관계』, 신서원.
_____, 2014, 『고구려 남방 진출사』, 경인문화사.
_____, 2020, 『삼국시대 전쟁과 국경』, 온샘.
중원문화재연구원·충주시, 2010, 『충주 두정리 유적』.
최종택, 2013, 『아차산 보루와 고구려 남진경영』, 서경문화사.
충북대학교 박물관, 2004, 『청원 남성곡 고구려유적』(차용걸·박중균·한선경·박은연).
충청문화재연구원, 2003, 『대전 월평동산성』.
한성백제박물관, 2020a, 『고구려와 한강』(2020 봄 특별전).
_____, 2020b, 『왕성과 왕릉』(2020 한성백제박물관 발굴조사 성과전).

강봉룡, 1994, 「신라 지방통치체제연구」, 서울대학교 박사학위논문.
강종훈, 2006, 「『삼국사기』 백제본기의 사료 계통과 그 성격」, 『한국고대사연구』 42.
_____, 2014, 「5~6세기 삼국 간 국경변동에 관한 諸說의 검토」, 『대구사학』 116.
강진원, 2016, 「고구려 안장왕의 대외정책과 남진」, 『대동문화연구』 94.
_____, 2018, 「고구려 안원왕대의 정국 동향과 대외정책」, 『동아시아고대학』 51.
김병남, 2003a, 「백제 동성왕대의 대외 진출과 영역의 확대」, 『한국사상과 문화』 22.
_____, 2003b, 「백제 성왕대의 북방 영역 변화」, 『한국사연구』 120.
김병주, 1984, 「나제동맹에 대한 연구」, 『한국사연구』 46.
김복순, 1992, 「삼국의 첩보전과 승려」, 『한국불교문화사상사』 상(가산이지관스님 화갑기념논총).
김영관, 2000, 「백제의 웅진천도 배경과 한성경영」, 『충북사학』 11·12.
_____, 2006, 「고구려의 청주지역 진출 시기」, 『선사와 고대』 25.
_____, 2008, 「고대 청주지역의 역사적 동향」, 『백산학보』 82.
_____, 2015, 「웅진시대 백제의 한강유역 영유권 연구」, 『백제문화』 52.
_____, 2020, 「웅진시대 백제와 고구려의 전쟁과 영역」, 『한국고대사탐구』 34.
김영수, 1993, 「고대 첩자고」, 『군사』 27.
김영심, 2003, 「웅진·사비시기 백제의 영역」, 『고대 동아세아와 백제』, 서경.
김주성, 2000, 「성왕의 한강유역 점령과 상실」, 『百濟史上의 戰爭』, 서경문화사.
김진영, 2017, 「안성 도기동산성의 발굴성과와 성벽구조에 대한 소고」, 『고구려발해연구』 58.
김현숙, 2003, 「웅진시기 백제와 고구려의 관계」, 『고대 동아세아와 백제』, 서경.
_____, 2009, 「고구려의 한강 유역 영유와 지배」, 『백제연구』 50.
노중국, 1981, 「고구려·백제·신라 사이의 역관계변화에 대한 일고찰」, 『동방학지』 28.
_____, 2006, 「5~6세기 고구려와 백제의 관계」, 『북방사논총』 11.
노태돈, 1976, 「고구려 漢水流域 상실의 원인에 대하여」, 『한국사연구』 13.
_____, 2005, 「고구려의 한성지역 병탄과 그 지배양태」, 『향토서울』 66.
민덕식, 1983, 「고구려의 道西縣城考」, 『사학연구』 36.
박성현, 2010, 「신라의 거점성 축조와 지방제도의 정비과정」, 서울대학교 박사학위논문.

박윤선, 2010, 「6세기 중반 고구려와 신라의 通好와 移那斯·麻都」, 『역사와 현실』 77.

박중균·이혁희, 2018, 「몽촌토성 북문지 일원 삼국시대 고고자료의 양상과 성격」, 『백제학보』 26.

박찬규, 1991, 「백제 웅진초기 北境 문제」, 『사학지』 24.

박현숙, 2001, 「웅진 천도와 웅진성」, 『백제문화』 30.

_____, 2010, 「5~6세기 삼국의 접경에 대한 역사지리적 접근」, 『한국고대사연구』 58.

백종오, 2014, 「중원지역 고구려 유적 유물의 검토」, 『고구려발해연구』 50.

서영일, 2005, 「5~6세기 신라의 한강유역 진출과 경영」, 『박물관기요』 20.

_____, 2007, 「고구려의 백제 공격과 南進路」, 『경기도의 고구려 문화유산』, 경기도박물관.

_____, 2008, 「한성 백제의 교통로 상실과 웅진천도」, 『향토서울』 72.

_____, 2014, 「아차산성 주변의 고대 성곽과 교통로」, 『사총』 81.

서정석, 2003, 「炭峴에 대한 小考」, 『중원문화논총』 7.

성정용, 2012, 「증평 二城山城 출토 토기양상과 그 성격」, 『호서고고학』 27.

성주탁, 1990, 「백제 炭峴 小考」, 『백제논총』 2.

신광철, 2011, 「고구려 남부전선의 지휘관과 군사편제」, 『한국상고사학보』 74.

심광주, 2001, 「남한지역의 고구려 유적」, 『고구려연구』 12.

_____, 2008, 「고구려의 관방체계와 경기지역의 고구려성곽」, 『경기도 고구려유적 종합정비 기본계획』.

안신원, 2010, 「최근 한강 이남에서 발견된 고구려계 고분」, 『고구려발해연구』 36.

양기석, 1999, 「신라의 청주지역 진출」, 『문화사학』 11·12·13.

_____, 2005, 「5~6세기 백제의 북계」, 『박물관기요』 20.

_____, 2006, 「국원소경과 우륵」, 『충북사학』 16.

_____, 2008, 「475년 위례성 함락 직후 고구려와 백제의 국경선」, 『한국 고대 사국의 국경선』, 서경문화사.

양시은, 2010, 「고구려의 한강유역 지배방식에 대한 검토」, 『고고학』 9-1.

여호규, 2012, 「4세기 후반~5세기 초엽 고구려와 백제의 국경 변천」, 『역사와 현실』 84.

_____, 2013, 「5세기 후반~6세기 중엽 고구려와 백제의 국경 변천」, 『백제문화』 48.
윤대준, 2010, 「475-551년 한강 하류유역 영유국 문제에 관한 고찰」, 『정신문화연구』 118.
윤성호, 2017, 「신라의 한강유역 영역화과정 연구」, 고려대학교 박사학위논문.
_____, 2019a, 「남한지역 고구려 관방시설의 연구 성과와 과제」, 『군사』 110.
_____, 2019b, 「5세기 중후반 신라의 소백산맥 이서 진출」, 『전북사학』 55.
이기백, 1978, 「웅진시대 백제의 귀족세력」, 『백제연구』 9.
이도학, 1984, 「한성말 웅진시대 백제왕계의 검토」, 『한국사연구』 45.
_____, 2009, 「백제 웅진기 한강유역지배 문제와 그에 대한 인식」, 『향토서울』 73.
이정범, 2015, 「5~6세기 고구려의 한강유역 지배형태」, 『고구려발해연구』 51.
이정숙, 2003, 「진흥왕대 우륵 망명의 사회정치적 의미」, 『이화사학연구』 30.
이판섭, 2015, 「백제 교통로의 고고학적 연구」, 충남대학교 박사학위논문.
이한상, 2016, 「대전 월평산성의 축성 주체와 위상」, 『백제연구』 63.
이혁희, 2020, 「몽촌토성 북문지 일원 삼국시대 문화층의 최신 조사 성과」, 『고고학』 제19권 3호.
이호영, 1984, 「고구려·신라의 한강유역 진출 문제」, 『사학지』 18.
임기환, 1992, 「6·7세기 고구려 귀족세력의 동향」, 『한국고대사연구』 5.
_____, 2002, 「고구려·신라의 한강유역 경영과 서울」, 『서울학연구』 18.
_____, 2007, 「웅진시기 백제와 고구려 대외관계 기사의 재검토」, 『백제문화』 37.
임범식, 2002, 「5~6세기 한강유역사 재고」, 『한성사학』 15.
장창은, 2010, 「5~6세기 고구려의 남하와 한강유역의 영역향방」, 『백산학보』 88.
_____, 2015, 「고구려의 한성 공격과 한강유역 지배」, 『서울2천년사 ⑥-삼국의 각축과 한강』, 서울역사편찬원.
전덕재, 2009a, 「신라의 한강유역 진출과 지배방식」, 『향토서울』 73.
_____, 2009b, 「관산성 전투에 대한 새로운 고찰」, 『신라문화』 34.
_____, 2016, 「삼국사기 백제본기 기록의 기본원전과 개찬」, 『역사와 담론』 80.
정영호, 1972, 「金庾信의 백제공격로 연구」, 『사학지』 6.
정원주, 2018, 「안원왕대의 정국 운영과 大對盧 쟁투」, 『고구려발해연구』 60.
정운용, 2007, 「한강유역 회복과 관산성 전투」, 『사비도읍기의 백제』, 충청남도 역사문화원.

_____, 2013, 「청원 남성곡 고구려 산성의 축조와 운용」, 『동북아역사논총』 39.

주보돈, 2006, 「5~6세기 중엽 고구려와 신라의 관계」, 『북방사논총』 11.

차용걸, 2014, 「증평 이성산성의 가치와 역사성」, 『계간 한국의 고고학』(Vol.25), 주류성.

천관우, 1976, 「삼한의 국가형성」, 『한국학보』 2·3: 1989, 『고조선사·삼한사연구』, 일조각.

최일례, 2016, 「고구려 안장왕대의 정국 변화와 그 동인」, 『한국고대사연구』 82.

최종택, 1998, 「고고학상으로 본 고구려의 한강유역 진출과 백제」, 『백제연구』 28.

_____, 2004, 「아차산 고구려 보루의 역사적 성격」, 『향토서울』 64.

_____, 2006, 「남한지역 고구려 토기의 편년 연구」, 『선사와 고대』 24.

_____, 2007, 「웅진도읍기 한강유역의 상황」, 『웅진도읍기의 백제』, 충청남도 역사문화연구원.

_____, 2008, 「고고자료를 통해 본 백제 웅진도읍기 한강유역 영유설 재고」, 『백제연구』 47.

_____, 2011, 「남한지역 고구려고분의 구조특징과 역사적 의미」, 『한국고고학보』 81.

_____, 2016, 「호서지역 고구려유적의 조사현황과 역사적 성격」, 『백제연구』 63.

최충기, 2020, 「6세기 중엽 한성의 정치적 향방과 몽촌토성」, 『민족문화논총』 74.

홍사준, 1967, 「炭峴考 – 階伯의 三營과 金庾信의 三道」, 『역사학보』 35·36.

황보경, 1999, 「신주 위치에 대한 연구」, 『백산학보』 53.

今西龍, 1934, 『百濟史硏究』, 近澤書店.

池內宏, 1932~1933, 「白江及び炭峴について」, 『滿鮮地理歷史硏究報告』 14; 1960, 『滿鮮史硏究』 上世 第二冊, 吉川弘文館.

_____, 1960, 「眞興王の戊子巡境碑と新羅の東北境」, 『滿鮮史硏究』(上世 第二冊), 吉川弘文館.

3장

남북조 및 주변 국가와의 대외관계

이성제 | 동북아역사재단 책임연구위원

　고구려 안장왕(安臧王: 511~531년)부터 평원왕(平原王: 559~590년) 시기는 흔히 중국사에서 남북조시대라고 부르는 시대의 후반부에 해당한다. 이 시기에 고구려의 서방에는 북위(北魏)가 남쪽의 양(梁)과 대립하였고, 뒤에 가서는 북위를 이은 동위(東魏)·북제(北齊)·북주(北周)가 남조를 상대하였다. 이들은 저마다 자신을 중심으로 한 국제질서를 세우기 위해, 또는 상대의 후방을 노리려는 현실적 필요에서 배후에 위치한 국가와의 관계 구축에 나섰다. 이 점에서 북조와 경계를 접한 고구려는 이들의 외교 교섭에서 늘 빠질 수 없는 존재였다.
　이에 대응하여 고구려는 북조와 남조 모두를 상대로 외교관계를 맺었지만 가장 중요한 상대는 역시 북조의 여러 국가였다. 북위에서 6진(鎭)의 난이 일어나 그 여파가 요하(遼河) 일대로 밀려들었던 것이나 북제 문선제(文宣帝)가 요서(遼西)를 친정하고 고구려에 유인(流人)의 송환을 요구했던 사건에서 볼 수 있듯이, 북조의 대외전략이나 정세 변화에 따라 고구려는 매번 요하 일대로 밀려든 이들의 힘과 맞닥뜨리곤 하였다. 따라서 이 시기 고구려의 대외관계에서 북조와의 관계는 다른 방면의 대외관계를 추동하는 주요 변수가 되었다고 이해된다.

한편 남조와 북조의 대치라는 중국 내의 형세는 양이 들어서며 변화가 일어났다. 양을 창건한 무제(武帝 蕭衍: 502~549년)의 치세 전반기는 남조 전 시기를 통해 국세가 가장 강성한 시기였다. 북위의 남진에 대해서도 적극적으로 맞서 종리전(鍾離戰: 507년) 등 대규모 전투가 벌어졌다. 이를 배경으로 무제시기 양과 주변 국가 간에 사행과 책봉이 이어졌다(金鍾完, 2002). 특히 양 무제는 즉위 이틀 뒤에 고구려 문자왕(文咨王)을 거기대장군(車騎大將軍)에 진호(進號)하였고, 508년 다시 무동대장군(撫東大將軍)으로 개수(改授)하고 개부의동삼사(開府儀同三司)를 더하여 수여하였다. 이에 대해 고구려가 양에 보낸 사절은 모두 10여 차례에 이른다. 특히 양에의 사행은 북위에서 내란이 일어나 혼란해진 시기부터 동·서위 분열 시기까지 모습을 보인다. 또한 요령성(遼寧省) 조양(朝陽)에서 발견된 〈한기묘지(韓曁墓誌)〉는 고구려가 북위의 내란 시기에 요서 방면으로 군사행동에 나섰던 일을 전한다. 이 같은 사실에 주목하여 이 시기 고구려의 외교전략에 변화가 있었다고 이해하기도 한다(井上直樹, 2001; 김종완, 2002). 그러므로 6세기 전반 고구려와 남북조의 관계를 이해하기 위해 이 문제를 살펴볼 필요가 있다.

550년 무렵까지 고구려는 내란을 수습한 북위 그 뒤를 이은 동위와 우호적 관계를 안정적으로 유지해 나갔다. 그리고 550년 5월 동위를 무너뜨리고 북제가 들어서자, 그 직후인 6월에 고구려는 곧바로 사신을 보내 조공하고 왕조의 창건을 축하하였다. 그러나 이 같은 양국의 관계는 오래 가지 못하였다. 외교관계를 맺은 지 겨우 2년 만인 552년 양국은 북위 말 고구려로 들어온 유인의 송환을 둘러싸고 대립하였던 것이다. 고구려는 유인을 돌려보내라는 북제의 요구에 따르려 하지 않다가, 북제의 군사적 압력이 가해지고 나서야 유인을 돌려보냈다. 유인이 양국 관계에서 어떤 의미를 차지하고 있었기에 북제는 이들의 송환을 강력히 요구했던 것일까. 전대와 달리 이 시점에 와서 이들의 존재가 양국 관계의 현안으로 떠오른 것은 어떤 연유일까 하는 점들은 이 시기 양국의 관계 변화, 나아가 동북아 세계의 정세 변화를 이해하는 데 중요한 문제가 된다.

한편 북제의 유인 송환 요구를 비롯한 서방의 위기상황은 당시 고구려가 직면해 있던 내정의 혼란, 남방의 위협과 연관지어 이해하는 것이 이 시기 고구려사를 파악하는 하나의 관점이 되어 왔다. 고구려는 545년 안원왕(安原王)의 후계를 둘러싸고 왕위계승전이 벌어졌었고 7년이 지난 이 무렵까지 여전히 분란이 일고 있었다. 이를 틈타 북진해온 나·제 동맹군에게 한강 유역을 빼앗긴 상태였다. 그뿐만 아니라 551년에는 돌궐(突厥)이 침입해오는 등 고구려는 안팎으로 위기에 직면해 있었다. 이런 상황에서 북제와 분쟁할 수 없었던 고구려는 유인을 돌려보내야 했고, 과거와 달리 긴장감이 높아져 가는 서방에도 힘을 나눔으로써 한강 유역의 실지 회복에 적극적으로 나서지 못하였다는 것이다(盧泰敦, 1976). 그렇다면 이 문제의 이해는 550년대 고구려 서방에서 어떤 일이 벌어지고 있었는지뿐만 아니라 당시 고구려가 당면했던 문제를 어떻게 대처해 나갔는지를 살피는 데 중요한 의미를 갖는다. 내정의 혼란, 남방의 위협에 서방 관계의 위기까지 더해졌다는 점에서 고구려가 직면한 위기상황은 전방위적인 것이었다. 즉, 유인 송환의 의미를 고구려와 북제의 관계와 관련지어 구체적으로 들여다 볼 필요가 있다. 나아가 이 문제는 한강 유역의 상실로부터 시작된 국가적 위기가 어떻게 수습되었는지를 이해하는 데에도 새로운 시사점을 제기해준다.

6세기가 되어 고구려의 대외관계에서 나타난 문제이자 가장 큰 변화는 북조와의 외교관계가 종전과 달라졌다는 점이다. 435년 고구려의 조공에 대해 북위가 곧바로 장수왕(長壽王)을 책봉함으로써 양국은 책봉·조공(冊封朝貢)의 형식을 통해 외교관계를 맺었다. 이후 북위는 동방 여러 나라로부터 조공을 받았으면서도 고구려 외에는 책봉해주지 않았다(朴漢濟, 1997). 양국 관계는 책봉·조공의 교환을 통해 유지되고 있었던 것이다. 이렇게 고구려가 북위와 맺은 책봉·조공 관계는 북위의 내란기간을 거쳐 동·서위의 분열시기에도 계승되었다. 북위의 마지막 황제 효무제(孝武帝)가 안원왕에게 영호동이교위(領護東夷校尉)를 포함한 책봉호를 수여하였으며, 이를 계승한 동위와 북제의 책봉이 이어졌던 것이다.

그러던 책봉·조공 관계는 565년 북제가 신라 진흥왕(眞興王)을 책봉하면서 변화의 조짐을 보인다. 북제가 신라왕에게 동이교위 관을 포함한 책봉호를 주었다는 것은 동방에 대해 고구려만을 주된 교섭대상으로 여겼던 기존 자세에서 벗어났음을 보여준다(盧泰敦, 1976). 또한 북제는 570년과 571년에 백제왕을 책봉하였고, 573년에는 백제의 조공도 이어졌다. 신라·백제가 남조 일변도의 관계에서 벗어나 북제와 연결을 꾀하였으며, 북제도 고구려 배후에 위치한 양국을 주목했다는 것은 새로운 양상이었다. 6세기 중·후반 고구려를 둘러싼 국제관계를 이해하기 위해서는 이 새로운 국면이 이후 어떻게 전개되었는가에 대해 유의할 필요가 있다.

한편 북제에 대해 고구려는 573년까지 사절 파견을 중단하였다. 대신 이 기간 동안 남조의 진(陳)에 세 차례 사절을 파견하였다. 이 시기 고구려가 새로운 대외전략으로 선보인 것이 대왜외교(對倭外交)이다. 고구려가 오랫동안 교류가 없었던 왜와 공식적 통교를 시도하여 570~574년 사이에 세 차례 사절을 보냈던 것이다. 북제의 대외정책 변화와 신라의 약진에 따라 고구려가 보인 대외적 조치라는 점에서 이들 외교의 내용과 그 의미를 살펴, 이 시기 고구려가 직면해 있던 대외적 위기를 어떻게 수습해 나갔는지를 이해할 수 있다.

1. 6세기 전반 북위·양과의 관계

462년 장수왕이 대북위 외교를 재개한 이후 고구려는 남북 왕조와 모두 교섭관계를 유지하였으나, 북위와의 교섭 밀도가 비교할 수 없을 정도로 훨씬 높았다(임기환, 2003). 이 무렵 고구려가 북위뿐 아니라 남조의 송 그리고 남제를 상대로 한 외교를 전개했다는 점에서 분열된 국제관계를 이용한 양단외교(兩端外交)로 보기도 하지만(徐榮洙, 1981; 김진한, 2006), 고구려의 대외관계에서 가장 중요한 상대는 어디까지나 북위였다.

이러한 경향은 6세기에 들어서도 동일하였다. 500~523년까지 일부 시기를 제외하고는 거의 매년 북위에의 조공이 이어졌고, 1년에 2, 3회인 경우도 여러 해 보인다. 그러다가 518년의 3회에 걸친 조공을 끝으로 531년까지는 겨우 한 차례의 조공 기록만을 찾을 수 있다. 이러한 교섭의 중단현상이 어디에서 비롯된 것일까. 이와 관련해서는 현재 남아 있는 사서에 전하지 않고 있으나, 북위에 내란이 일어나자 고구려가 요서로 진출했을 가능성이 제기된 바 있다(井上直樹, 2001; 李成制, 2001). 이 경우 군사적 충돌이 일어났을 가능성이 높다는 점에서 사서에 양국 간의 교섭 사실이 보이질 않는 이유가 어느 정도 설명이 가능하다. 그렇다면 그 이전의 기간에 고구려가 북위와 빈번히 교섭해야 했던 연유는 어디에서 비롯된 것일까.

이와 관련하여 고구려와 북위를 둘러싼 국제정세에서 커다란 변화가 있었다는 사실이 떠오른다. 502년 소연(蕭衍)이 남제(南齊)를 무너뜨리고 양을 건국하였고, 양나라는 그의 치세(502~549년) 전반기 동안 남조의 여러 왕조 가운데 가장 전성기를 누렸다(金鍾完, 2002). 남북조의 대결상황에서 양이 등장하여 한창 세력을 떨쳤다는 것은 동아시아 세계의 국제관계에 변수가 되기에 충분하였다.

그러나 이 기간 동안 고구려가 양에 보낸 사절은 모두 10차례에 불과하였다.[1] 이것은 고구려의 대북위 교섭과 양에 대한 교섭이 서로 연동하여 전개되지 않았음을 알려준다. 물론 520년대부터 북위가 동·서위로 나뉜 534~535년까지 고구려의 남북조에 대한 외교는 거의 양 일변도였던 것으로 보인다. 이러한 모습은 종전에 볼 수 없었던 경향이라는 점에서 친북위 외교에서 양으로의 접근이라는 외교전략의 변화로 이해할 수도 있다(井上直樹, 2001; 金鍾完, 2002). 그 원인으로 안원왕이 재위하고 있었다는 점에 유의하여 안장왕(安臧王) 피살에 따른 내정 문

---

[1] 고구려가 양에 사절을 보낸 것은 512, 516, 520(2회), 526, 527, 532, 534, 535, 541년의 기록에 보인다. 반면 북위에 보낸 사절은 모두 22회에 이른다.

제로 대외전략이 침체되었다거나(徐永洙, 1981), 〈한기묘지〉의 "효창(孝昌) 연간(525~528년)에 [변경 방어에] 실패하여 고구려가 침입해와 [한상을] 요동으로 끌고 갔다(孝昌失馭, 高麗爲寇, 被擁遼東)"는 언급을 근거로 이 시기 북위에 적대하였던 고구려는 이를 보완할 외교전략으로 대양외교를 전개했다고 보는 것이다.

그러나 520년대는 북위 전역이 내란에 휩싸여 있었던 상황이고, 고구려의 요서 진출이 전개되었던 시기이다. 이 기간에 북위와의 교섭(523년 조공)이 거의 전무했던 것은 어쩌면 당연하다고 볼 수 있겠다. 반면 고구려 사절이 양에 이른 것은 520년(2회)과 522년, 527년의 네 차례뿐이다.[2] 이렇게 볼 때 혼란을 수습한 북위와 그 뒤의 동위에 대해, 고구려가 매년 한 차례씩 사절을 보낸 사실을 주목해야 한다고 본다. 이러한 사행은 거의 정례화된 듯한 인상을 주고 있다(金鍾完, 2002). 이 무렵 양에의 견사는 541년 단 한 차례에 그쳤던 것과는 대조적인 양상이다. 즉 북위의 사정에 따라 고구려는 양에 견사한 것이지 외교전략의 주요 대상을 바꾼 것은 아니었음을 알 수 있다. 고구려가 주시했던 상대는 역시 북위였던 것이다. 양에의 견사 역시 북위에서 일어나고 있던 혼란의 추이를 파악하기 위한 목적일 가능성이 있다.

물론 북위의 내란 시기에 고구려가 요서 방면으로 군사행동에 나섰다는 사실은 분명해 보인다. 그러나 고구려가 한상(韓詳) 등을 데려왔다고 해서 이를 근거로 고구려의 군사행동이 북위를 상대로 한 적대행위였다고 판단하는 것은 지나치다.

---

2 양이 북위의 혼란을 틈타 북벌할 기회를 노렸을 가능성은 높다. 그럼에도 이 시기의 견사를 통해 양국이 군사적으로 제휴했던 흔적은 찾기 어렵다.

그러면 고구려는 어떻게 북위의 내란에 개입하게 되었던 것일까. 북위에서는 519년 우림(羽林)의 난을 거쳐, 523년(안장왕 5) 파락우발릉(破落于拔陵)이 옥야진(沃野鎭)에서 반란을 일으킨 것을 계기로 6진의 난이라고 불리는 내란이 전개되었다. 이 난은 525년 초 무렵까지 동으로는 요서에서 서로는 감숙(甘肅) 남북부에서 섬서(陝西)에 걸친 일대까지 확산되었다(谷川道雄, 1971). 반란은 530년 7월 무렵에 가서야 평정되었다(『자치통감(資治通鑑)』권154). 그렇지만 난을 토벌한 것은 북위 조정이 아니라 사병(私兵) 집단을 기반으로 한 이주씨(尒朱氏) 등의 세력이었다. 이에 이주씨 세력과 북위 조정 사이의 대결이라는 또 다른 내란이 벌어졌고, 그 결과 북위는 534년 동위와 서위로 분열되었다.

반란의 여파는 요서 지역에도 미쳤다. 524년 영주성민(營州城民) 유안정(劉安定)·취덕흥(就德興) 등이 난을 일으켜 자사(刺史)를 잡고 성에 웅거하였다. 이 반란세력은 526년 평주(平州)를 함락하고 자사를 살해하는 등 기세를 떨치다가 529년에 북위 조정에 항복하였다(『자치통감』권150·151·153). 영주의 서쪽인 안주(安州)의 사정도 이와 다르지 않았다. 한상처럼 고구려로 들어왔던 강과(江果)는 520년대 말 반란군에 맞서 안주부성(安州府城)을 지키고 있었다. 그러다가 사방이 반란군으로 둘러싸이게 되었지만, 북위 조정의 구원은 안주에 이르지 못하였다. 북위 방면으로의 탈출도 불가능하였다(『위서(魏書)』권74). 524년 무렵부터 이미 요서 일대에는 북위의 통치력이 미치지 못하고 있었던 것이다(李成制, 2001).

그렇다면 요서 방면으로 고구려가 군사행동에 나섰던 것은 북위를 상대한 것이라고 보기 어렵다. 그보다는 북위의 내란이라는 정세 변동에 따른 대응이라고 보아야 온당하다. 결코 북위를 상대로 적대하겠다거나 양과 연결하여 북위에 맞서겠다는 의도라고 볼 수 없는 것이다. 북위의 내란을 계기로 요서 지방에 거점을 마련하고, 세력을 확대해 나가기 위한 군사행동이었다고 보인다(李成制, 2001). 어디까지나 제한적 의미에서의 군사행동이었던 것이다.

고구려의 요서 진출 목적이 북위를 상대로 한 적대행위였다기보다는 요서 지역에서의 우위 확보에 있었다는 점은 이후 양국 관계를 통해서도 확인할 수 있다. 532년 안원왕은 북위의 책봉을 받았다. 이에 고구려는 523년 이후 처음으로 조공을 보냈다. 여기서 고구려의 요서 진출에도 불구하고 양국 관계가 재개되었다는 점을 주목해야 한다. 양국의 책봉·조공 관계가 회복되었지만, 고구려는 유인을 송환하지 않았다. 이들을 돌려보내라는 북위의 요구도 없었다. 이로 미루어 북위 측이 현실을 공식적으로 인정할 수는 없었다고 하더라도, 적어도 묵인하는 태도를 취했던 것으로 추정된다. 즉 양국 관계의 회복은 520년 이전 상태로의 복귀가 아니라 당시 현실을 인정하는 선에서 이루어졌다는 것을 알 수 있다(李成制, 2001).

이제 앞서의 논의로 돌아가 보자. 6세기에 들어서 남조 양의 약진, 북위의 내란이라는 변수가 나타났음에도 고구려는 북위 위주의 대외관계를 지속하였다. 그렇다면 고구려가 빈번한 견사를 통해 대북위 외교를 전개해 나가야 했던 연유는 양국 관계에 무언가 현안이 걸려 있었다고 보지 않을 수 없다. 이를 엿볼 수 있는 사건이 491년 문자왕의 책봉을 둘러싸고 일어난 양국 간의 분쟁일 것이다. 장수왕이 사망하자 북위는 문자왕을 책봉하면서 태자의 입조(入朝)를 요구해왔고, 고구려가 종숙(從叔)을 보냄으로써 분란이 일어났다.

이 사건에 대한 그간의 이해는, 북위의 태자 입조 요구를 장수왕의 죽음을 틈타 고구려의 기를 꺾어놓겠다는 의도로 보거나(노태돈, 1999) 고구려가 끝내 북위의 요구에 따르지 않고 종숙의 입조로 대신했다는 점에서 북위에 대해 자주적 자세를 견지했음을 보여주는 사건이라고 보아왔다(朱甫暾, 1992). 이러한 이해는 북위가 고구려의 독자적 세력권을 인정하고 있었다는 인식에 바탕을 두고, 북위가 고구려에 요구하는 번신(藩臣)으로서의 태도와 독자성을 전제로 한 고구려의 대응 사이에 분란의 원인이 있었다고 보는 것이다.

그러나 북위가 고구려의 독자적 세력권을 인정하고 그 세력권 내에서의 패자임을 확인해주었던 실례는 찾기 어렵다. 적어도 504년(문자왕 13) 고구려 사신 예실불(芮悉弗)과 북위 선무제(宣武帝) 간의 대화에서 "고구려는 대를 이어 상장(上將)이 되어 해외를 다스려 구이(九夷)의 교활한 오랑캐를 정벌해왔다. … 힘써 위압과 회유의 책략을 다하여 해악을 끼치는 무리들을 물리치고 동쪽의 백성들을 편안하게 … 하라"는 북위 황제의 발언(『위서』 권100)이 있기까지 고구려의 국제적 지위는 인정되지 못하였다(李成制, 2015). 그 전까지 북위의 입장에서 고구려는 북위에 순종해야 할 동방 제국의 하나였을 뿐이다. 475년 물길(勿吉)이 사자 을력지(乙力支)를 보내 백제와 함께 고구려를 군사적으로 도모할 계획임을 밝혔을 때 북위 측이 "삼국은 같은 번부(藩附)로서 마땅히 화평할 것이며, 서로 침입하여 어지럽히지 말라"고 한 답변 내용(『위서』 권100)이 이를 극명하게 보여주는 것이다.

북위 효문제(孝文帝)는 장수왕의 죽음 소식에 북위 역사상 최초로 거애례(擧哀禮)를 거행하였다. 이 행사의 의미에 대해 그간의 연구는 북위가 고구려의 독자적 세력권을 인정하고 있었다는 보는 입장에서 이해해왔다. 하지만 이 의례의 정치적 의미를 살핀 최근 연구에 따르면 그렇게 볼 수는 없다고 여겨진다(박승범, 2017). 황제의 거애례는 양자 간의 예적 지배관계를 상징한다는 점에서, 북위는 고구려 국왕을 다른 나라의 군주가 아닌 황제에게 충성해야 할 신하로 간주하고 있었다. 이렇게 볼 때 분란이 수습되었다는 것은 그리 중요해 보이질 않는다. 그보다는 이 같은 인식과 함께 요구가 받아들여지지 않을 경우에는 군사 행동에 나설 수도 있다고 밝힌 북위의 입장이 고구려와 그 주변 세력에게 어떤 메시지를 줄 수 있었는지에 대해 주목해볼 필요가 있다.

북위는 472년 백제 개로왕이 보낸 청병사에 대해 군사적 제휴의 가능성을 비추며 백제를 부추긴 적도 있었다(『위서』권100). 북위는 고구려와 그 주변 국가 간의 관계에도 간섭하겠다는 입장을 보이기도 했던 것이다. 고구려는 북위의 간섭을 차단하고 백제와 같은 또 다른 도전세력의 등장을 막기 위해서라도 북위를 중심으로 한 대외전략을 유지해 나가야 했다. 그리고 504년 고구려는 북위로부터 독자적 세력권을 인정받을 수 있었다. 이로써 고구려는 그토록 고대하던 서방관계의 안정을 이루고 이를 토대로 백제·신라의 도전에 대응할 수 있었다.

그런데 이 같은 관계의 지속을 위해서는 양국 간 우호관계가 유지되어야 했다. 6세기 전반에 보이는 북위 위주의 교섭은 이러한 배경에서 이해되어야 한다고 생각한다. 북위의 내란을 수습하고 들어선 동위에 대해 고구려가 정례화된 듯한 사절 파견을 계속했던 것도 이 같은 연유에서 비롯되었다고 여겨진다. 북위의 혼란 속에서 고구려가 새롭게 확보한 요서 일대에서의 세력 우위를 유지해 나가기 위해서라도 양국 간의 우호는 필수적이었다.

한편 504년 북위 선무제가 고구려의 독자적 세력권을 인정했던 것과 관련하여 당시 북위는 잦은 반란과 양과의 전쟁으로 전대에 비해 약세에 있었기에, 고구려에 대해 유화적인 정책으로 전환했다고 보는 견해가 있다(김진한, 2006). 그러나 백제의 청병외교와 북위의 대응에서 보듯이, 북위가 군사행동에 나설 필요는 없었다. 간섭전략만으로도 충분히 고구려와 주변 제국 간의 관계를 뒤흔들 수 있었다는 점에서, 북위가 기존의 입장을 포기하고 고구려의 국제적 지위를 인정하게 된 것은 고구려가 대북위 외교를 중단 없이 전개했던 결과이자 성과일 것이다.

2. 돌궐의 침입과 북제 문선제의 유인 송환 요구

6세기 후반기에는 북위가 6진의 난을 거쳐 동위와 서위로 양분됨에 따라 종래의 남북 대립에 동서 대립이 더해졌다. 동위와 서위는 얼마 가지 못하고 북제와 북주로 교체되었다. 그뿐만 아니라 막북(漠北)에서도 커다란 변화가 나타났다. 한때 내분으로 가한(可汗)이 북위에 망명하기도 했던 유연(柔然)은 북위 말의 혼란을 틈타 다시 강성해져 동·서위를 위압하였다. 그러나 곧 그 지배 아래 있던 돌궐의 공격을 받고 패하여 가한 아나괴(阿那瓌)가 자살하였다(552년). 유연은 곧 양분되어 각각 가한을 세웠으나 모두 돌궐에 패하여 지리멸렬하였다. 돌궐이 유연을 공멸하고 새로운 패자로 등장하자 동북아시아의 국제관계는 새로운 국면을 맞게 된다(金鍾完, 2002).

북방의 초원지대에서 유연이 약해지고 새로운 세력 돌궐이 한창 등장하고 있던 무렵, 고구려의 서변에도 전에 없던 긴장감이 감돌고 있었다. 552년 북제 문선제가 고구려의 서쪽 경계와 맞닿은 영주(營州)까지

와서 북위 말에 고구려로 들어온 유인들을 돌려달라고 요구하였던 것이다.

> 천보(天保) 3년(552)에 문선제가 영주에 이르러 박릉(博陵) 사람 최유(崔柳)를 고구려에 사절로 보내 북위 말에 [들어간] 유인(流人)을 [돌려보내라고] 요구하였다. 그에게 조칙을 내려 이르기를 '만약 [고구려가] 요구를 받아들이지 않거든 상황에 맞게 [적절히] 대응하라'고 하였다. [최유가 고구려에] 이르렀으나 허락을 받지 못하였다. 최유는 눈을 부릅뜨고 나무라며 성(成: 고구려 양원왕)을 주먹으로 쳐서 상 아래로 떨어뜨렸다. 성의 좌우 신하들은 숨을 죽이며 감히 움직이지 못하였고, 이에 사죄하고 복종하였다. 최유는 5,000호를 이끌고 돌아와 보고하였다.
>
> _『북사(北史)』 권94

이러한 북제의 요구를 거부한다면 양국 관계가 악화될 것은 예상하기 어렵지 않았다. 더욱이 고구려는 바로 전해인 551년(양원왕 7년)에 나·제 동맹군의 공격으로 한강 유역을 잃었을 뿐 아니라(『삼국사기(三國史記)』 권4·44) 신성(新城)과 백암성(白巖城)을 침공해온 유목세력 돌궐의 공세를 물리쳐야 하였다(『삼국사기』 권19). 그러므로 북제와의 관계마저 악화된다는 것은 북방과 남방의 위협에 더하여 서쪽 방면에서까지 고구려가 위기를 맞이하게 됨을 의미하였다. 그러므로 고구려의 입장에서 볼 때 북제와의 관계마저 악화되는 것은 피해야 하였다. 북제 측도 고구려의 상황에 대해 어느 정도 알고 있었다고 짐작된다(盧泰敦, 1976).

상황이 이러함에도 불구하고 고구려는 북제의 요구에 따르려 하지 않았는데, 그 연유는 무엇일까. 그러던 고구려는 거부의 입장을 바꾸어 유인을 돌려보냈다. 그렇다면 고구려가 강경한 거부의 입장을 바꾸게 되었던 계기는 무엇이었을까. 이러한 의문이 북제의 유인 송환 요구로 불거진 서쪽 방면의 문제가 어떤 것이었는지를 이해하는 데 필요하다고 본다.

여기서 고구려의 서북방은 어떤 상황이었는지를 살펴보자. 사료에 따르면 "(551년) 9월에 돌궐이 와서 신성을 포위하였으나 함락하지 못하고 옮겨서 백암성을 공격하였다. 왕이 장군 고흘(高紇)을 보내 병력 1만 명을 거느리고 막아 싸워서 이기고, 1,000여 명을 죽이거나 사로잡았다"고 한다. 문선제가 유인의 송환을 요구하기 한 해 전에, 유목세력의 하나인 돌궐이 고구려의 서북 중진(重鎭)인 신성(현재의 요령성 무순시 고이산성)을 침공해왔고, 백암성(현재의 요령성 등탑시 연주성)까지 이른 돌궐군을 상대하기 위해 고구려는 1만 명의 병력을 동원하여 이를 격파했다는 것이다.

이와 관련하여 이 돌궐 침입 기사의 사실성 여부에 의문을 품고, 북제의 유인 송환 문제에 더 무게를 둔 견해가 있다(盧泰敦, 1976). 돌궐이 유연을 격파한 것은 552년으로, 그 1년 전에는 유연 세력이 존재하고 있어 돌궐이 요하 이동의 신성까지 침공해올 수는 없었다고 본 것이다. 이에 돌궐의 침입 기사는 사실로 보기 어렵다고 여겨, 요서 방면에서의 긴장감은 유인 송환을 요구하며 거란·고막해(庫莫奚) 원정에 나서고 있던 북제의 군사적 움직임에 한정하였다.

그런데 금산(金山: 알타이산) 남록에 거주하던 돌궐이 성장의 기회를 잡은 것은 487년이었다. 유연 가한 두륜(豆崙)이 고차(高車) 제부(諸部)를 동원, 북위를 공격하려다가 반발을 샀고 양측의 대결이 이어졌던 것이다. 그러다가 520년 가한 아나괴가 북위에 투항하면서 돌궐은 유연의 통제에서 벗어나 동진하기 시작하였다. 오르도스 이북의 몽골고원으로 진출한 뒤, 돌궐은 철륵(鐵勒) 제부를 공격하여 이들을 장악하기에 이르렀다. 그 결과 돌궐은 서위에 구혼할 정도로 세력을 키웠고, 551년 가한 토문(土門)이 서위 장락공주(長樂公主)와 혼인하였다(『북사(北史)』권99). 돌궐의 급성장은 이미 551년 이전에 분명히 드러나고 있었던 것이다.

그렇다면 『삼국사기』의 돌궐 침입 기사는 사료 그대로 인정해도 좋다고 여겨진다. 그 침입 경로도 다른 사례에서 유추할 수 있다. 〈광개토왕비(廣開土王碑)〉 영락(永樂) 5년조의 공략 대상인 패려(稗麗)는 거란(契丹)의 일부로 고구려군은 이들을 요하 상류를 거치는 경로를 통해 공략할 수 있었다. 그리고 역으로 이 경로를 이용하여 후연군(後燕軍)의 고구려 침공도 가능하였다(임기환, 2013). 645년 당이 고구려를 침공해왔을 때, 그 선봉을 이끈 이세적(李世勣)은 요하 상류를 건너 무순(撫順)의 현도성(玄菟城)을 급습하였는데, 이때 당군이 이용한 경로도 요하 상류로 우회하는 노선이었다(『책부원구(冊府元龜)』권117). 따라서 유연을 무너뜨리고 초원지대의 새로운 강자로 등장하고 있던 돌궐 세력의 일부가 동쪽의 거란을 지나쳐 요하선까지 오는 것도 전혀 불가능한 일은 아니었다고 생각한다.

이렇게 볼 때 돌궐의 신성 침입이라는 서북방의 갑작스러운 소요가 채 가시기도 전에 북제가 유인의 송환을 요구해왔던 것으로 이해하는 편이 적절하다. 게다가 북제가 유인 송환을 요구해온 것은 문선제가 고막해를 친정하고(552년 3월, 『북제서(北齊書)』권4) 영주에 이른 뒤였다. 어느 면으로 보나 고구려의 국경 일대에 비상한 위기감을 일으킨 채,

북제는 사신 최류를 고구려에 보냈던 것이다. 이로 보아 고구려가 직면해 있던 서북방의 위기상황은 돌궐의 침입까지 더해져 훨씬 심각한 상태였다고 보아야 한다.

이처럼 북제의 유인 송환 요구는 그 동북방에 대한 군사원정과 짝하였다. 그리고 이듬해 또다시 친정하여 거란을 크게 격파하였다(『자치통감』 권165). 북제는 동북방 일대에 군사행동을 거듭하였고, 그것도 황제의 친정에 의한 것이었다. 이런 점에서 북제의 동북방 경영이라고 불릴 만한 조치가 취해졌던 것이다. 그러면 북제의 동북방 경영은 어떤 의도에서 추진되었을까. 북위 말부터 이어져 오던 고구려와의 관계를 바꾸려 했던 이유를 여기에서 짐작해볼 수 있다.

그 배경과 관련하여, 이 무렵 벌어지고 있던 북방 세계의 정세 변화가 무관할 수 없다. 유연의 가한을 자살하게 할 정도로 돌궐의 승리는 대단한 것이었고, 돌궐 토문은 이리가한(伊利可汗)으로 자립하였다(『자치통감』 권164). 그리고 유연의 붕괴에 따른 영향은 곧바로 막남(漠南)으로 밀려왔다. 유연의 남은 무리가 도망쳐왔던 것이다(『자치통감』 권165). 이에 북제는 돌궐의 직접적인 위협에 대비해야만 하였다. 554년부터 장성(長城)의 축조에 나섰다는 사실이 이를 말하여 준다(李在成, 1996).

이처럼 북방에서의 위협이 증대되고 있는 상황에서 북제는 동북방 경영을 추진하였다. 시기나 지역적 관련성으로 보아 북제의 북방 대책과 동북방 경영은 무관할 수 없다. 북제는 고막해와 거란을 격파함으로써 동북방에 군사력을 과시하였다. 이들 세력은 북방의 정세 변화에 쉽게 영향을 받을 수 있는 세력이었다. 북제의 동북방 경영도 북방의 위협에 대비하려는 의도에서 추진되었던 것이다. 북방의 돌궐이 조만간

세력을 동쪽으로 진출시킬 것은 예상하기 어렵지 않았다. 이에 북제는 동북방 일대에 대한 영향력을 정비해두어야 했다. 북제가 552년 갑작스럽게 고구려에 유인 송환을 요구했던 이유도 바로 여기에 있었다고 여겨진다(李成制, 2001).

유인은 북제의 동북방 경영에도 필요한 존재였다. 이들을 통해 북제는 통치력을 영주 일대에서 강화할 수 있었다. 그런데 고구려가 돌려보내야 했던 유인은 일부가 아니었다. '북위 말 유인'이라는 표현에서 알 수 있듯이 전면적인 송환을 의미하였다. 5,000호에 이르는 유인을 돌려보냄으로써 고구려는 유인을 매개로 한 정책을 더 이상 추진할 수 없게 되었다.

북제의 요구를 받아들였다는 점에서 고구려의 대응은 과거에 비해 소극적이었다. 그만큼 예전만 못한 국력이었음이 드러난다. 이는 당시 고구려의 대외적 위기가 그만큼 심각했기 때문이기도 하였다. 이와 관련하여 이 시기 고구려가 직면했던 대내외적 위기의 심각성을 강조하는 입장(盧泰敦, 1976)에 따르면, 이런 상황에서 고구려는 북제의 요구를 받아들일 수 밖에 없었다고 이해된다. 이 같은 입장에 따르면 고구려는 문제가 커지는 것을 바라지 않아 사태를 마무리했다고도 볼 수 있다(김진한, 2007).

그렇지만 양원왕 8년 고구려의 대응을 이해하기 위해서는 다음 두 가지 측면도 고려되어야 한다. 먼저 북제의 위협은 단기적 위기였다는 점이다. 북제의 무력시위는 실제로 고구려와 대결하겠다는 것이기보다는 그 가능성을 보임으로써 바라는 바를 얻기 위한 행동이었다. 그러므로 위협 정도에 비해 고구려가 내놓아야 했던 대가는 너무 컸다. 두 번째는 서방의 위협에 대해 고구려가 소극적인 대응으로만 일관했던 것은 아니라는 점이다. 돌궐이 침입하자, 1만 명의 병력을 동원해 격파한 일은 이를 보여준다. 고구려도 가능한 범위 안에서의 대응을 하고 있었다고 보아야 한다. 사정이 이러하다면 고구려는 당장의 위기에서 벗어나는 것뿐만 아니라 다른 측면도 고려하여 유인을 돌려보냈다고 여겨진다.

552년 고막해가 공격받을 무렵부터 고구려는 북제의 움직임에 관심을 가졌을 것이다. 이에 북제의 동북방 경영이 의도하는 바가 어디에 있는지도 알게 되었다고 보인다. 빠르게 성장하고 있던 돌궐의 존재는 고구려의 서방도 위협하는 것이었음에 틀림없다. 고구려는 바로 1년 전에 이미 그러한 충격에 맞선 적이 있었다. 이를 격파했다고는 하지만 그 세력이 또다시 고구려로 밀려들어올 것을 모르지 않았을 것이다. 즉 강력한 위협이 예상되는 상황에서 고구려는 북제와의 관계를 악화시킬 수 없었다. 돌궐의 성장이 위협으로 다가왔다는 점에서 양국은 동일한 입장에 놓여 있었던 것이다. 아울러 북제와의 우호적 관계는 고구려가 남방의 위협에 대처하기 위해서도 필요하였다. 아마도 이러한 점을 고려한 결과, 고구려는 유인을 돌려보냈다고 생각한다(李成制, 2001).

이제 유인을 북제에 넘겨주는 대신 고구려가 얻어낸 성과를 정리해 볼 차례이다. 이와 관련하여 560년 북제 폐제(廢帝)가 평원왕을 '사지절(使持節) · 영동이교위(領東夷校尉) · 요동군공(遼東郡公) · 고구려왕(高句麗王)'에 책봉한 사실이 중요하다. 동이교위 관이 포함된 책봉호는 북제가 고구려를 동방의 패자로 인정한다는 의미를 담고 있기 때문이다. 하지만 당시 고구려는 동방 세계에서 패권을 차지하지 못하고 있었다. 고구려는 한강 유역을 신라에게 빼앗긴 상태에서 위협을 받고 있었던 것이다. 그러나 이러한 신라의 성장과 고구려의 위기에도 불구하고 북제는 고구려의 적대세력에게 관심을 보이지 않았다(李成制, 2001).

고구려가 얻은 성과는 여기에 그치지 않았다. 서북방의 위험요소를 덜어낸 고구려가 남방의 위협에 대해 수세적 입장에서 벗어나 공세를 취하였던 것이다. 554년 고구려가 대규모 병력으로 백제를 공격했던 일(『삼국사기』 권27)은 이를 말해준다. 아울러 공세로 전환하기 위해서라도 국내 통치체제 재정비를 선행하고 있었을 것이다. 552년부터 장안성(長安城)을 축조하기 시작한 것(이에 대해서는 후술)은 그 한 예로 방비체제를 정비한 것으로 볼 수 있다(李成市, 1990; 東潮·田中俊明, 1995). 즉 유인 송환을 계기로 고구려는 위기에서 수습 단계로 나아갈 수 있었던 것이다.

이와 관련하여 고구려가 직면하고 있던 문제의 하나인 내정의 혼란은 어떻게 되었을까. 거칠부(居柒夫)가 신라군을 이끌고 충주(忠州) 지역으로 진군해오자 혜량법사(惠亮法師)가 '지금 우리나라에는 정란(政亂)이 벌어지고 있어 멸망이 멀지 않았다'라며 귀순을 청했다는 일화(『삼국사기』 권44)는 551년 무렵 고구려의 국정에 문제가 있었음을 보여주는 실례로써 널리 알려져 왔다. 앞서 보았듯이 이러한 내부 문제가 대외적 위기를 불러왔을 가능성도 충분하다. 다만 이 정치적 혼란이 대외적 위기상황에 직면해서도 여전했을까 하는 의문도 필요하다고 본다. 장안성 축조를 포함하여 551년 이후 고구려가 위기상황에서 벗어나기 위해서 전개한 여러 조치는 결코 정치적 혼란 속에서 나오기 어렵다는 점에서 그러하다. 충주가 신라와 접경지대에 있어 양국의 역관계 변화에 민감한 지역이었음(李成制, 2020)을 염두에 두고 위 일화의 의미도 살펴야 한다고 생각한다.

3. 신라의 대북제외교와 북제의 진흥왕 책봉

서방의 위기는 일단락되었지만, 남쪽에서의 위협은 여전하였다. 특히 신라의 눈부신 성장세는 고구려의 대외관계에 새로운 변수가 되었다. 551년 고구려의 한강 유역 상실부터 554년 관산성(管山城)전투, 562년 신라의 대가야(大伽倻) 병합으로 이어지는 정세 변동은 어느새 신라가 강국으로 성장하였음을 알려주는 사건들이었다. 이러한 비약적인 신라의 영역 확장으로 인해 고구려가 느꼈을 위기감은 상당하였다(李弘稙, 1954; 李成市, 1990; 延敏洙, 2007; 鄭孝雲, 2006; 이영식, 2006).

이에 고구려의 관심은 신라의 배후에 위치한 왜국(倭國)에 자연스럽게 모아지게 되었다고 보인다. 그런데 신라의 성장이 몰고 온 위기라는 사안의 중요성에 비해 그 대응은 한참 뒤에야 나온 것이라는 점에 관심이 간다. 고구려는 570년(평원왕 12년)에 가서야 대왜외교에 나선 것이다(李成制, 2009).

신라의 성장세는 고구려와 중국 남북조의 관계에도 영향을 주었다. 신라가 북제와 책봉·조공 관계를 맺고 진에 사절을 보낸 것이다. 대중국 관계에서 보이는 신라의 외교적 약진 역시 고구려가 대왜외교에 나서게 된 원인의 하나로 평가되어 왔다(井上直樹, 2008). 신라가 북제에 조공한 것은 고구려를 견제하기 위해 북제와 연대하려는 것이었으며, 북제의 책봉은 북제가 신라를 중시하게 되었음을 보여주는 것이었다. 이에 고구려가 북제에 대해 갖고 있던 경계심은 한층 강화되었고, 양국 관계는 악화되어 갔다. 여기에 더해 신라가 진에 입조함으로써 양국이 제휴하게 되었고, 고구려는 외교적으로 곤경에 빠지게 되었다는 것이다.

564년 신라가 북제에 조공하자, 565년 북제 무성제(武成帝)는 신라 진흥왕을 '사지절(使持節)·동이교위(東夷校尉)·낙랑군공(樂浪郡公)·신라왕(新羅王)'에 책봉하였다(『북제서』 권7). 양국이 책봉·조공 관계를 맺었다는 것은 각별한 의미를 갖는다. 북위가 왕조를 연 이래 565년에 이르기까지 북조의 어느 왕조도 고구려 외의 다른 국가와 외교관계를 맺은 적이 없었다. 그러던 것이 북제의 신라왕 책봉으로 일변하였다. 더욱이 북제는 고구려왕의 책봉호에 포함되던 '동이교위' 관을 신라왕의 책봉호에 포함시켜 고구려를 더 이상 주된 교섭 상대로 여기지 않게 되었음을 드러냈다(盧泰敦, 1976). 이는 고구려가 결코 간과할 수 없는 사안이었음에 분명하다(井上直樹, 2008).

그러면 북제가 신라왕을 책봉한 이후, 양국 관계에는 어떤 양상이 나타났을까. 이를 살피는 것은 고구려가 대중국 관계에서 직면했던 위기의 실상을 이해하는 데 도움이 될 것이다. 고구려는 564년과 565년에 연이어 북제에 사절을 보냈다. 이 가운데 적어도 565년의 사절 파견은 신라의 조공에 대해 북제가 책봉해준 사실과 관련이 있을 것이다. 이 점에서 신라의 외교가 고구려와 북제의 관계에 영향을 주었음을 짐작할 수 있다.

그렇지만 이 문제와 관련하여 더 중요한 사실은, 북제의 책봉 이후 진흥왕이 보낸 사절이 북제에 이른 것은 572년 단 한 차례에 불과하며, 북제가 신라에 사신을 보낸 적은 한 번도 없었다는 점이다. 책봉·조공 관계의 성립으로 양국은 고구려를 상대로 한 현안에서 긴밀하게 협력할 수 있는 토대를 구축하였다. 북제의 입장에서 신라의 접근은 고구려를 뒤흔들 수 있는 기회로 여겨졌을 법하다. 이에 북제는 진흥왕을 책봉함으로써 신라와 고구려의 대결관계에서 신라 쪽을 지지하는 입장을 보였던 것이다. 반면 신라의 입장에서 보더라도 북제와의 연계는 고구려를 상대로 한 대외전략에 큰 도움을 줄 수 있었다. 진흥왕이 북제에 사절을 보내 조공한 까닭도 여기에 있었다고 여겨진다. 그러나 이후 양국이 어떤 형태로든 유대를 돈독히 하였다는 기록은 찾아볼 수 없다. 도리어 고구려와의 대결에서 북제의 후원을 필요로 했을 신라는 물론이고 북제조차 사절을 보내지 않았다.

이후 신라의 외교는 진에 집중되었다. 566년의 조공 이후 567·568·570·571년 연이어 사절을 진에 보냈다. 이에 대해 신라가 진과 제휴함으로써 북제와의 관계가 악화되어 있던 고구려를 외교적으로 곤경에 빠뜨렸다고 이해하기도 한다(井上直樹, 2008). 그렇지만 신라의 사절 파견은 신라의 진에 대한 접근을 알려줄 뿐이어서 그것만으로 양국이 제휴했다고 보기 어렵다. 더욱이 신라의 조공에도 불구하고 진의 책봉은 없었다. 이처럼 고대 동아시아세계 국가 간의 외교관계에서 조공에 짝하여 책봉이 없는 경우는 제도적 외교관계를 갖지 못한 예물의 증여와 통사(通使)에 불과하였다(金翰奎, 1999). 반면 고구려 평원왕은 562년 진의 책봉을 받은 바 있다. 이렇게 볼 때, 568년에 이르면 신라의 외교는 진에 국한되었고, 그 내용도 일방적인 사절의 파견에 머물고 있었음을 알 수 있다. 이는 이 시기 고구려와 신라를 둘러싼 국제관계를 이해하는 데 주목해야 할 사실이라고 생각한다. 이로 보아, 신라와 남북조 간의 외교관계로 인해 고구려가 대왜외교에 나서게 되었다고 보는 이해는 따르기 어렵다.

물론 고구려를 수세로 몰아넣은 신라의 성장은, 중국 남북조 모두가 관심을 가질 만한 국제적 변화였음에 틀림없다. 북제와 별개로 남조의 진조차 565년 신라에 사절과 승려를 보내고 경전을 전했다는 사실(『삼국사기』권4)이 이를 말해준다. 그러나 북제가 보인 이후의 행동은 그것이 관심 차원에서 더 나아가지 못했음을 알려준다. 그러므로 북제가 신라왕을 책봉함으로써 고구려의 독점적 지위를 더 이상 인정하지 않겠다는 의지를 표명했다는 사실은 주목되어야 하지만, 그 의미의 적용은 제한적인 차원에 그쳐야 한다고 생각한다.

남북조가 신라를 높이 평가하는 분위기가 이어지기 위해서는 무엇보다 신라의 군사적 승리가 계속되어야 하였다. 그러나 고구려가 반격에 나서면서 상황은 일변하였다(이에 대해서는 후술). 이에 북제는 신라에 관심을 두지 않게 되었다고 여겨진다. 이와 관련하여 북제가 신라를 대신하여 백제와 긴밀한 관계를 이루어 나갔다는 사실은 재조명되어야 한다고 본다. 이 무렵 백제가 북제에 사절을 보내 조공하였고(567년), 북제는 571년 백제왕을 '사지절(使持節)·시중(侍中)·거기대장군(車騎大將軍)·대방군공(帶方郡公)'에 책봉하였다. 이것은 백제가 북조와 책봉·조공 관계를 맺은 최초의 일이었고, 이를 계기로 양국 간에 문화적 교류가 활발했을 가능성이 산동성(山東省) 청주(靑州) 용흥사지(龍興寺址) 출토 반가상(半跏像) 등의 물질자료를 통해 엿보인다(田中俊明, 2002). 570년을 전후한 시기 북제의 관심은 백제로 옮겨가 있었고, 양국의 교류도 빈번히 이루어지고 있었던 것이다. 이로 미루어 572년 신라의 북제 견사는 긴밀해지고 있던 북제와 백제의 관계에 자극받았을 가능성이 있다.

이렇게 볼 때 북제가 신라에 보였던 관심은 어째서 이어지지 못하였던 것일까. 570년에 가서야 고구려가 대왜외교에 나서게 되었던 것도 이 문제와 관련이 있는 것은 아닐까. 이와 관련하여 고구려가 당면했다고 하는 신라의 위협은 구체적으로 어떤 것이었는지, 그것은 어느 시점까지 이어지고 있었는지에 대해 살펴볼 필요가 있다.

568년에 세워진 〈황초령비(黃草嶺碑)〉와 〈마운령비(磨雲嶺碑)〉는 과거 고구려령이었던 함경남도 일원을 신라가 차지한 뒤 만든 비로, 고구려가 왜국에 사절을 보낸 시점에서 불과 2년 전에 해당한다. 이 점에서 이 두 비는 고구려 영토를 잠식해 들어오고 있던 신라의 군사적 위협이 어떤 정도였는지를 보여주는 실례로 여겨 왔다(李弘稙, 1954; 盧泰敦, 1976; 李成市, 1990; 金恩淑, 1994; 延敏洙, 2007; 이영식, 2006; 井上直樹, 2008).

특히 두 비의 " … 사방을 탁경(託境)하고 널리 백성과 땅을 획득하였으며, 이웃나라가 신의를 서약하여 평화의 사절이 서로 통하였다. … 이에 무자년(戊子年: 568년) 8월 관할하게 된 곳을 순수하여 널리 민심을 살펴 위로하고 상을 내려주고자 한다"라는 구절은 이 무렵 고구려와 신라가 화평한 관계를 맺고 있었음을 반영한 것이라 보아왔다(盧泰敦, 1976). 즉 비문의 '이웃나라'는 고구려이며, '평화의 사절이 서로 통하고 있었기'에 왕이 개마고원 동쪽 사면에 위치한 이 지역까지 순수할 수 있었다는 것이다. 이러한 이해는 551년 이후 일련의 긴박한 상황에 몰린 고구려가 일단 상실한 한강 유역을 포기하고 신라와 타협한 뒤, 내부 정비와 서북방의 위협에 대처하는 데 주력하고 있었다는 인식에 바탕을 두고 있다.

그러나 이 두 비에는 다른 순수비에선 보기 어려운 왕도정치(王道政治)를 강조하는 문구가 유달리 많이 확인된다. 이 점에서 빼앗긴 지역을 되찾으려는 고구려의 거센 반격이 있었기 때문에 통치의 자신감보다는 왕도정치를 표방하며 화친을 강조함으로써 그 기세를 반감시키려 했다는 지적(盧鏞弼, 1996; 徐榮一, 2001)에 주의할 필요가 있다.

두 비는 현재의 함경남도 함흥군(咸興郡) 하기천면(下岐川面) 황초령과 이원군(利原郡) 동면(東面) 마운령에 건립되었던 것으로, 그만큼 신라가 고구려 영역 깊숙한 곳까지 차지했음을 보여준다. 그런데 비의 건립과 관련해서는 같은 해 10월조 기사가 전하는 사실(『삼국사기』권4)도 함께 고려되어야 한다. 진흥왕이 이 지역을 순수하고 비를 세웠던 바로 그달인 568년 10월, 신라는 이들 지역을 관할하던 비열홀주(比列忽州)를 폐하고 달홀주(達忽州)를 설치하였다. 비열홀주의 치소가 오늘날의 안변(安邊)이며, 달홀주의 치소는 강원도 고성(高城)에 해당한다는 점을 고려하면, 이 조치의 의미는 '퇴각'의 일환으로 여겨야 할 것이다. 이를 함흥 일대의 불리한 지세를 보완하기 위한 후퇴라고 보는 이해도 있지만(張彰恩, 2014), 비열홀주만이 아니라 북한산주의 폐지도 함께 시행되었다는 점에 주목할 필요가 있다. 즉 진흥왕이 이 두 비를 세운 직후, 신라군은 함남 지역에서 퇴각하여 강원도 북부로 남하하였던 것이다(李成制, 2009).

이러한 사실은 이 무렵 고구려가 함경도 방면을 잠식해오던 신라군을 물리치는 데 성공하고, 잃었던 영토의 일부마저 회복하였음을 보여준다. 한편 신라군의 퇴각은 한반도 동부 방면에 그치지 않았다. 신라는 비열홀주를 폐지하면서 북한산주도 폐하고 경기 남부의 이천(利川)에 새로이 남천주를 두었다. 북한산주의 설치가 신라의 한강 유역 확보와 관련이 있었음을 고려하면, 남천주의 설치는 신라군이 한반도 서부에서도 퇴각하였음을 보여주는 단서가 된다. 즉 신라군은 전 전선에서 퇴각하고 있었던 것이다.

이로 보아 신라의 군사적 위협은 더 이상 고구려에게 위기감을 줄 수 없었다. 고구려를 위기로 몰아가던 전황은 568년에 들어서 반전되고 있었던 것이다. 그러므로 560년대 말의 정세를 파악함에 있어, 고구려가 위기에 몰려 있었다는 이해에는 동의하기 어렵다. 550년대 이래의 위기 국면이란 이미 과거의 일이었고, 고구려는 충격에서 벗어나 원상회복에 나서고 있었던 것이다. 특히 신라군이 전 전선에서 퇴각한 사실은 그 회복의 추세가 전면적인 것이었음을 짐작하게 해준다(李成制, 2009).

여기에서 신라의 대중국외교가 일시적인 성과를 얻는 데 머물렀고, 북제가 신라에 대해 보인 관심이 순식간에 사라져 갔던 연유를 찾아볼 수 있다. 그러므로 이 시기 고구려가 직면하고 있던 과제를 '신라의 성장이 몰고 온 대내외적 위기에서의 탈출'로 볼 수는 없겠다. 위기가 극복되고 있었던 만큼 고구려가 그것을 현안으로 삼기에는 부족했다. 그러나 현안을 고구려가 얼마 전에 겪었던 위기와 관련지어 보면, 그 위협의 심각성으로 보아 문제의 소재를 따져보고 재발 방지를 위한 방안을 모색하였다고 보는 것이 순리이다.

신라가 어느덧 성장하여 위협을 가해왔다는 것이나 고구려가 북조와의 타협적 관계를 더 이상 유지하기 곤란해졌다는 것은 고구려를 둘러싸고 있던 국제관계가 근본적으로 바뀌어가고 있었음을 알려준다. 새로운 시대적 변화는 그것이 한반도에서의 군사적 충돌에 그치는 것이 아니라, 신라라는 적대세력이 서방의 중국세력과 연계하려 했다는 점에서 우려되는 일이었고, 재발 가능성도 농후하였다. 북제의 신라왕 책봉이 그 실례였다. 더욱이 고구려가 신라의 군사적 위협을 일단 잠재울 수는 있었지만, 그 위협이 아예 사라진 것은 아니었다. 또한 북제와의 관계도 고구려가 관계 개선의 의지를 보인다고 해서 해결할 수 있는 것이 아니었다. 고구려가 북제에의 사절 파견을 중단한 것은 이러한 이

유에서였을 것이다.

한편, 570년 북제가 고구려에 사절을 보냈음을 기재한 〈배유업묘지(裴遺業墓誌)〉는 문헌기록에는 전하지 않는 양국의 교섭 사실을 알려준다(王其褘·周曉薇, 2012). 특히 묘지는 배유업의 관력(官歷)을 기술하며 고구려 사행을 강조하고 그것을 전한(前漢)의 육가(陸賈)와 장건(張騫)이 남월과 서역에서 거둔 성과에 비견하고 있다. 이는 당시 북제와 고구려의 관계가 양호하지 않았음을 알려주는 새로운 사료라고 보인다(井上直樹, 2013). 이때 배유업이 거둔 성과와 관련해서는 묘지가 육가와 장건을 언급한 뒤 "어찌 [공이] 만리 밖까지 나아가 국위를 떨치고, 구이를 억눌러 굴복시킨 것과 같을 수 있으리요. 현도에서의 공을 세웠음에도 노룡의 칭송을 뽐내지 않았네(豈如申威萬里, 剋服九夷. 旣有玄菟之功, 不賣盧龍之賞)"라는 구절이 이어진다는 점에서 그러하다. 내용으로 미루어 배유업의 사행 동안 양국 관계에서 북제가 우위에 있었음을 보여주는 사건이 벌어졌던 것은 아닐까 추정된다.

이러한 관점에서 570년 고구려가 대왜외교에 나선 배경은 다른 곳에서 찾아보아야 한다. 이와 관련하여 고구려가 사절을 왜에 보낸 연유를 알려주는 자료는 없지만, 적어도 이것이 어떤 취지에서 나온 외교전략이었는지를 짐작하여 볼 수는 있다. 고구려가 552년부터 평양(平壤)에 축조하고 있던 장안성을 통해 그 취지를 엿볼 수 있기 때문이다.

고구려 후기의 도성인 장안성은 장대한 석벽(石壁)으로 평양 시가지를 에워싼 총길이 23km의 평산성(平山城)이었다. 이 성은 내성(內城)부터 쌓기 시작하여 외성(外城)을 거쳐 593년 북성(北城)의 조영으로 완성되었다. 장안성 축조를 위해 고구려는 장장 42년의 시간과 노력을 투입하였다(東潮·田中俊明, 1995). 여기에서 장안성의 축조가 결정된

해가 552년이어서 고구려가 직면하고 있던 대외적 위기와 관련이 있었음은 분명하다.

그런데 고구려가 본격적으로 성벽을 쌓기 시작한 것은 위기의 국면이 나타나고서도 한참을 지난 566년이었다. 이때부터 내성의 성벽을 쌓았던 것이다. 또한 불과 2년 뒤인 568년에 이르면 대신라 전선의 전황이 반전되고 있었음에도 불구하고 고구려는 성벽 축조를 중단하지 않았다. 이 점에서 장안성의 축조는 국방상의 위기상황에 직면하여 수동적으로 마련한 대책이라기보다, 고구려가 위기를 계기로 좀 더 기능적이고 체계적인 방어체제를 구축해 나갔음을 보여준다. 또한 내성부터 차근차근 구획을 나누어 쌓았던 것으로 보아 장기적인 복안 아래 축조 계획을 입안하였음을 알 수 있다. 오랜 시일을 소요한 뒤에야 성과를 거둘 수 있었다는 점에서 장안성 축조가 지향하는 바는 현재가 아닌 미래였다. 즉 고구려는 얼마 전 경험했던 위기를 되새겨 그 재발을 방지하는 차원에서 장안성을 쌓아나갔던 것이다.

그렇다면 이러한 미래 지향 대책이 장안성 축조 하나였을 리는 만무하다. 무엇보다 체계적인 방어체제 구축을 위해서는 축성이나 군사력 육성도 필요하겠지만, 인접한 국가들과의 연계를 통해 전쟁을 미연에 방지하거나 전쟁에서 지원받을 수 있는 대외관계를 만들어두는 것도 그 못지않게 중요하다고 여겨지기 때문이다. 평양에서의 축성이 한창이던 570년에 고구려가 왜국에 사절을 보낸 연유도 여기에 있었다고 생각한다.

한편, 고구려는 남조의 진에도 566년과 570·571년 그리고 574년에 사절을 보냈다. 특히 570년의 사절 파견은 왜국에의 파견에 후속했다는 점에서 양자 간의 관련성을 짐작해볼 수 있다. 사절을 거듭 보내기 전까지 고구려의 대진 관계는 비교적 소원한 편이었다. 고구려는 진이 나라를 세우고 3년이 되던 해(561년)에서야 비로소 진에 사절을 보냈다. 진의 책봉은 이듬해에 있었지만, 고구려 사절이 다시 진에 나아간 것은 566년의 일이었다. 이러한 양국 관계는 왜국과의 적대적 관계에 비견할 만한 것이었다. 이로 보아 고구려의 대외전략은 대왜 외교뿐만 아니라 진과의 외교까지 포함하는 것이었다. 따라서 6세기 후반 고구려의 대외전략에서 왜국과의 연계만이 고구려가 직면한 위기에서 벗어날 수 있는 유일한 대안이었다거나 대외전략의 전부였던 양 여겨서는 곤란하다. 고구려의 의도는 두 나라와의 우호관계를 구축하여 대외관계를 다원화하는 데 있었고, 이들이 신라와 북제의 배후에 위치하고 있다는 점에서도 고구려가 장래의 국제관계 변화에 대비하는 데 도움을 줄 수 있었다(李成制, 2009).

고구려가 대왜외교를 추진한 의도는 직면한 위기상황에서의 탈출에 있지 않았다. 이에 왜국을 상대로 한 교섭 내용도 달리 파악되어야 할 것이고, 그 성패 역시 새롭게 판단해야 하겠다.

4. 고구려의 대왜외교 추진과 대외전략

570년(평원왕 12년) 고구려가 보낸 사자가 바다를 건너 왜국의 서해안에 상륙하였고, 572년 왜국 조정에 국서를 전달하고 귀국하였다(『일본서기(日本書紀)』 권19·20). 평원왕대에 이르러 고구려는 왜국과의 외교관계를 열고자 했던 것이다. 물론 『일본서기』에는 516년 9월조와 540년 8월조 기록에서 고구려가 왜국에 사절을 보냈다는 내용이 보인다. 전자는 백제를 매개로 하여 고구려가 왜와 통교한 것으로 대왜외교의 시작이라고 보는 이해도 있다(三品彰英, 2002; 徐甫京, 2008). 그러나 이 시기에도 고구려와 백제는 적대관계였으므로, 양국 관계의 개선을 전제로 한 이 기록은 신뢰할 수 없으며(井上直樹, 2013), 후자의 경우 역시 의심스러운 기사에 해당한다(坂本太郎, 1965; 井上直樹, 2013).

기록에 따르면 첫 사행 이후 고구려는 574년까지 두 차례 더 사절을 왜국에 보냈다. 5년 동안 세 차례 사절을 보냈다는 점으로 보아, 이 시기 고구려의 대외관계에서 왜국이 중요한 상대였음을 짐작할 수 있다. 이 대왜외교가 진으로의 사절 파견(570, 571, 574년)과 함께 전개되었다는 점도 유의해야 할 대목이다.

한편, 574년의 기록을 끝으로 고구려가 왜국에 보낸 사절은 6세기 말까지 보이지를 않는다. 이후 사절 파견 기록이 없다는 점에 주목한 연구들은 고구려 승려 혜자(惠慈)가 왜국에 들어가는 595년까지[3] 20여 년 동안 고구려의 대왜외교는 중단되었다고 본다(李成市, 1990; 井上直樹, 2008; 이영재, 2012). 어렵게 추진된 고구려의 대왜외교는 세 차례의 사절 파견에도 불구하고 별 성과 없이 일단락되었다고 이해한 것이다. 이 점에서 먼저 고구려의 대왜외교가 어떻게 전개되었는지 알아보자.

이때의 외교와 관련하여, 그간의 관심은 이른바 까마귀 깃털에 쓴 고구려의 국서 내용을 한반도계 관인 왕진이(王辰爾)가 해독했다는 일화에 모아져 왔다. 고구려가 처음으로 대왜외교에 나섰다는 징표이며(李弘稙, 1954), 국서가 고구려의 독특한 한문으로 기술되어 발생한 문제

---

[3] 『일본서기』 권22, "高麗僧慧慈歸化, 則皇太子師之. 是歲, 百濟僧慧聰來之. 此兩僧, 弘演佛教, 並爲三寶之棟梁."

(李成市, 1990) 등의 이해가 그것이다. 그런데『일본서기』의 관련 기록은 상당 분량으로, 그 내용은 570년 4월에 고구려 사절단이 왜국 서해안에 도착하여 겪은 고초, 이들에 대한 왜국 조정의 영접과 대우, 국서와 예물의 증정(572년 5월), 그리고 귀국에 이르는 일련의 과정으로 이루어져 있다.

여기에는 고구려 사절이 도착지의 군사(郡司)를 왜왕(倭王)으로 오인하였다거나 고구려 사절단 내부에서 분규가 발생하여 대사가 살해되었다는 등 다소 이해하기 곤란한 내용도 보인다. 그렇지만 전체적인 내용으로 보아 고구려의 사절 파견부터 왜국 조정의 대응과 입장 등 외교교섭의 경과를 담고 있다고 보아도 좋다.

우선 관심을 끄는 것은, 고구려 사절이 현재의 북륙(北陸)지방 월(越)에 도착하였으며, 그곳의 관리가 왜왕을 사칭하고 예물을 접수했다는 사실이다. 어떻게 이처럼 어처구니없는 일이 일어날 수 있었을까. 도착지 월국이란 현재 일본의 혼슈 서북부지역으로 이시카와현(石川縣) 가나자와시(金澤市) 인근 지역으로 비정된다(李弘稙, 1954; 小嶋芳孝, 2008). 고대 일본에게 있어서 한반도와의 대외교통이란 주로 한반도 남부를 거쳐 서해로 이어지는 것이었고, 그 기점이 되는 곳은 훗날 대재부(大宰府)가 설치되는 북큐슈(北九州) 지역이었다. 그리고 이 무렵 한반도 남부에서 서해로 이어지는 항로를 장악하고 있던 세력은 신라와 백제였다. 이들 국가와의 관계로 보아, 고구려가 이 항로를 이용한다는 것은 거의 불가능하였다. 이 점에서 570년 고구려의 대왜외교는 통상의 교통로가 아닌 별도의 경로를 이용한 것이었다(李成制, 2009).

그런데 이 해상교통로는 이때까지 국가 차원에서 운용된 적이 없었다. 다만 이 경로와 관련해서는『삼국지(三國志)』기록에 조위(曹魏)의 군대가 고구려 동천왕(東川王)을 뒤쫓아 동해안에 이르렀을 때 바다 저편에 '이면지인(異面之人)'이 살고 있으며 해가 뜨는 곳 가까이 산다는 말을 얻어들었다는 내용이 보인다(『삼국지』 권30). 한반도 동해안과 일본 열도 간의 해상 교류는 이미 3세기 무렵부터 나타나고 있었던 것이다. 이 점에서 570년 고구려의 대왜외교는 공식적인 통로를 전혀 갖추지 못한 채, 민간 차원의 교류에 의지하여 시도되었다고 보인다. 고구려 사절이 월 지역의 관리에게 농락당한 배경도 바로 여기에 있었다고 추정된다.

이와 관련하여 주목이 가는 사실은 왜왕이 보낸 사자가 등장하고 나서야 고구려 사절은 현지 관리의 정체를 깨닫게 되었다는 점이다. 그때까지 고구려 사절은 그를 왜왕으로 여기고 있었다. 이 때문에 왜왕이 받아야 할 예물을 그에게 건넸을 정도로 커다란 실책을 저지르게 되었던 것이다. 이 사실은 고구려 사절이 왜국의 사정에 대해 무지하였음을 알려준다. 나아가 당시 고구려가 왜국에 대해 알고 있던 정보의 수준을 짐작케 해준다.

상대국에 대한 이해는 외교에서 가장 기본적인 요소일 것이다. 예를 들어 통치체제에 대한 이해는 왜국의 국가적 정책이 어떤 과정을 거쳐 누가 결정하는지를 알기 위해 필요한 지식이 된다. 양국이 통교하기를 바란 고구려의 입장에서 볼 때 대왜외교의 성패를 좌우하는 중요한 문제인 것이다. 이 점에서 『일본서기』 흠명기(欽明紀) 31년조에 전하는 고구려 사절과 왜국의 첫 대면 장면은 고구려가 왜국에 대해 알고 있던 지식이 어느 정도 수준이었는지를 극명하게 보여준다. 고구려 사절은 왜왕을 사칭한 월의 관리에게 농락당하여 표물(表物)을 건넸고, 왜국 조정이 보낸 사자를 보고 나서야 속고 있었다는 사실을 깨달았다. 왜국의 중심지가 월에서 동남(東南)으로 한참 떨어진 야마토분지(大和盆地)에 자리 잡고 있다는 사실도 모르고 있었던 것이다.

이렇게 볼 때, 570년 무렵까지 고구려가 왜국에 대해 알고 있던 사전 정보는 불충분하거나 왜곡된 것이었다. 이런 사정에서 고구려가 왜국에 처음으로 보낸 사절의 임무는 막중하였다. 이들은 왜국을 방문하여 실정을 살피게 된 최초의 고구려 관리였을 것이기 때문이다. 마치 608년 수 양제가 왜국의 실상을 알아보기 위해 배세청(裵世淸)을 파견했던 것처럼(『수서(隋書)』권81), 고구려 평원왕 역시 이들 사절을 통해 왜국의 실정을 파악하고자 했다고 여기는 것이 온당하다. 이 점에서 고구려의 대왜외교 목표 역시 이때까지는 구체적이지 못했다고 여겨진다. 왜국과의 연계 내용, 즉 왜국이 고구려를 둘러싼 국제관계에서 무엇을 기여할 수 있을 것인지 판단하는 것은 고구려가 왜국의 실정을 알고 난 다음에야 가능한 일이었을 것이기 때문이다.

그러면 이러한 고구려의 접근에 대해 왜국 조정은 어떠한 입장을 보였을까. 고구려 사절이 월에 도착했다는 사실이 알려진 뒤, 왜국 조정은 곧바로 사자를 보내 이들을 영접하고 기내(畿內)로 맞아들였다. 영접사의 인도로 고구려 사절단은 근강(近江)을 거쳐 산성국(山城國)에 이르렀고 여기에 마련된 상락관(相樂館)에 머물렀다.

통상의 의례에 따르면 왜국 조정은 조만간 고구려 사절을 왕경으로 불러들이고 고구려 국왕이 보낸 국서를 접수하는 절차를 진행해야 하였다.[4] 그런데 후속 조치는 통상 의례에서 벗어난 것이었다. 고구려의

---

4 당시 왜국의 외교 의례는 사절의 도착, 안치와 향연 → 도착지에서 중앙에 보고 → 중앙에서 존문사(存問使) 파견 → 영객사(迎客使)에 의한 상경 → 난파(難波)에서의 환영 →

국서가 왜국 조정에 전해진 것은 572년 5월의 일이었다. 왜국 조정은 고구려 사절의 도착을 인지한 때부터 국서를 접수하기까지 무려 25개월의 시간을 소요하였다.

이와 관련하여 고구려의 외교에 대해 왜국 조정 내의 논의가 필요했다고 이해하기도 한다(金恩淑, 1994; 平野卓治, 2004). 왜국은 고구려와 대립하고 있던 백제를 매개로 하여 고구려를 상대해왔고, 당시 왜국 조정에는 백제계 관인들이 활약하고 있었다. 고구려 사절의 입국은 갑작스러운 것이었고, 그동안의 양국 관계로 보아 대응 시간이 왜국 조정에게 필요했을 것이라는 점은 충분히 짐작할 수 있다. 그렇지만 그것을 위해 2년여의 시간이 필요했을 것이라고 보기는 어렵다.

고구려 사절을 맞이하면서 보인 왜국 조정의 조치는 특별하였다. 월에 급파한 사절 외에도 왜국 조정은 산성국에 사절이 머물 시설을 새로 마련하였으며, 별도 사자를 보내 사절의 이동과 영접에 차질이 없도록 조치하였다. 그뿐만 아니라 난파로부터 식선(飾船)을 끌어와 비파호(琵琶湖)에 띄워 사절단을 맞이하는 등 극진한 환대와 예우로써 대하였다. 이 점에서 왜국 조정은 고구려가 사절을 보내왔다는 사실을 매우 중요하게 여겼음을 알 수 있다.

그렇지만 왜국 조정은 2년여의 시간을 끌고 나서야 국서를 접수하였다. 이로 보아 국서에 담겼을 고구려 국왕의 뜻은 왜국 조정에게 그리 중요한 문제가 아니었을 것이다. 즉 양국 관계에 대해 왜국은 '통사(通使)' 수준 이상의 외교관계 구축에는 관심이 없었다고 여겨진다. 이 점

난파관에의 안치와 향연 → 입경 → 국서 전달, 예물 봉정 → 귀환 과정 등의 순으로 진행되었다(森公章, 1998).

에서 왜국 조정이 571년 신라에 사절을 보냈다는 사실은 왜국 조정의 입장을 살피는 데 중요한 단서가 된다.

571년 3월 왜국 조정은 신라에 사자를 보냈고, 8월에는 신라 사절이 왜국에 도착하였다(『일본서기』 권19). 이때의 사행은 고구려의 대왜외교와 연계한 것이었고(金恩淑, 1994), 그 의도는 고구려 사절의 도착을 기회로 삼아 신라를 압박하는 데 있었다고 여겨진다. 곧이어 신라가 사절을 왜국에 보내왔다는 사실이 이를 말해준다. 6세기 후반에 나타난 국제정세의 변화는 비단 고구려와 신라 관계에 국한되지 않았다. 친백제적 입장을 견지해오던 왜국의 대외정책도 수정이 불가피해졌다. 예컨대 왜국이 고구려와 연대하여 신라를 적대한다면, 이미 고구려·백제와 적대하고 있던 신라에게 위협이 될 수 있었다. 그럼에도 불구하고 570년 이후 왜국이 고구려와의 군사적 유대를 도모했다는 기록은 찾을 수 없다. 반면 왜국과 신라의 교류는 빈번해졌다. 571년의 사절 교환을 계기로, 574년(신라→왜국), 575년(왜국→신라·백제, 신라→왜국), 579년(신라→왜국)의 교류가 나타난다. 이러한 사실은 왜국이 고구려 사절의 방문을 환영하였지만, 어디까지나 신라를 압박하기 위한 수단이 필요했기 때문이지 결코 고구려와 연대하려는 의도가 아니었음을 알려준다(李成制, 2009).

한편, 귀국한 사절의 보고[5]를 통해 고구려 조정도 왜국의 입장을 확

---

[5] 고구려 사절의 접대역을 맡은 이들은 왜국 조정의 실력자 소가씨(蘇我氏) 휘하의 사람들이었다(金恩淑, 1994). 이들과의 접촉은 고구려 사절이 왜국의 입장을 이해하는 데 큰 도움이 되었을 것이다. 또한 이들은 도착지인 북륙지방에서 비파호, 산성국을 거쳐, 왜의 왕경에 이르는 경로를 왕복함으로써 왜국의 국내 사정을 견문할 수 있었다. 더욱이 2년을 넘긴 체류 기간은 고구려 사절이 왜국에 대한 지식을 더할 수 있는 기회였을 것이다.

실히 인지할 수 있었다고 보인다. 여기에는 불분명했던 왜국의 실정에 대한 파악도 포함되었을 것이다. 따라서 왜국이 보인 반응이 실망스러운 것이었기에 고구려가 왜를 상대로 한 외교를 계속해 나간다는 것은 무의미할 수도 있었다. 그러나 고구려는 왜국에 두 차례 더 사절을 보냈다(573, 574년). 이러한 결정은 고구려가 왜국의 입장과 실정을 충분히 파악했을 상황에서 내려진 것이었다는 점에서 주목을 요한다. 즉 573년에 이르러 고구려는 왜를 상대로 한 외교전략을 마련하게 되었다고 여겨진다.

573년 고구려가 파견한 사절단은 선박의 파손으로 인명 피해를 입고 가까스로 왜국에 도착하였다. 그러나 왜국 조정은 사절의 입국 자체를 불허하였다. 그런 가운데 왜국 조정은 고구려 사절의 귀국을 위해 송사(送使)를 파견하였다. 이 왜국 송사는 고구려 사절과 함께 고구려로 들어갔다가 574년 고구려가 보낸 세 번째 사절단과 동행하여 귀국하였다(『일본서기』 권20).

사절의 입국을 불허했던 조치로 보아, 이때까지도 왜국 조정은 고구려를 교섭 상대국으로 인정하기를 망설였다고 보인다. 그렇지만 변화의 조짐도 조금씩 보이기 시작하는데, 고구려 사절의 귀국길에 왜국의 송사가 동행했다는 사실에서 이를 엿볼 수 있겠다. 한편 고구려에 도착한 왜국 송사 일행은 각별한 대우를 받았다. 고구려는 정식 외교사절이 아닌 송사를 사자의 예에 준하여 영접하는 것(이영식, 2006)에 그치지 않고 별도로 국왕까지 나서서 중후한 예우를 베풀었다. 이러한 우대는 고구려가 왜국을 중요시했음을 보여주는 행동이었다. 574년 왜국에 파견된 고구려 사절이 이 사실을 언급했다는 것은 그 의도가 어디에 있었는지를 잘 보여준다.

고구려 사절이 왜국에 머물면서 체득한 견문이 고구려가 대왜외교를 전개해 나가는 데 도움이 되었다면, 그 반대 경우는 어떠했을까. 상대를 모르기는 왜국도 매한가지였다. 그런 처지에서 고구려 왕도를 방문하고 돌아간 왜국 송사는 무엇을 견문하고 어떤 내용을 조정에 보고했을까. 그가 한반도 동해안에 상륙하여 평양까지의 경로에서 견문했을 고구려의 정경에 대해 알 수는 없지만, 왜국이 알고 있었을 기왕의 정보와 다른 상황을 보았을 것이다. 이 시점에 이르면 신라의 공세란 이미 과거의 일이 되어 있었다. 또한 고구려 왕도에서는 새로운 왕성인 장안성의 거대한 성곽도시가 세워지고 있었다. 이러한 송사의 견문 내용은 그가 귀국한 뒤 왜국 조정에 보고되었을 것이고, 왜국이 고구려를 재평가하는 계기가 되었을 것이다(李成制, 2012).

그런데 574년의 사절 파견을 끝으로, 고구려가 왜국에 사자를 보냈다는 기록은 595년까지 한동안 보이지 않는다. 이로 미루어 고구려가 더 이상 왜를 상대로 한 외교에 나서지 않았다고 보는 것이 무난하지 않을까 하는 생각이 들 수도 있다. 그러나 세 차례의 사절 파견에서 드러난 고구려의 관심으로 보아, 왜국이 미온적으로 반응한다고 하여 포기하였다고 보기는 힘들다. 도리어 고구려의 대왜외교에 대해 왜국이 미온적이고 때론 비우호적이기까지 한 만큼, 고구려는 왜국의 입장을 돌려놓아야 할 필요가 있었다. 그리고 이 대왜외교는 앞서 살핀 바와 같이 42년의 시간과 노력을 필요로 했던 장안성 축조와 같은 맥락에서 추진된 장차의 정세 변화에 대비한 대외전략이었다. 이렇게 이해하고 나면 새로운 대외전략의 성패는 왜와의 긴밀한 관계가 구축되는지에 달려 있었던 만큼 이 20여 년의 기간은 대왜외교 성립에 매우 중요한 시기가 된다.

이러한 추정을 뒷받침할 근거자료를 현재로서는 제시할 수 없지만, 고구려 승려 혜자의 도왜와 그 활동에서 짐작해볼 수 있다고 생각한다. 혜자는 왜국에 가서 왜국 조정의 실력자 쇼토쿠태자(聖德太子)의 스승이 된 것으로 알려진 고구려 승려이다. 혜자가 왜국에 갔던 것은 고구려 영양왕(嬰陽王)의 뜻으로 알려져 있다(坂元義種, 1979). 그런 만큼 혜자는 고구려의 대왜외교를 상징하는 인물이다.

그런데 궁금한 것은 혜자가 왜국에 갈 수 있었던 경위이다. 왜국 조정의 최고 실력자였던 쇼토쿠태자의 스승이 된다는 것은 단지 그가 저명한 고승이기 때문에 가능한 일은 아닐 것이다. 또한 혜자는 쇼토쿠태자의 배후에서 수를 상대로 한 왜국의 외교에 관여했다고 여겨지기도 한다(佐伯有淸, 1986). 그렇다면 혜자가 외국인으로서 왕국의 실력자 곁에 머물면서 일국의 외교에 관여할 수 있었던 배경은 어디에 있었을까. 더욱이 고구려 국왕이 그를 보냈다고 본다면, 왜국에서 혜자가 보인 활동상은 고구려와 왜국 간의 긴밀한 관계가 전제되지 않고서는 결코 일어날 수 없는 일이었다. 나아가 그 관계는 왜국이 전통적으로 긴밀한 관계를 유지해왔던 백제와의 관계에 버금가는 것이었다. 혜자가 백제승 혜총(惠聰)과 함께 왜국 불교의 동량이 되었다는 『일본서기』 기록 내용이 이를 말해준다.

이렇게 놓고 보면, 574년 이후 595년에 이르는 동안 왜국은 573년 고구려 사절의 입국을 불허했던 비우호적 태도를 뒤로 하고 고구려와 긴밀한 관계를 이루게 되었음을 짐작할 수 있다. 그리고 그것은 고구려의 외교적 노력이 가져온 결과라고 여겨진다.

570년대에 들어서서 고구려가 남조의 진과 동해 건너의 왜국에 적극적으로 외교를 전개하였던 것과 달리 북제와의 관계에서는 그런 모습이 보이지를 않는다. 573년이 되어 사절 파견 기록이 보이는데, 그 전의 사행은 565년이었다는 점에서 6세기 전반기에 북조를 상대로 보였던 잦은 사절 파견과는 전혀 다른 모습이다. 여기에서 고구려가 북제와의 관계를 개선하기 위해 적극적으로 나서지 않았다고 볼 수 있는데, 북조 중심의 대외관계만으로는 새로운 정세 변화에 대응하기 어렵다는 판단에서 나온 변화라고 보인다. 그리고 그 대응이 장안성 축조의 방어체제 정비와 함께 진·왜국과의 연계라는 새로운 대외전략이었던 것이다. 백제가 북제에 조공하고 북제의 백제왕 책봉이 이어졌던 사실(『북제서』 권8)에서 드러나듯이, 북제가 새로운 연결 상대로 백제를 중시하게 되었던 것 역시 이 시기 고구려를 둘러싼 대외관계에서 보이는 새로운 변화였다. 이러한 정세 변화 속에서 595년 고구려 승려 혜자가 왜국으로 건너가 백제 승려 혜총과 나란히 활동하게 되었다는 것은 고구려와 왜의 관계가 어느덧 왜와 백제의 관계에 버금갈 위치에 이르렀음을 보여주는 것이다. 이는 570년 이래 전개된 고구려의 대왜외교가 거둔 성과라는 점에서 이 시기 고구려의 대외관계를 살피는 데 유의할 대목이다.

북제는 서쪽의 북주에 대해 한때 우세를 점하기도 하였으나, 점차 내정 혼란이 이어지다가 577년 북주에 멸망하였다. 북제를 무너뜨림으로써 북주는 북중국 전체를 차지하였고, 고구려와 경계를 마주하게 되었다. 이러한 북중국의 정세 변화에 대해, 고구려는 곧바로 북주에 조공하여 책봉을 받았다(『주서(周書)』 권49). 한편 북제와 연결을 꾀하던 백제의 외교도 이어졌다. 577년과 이듬해에 백제 사절이 북주를 방문했던 것이다(『주서』 권49). 578년에는 신라가 북주에 사절을 보내 조공하였다. 이러한 각국의 사행으로 보아 고구려를 비롯한 삼국 모두가 새로운 세력 북주의 등장에 주목하고 있었음을 짐작할 수 있다. 다만 북주는 581년 수로 교체됨으로써 고구려의 서방에 변화를 몰고 오지는 못했던 것으로 보인다. 이는 고구려의 서변과 접한 영주에 북제의 유신(遺臣) 고보녕(高寶寧)이 잔존해 있다가 수가 들어서고 3년이 되어서야 평정되었다(『북사(北史)』권75)는 사실에서 짐작해볼 수 있다.

한편, 남조는 후경(侯景)의 난(548~552년) 이후 세력이 크게 약화되었다. 서변은 현재의 사천(四川)·운남(雲南)·귀주(貴州) 등지를 북주에게 빼앗겼고, 장강 이북은 북제의 차지가 되었다. 진(陳)이 수에게 멸망했을 때의 호구는 50만 호 200만 구에 불과하였다. 약세의 남조에 대해 주변 국가의 사행 역시 크게 감소하였다. 진에 견사한 국가가 고작 12개국이었고, 그 횟수는 30여 회에 불과하였다(金鍾完, 2002). 이 가운데 고구려·신라의 사절 파견은 각각 6회로 진과 통교한 나라 가운데 가장 많은 편에 속한다. 이 시기 고구려는 새로운 대외전략의 일환으로 남조와의 관계 구축을 시도했던 것이다. 그러나 남북조 간의 대결관계가 종식되어 가는 추세에 비춰볼 때 진의 국가적 역량은 고구려의 의도에 부응하기에는 턱없이 부족하였다. 영주의 고보녕 세력을 평정한 수의 세력이 고구려의 서변에 이르자, 고구려가 수와 우호하려 했던 연유 중 하나가 여기에 있었다.

5. 거란·말갈과의 관계와 요서 경영

6세기 고구려의 대외관계에서 또 하나 살펴봐야 할 상대가 있다. 거란과 말갈이 그들인데, 이들은 외교적 교섭의 상대라기보다는 복속이나 부용(附傭) 대상이었다는 점에서, 그 관계가 중국의 남북조나 돌궐,

왜국과의 관계와 성격을 달리하는 측면이 있다. 그럼에도 고구려와 이들의 관계를 이 시기 국제관계와 함께 살펴봐야 하는 까닭은 이것이 양자 간의 관계로 그치는 것이 아니라 이들의 향배를 둘러싸고 고구려가 북중국 왕조나 돌궐과 같은 북방유목세력을 상대해야만 하였다는 점에 있다. 이들은 요서라는 지역공간을 통해 북조나 북방유목세력과 고구려 사이에 개재(介在)해 있어, 이들의 향방이 고구려의 서변, 즉 요서 일대에서의 역관계를 좌우했기 때문이다.

요서는 대흥안령(大興安嶺) 방면으로부터 들어오는 북방유목세력과, 하북(河北)에서 동북진해온 중국세력이 만나는 합류지점이자 다른 방면으로 진출해 나갈 수 있는 통로였다(日野開三郞, 1949; 盧泰敦, 1984). 북위 이래 북조는 여기에 영주를 설치하여 교두보로 삼았고, 고구려는 이미 전연과 후연 그리고 북위를 상대하며 요서의 전략적 중요성을 경험해왔다. 『위서(魏書)』 권100 거란전에는 479년 고구려가 유연과 함께 지두우(地豆于)를 분할하려 모의했던 사건이 전하는데, 이러한 연결이 가능할 수 있었던 통로가 바로 요서였다. 시라무렌하와 송막(松漠) 지방을 거쳐 몽골 초원지대로 나아갈 수 있었던 것이다(李成制, 2005). 이는 서방에 대한 고구려의 대외전략이 요서의 지역공간을 통해 전개되고 있었음을 보여준다.

6세기 무렵 요서에 자리잡고 있던 종족 가운데 가장 활발한 모습을 보인 세력이 거란이었다. 만단부(萬丹部)·하대하부(何大何部)·북불욱부(伏弗郁部)·필려부(匹黎部) 등 여러 부(『위서』 권100)로 구성된 거란은 시라무렌하 유역에서 서요하 일대까지 거주하여(노태돈, 1999), 그 분포지역에 따라 고구려나 북조 혹은 북방유목세력과 관계를 맺어왔다.

북위시대에 고구려의 침략을 받아 [거란의] 부락 1만여 구가 내부(內附)를 청해오니, [북위는 이들을] 백랑하(白狼河)에 머물도록 하였다. 그 뒤에 돌궐의 핍박을 받아 다시 [거란의] 1만 가가 고구려에 기거(寄居)하였다.

_『수서』권84

고구려는 광개토왕대 패려 공략을 통해 거란의 일부 세력을 복속한 바 있었다. 그러던 양자 관계가 6세기 중반에 이르러서는 확대되어 있었음을 위 기록에서 살필 수 있다. 고구려의 공격으로 본거지에서 쫓겨난 거란 1만여 구가 백랑하(현재의 조양 서남쪽 대릉하 상류)에 머물게 되었다는 것은 고구려 세력이 서진해 나갔음을 보여준다. 또한 거란 1만 가가 고구려에 기거하게 되었다는 것은 이들이 본래의 신속관계에서 벗어나 고구려에 의지하게 되었음을 알려준다. 이러한 과정을 거쳐 고구려는 거란의 일부 세력을 지배 아래 두게 되었다고 여겨진다. 그리고 거란의 다른 세력들은 북조와 돌궐의 통제에 놓여 있었다.

특히 후자의 사건은 돌궐의 핍박을 받았다는 것에서 돌궐이 몽골초원에서 남하해왔던 6세기 중반의 일로, 이때의 거란 1만 가는 본래 유연의 세력 아래 있었던 이들로 보인다(李在成, 1996; 盧泰敦, 1999). 앞서 보았듯이 고구려는 남진해온 돌궐을 백암성에서 물리친 바 있었다. 고구려가 돌궐의 팽창에 대항하자, 거란 1만 가는 신속의 상대를 바꾸었던 것이다. 고구려와 북조 그리고 돌궐 간의 역관계 변화가 곧바로 거란과 이들 세력 간의 관계에 영향을 주었음을 여기에서 볼 수 있다. 요서 지역의 정세 변화에 따라 거란에 대한 분점 양상은 유동적인 모습을 보였던 것이다. 또한 돌궐의 등장에도 불구하고 고구려와 북조 그리고 북방유목세력이 요서를 분점하고 있던 세력관계에는 큰 변화가 보이지 않는다. 이러한 세력균형 속에서 고구려와 북조, 돌궐은 거란 세력을 일부씩 통제하고 있었다.

한편 말갈은 6세기 들어서 요서 지역에서 비로소 그 본격적인 활동을 보이는 세력이다. 말갈이 전 시대에 모습을 보였던 물길의 후신인지는 분명치 않다. 7세기 사서 기록은 이 둘을 동일집단으로 인식하고 있었다는 점에서 양자는 무관해 보이지 않는다(이정빈, 2018). 물길은 속말수(速末水, 松花江) 유역을 중심으로 한 지역에 자리 잡았던 세력으로, 고구려 북쪽에서 요하 이동까지 분포하였다(김락기, 2013; 余昊奎, 2018).

물길은 475년 사자 을력지를 북위에 보내 조공한 이래(『위서』 권100), 북위 멸망기까지 여러 차례 조공을 이어나갔다(日野開三郞, 1949). 고구려를 상대하기 위해 북위의 지원을 바랐던 것이다. 이에 대한 고구려의 대응이 어떠했는지 보여주는 기록은 없지만, 송화강 유역에서 출발한 을력지가 동서 횡단 경로를 이용하지 않고 고구려 영역을 크게 우회하여 현재의 요령성 조양에 이르렀다는 점에서 고구려는 물길과 북위의 교섭을 가로막으려 하였다(日野開三郞, 1949). 그리고 이러한 적대관계는 6세기 후반까지 이어졌던 것으로 보인다. 송화강 유역의 말갈이 고구려를 자주 침략하였고, 수 양제 시기에 이르러 이들은 고구려에게 크게 패해 거수 돌지계(突地稽)가 부중을 이끌고 수에 귀부하게 되었던 것이다(『수서』 권81).

6세기 요서 지역에서 모습을 보인 말갈은, 북주가 북제를 무너뜨리자 이에 저항했던 영주자사 고보녕 관련 기록에서 살필 수 있다. 북제의 영주자사였던 고보녕은 북주에 굴복하지 않고 항거하였는데, 거란·말갈이 그 군사력의 일부로서 모습을 보인다(『북사』 권73). 여기에 보이는 말갈이 어떤 세력이었는지는 분명치 않다. 이와 관련하여

553년 북제 문선제가 거란을 공략하여 포로 10만 구를 얻어 이들을 제주(諸州)에 분치했다는 기록에 주목하여, 이러한 공백상황에서 속말수 유역의 말갈이 요서로 들어갔다고 이해하기도 한다(이정빈, 2018). 돌궐의 비호 아래 요서 지역에 말갈이 들어서게 되었다고 본 것이다.

그러나 거란을 격파하고 이들을 분산시켜 요서 일대의 세력관계를 재편한 쪽은 북제였다는 점에서 선뜻 수긍하기 어렵다. 고보녕이 북제 말부터 영주자사로 재직하고 있었기에 북주에 반기를 들 수 있었다고 보면, 그 휘하의 말갈을 반드시 요서 경내에서 찾을 필요는 없다고 생각한다. 조공을 통해 영주와 교섭하던 말갈이 이때에는 군사적 지원에 나섰을 가능성도 있기 때문이다. 그렇다면 6세기 말 고구려에 패한 돌지계의 속말말갈(粟末靺鞨) 세력이 부여성(扶餘城) 서북에서 요서로 옮겨올 수 있었던 것도 이러한 연고에서 비롯되었을 수 있다.

이렇게 요서에 등장한 말갈과 고구려 등 여러 세력의 관계는 거란의 그것과 크게 다르지 않았다고 여겨진다. 말갈 역시 여러 부로 구성되어 고보녕을 지원한 세력이 있는가 하면 고구려군의 일부를 구성하며 고구려와 운명을 함께한 이들도 보이기 때문이다. 그러므로 6세기 고구려의 대외관계와 관련하여 말갈을 거란과 함께 살펴야 하는 까닭은 이 시기에 이들이 요서라는 공간에 들어와 고구려와 북조 그리고 북방유목세력 간에 끼인 세력의 하나로서 등장하게 되었다는 점에 있을 것이다.

한편 고보녕 세력은 고구려와 북주의 관계를 이해하기 위해 살펴볼 필요가 있다. 북주가 북제를 무너뜨린 뒤 고구려가 직접 상대하게 된 세력이 누구였는지를 보여주기 때문이다. 『삼국사기』 온달전(溫達傳)에는 "후주(後周) 무제(武帝)가 군대를 보내 요동을 공격해오니, [평원]왕이 고구려군을 이끌고 배산(拜山)의 들판에서 맞서 싸웠다"는 기록이 보이는데, 내용 그대로 이해하면 북주의 침공에 고구려가 맞선 것이 된다(韓昇, 1995; 박경철, 2005; 김택민, 2014). 그러나 고보녕이 요서에서 웅거하여 북주에 대항했다는 점에서, 고보녕 세력권을 지나 북주군이 고구려에 침입할 수는 없었다고 보인다. 온달전에 보이는 후주군은 고보녕 세력이라고 이해하는 것(여호규, 2002)이 타당하다. 북주가 처음에는 그의 영주자사직을 그대로 두었다는 점에서 고구려는 그의 군대를 북주 즉 후주군으로 인식했을 가능성이 있다(이정빈, 2017). 고보녕이 북주에 대항하고 세력을 유지하기 위해서는 말갈·거란 세력을 필요로 했을 것이라고 보면, 이들을 둘러싸고 고구려와 경쟁관계에 있었다고 할 수 있을 것이다. 이런 의미에서 온달전 기록은 거란·말갈의 분할을 놓고 고구려가 서방의 다른 세력과 대립했음을 보여주는 실례가 된다.

나중의 일이지만 고보녕 세력을 평정한 수가 요서 지역에서 우선적으로 취한 조치는 영주총관부(營州總管府) 설치라는 관부의 복구와 함께 거란·말갈 세력을 포섭하는 것이었다(李成制, 2000). 그러면 여기에 대응하여 고구려는 어떻게 요서 지역에서 거란·말갈을 통제 혹은 관리했던 것일까. 이와 관련하여 고구려가 요서에 마련한 거점에 대한 이해가 필요하다. 612년 수 양제가 고구려 침공에 나서서 실패했음을 전하는 기록에는 이때 수군의 전과가 요하 서쪽의 무려라(武厲邏) 한 곳에 불과했음을 특필하고 있다(『수서』 권81). 그리고 같은 기사에 대해 『자치통감』 호삼성(胡三省) 주(注)는 "고구려는 요수 서쪽에 라(邏)를 두고 요수를 건너는 자를 경계하고 감시하였다"고 설명하고 있어(『자치통감』 권181), 무려라가 요하 서변에 설치된 고구려 군사시설임을 보여준다.

무려라의 위치는 현재의 요령성 신민시(新民市) 고대자산성(高臺子山城) 일대로 추정된다(松井等, 1913). 이곳은 현재도 요하를 건너는 주요 경로가 되고 있다는 점에서 6세기 당시에도 고구려의 군사시설이 배치될 만한 곳이었다. 다만 요하의 도하 경로는 최소 세 곳 이상이라는 점에서 이들 도하 지점 부근에도 무려라와 같은 '라' 시설이 들어서 있었을 것으로 추정된다(노태돈, 1999; 李成制, 2005).

그런데 고대자산성은 요하 서안(西岸)이라고 불러도 좋을 정도로 지나치게 요하에 근접해 있다. 이 점에서 무려라와 같은 요하선상의 라는 요하 도하의 통로를 관장하는 기능은 다할 수 있겠지만, 그 저편의 요서평원에 대해서는 조망 이상의 역할을 할 수 없는 곳이다. 북조가 영주를 두어 요서 지배와 함께 거란·말갈 세력을 통제해 나갔음을 염두에 두면, 무려라와 같은 요하선상의 라만으로는 이를 상대하기에 부족해 보인다(李成制, 2005).

여기에서 612년의 전쟁에 앞서 수의 장수 이경(李景)이 고구려 무려성(武厲城)을 공격하여 함락했다는 기록이 주목된다(『수서』 권65). 무려성은 무려라와 같은 곳으로 보기도 한다(노태돈, 1999; 이정빈, 2017). 하지만 '요수를 건너는 자들을 경계하고 감시하였다'는 기능으로 보아 라는 관진(關津) 정도의 군사시설로, 요동성 등에서 연상되는 군사·행정 거점으로서의 성과는 어울리지 않는다. 반면 이러한 거점에 걸맞는 곳으로 한대에는 요동군 서부도위(西部都尉) 치소 무려현(無慮縣)이 있었고,6 그 후신으로 당대의 무려수착(巫閭守捉)이 보인다. 그 위치는 요령성 북진시(北鎮市) 요둔향(廖屯鄉) 대량갑촌(大亮甲村) 일대로 추정된다는 점에서 요서 서부에 위치한 영주를 상대하며 귀부와 이탈을 일삼는

---

6 『한서』 권28하, "遼東郡. … 縣十八 襄平〈有牧守官. 莽曰昌平〉新昌. 無慮〈西部都尉治〉〈應劭日 慮音閭. 顔古日 卽所謂醫巫閭〉…."

거란·말갈을 관리할 고구려의 전진기지가 세워질 만한 곳이었다. 즉 이경열전에 보이는 무려성은 요하선상의 라 시설과는 별개의 성곽으로, 수가 본격적인 침공에 앞서 확보해야 했던 고구려의 요서 거점이었다고 이해된다(李成制, 2013).

나중의 일이지만 고구려가 수·당과 대결하던 시기에 이르면, 거란은 주로 수·당군의 일원으로, 말갈은 고구려군의 일부로 모습을 보인다. 군사력을 제공했다는 점에서 거란과 말갈의 향배는 고구려와 수·당의 대결관계에서 중요한 변수가 될 수 있었던 것이다(末松保和, 1931; 李龍範, 1959; 韓昇, 1995). 하지만 6세기에도 고구려가 군사적 필요에서 이들과의 관계를 유지했다고는 여길 수 없다. 6세기 거란을 둘러싼 국제관계의 특징은 고구려와 북조, 돌궐이 거란을 분할하고 있었다는 점에 있다. 이 점에서 고구려가 그 세력 아래 들어온 거란으로부터 얻을 수 있는 군사적 역량이란 그리 대단한 것일 수 없다. 반면 거란이 요서의 현지세력이라는 사실은 고구려의 대외전략에서 중요한 의미를 갖는다. 요서를 통해 고구려는 북방 유목세력과 연결을 꾀할 수 있었는데, 거란은 두 세력 사이에 개재해 있다는 점에서 양측의 연결을 가능케 해주는 매개였다. 그 세력의 일부만으로도 고구려의 대외전략에서 필요한 역할을 다할 수 있었던 것이다.

또한 이 시기 요서는 요동의 전면에 위치하여 고구려가 북조와 북방 유목세력을 상대하는 공간이 되고 있었다. 그러므로 요서는 고구려의 서변 방어와 안정에 없어서는 안 되는 방벽이자 전진기지였다. 따라서 고구려의 서변을 보호하는 울타리를 제거하고 고구려를 외부와 단절시키고자 하는 세력은 우선 고구려와 거란을 떼어놓는 작업부터 시작해야만 하였다. 수의 요서 진출은 그 시작을 의미하였다(李成制, 2005).

참고문헌

김락기, 2013, 『高句麗의 東北方 境域과 勿吉 靺鞨』, 경인문화사.
金鍾完, 1995, 『中國南北朝史硏究 -朝貢·冊封關係를 중심으로-』, 일조각.
盧鏞弼, 1998, 『新羅眞興王巡狩碑硏究』, 일조각.
朴漢濟, 1988, 『中國中世胡漢體制硏究』, 일조각.
李在成, 1996, 『古代 東蒙古史硏究』, 법인문화사.
張彰恩, 2014, 『高句麗 南方 進出史』, 경인문화사.
공석구, 1996, 「5~6세기의 대외관계」, 『한국사』5, 국사편찬위원회.
金恩淑, 1994, 「6세기 후반 신라와 왜국의 국교 성립과정」, 『新羅文化祭學術發表論文集』15.
金鍾完, 2001, 「梁職貢圖의 성립 배경」, 『中國古中世史硏究』8.
_____, 2002, 「南朝와 高句麗의 關係」, 『고구려발해연구』14.
김진한, 2006, 「文咨王代의 對北魏外交 -北魏 孝文帝·宣文帝의 對外政策과 관련하여」, 『韓國古代史硏究』44.
_____, 2007, 「陽原王代 高句麗의 政局動向과 對外關係」, 『東北亞歷史論叢』17.
金鐸民, 2014, 「麗·隋 力學關係와 戰爭의 樣相」, 『東洋史學硏究』127.
金翰奎, 1999, 「7~8世紀 東아시아 世界秩序의 構造的 特性과 그 運營體制의 技能」, 『震檀學報』88.
_____, 2004, 「고구려와 동이교위」, 『요동사』, 문학과지성사.
노태돈, 1976, 「高句麗의 漢江流域 喪失의 原因에 대하여」, 『韓國史硏究』13; 1999, 『고구려사 연구』.
_____, 1984, 「5~6세기 東아시아의 國際情勢와 高句麗의 對外關係」, 『東方學志』; 1999, 『고구려사 연구』, 사계절.

_____, 2005, 「고구려와 북위 간의 조공·책봉관계에 대한 연구」, 『한국 고대국가와 중국왕조의 조공·책봉관계』, 고구려연구재단.

_____, 2015, 「고구려의 대외관계와 북아시아 유목민 국가」, 『東洋學』 58.

李龍範, 1959, 「高句麗의 遼西進出 企圖와 突厥」, 『史學研究』 4; 1989, 『韓蒙關係史 研究』.

박경철, 2005, 「高句麗의 東蒙古經略」, 『白山學報』 71.

박승범, 2017, 「『後魏孝文帝與高句麗王雲詔』와 文咨王 즉위 초기 고구려-북위 관계」, 『韓國史研究』 179.

박원길, 2002, 「고구려와 유연·돌궐의 관계」, 『고구려발해연구』 14.

朴漢濟, 1997, 「北魏의 對外政策과 胡漢體制」, 『歷史學報』 116.

徐永洙, 1981, 「三國과 南北朝 交涉의 性格」, 『東洋學』 11.

徐榮一, 2001, 「6~7世紀 高句麗 南境 考察」, 『高句麗渤海研究』 11.

小嶋芳孝, 2008, 「考古學에서 본 渤海와 日本의 交流史」, 『東아시아 속의 渤海와 日本』.

여호규, 2002, 「6세기 말~7세기 초 동아시아 국제질서와 고구려 대외정책의 변화-대수관계를 중심으로-」, 『역사와 현실』 46.

_____, 2018, 「5세기 후반 고구려·물길의 충돌과 북방변화」, 『중앙사론』 47.

延敏洙, 2002, 「古代 韓日 外交-三國과 倭를 중심으로-」, 『韓國古代史研究』 27.

윤용구, 2005, 「고대중국의 동이관(東夷觀)과 고구려-동이교위(東夷校尉)를 중심으로-」, 『역사와 현실』 55.

李成市, 1990, 「高句麗와 日隋外交-이른바 國書 문제에 관한 一試論」, 『碧史李佑成教授停年退職紀念論叢』 上.

李成制, 2000, 「嬰陽王 9年 高句麗의 遼西 攻擊」, 『震檀學報』 90; 2005, 『高句麗의 西方政策 研究』, 국학자료원.

_____, 2001, 「高句麗와 北齊의 關係-552年 流人 送還의 문제를 중심으로-」, 『韓國古代史研究』 23; 2005, 『高句麗의 西方政策 研究』, 국학자료원.

_____, 2004a, 「長壽王의 對北魏交涉과 그 政治的 의미-北燕을 둘러싸고 이루어진 對北魏關係의 전개-」, 『歷史學報』 181; 2005, 『高句麗의 西方政策 研究』, 국학자료원.

_____, 2004b, 「長壽王의 西方政策과 對北魏關係의 定立-고구려의 '專制海

外'를 둘러싼 북위의 인식 변화를 중심으로-」, 『역사와실학』 26; 2005, 『高句麗 의 西方政策 硏究』, 국학자료원.

_____, 2005, 「隋唐戰爭期 高句麗와 契丹의 關係」, 『동북아역사논총』 5.

_____, 2009, 「570年代 高句麗의 對倭交涉과 그 意味-새로운 對外戰略의 추진 배경과 내용에 대한 재검토-」, 『韓國古代史探求』 2.

_____, 2012, 「高句麗와 倭의 관계-572~572년 고구려 사절의 越 漂着과 歸還 과정을 중심으로-」, 『東國史學』 53.

_____, 2013, 「高句麗의 西部 國境線과 武厲羅」, 『大丘史學』 113.

_____, 2015, 「高句麗와 北朝의 冊封朝貢關係-領護東夷中郞將·領護東夷校 尉의 授受와 그 의미」, 『東洋學』 58.

李弘稙, 1954, 「日本書紀所在 高句麗關係記事考」, 『東方學志』 1·3; 1971, 『韓 國古代史의 硏究』, 신구문화사.

이영식, 2006, 「5~6세기 고구려와 왜의 관계」, 『東北亞歷史論叢』 11.

이영재, 2012, 「6세기 말 고구려의 정국과 대왜 교섭 재개(再開)의 배경」, 『역사와 현실』 83.

이정빈, 2018, 「6세기 중·후반 요서말갈과 돌궐·고구려」, 『동북아역사논총』 61.

李周鉉, 2008, 「魏晉南北朝의 東夷校尉」, 『한중관계 2000년 동행과 공유의 역 사』, 소나무.

임기환, 2003, 「南北朝期 韓中 冊封·朝貢 關係의 性格-高句麗·百濟의 책봉· 조공에 대한 인식을 중심으로-」, 『韓國古代史硏究』 32.

_____, 2013, 「고구려의 요동 진출과 영역」, 『高句麗渤海硏究』 45.

鄭孝雲, 2006, 「고구려와 왜의 전쟁과 외교」, 『고구려발해연구』 24.

주보돈, 1992, 「文館詞林에 보이는 韓國古代史관련 外交文書」, 『慶北史學』 15.

朱子方·孫國平, 1986, 「隋'韓暨墓誌'跋」, 『北方文物』 1986-1.

王其褘·周曉薇, 「新出北齊聘高麗使主『裴遺業墓誌』疏証」, 『北方文物』 2012-2.

谷川道雄, 1971, 『隋唐帝國形成史論』, 筑摩書房.

東潮·田中俊明, 1995, 『高句麗の歷史と遺跡』, 中央公論社; 2008, 『고구려의 역

사와 유적』, 동북아역사재단.

三崎良章, 2002, 『五胡十六國-中國史上の民族大移動』, 東方書店.

三品彰英, 2002, 『日本書紀朝鮮關係記事考証』下, 天山舍.

津田左右吉, 1924, 『古事記及日本書紀の研究』, 岩波書店.

坂本太郎 외 校注, 1965, 『日本古典文學大系 日本書紀』, 岩波書店.

江畑武, 1968, 「四~六世紀の朝鮮三國と日本」, 『朝鮮史研究會論文集』 4.

末松保和, 1931, 「高句麗攻守の形勢」, 『靑丘學叢』 5.

森公章, 1998, 「第1章 古代難波における外交儀禮とその變遷」, 『古代日本の對外認識と通交』, 吉川弘文館.

三崎良章, 1983, 「高句麗の對北魏外交」, 『早稻田大學大學院文化研究科紀要別冊』 9.

_____, 1982, 「北魏の對外政策と高句麗」, 『朝鮮學報』 102.

_____, 2000, 「東夷校尉考-その設置と「東夷」への授與-」, 『西嶋定生博士追悼論文集 東アジア史の展開と日本』, 山川出版社.

徐甫京, 2008, 「百濟を媒介とする高句麗と倭との交涉」, 『東京大學史料編纂所研究紀要』 18.

日野開三郎, 1949, 「靺鞨の對外關係」, 『史淵』 41; 1991, 『東洋史學論集』 第15卷, 三一書房.

田中俊明, 2002, 「百濟と北齊」, 『東アジアと半島空間-山東半島と遼東半島-』, 思文閣出版.

井上直樹, 2001, 「『韓曁墓誌』を通してみた高句麗の對北魏外交の一側面-六世紀前半を中心に」, 『朝鮮學報』 178.

_____, 2008, 「570年代の高句麗の對倭外交について」, 『年譜 朝鮮學』 11.

_____, 2013, 「570년대 고구려의 대왜외교와 고구려·북제관계-신출 '裴遺業 墓誌'의 검토를 중심으로-」, 『高句麗渤海研究』 45.

佐伯有淸, 1986, 「第三章 推古期の對外政策と文化」, 『一本の古代國家と東アジア』, 雄山閣.

坂元義種, 1979, 「推古期の外交-とくに隋との關係を中心に」, 『歷史と人物』 100.

韓昇, 1995, 「隋と高句麗の國際政治關係をめぐって」, 『堀敏一先生古稀紀念 中國古代の國家と民衆』, 汲古書院.

2

후기 지방지배
체제의 재편

4장 중앙정치체제의 재편
5장 지방지배체제의 재편
6장 장안성의 축조와 이거

4장

중앙정치체제의 재편

여호규 | 한국외국어대학교 사학과 교수

고구려의 중앙정치체제는 6세기 중반을 전후해 새롭게 재편되었다. 531년 안장왕의 피살과 안원왕 말년(545년)의 왕위계승전 등 잇따른 정쟁으로 왕권이 약화되는 가운데 국왕 중심의 국가운영원리와 권력분배체계가 제대로 작동하지 않게 되었다. 이에 실권 귀족들이 상호 간의 타협이나 무력경쟁을 통해 정치권력을 분점하며 국정 운영을 주도하기 시작했다. 종전의 국왕 중심 중앙집권체제가 귀족연립체제[1]로 전환된

---

[1] '귀족연립체제'는 본래 신라 하대의 정치체제를 설명하기 위한 개념에서 유래한 것이다. 신라 하대에는 "왕권이 크게 쇠퇴하며 왕권을 중심으로 통제되었던 귀족들이 다시 정권을 장악하며 분열했다"고 이해한 다음, 이를 '귀족연립정치'로 규정했다(이기백, 1974, 253~254쪽; 1996, 329~359쪽). 이에 고구려도 6세기 중반 이후 왕권이 약화되며 귀족들이 권력을 분점해 국정 운영을 주도했다고 이해한 다음, '귀족연립정치'라는 개념을 원용하여 '귀족연립정권'으로 규정했다(노태돈, 1976; 1999, 437~448쪽). 그런데

것이다.

고구려 후기의 정치사와 관련한 사료는 절대적으로 부족한 실정이지만, 여러 사서와 금석문에는 비록 단편적이지만 중앙정치체제의 구조와 운영 양상을 파악할 수 있는 사료가 산재해 있다. 가령 『한원(翰苑)』에 인용된 『고려기(高麗記)』를 비롯하여 중국 정사 고구려전에는 관등제의 구성이나 운영과 관련한 사료가 있고, 관등제와 관직제도 및 신분제의 상호 연관성을 전하는 사료도 다수 확인된다.

또 고구려 관등과 신라 관등을 대비한 『삼국사기』 직관지 기사는 고구려 후기 관등제를 복원하는 데 중요한 시사를 주며, 『일본서기』에 나오는 고구려 사신의 관등 기사나 〈평양성각자성석〉 축성 책임자의 관등 기사는 각 관등의 성격을 파악하는 데 많은 도움을 준다. 특히 최근 발견된 고구려 유민 묘지명에는 관등이나 관직과 관련한 새로운 사료가 많이 확인되고 있다. 이러한 여러 사료를 종합하여 다각도로 검토한다면, 후기 중앙정치체제의 구조와 운영양상을 새롭게 파악할 수 있을 것으로 기대한다.

이에 이 글에서는 관련 사료가 상대적으로 풍부한 관등제의 구성과 운영 양상을 고찰한 다음, 이를 바탕으로 후기 정치체제에서 중추 역할을 담당한 대대로(大對盧) · 막리지(莫離支) · 대로(對盧) 등의 실체와 연

'귀족연립정치'나 '귀족연립정권'은 특정한 정치 형태(현상)나 특정 시기의 정권을 지칭하는 인상이 강하다. 두 개념이 신라 하대나 고구려 후기 정치체제를 설명하기 위해 고안된 점을 고려하면, 용어를 조금 더 정치하게 다듬을 필요가 있다. 이에 고구려 후기 정치체제가 귀족연립정권으로 운영되었다고 보면서도 초 · 중기 정치체제와 대비할 때는 '귀족연립체제'로 일컫기도 했다(임기환, 1995; 2004, 282~298쪽), 이 글에서는 고구려 후기에 장기간 지속된 정치체제를 지칭한다는 점에 착안하여 중기의 '국왕 중심 중앙집권체제'와 대비해 '귀족연립체제'라는 용어를 사용하고자 한다.

관성을 검토하여 귀족연립체제의 권력구조와 운영양상을 새롭게 이해하고자 한다. 아울러 여러 문헌사료와 금석문을 종합하여 관등제와 관직제도의 상호 연관성을 검토한 다음, 이를 토대로 중앙관서의 운영체계 및 관제(官制) 운영에 나타난 신분제의 구조 등을 살펴보고자 한다.

1. 후기 관등제의 구조와 운영

고대 관등제(官等制)는 단순히 관직의 서열을 표시하는 관품(官品)이 아니라 국가 운영에 참여하는 다양한 지배세력의 정치적 위상이나 신분 등급을 표시하는 위계(位階)로 기능했다(하일식, 1995; 임기환, 2003). 고구려의 초기 관등제도 국가 형성에 주도적인 역할을 담당한 각 나부(那部)의 다양한 지배세력을 편제하는 과정에서 성립했는데(김철준, 1956; 1975), 계루부(桂婁部) 왕권의 집권력을 뒷받침한 관등과 각 나부의 자치권을 뒷받침한 관등이 모두 갖추어져 있었다. 초기 관등제의 구성은 다원적인 양상을 띠는데(노중국, 1979a; 임기환, 1995; 2004), 계루부 왕권과 나부를 중심으로 운영되던 초기 정치체제의 구조와 운영양상을 잘 보여준다(여호규, 1992; 2014).

계루부 왕권과 나부를 중심으로 운영되던 초기 정치체제는 3세기 후반에 해체되고 국왕 중심의 중앙집권체제로 전환되었다. 이에 따라 초기 관등제도 새롭게 재편성되었는데, 나부의 다양한 지배세력을 편제하던 패자(沛者), 우태(于台, 優台), 조의(皂衣) 등은 소멸하고, 이를 대신하여 형계(兄系) 관등이 새로이 대두하고, 사자계(使者系) 관등이 여러 등급으로 분화했다. 초기의 다원적인 관등제 대신 형계 관등과 사자계 관등을 기본 축으로 하는 일원적인 관등제가 성립한 것이다.

이로써 관등제가 관직의 서열에 대응하는 관품적 성격을 띠기 시작했지만, 지배세력의 편제 기준이라는 종전의 성격은 계속 유지되었다. 그리하여 고구려 관등제도 신분제와 유기적인 연관을 맺으며 운영되었고, 정치체제나 지배세력의 존재 양태가 바뀜에 따라 그 구조나 운영 양상도 바뀌었다(임기환, 1999). 그러므로 6세기 중반 이후 고구려 후기 정치체제가 중기의 국왕 중심 중앙정치체제에서 귀족연립체제로 전환함에 따라 관등제의 구성이나 운영양상에도 상당한 변화가 일어났을 것으로 예상된다.

후기 관등제는 형계와 사자계 관등을 기본 축으로 하여 12등급(또는 13등급)으로 이루어진 것으로 짐작되는데, 이 가운데 상당수는 4~5세기에도 확인된다. 가령 형계 관등 가운데 대형(大兄)과 소형(小兄)은 『위서(魏書)』 고구려전[2]을 비롯하여 〈모두루묘지(牟頭婁墓誌)〉,[3] 〈충주고구려비(忠州高句麗碑)〉[4] 등에서 확인된다. 408년에 조영된 〈덕흥리고분묵서명〉의 '소대형(小大兄)'[5]이 후술하듯이 '태대형'을 전제로 하는 관등임을 고려하면, 태대형도 이미 존재했다고 추정된다. 후기의 형계 관등 5종 가운데 최소한 3종은 5세기에 이미 존재한 것이다.

사자계 관등 가운데 알사(謁奢), 태사(太奢), 곧 태대사자(太大使者)

---

2 『위서』 권100 열전88 고구려전, "其官名有謁奢·太奢·大兄·小兄之號."
3 〈모두루묘지〉 40~44행, "大兄冉牟壽盡. □□於彼喪亡△由祖父□□大兄慈△大兄□□□世遭官恩, 恩△祖之△道城民谷民幷領前王□育如此."
4 〈충주고구려비〉 좌측면, "古牟婁城守事下部大兄耶□."
5 〈덕흥리고분묵서명〉, "□□氏鎭, 仕位建位將軍·國小大兄·左將軍·龍驤將軍·遼東太守·使持節·東夷校尉·幽州刺史."

와 대사자(大使者)는 『위서』 고구려전과 〈모두루묘지〉[6]에서 확인되며, 〈충주고구려비〉에는 대사자와 발위사자가 나온다.[7] 그리고 상위사자[8]도 〈충주고구려비〉에 나오는 발위사자와 명칭이 유사하다는 점에서 5세기에 존재했을 가능성이 있다. 후기의 사자계 관등 4종(또는 5종) 가운데 최소한 3종(또는 4종)이 5세기에 성립한 것이다.

형계와 사자계를 제외한 후기 관등으로는 대대로(大對盧), 주부(主簿), 선인(先人) 등이 있는데, 대대로는 3세기 중엽 패자와 교치(交置)된 대로(對盧)에서 분화한 관등이며, 주부와 선인은 초기 이래 존속한 관등이다. 이 가운데 대로는 5세기 후반에 확인되는데,[9] 패자가 초기 관등제에서 최상위였다는 사실을 고려하면, 패자와 교치된 대로 역시 최상위 관등이었을 가능성이 있다.

주부는 〈충주고구려비〉에서 확인된다. 선인 역시 초기에 최하위 관등이었고 후기의 금석문에도 초입사직(初入仕職)으로 나오는 만큼[10] 4~5세기에도 입사(入仕)의 관등이었다고 추정된다. 비형계·사자계 관등 가운데 대대로를 제외한 주부와 선인이 4~5세기에 존재한 것이다. 또한 대대로의 전신인 대로의 존재까지 고려하면, 후기의 비형계·사자계 관등이 5세기에 모두 존재했을 것으로 보인다.

---

6 〈모두루묘지〉 1행, "大使者牟頭婁."
7 〈충주고구려비〉 전면, "寐錦忌·太子共·前部大使者多于桓奴·主簿貴德 … 新羅土內幢主下部拔位使者補奴."
8 상위사자(上位使者)의 실례는 6세기 후반 〈평양성석각〉에서 확인된다. 석문은 徐永大, 1992, 「平壤城石刻」, 『譯註 韓國古代金石文(I)』, 가락국사적개발연구원 참조.
9 『삼국사기』 백제본기3 개로왕 21년조, "高句麗對盧齊于·再曾桀婁·古尒萬年等, 帥兵來攻北城, 七日而拔之."
10 〈천남생묘지명〉, "年始九歲, 即授先人."; 〈천헌성묘지명〉, "九歲在本蕃, 即拜先人之職."

이상과 같이 후기의 형계와 사자계 관등 9종(또는 10종) 가운데 최소한 6종(또는 7종), 비형계·사자계 관등 3종 가운데 최소한 2종(또는 3종), 전체적으로 12종(또는 13종) 가운데 최소한 8종(또는 10종)은 5세기에 존재했다. 더욱이 중기 관등제도 후기처럼 형계와 사자계 관등을 기본 축으로 하면서 대대로, 주부, 선인 등 초기 이래의 관등이 혼합되었다는 점에서 기본적인 구성은 거의 같다고 할 수 있다(어호규, 2014).

이러한 점에서 후기 관등제는 3세기 후반 이래 형성된 중기 관등제를 바탕으로 성립되었다고 할 수 있다. 표1에서 보듯이 후기 관등제는 『주서(周書)』 권49 고려전, 『수서(隋書)』 권81 고려전, 『북사(北史)』 권94 고려전, 『신당서(新唐書)』 권220 고려전, 『한원』 권30 번이부(蕃夷部)에 인용된 『고려기』, 『삼국사기』 직관지 등에 전한다.[11] 이 가운데 『주서』, 『수서』, 『구당서』 등에는 형계 관등을 앞쪽에, 사자계 관등을 뒤쪽에 배치한 데 비해, 『신당서』나 『고려기』에서는 양자를 번갈아가며 기재했다. 각 사서에 따라 관등을 기재하는 양상이 다른 것이다.

이에 대해 종래 『주서』 등의 관등 기재 순서는 실제 역사적 사실을 반영한다고 상정한 다음, 사자계 관등의 위계가 높아지는 현상은 귀족의 증가 및 지배계급 내부의 변동을 반영한다고 이해하기도 했다. 고구려 관등제가 후기에 들어와 비로소 관계적(官階的) 성격을 가지게 되었고, 증가된 귀족세력을 조절하는 기능을 갖게 되었다는 것이다(김철준, 1956; 1975). 이러한 견해는 당시 상정했던 초기의 부족연합체적 면모가 중기 이후에도 상당히 온존되었다는 이해에 따른 것인데, 초기나 중

---

11 이하에서는 편의상 사서 명칭만 기재한다.

기 관등제의 구조를 거의 규명하지 못했던 초창기 연구의 한계에서 기인하는 것이기도 하다.

최근에도 각 사서의 관등 기재 순서를 정치적 상황의 변동과 연계하여 이해하기도 했다. 6세기 후반에 형계 관등이 상위그룹을 이룬 것은 안장왕 이후 실권을 장악한 귀족세력이 국왕 직속 관료의 성격을 지닌 사자계 관등을 강등시키고 대신 족장의 의미를 지니는 형계 관등을 격상시킨 결과라는 것이다. 이에 비해 『신당서』나 『고려기』에서 형계 관등과 사자계 관등의 석차가 엇갈려 배치된 것은 7세기에 들어와 왕권의 권위가 회복되면서 왕권과 귀족세력이 일정하게 힘의 균형을 이룬 결과라고 보았다. 사자계 관등은 왕권과 밀착되었고, 형계 관등은 귀족세력의 족적 기반과 연계된다고 상정한 다음, 이를 실권 귀족의 부상 및 왕권의 회복이라는 정치적 상황과 연관시켜 이해한 것이다(노중국, 2003).

그렇지만 전술했듯이 초기와 중기 관등제는 명확히 구별된다. 또 중기에 이미 후기의 형계 관등 5종 가운데 최소한 3종, 사자계 관등 4종(또는 5종) 가운데 최소한 3종(또는 4종)이 존재했다. 더욱이 영북부여수사(領北夫餘守事: 모두루묘지)나 고모루성수사(古牟婁城守事: 충주고구려비) 등 수사(守事)라는 지방관에 대사자와 대형이 임명된 사례가 모두 확인되는 것에서 보듯이 사자계 관등이 형계 관등보다 하위였다고 보기도 어렵다. 『주서』, 『수서』, 『북사』 등의 기재 순서는 관등의 실제 위계를 반영하는 것이 아니라, 이들 사서의 찬자가 형계와 사자계라는 유사한 관등군을 묶어 기술한 것으로 보는 것이 타당하다(武田幸男, 1989). 중기 이래 형계 관등과 사자계 관등의 석차는 서로 교차하며 일원적 관등제를 구성한 것으로 이해된다.

표1 중국 정사 고구려전 및 『삼국사기』 직관지의 관등 현황

	삼국지[12]	위서	주서	수서	북사	신당서[13]	한원 고려기	삼국사기[14]
1	相加	謁奢	大對盧	太大兄	大對盧	1. 大對盧(吐捽)	大對盧(吐捽)	
2	對盧	大奢	太大兄	大兄	太大兄		太大兄(莫何何羅支)	
3	沛者	大兄	大兄	小兄	大兄	2. 鬱折	鬱折(主簿)	1. 主簿
4	古鄒加	小兄	小兄	對盧	小兄	3. 太大使者	大大使者(謁奢)	2. 大相
5	主簿		意侯奢	意侯奢	意侯奢	4. 皂衣頭大兄	皂衣頭大兄(中裏皂衣頭大兄)	3. 位頭大兄
6	優台		烏拙	烏拙	烏拙	5. 大使者	大使者(大奢)	4. 從大相
7	丞		太大使者	太大使者	太大使者	6. 大兄	大兄加(纈支)	
8	使者		大使者	大使者	大使者	7. 上位使者	拔位使者(儒奢)	5. 小相
9	皂衣		小使者	小使者	小使者	8. 諸兄	上位使者(契達奢使者, 乙奢)	6. 狄相
10	先人		褥奢	褥奢	褥奢	9. 小兄	小兄(失支)	7. 小兄
11			翳屬	翳屬	翳屬	10. 小使者	諸兄(翳屬, 伊紹, 河紹還)	8. 諸兄
12			仙人	仙人	仙人	11. 過節	過節	
13			(褥薩)				不節	
14						12. 先人	先人(失元, 庶人)	9. 先人
15						13. 古雛大加		10. 自位

12 『후한서』, 『양서』, 『남서』 등의 고구려(고려)전에는 '승(丞)'이 생략되었지만, 다른 관등은 『삼국지』 고구려전과 동일하므로 생략한다.
13 논의의 편의를 위해 『신당서』 고려전의 기재 순서를 따르되, 『한원』에 인용된 『고려기』에 상응시켜 표기했다. 『구당서』 고려전에는 대대로와 태대형만 기재하고, 모두 12급으로 구성되었다고 기술했다.
14 논의의 편의를 위해 『삼국사기』 직관지의 기재 순서를 따르되, 최대한 『한원』에 인용된 『고려기』에 상응시켜 표기했다.

표2 고구려 후기 관등제 복원표

	임기환(2004)		다케다 유키오 (1989)	6~7세기의 이칭		4~5세기 관등
				한원 고려기	기타	
1	大對盧	1	大對盧	吐卒		對盧(삼국사기, 삼국지)
2	太大兄	2	太大兄	莫何何羅支		△(덕흥리고분)
3	主簿	3	主簿	鬱折	烏拙(周書)	主簿(충주고구려비)
4	太大使者	4	太大使者	謁奢	大相·太相(직관지, 묘지명)	謁奢(위서)
5	位頭大兄 (意俟奢)	5	位頭大兄	皂衣頭大兄		
6	大使者	6	大使者	大奢	小大使者(농오리산성마애석각) 從大相(직관지)	大奢(위서) 大使者(모두루묘지, 충주고구려비)
7	大兄	7	大兄	襧支		小大兄(덕흥리고분) 大兄(모두루묘지, 충주고구려비, 위서)
8	拔位使者 (小使者)	8	收位使者 (褥奢)	儒奢	(乙奢, 小相, 乙相: 임기환)	拔位使者 (충주고구려비)
9	上位使者 (褥奢)	9	上位使者 (意俟奢)	契達奢使者, 乙奢	上位使(평양성각자성석) 狄相(직관지) 達相(日本書紀)	
		10	小使者		(小相, 乙奢: 다케다 유키오)	
10	小兄	11	小兄	失支		小兄(위서)
11	諸兄	12	諸兄	翳屬, 伊紹, 河紹還		
12	先人	13	先人	失元, 庶人		先人(삼국지)

중국 측 사서에는 고구려 후기의 관등을 열거하면서 당시 중국 왕조의 어느 품계에 해당하는지를 기술했다. 이에 고구려 관등제는 독자적으로 성립한 것이 아니라 중국 왕조와 책봉관계를 맺으며 발전했다고 이해하기도 한다. 고구려왕의 책봉호가 3품 이상인 적이 없었기 때문에 고구려 관등제도 대체로 4품에서 종9품에 이르는 중국 왕조의 위계제에 대응시켜 12등급으로 성립했다는 것이다(宮崎市定, 1959). 최근에

는 고구려도 중국 왕조처럼 관품제를 시행했다고 보기도 한다. 국가 중대사를 결정하는 상위 5개 관등을 3품 이상의 관품에 배치한 것은 당의 재상제도를 연상시키며, 위두대형(종3품)-대형(정5품)-소형(정7품) 등을 기준으로 관품의 계선(界線)을 설정한 것은 문산관 가운데 대부(大夫)의 관품(종5품하 이상)이나 훈관(勳官)의 최저 관품(종7품상)에 상응한다는 것이다(이동훈, 2019).

그렇지만 전술했듯이 고구려에서는 초기부터 고유한 관등제가 발달했고, 3세기 후반 이래 초기 관등제는 형계와 사자계를 중심으로 하는 중기 관등제로 전환되었다. 고구려 관등제는 기본적으로 국내 정치체제의 전개와 함께 변천한 것이다. 고구려 후기 관등제가 중원 왕조와의 책봉관계 속에서 성립했다는 견해는 성립하기 어려운 것이다. 또 『신당서』나 『고려기』에 기재된 각 관등의 품계는 고구려에서 시행한 관품제를 반영하는 것이라기보다는 당(唐)의 찬자들이 고구려 관등을 이해하기 위해 당의 관품에 대응시킨 결과라고 이해된다. 다만 이러한 기록은 각 관등의 상대 서열이나 관등제의 계층구조를 일정 정도 반영한다는 점에서 매우 중요한 사료이다.

고구려 후기 관등제의 전체 구성에 대해 『주서』 고려전과 〈천남산묘지명〉에는 13등(等)으로 기술된 반면, 『수서』, 『북사』, 『구당서』, 『신당서』 등에는 12등으로 나온다. 이에 표2에서 보듯이 후기 관등제를 종합적으로 고찰한 다케다 유키오(武田幸男) 교수는 〈천남산묘지명〉의 '13등반차(十三等班次)'라는 명문을 근거로 후기 관등제가 13등급으로 이루어진 것으로 이해했다(武田幸男, 1978; 1989). 이에 대해 임기환 교수는 〈천남산묘지명〉의 '13등반차'라는 명문은 『주서』 고려전의 기록에 의거한 것으로 실제 상황을 반영하지 못한다며, 여러 사서에 기재된 것처럼 12등급으로 이루어진 것으로 보았다(임기환, 1995; 2004). 13관등제설과 12관등제설이 팽팽하게 대립하고 있는 것이다.[15]

표1의 『고려기』와 『삼국사기』 직관지에서 보듯이 형계 관등은 고유어로 '-지(支)'라고 했는데, 사자계 관등은 고유어로 '-사(奢)'라 불렀고 '-상(相)'이라고도 지칭했다.[16] 『주서』 말미에 기재된 '욕살(褥薩)'은 지방관명이 명확한 만큼 관등에서는 제외해야 한다(노중국, 2003). 실제 『주서』 고려전의 관등 기사를 거의 그대로 옮겨 적은 『수서』와 『북사』 고려전에서는 '욕살' 이외의 관등만 나열하며 총 12등급이라고 총괄한 다음, 지방장관인 욕살은 별도로 기술했다. 이를 고려하면서 표1의 관등 구성을 살펴보면, 크게 『주서』, 『수서』, 『북사』 등의 A그룹과 『신당서』, 『고려기』, 『삼국사기』 직관지 등의 B그룹으로 나눌 수 있다.

A그룹에 속한 『주서』, 『수서』, 『북사』의 경우, 의사사(意侯奢, 意侯奢)와 욕사(褥奢)는 '-사'로 끝나므로 사자계 관등으로 분류할 수 있고, 오졸(烏拙)과 예속(翳屬)은 『고려기』를 통해 각각 대대로(大對盧, 吐捽)와 제형(諸兄)의 다른 명칭임을 알 수 있다. A그룹의 관등은 크게 태대형,

---

15 『신당서』와 『고려기』에 나오는 과절(過節)과 부절(不節)을 정식 관등으로 보아 7세기 전반의 관등제가 14등급으로 이루어졌다고 보기도 하지만(노중국, 2003, 113~114쪽), 후술하듯이 과절과 부절은 임시 관등이나 관직으로 이해한다.
16 『일본서기』 권26 제명기 6년 춘정월조에 상(相) 계열 관등(乙相)이 처음 보인다며 연개소문이 집권한 다음 상계 관등을 새롭게 제정했다거나(노중국, 2003, 117~121쪽), 연남생이 중리위두대형에 취임한 656년을 전후해 관등제를 개편했다고(방용철, 2017, 45~46쪽) 추정하기도 한다. 특히 〈고자묘지명〉에 나오는 고량(高量)의 '대상(大相)'을 관직으로 상정한 다음 이러한 견해를 제시했는데, 7세기 전반에 활동한 이맹진(李孟眞: 이타인묘지명)이나 고부(高孚: 고을덕묘지명) 등이 태대사자에 해당하는 대상(大相, 太相) 관등을 지닌 사실이 확인된다는 점에서 사자계와 구별되는 '상(相)' 계열 관등을 상정하기는 어렵다.

대형, 소형, 제형 등 형계 관등 4개, 의사사(의후사), 태대사자, 대사자, 소사자, 욕사 등 사자계 관등 5개, 대대로, 오졸, 선인 등 비형계·사자계 관등 3개 등 총 12개로 이루어졌다고 할 수 있다.

『신당서』고려전,『고려기』,『삼국사기』 직관지 등의 관등은 전술했듯이 형계와 사자계 관등을 번갈아 기술했다. 특히『삼국사기』에는 신문왕 6년에 고구려 유민에게 신라 관등을 제수한 상황을 기술했는데, 고구려 관등의 위계에 따라 일길찬(一吉湌)에서 오지(烏知)에 이르는 신라 관등을 수여했다.『삼국사기』에 기술된 고구려 관등의 순서는 실제 위계를 반영한다고 볼 수 있다.

표2에서 보듯이『고려기』의 관등 순서는 기본적으로『삼국사기』와 동일하므로 관등의 위계에 따라 나열한 것이라 볼 수 있다.『신당서』 고려전의 경우, 중하위의 상위사자(7), 제형(8), 소형(9), 소사자(10) 등의 순서는『삼국사기』나『고려기』와 다소 다르지만, 중상위 관등의 기재 순서는 기본적으로 동일하다. 그러므로『삼국사기』나『고려기』의 경우 당시 관등의 실제 위계를 반영하며,『신당서』고려전도 중하위 관등을 제외하면 실제 위계를 반영한다고 생각한다.

『신당서』와『고려기』에 나오는 과절(過節)과 부절(不節)은『주서』,『수서』,『북사』뿐 아니라『삼국사기』에도 나오지 않는다. 또한『고려기』의 다른 관등은 모두 이칭이 있지만, 과절과 부절은 별다른 이칭이 없다. 이에 과절과 부절을 정식 관등으로 보기도 하지만(노중국, 2003), 일반적으로는 7세기 전반에 일시적 필요에 따라 설치한 임시 관등(宮崎市定, 1959)이나, '절(節)' 계통의 관직명(임기환, 2004) 등으로, 정식 관등으로 보기 어렵다고 이해한다(武田幸男, 1989).『삼국사기』직관지에는 최하위 관등인 선인보다 낮은 자위(自位)가 나오는데, 대체로 선인에 오를 수 없는 자에게 준 유외품(流外品)과 같은 관등으로 이해한다(宮崎市定, 1959; 武田幸男, 1989).[17]

또 『신당서』와 『고려기』를 비교하면, 『신당서』에는 대대로와 주부(울절) 사이의 태대형이 생략되어 있고, 가장 마지막에 기재된 고추대가는 관등이 아님을 알 수 있다. 『고려기』와 『삼국사기』를 비교하면 『삼국사기』의 경우 가장 상위의 대대로와 태대형, 그리고 5위에 해당하는 위두대형이 생략된 사실을 알 수 있다. 이러한 제반 상황을 고려하면 『신당서』, 『고려기』, 『삼국사기』 등의 관등 구성은 크게 태대형, 위두대형, 대형, 소형, 제형 등 형계 관등 5개, 태대사자(대부사자), 대사자, 발위사자(소사자), 상위사자 등 사자계 관등 4개, 대대로, 주부(울절), 선인 등 비형계·사자계 관등 3개 등 12개로 이루어졌다고 할 수 있다.

이상을 종합하면 『주서』, 『수서』, 『북사』 등의 A그룹과 『신당서』, 『고려기』, 『삼국사기』 등의 B그룹은 관등의 총수가 12개로 같지만, 구성 양상이 조금 다르다는 사실을 알 수 있다. 비형계·사자계 관등의 수는 A와 B 그룹 모두 3개이지만, 형계 관등은 A그룹 4개, B그룹 5개, 사자계 관등은 A그룹 5개, B그룹 4개 등으로 한 개씩 차이가 난다. 형계와 사자계 관등만 놓고 본다면 A그룹에는 사자계 관등인 '의사사(의후사)', B그룹에는 위두대형(조의두대형)이 각각 한 개씩 더 있는 것이다.

---

17 『일본서기』 천지기 5년 시월조에 나오는 '이위(二位)'를 자위보다 서열이 낮은 관등으로 파악하는 견해도 제기되었는데(노중국, 2003, 118~119쪽), 사신의 석차를 표시한 것일 가능성도 있다. 또한 과절과 부절, 자위와 이위 등을 상호 연계시켜 수와의 전쟁에서 전공자가 속출하자 유외품(流外品)의 관직인 과절과 부절을 신설하여 수여하다가, 그 뒤 명칭을 자위와 이위로 변경했다고 보는 견해도 제기되었다(이동훈, 2019, 76~77쪽).

이에 임기환은 B그룹처럼 후기 관등제는 태대형, 위두대형, 대형, 소형, 제형 등 형계 관등 5개, 태대사자(대부사자), 대사자, 발위사자(소자사?), 상위사자 등 사자계 관등 4개, 대대로, 주부(울절), 선인 등 비형계·사자계 관등 3개 등 총 12개로 이루어졌다고 보았다. 그러면서 A·B 두 그룹의 형계와 사자계 관등 수 차이를 해소하기 위해 사자계 관등에 해당하는 A그룹의 의사사(의후사)를 B그룹의 위두대형에 해당한다고 보아, A그룹도 형계 관등 5개, 사자계 관등 4개로 구성된 것으로 조정했다(임기환, 2004).

이에 대해 다케다 유키오는 후기 관등제는 형계 관등 5개, 사자계 관등 5개, 비형계·사자계 관등 3개 등 총 13개로 구성되었다고 상정한 다음, A그룹에는 형계 관등 1개, B그룹에는 사자계 관등 1개가 각각 누락되었다고 보았다. 즉 A그룹에는 위두대형이 생략되었고, A그룹의 의사사(의후사)는 B그룹의 상위사자에 상응한다는 것이다. B그룹의 경우『신당서』에는 수위사자(발위사자),『고려기』에는 소사자가 각각 누락되었다고 보았다. 특히『고려기』의 "次上位使者, 比正六品, 一名契達奢使者, 一名乙奢"라는 구절 가운데 '一名契達奢使者'의 '사(奢)'와 '사자(使者)'는 모두 '사자'를 뜻하므로 여기에 '소사자'가 누락되었다고 보았다. 이 구절은 본래 "次上位使者, 比正六品, 一名契達奢(次小)使者, 一名乙奢"였다는 것이다(武田幸男, 1989).

그런데 다케다 유키오는『고려기』에 보입한 소사자를 사자계 관등 가운데 가장 하위에 두었지만, A그룹에서는 욕사보다 상위에 기재되어 있다. 더욱이『고려기』와『삼국사기』직관지에 기재된 관등의 상응 관계를 보면 발위사자(수위사자)=소상, 상위사자=적상, 소형, 제형 등 4개 관등 사이에 관등이 누락된 흔적을 찾기 어렵다. 다케다 유키오의 견해처럼 『고려기』에 소자자라는 별도의 관등을 보입하기 어려운 것이다. 오히려 A그룹과 『신당서』의 소사자는 『고려기』의 발위사자(수위사자)에 상응한다고 보는 것이 더 타당한데, 후술하듯이 사자계 관등의 분화 양상으로도 소사자는 발위사자에 해당한다고 파악된다.

후기 관등제의 전체 구성은 임기환의 견해처럼 태대형, 위두대형, 대형, 소형, 제형 등 형계 관등 5개, 태대사자(대부사자), 대사자, 발위사자(소자사), 상위사자 등 사자계 관등 4개, 대대로, 주부(울절), 선인 등 비형계·사자계 관등 3개 등 총 12개로 이루어졌다고 보는 것이 타당하다. 『주서』를 제외한 『수서』, 『북사』, 『구당서』, 『신당서』 등에서 모두 고구려 관등이 총 12등이라고 기술한 것도 이를 반영한다.

그렇지만 임기환의 견해처럼 A그룹의 의사사(의후사)가 B그룹의 위두대형에 해당한다고 보기는 어렵다. 임기환은 의사사가 형계 관등에 연이어 기재되었고, 사자계 관등인 욕사와 동떨어져 있다는 점을 근거로 의사사의 '사(奢)'를 오식(誤植)으로 보아 그 명칭이 본래 '의사(意俟)'였다고 상정한 다음, '사(俟)'의 발음이 '형(兄)'을 뜻하는 '지(支)'와 통한다며 위두대형에 해당한다고 파악했다(임기환, 2004).[18] 그러나 『수서』와 『북사』 찬자가 욕살을 지방장관으로 잘못 기재한 『주서』의 오류를 바로잡았지만, 표1에서 보듯이 의사사(意俟奢)는 자형이 거의 동일

---

18 宮崎市定, 1959, 256쪽에서도 의사사(意俟奢)를 위두대형(位頭大兄)으로 비정한 바 있다. 한편 임기환은 귀족연립체제의 성립과 함께 태대형이 권력의 중심으로 부상하면서 그 위계가 상승하자 위두대형을 분화시켜 본래의 위계에 대응시켰을 것으로 추정했다(임기환, 2004, 234~235쪽). 또 최근 위두대형=조의두대형은 국왕의 근위무사인 조의를 관장하던 조의두라는 관직과 대형이라는 관등이 결합된 것으로, 6세기 이후 국왕의 근시기구인 중리조직의 강화와 더불어 근위무사를 관장하는 조의두대형이 다른 대형보다 중요하게 인식되어 제5위 관등으로 정립되었다는 견해도 제기되었다(이동훈, 2019, 73~74쪽).

한 의후사(意侯奢)로 기재했으며, 특히 말미의 '사'는 동일하게 표기했다. 의사사를 위두대형으로 비정할 만한 명확한 근거가 없는 것이다.

그러므로 A그룹과 B그룹의 관등 구성을 무리하게 일치시키기보다는 양자의 차이점을 고려하면서 후기 관등제의 구성과 전개 양상을 살펴볼 필요가 있다. 전술한 것처럼 두 그룹의 가장 중요한 차이는 A그룹에는 사자계 관등인 의사사(의후사)가 있었는데, B그룹에서는 의사사(의후사)가 없어지고 위두대형(조의두대형)이 새롭게 추가된 것이다. 두 그룹의 관등 수는 총 12개로 같지만, A그룹에서 B그룹으로 전환되면서 사자계 관등인 의사사(의후사)가 형계 관등인 위두대형으로 교체되는 변화가 일어난 것이다.[19]

2. 대대로 중심의 권력구조와 막리지·대로의 실체

고구려 정치체제는 6세기 중반을 전후해 국왕 중심의 중앙집권체제에서 귀족연립체제로 전환된 것으로 이해한다(노태돈, 1999). 531년 안장왕의 피살, 545년 추군(麤群)과 세군(細群)의 왕위쟁탈전 등 연이은 내분으로 인해 왕권은 귀족세력을 통제하지 못할 정도로 약화된 반면, 유력 귀족세력들이 막강한 경제력과 군사력을 바탕으로 정치권력을 분

---

[19] 〈고질묘지명(高質墓誌銘)〉에 따르면 고질(625~697년)의 증조부인 고즉(高崱)이 3품 위두대형을 역임했다고 하는데, 고질의 생몰년을 고려하면 고즉은 6세기 중후반에 활동했을 것으로 추정된다. 금석문 자료상으로는 위두대형이 6세기 후반에 이미 존재했다고 보아야 하는데, 본문에서 분석한 문헌사료의 관등제 구성과 차이가 있다. 이러한 문헌사료와 금석문상의 괴리에 대해서는 향후 더욱 면밀한 검토가 필요하다.

점하여 국정 운영을 좌우했다는 것이다. 이처럼 고구려 후기 정치체제를 귀족연립체제로 이해하는 통설적 견해에 대해 최근 다양한 반론이 제기되고 있다.

특히 상당히 많은 연구자들이 평원왕대 이후 왕권이 안정되고 귀족세력을 통제했기 때문에 고구려 후기 정치체제를 귀족연립체제로 볼 수 없다는 견해를 제기했다(민철희, 2002; 김진한, 2010; 최호원, 2012; 최일례, 2015).[20] 이와 함께 평원왕-영양왕대에 국왕이 신진정치세력을 등용하고, 근시조직인 중리제를 구축했다며, 왕권 회복의 구체적 논증으로 제시하기도 했다(이문기, 2000; 2003). 더욱이 왕권 회복을 바탕으로 6세기 후반의 형계 우위 관등제를 7세기 초에는 형계와 사자계 관등을 교차시키는 형태의 관등제로 개편했다고 보거나(노중국, 2003), 중앙집권적 지배체제가 더욱 강화되어 관위체계의 세분화, 지방통치체제의 체계적 정비, 대민지배력의 강화 등이 이루어졌다고 보기도 한다(이동훈, 2019).

그렇지만 최상위 관등인 대대로에 대한 『주서』 고려전과 『고려기』 기록은 고구려 후기 정치체제가 기본적으로 귀족연립체제로 운영된 양상을 잘 전해준다.

> 그 대대로는 강약(彊弱)으로 서로 다투어 빼앗아서 스스로 취임하는데, 왕이 임명하지 않는다.[21]

---

[20] 고구려 후기의 정치 운영에서 핵심 역할을 담당한 귀족회의를 종전부터 이어져 오던 정치기구라고 파악한 다음, 정치체제의 전환이라는 시각에서 '귀족연립'이라는 개념을 상정할 수 있을지에 대해 의문을 제기하기도 한다(장병진, 2017, 44~47쪽).
[21] 『주서』 권49 고려전, "其大對盧, 則以彊弱相陵, 奪而自爲之, 不由王之署置也."

『고려기』에 이르기를 "그 나라에 관을 세움에 9등이 있는데, 그 첫 번째 가 토졸(吐捽)로 (당의) 1품에 비견된다. ⓐ옛 이름은 대대로인데, 국사 (國事)를 총괄하여 맡았다. 3년에 한 번 교대했으나 만약 그 직을 잘 수행 한 자가 있으면 (임기의) 연한에 구애받지 않는다. 교체하는 날에 혹 서 로 승복하지 않으면 모두 군사를 동원해 서로 공격하여 이긴 자가 그것 을 맡는다. (이때) 왕은 단지 왕궁을 폐쇄하고 스스로를 지킬 뿐이며 (귀 족들 사이의 다툼을) 제어할 수 없었다. 다음은 태대형으로 2품에 비견되 며, 일명 막하하라지(莫何何羅支)라 한다. 다음은 울절(鬱折)로 종2품에 비견되며, 중국식 말로 주부(主簿)라 한다. 다음은 대부사자(大夫使者)로 정3품에 비견되며, 또한 알사(謁奢)라고 일컫는다. 다음은 조의두대형 (皂衣頭大兄)으로 종3품에 비견되며, 일명 중리조의두대형(中裏皂衣頭大 兄)이라 하며, 동이(東夷)에서 서로 전하는 이른바 조의선인(皂衣先人)이 라는 것이다. ⓑ이상의 다섯 관(官)은 (국가의) 기밀을 관장하고, 정사를 도모하며, 군사를 징발하고, 사람을 선발하여 관작을 수여한다.²²

『주서』 고려전은 6세기 후반의 양상을 전하며, 『고려기』는 641년에 고구려를 방문했던 진대덕(陳大德)의 견문을 바탕으로 작성된 것으로 이해된다(吉田光男, 1977). 『주서』에 따르면 대대로는 왕이 임명하지 못 하고 귀족들이 세력의 강약을 서로 다투어 취임했다고 한다. 『고려기』

---

22 『한원』 권30 번이부 고려전, "高麗記曰, 其國建官有九等, 其一曰吐捽, 比一品, 舊名大對 盧, 惣知國事. 三年一伐[代], 若稱職者不拘年限. 交替之日, 或不相祇服, 皆勒兵相政[攻], 勝者爲之. 其王但閉宮自守, 不能制禦. 次曰太大兄, 比二品, 一名莫何何羅支. 次鬱折, 比從 二品, 華言主簿. 次大夫使者, 比正三品, 亦名謂謁奢. 次皂衣頭大兄, 比從三品, 一名中裏皂 衣頭大兄, 東夷相傳, 所謂皂衣先人者也. 以前五官, 掌機密謀改[政]事, 徵發兵, 選授官爵."

에서도 국왕의 권한과 위상은 대대로를 임명하지 못할 정도로 약화된 반면, 귀족세력들은 3년마다 상호 간의 타협이나 무력 다툼을 통해 자기들끼리 대대로를 선임할 정도로 국정을 좌우했다고 기술했다(ⓐ 부분 참조).

대대로의 성격에 대한 『주서』와 『고려기』의 기술 내용은 기본적으로 동일하다.[23] 최고 실권자인 대대로를 중심으로 귀족들이 정치권력을 분점하여 국정 운영을 주도하던 귀족연립체제는 6세기 후반 이래 7세기 전반까지 지속된 것이다. 특히 『고려기』에 따르면 제5위 관등인 조의두대형(위두대형) 이상의 관등 소지자가 국가의 기밀을 관장하여 정사를 도모하고, 군사를 징발하고, 사람을 선발하여 관작도 수여했다고 한다(ⓑ 부분 참조). 고구려 후기의 국가 운영은 대대로를 중심으로 하는 상위 관등 소지자가 좌우했다는 것이다.

이러한 정치 운영양상에 대해 초창기 연구에서는 대체로 삼국 초기 정치체제의 부활로 이해하는 경향이 강했다. 대대로 선임제는 부족연맹장 선임제의 유습으로 대대로가 종전 부족연맹장의 기능을 이어받아 여러 귀족을 통솔했다고 파악하며, 후기 정치체제를 "족적 기반을 지닌 족장의 후예들이 분열을 일으켜 분립세력으로 등장한 정치체제"에 불과하다고 이해한 것이다(김철준, 1956; 1975). 또 고구려 후기 정치체제를 이해하는 데 개념 모델을 제공한 신라 하대 정치체제에 대해 초기의 귀족연합제와 구분하여 '귀족연립정치'로 명명하면서도 그 성격을 "왕

---

[23] 『한원』 소인 『고려기』의 "其一曰吐捽, 比一品, 舊名大對盧"의 '舊名大對盧'라는 표현에 주목하여 대대로를 토졸의 전신으로 보아 대대로 선임과 관련한 기술 내용은 641년 무렵이 아니라 영양왕대까지의 상황으로 보는 견해도 제기되었지만(이동훈, 2019, 234~249쪽), 문맥상 그렇게 보기는 어렵다.

권의 쇠퇴에 따라 왕권을 중심으로 통제되었던 귀족들이 다시 분열한 정치 현상"이라고 이해하기도 했다(이기백, 1974; 1996).

'귀족연립정치'라는 개념을 고안함으로써 명칭상 삼국 초기의 정치 체제와 구분할 수 있는 근거를 마련했지만, 실제 내용상으로는 초기 정치체제의 부활로 이해함으로써 양자의 본질적 차이가 정확하게 규명되지 않은 것이다. 이는 관등제 연구경향에서 전술한 것처럼 초기의 '부족연합체' 내지 '귀족연합제'적 면모가 중기 이후에도 상당히 온존되었다는 이해에 따른 것인데, 초기와 중기 정치체제의 성격 차이를 정확하게 파악하지 못했던 초창기 연구의 한계에서 기인하는 것이기도 하다.

고구려 초기의 지배세력은 독자적인 세력기반을 바탕으로 자치권을 행사할 수 있는 별도의 관원조직을 보유했다. 국왕은 자치권을 보유한 각 나부의 지배세력과 함께 국정을 운영했고, 이로 인해 국왕과 나부의 지배세력이 참여하는 제가회의(諸加會議)라는 회의체가 가장 중요한 정치기구의 역할을 담당했다. 이에 비해 3세기 후반 이래 국왕 중심의 중앙집권체제가 확립됨에 따라 국왕이 명실상부한 국가권력의 표상으로 부상했고, 지배세력은 왕권을 배경으로 존립하는 중앙귀족으로 전환되었다.

이러한 양상은 후기 정치체제에서도 유지되었다. 후술하듯이 후기에는 대대로가 주재하는 귀족회의가 정치 운영의 중심기구로 등장했는데(노중국, 1979b), 이는 제가회의가 가장 중심적인 정치기구의 역할을 수행했던 초기 정치체제와 상당히 유사한 점이라 할 수 있다. 그렇지만 국왕은 후기에도 여전히 국가권력의 표상이었고, 지배세력은 왕권을 배경으로 존립한 중앙귀족으로서의 면모를 유지했다(노태돈, 1999).

귀족세력들이 사병집단을 보유했지만, 초기의 지배세력처럼 자치권을 행사하는 독자적 권력기구를 보유한 것은 아니었다. 후기의 귀족세력은 어디까지나 왕권으로 표상되는 국가 운영에 참여함으로써 세력기반을 확대할 수 있었다. 앞의 사료에서 보듯이 귀족세력이 국정 운영을 좌우했고, 치열한 권력투쟁이 전개되었지만, 기본적으로 국가의 공식 권력기구를 중심으로 전개되었다. 이러한 점에서 후기 정치체제는 각 단위정치체의 자치권에 바탕을 둔 초기 정치체제와 그 성격이 근본적으로 달랐다고 할 수 있다.

앞의 사료에서 보듯이 후기 정치체제는 최상위 관등인 대대로를 중심으로 운영되었다. 특히 귀족세력들은 왕권의 개입을 배제한 상태에서 3년마다 상호 간의 타협이나 무력 다툼을 통해 대대로를 선임하며 정치 운영을 주도했다. 고구려 후기의 정치체제는 왕권이 크게 약화된 상태에서 실권 귀족들이 국가권력을 분점하며 국정을 좌우했다는 점에서 귀족연립체제로 이해하는 것이 가장 타당한 것이다.

이때 귀족세력들은 귀족회의를 통해 국정을 주도했다고 이해되는데, 귀족회의의 구성 양상에 대해서는 다양한 견해가 있다. 일반적으로는 『고려기』의 ⓑ 기사를 근거로 위두대형 이상의 상위 5관등 소지자가 귀족회의의 구성원으로 국정을 주도했다고 이해하는데, 이들을 '대로(對盧)'로 칭했다고 보기도 한다(노태돈, 1999; 정원주 2013). 이에 대해 상위 5관등 소지자 전체가 아니라 특권화된 소수의 대로가 귀족회의를 독점했다고 보거나(윤성룡, 1997), 각 귀족집단의 대표자들이 제2위 관등인 막리지(莫離支: 태대형)를 차지하며 귀족회의체를 구성했다고 보기도 한다(임기환, 2004).

최근에는 대대로를 관직(1명)과 관등(복수)으로 구분한 다음 대대로 관등을 소지한 대인(大人)들이 '대인회의'를 구성하여 정치적 역관계를 조정하는 한편, 상위 5관등 소지자가 일반 귀족회의를 구성하여 국정을 운영했다고 보기도 한다. 후기 귀족회의를 이원적으로 운영했다는 것이다(윤성환, 2015). 또 제1위 관등 명칭은 대대로가 아니라 대로라고 상정한 다음, 제1위 관등이자 5부의 대표자인 대로가 합의하여 최고위 관직자인 대대로를 선임했다고 보는 견해도 제기되었다(이규호, 2017). 고구려 후기 귀족회의에 대해 다양한 견해가 제기된 것인데, 대대로, 막리지, 대로 등의 성격과 관계를 어떻게 이해하느냐와 관련되어 있다. 다만 관련 사료 사이에 상충하는 측면이 많아 이들의 성격이나 상호 관계를 파악하기가 쉽지 않다.

가령 여러 문헌사료를 종합하면, 642년에 정변으로 권력을 장악한 연개소문은 스스로 대대로가 되지 않고 막리지에 취임했는데, 막리지는 당의 병부상서(兵部尚書)와 중서령(中書令)[24] 혹은 이부(吏部)·병부상서(尚書)를 겸직[25]한 것과 같은 관직으로 행정권과 군사권을 장악하여 국정을 전담했다고 한다. 반면 〈천남생묘지명〉 등 금석문에는 연개소문이 집권하기 이전부터 막리지가 존재하여 국정을 총괄했고,[26] 연개소문은 태대대로(太大對盧)를 역임했다고 나온다.[27] 문헌사료와 금석

---

[24] 『구당서』 고려전, "自立爲莫離支 猶中國兵部尙書兼中書令職也.": 『신당서』 고려전, "父爲東部大人·大對盧死 … 蓋蘇文 當嗣 … 遂嗣位 自爲莫離支專國 猶唐兵部尙書中書令職."
[25] 『신당서』 고려전, "其後東部大人蓋蘇文 … 自爲莫離支 此官摠選兵 猶吏部兵部尙書也."
[26] 〈고질묘지명〉, "公諱質, 字性文, 遼東朝鮮人也. 曾祖崩, 本藩三品位頭大兄. 祖式, 二品 莫離支, 獨知國政及兵馬事. 父量, 三品柵城都督·位頭大兄兼大相. … 在藩, 任三品位頭大兄兼大將軍."; 〈고자묘지명〉, "曾祖 式 本蕃, 任二品莫離支, 獨知國政", 位極樞要, 職典機權, 邦國是均, 尊顯莫二. 祖 量 本蕃, 任三品柵城都督位頭大兄, 兼大相, 少稟」弓冶, 長承基構, 爲方鎭之領袖, 實屬城之准的. 父 文 本蕃, 任三品位頭大兄, 兼將軍, 豫見高麗』之必亡, 遂率兄弟歸款."
[27] 〈천남생묘지명〉, "曾祖子遊, 祖太祚, 竝任莫離支, 父蓋金, 任太大對盧, 乃祖乃父, 良冶良弓, 竝執兵鈐, 咸專國柄."; 〈천헌성묘지명〉, "曾祖大祚, 本國任莫離支, 捉兵馬, 氣壓三韓,

문의 기술 내용이 상반되는 것이다. 이에 일찍부터 대대로와 막리지, 나아가 대로 등의 성격과 상호관계에 대해 다양한 논의가 진행되었다.

대대로와 막리지의 관계에 대해서는 일찍부터 양자를 동일시하는 견해가 제기되었다. 대대로와 막리지는 최고 실권자를 지칭하는 동일한 관명으로, 당의 병부상서·중서령과 같은 관직으로 병마권을 총통했다는 것이다(이홍직, 1971). 이에 대해 대대로와 막리지를 동일시하면서도[28] 최고 실권자가 아니라 국사를 총괄하는 존재로 다수가 존재했고, 연개소문이 집권한 다음 이들보다 상위의 태막리지(태대대로)를 신설해 군사와 국사를 총괄하며 권력을 장악했다고 파악하기도 했다(末松保和, 1954; 講田正幸, 1979).

반면 대대로와 막리지의 실체를 다르게 보면서 막리지를 관등이나 관직으로 보는 견해도 제기되었다. 막리지를 대대로보다 상위 관등으로 보는 견해(今西龍, 1932), 최고 무관직인 대모달(大模達)의 별칭인 막하라수지(莫何羅繡支)와 막리지의 음이 비슷한 점에 주목하여 대모달로 파악한 견해(山尾幸久, 2006), 중앙과 지방의 군수통수권과 행정권을 장악한 최고위 관직(리승혁, 1985)이나 제2관등 이상이 취임한 고위 관직(손영종, 2007)으로 보는 견해 등이 그것이다.

그렇지만 전술했듯이 대대로는 제1위 관등이 명확한 반면, 막리지는 여러 금석문에 2품의 관등으로 나온다. 이에 많은 연구자들이 막리지를 제2위 관등인 태대형의 별칭인 막하하라지(莫何何羅支)에 해당한

聲雄五部, 祖盖金, 本國任太大對盧, 捉兵馬, 父承子襲, 秉權耀", 寵. 父男生, 本國任太大莫離支."

28 막리지를 대수장(大首長)·대인(大人)의 의미로 파악하여 대대로와 동일시한다.

다고 이해했다(武田幸男, 1989; 전경옥, 1996; 李成市, 1998; 노태돈, 1999; 임기환, 2004; 여호규, 2014). 다만 막리지를 제2위의 태대형으로 보면서도 그 구체적 성격이나 대대로와의 관계에 대해서는 다양한 견해가 제기되었다.

가령 대대로는 제1위 관등으로 국사를 총지했지만, 초기의 대로에서 유래했다는 점에서 고구려 관등제의 족제적 성격을 반영하는 반면, 막리지는 2품 태대형으로, 연개소문이 전통적 권위의 상징인 대대로를 공동화하는 대신 새로운 권력집중장치로 태대형을 개조하여 막리지를 설치했다는 것이다(武田幸男, 1989). 또 막리지를 제2위의 태대형 가운데 중리직인 중리태대형(中裏太大兄)으로 상정한 다음, 국왕의 근시조직인 내조(內朝)의 영수로 이해하기도 했다(이문기, 2000).

이에 대해 대대로는 제1위 관등, 막리지는 제2위인 태대형으로 보면서도, 귀족연립체제 성립 이래 막리지는 각 귀족집단의 대표자로 공식적인 군사권과 정치적 실권을 보유했으며, 그 직이 세습되었다고 이해하기도 했다. 각 귀족집단을 대표하는 유력가문의 대표자들이 막리지직을 차지해 정국 운영을 주도했다는 것이다. 그리고 대대로의 주기적인 선출은 이러한 막리지들 사이의 역관계를 재조정하며 정국을 안정적으로 운영하기 위한 운영체계로 후기의 귀족연립체제는 대대로-막리지 중심의 정치운영체제로 이해할 수 있다는 것이다(임기환, 1992; 2004).

그런데 전술했듯이 문헌사료에서는 연개소문이 정권을 장악한 이후 막리지에 취임한 것으로 나오지만, 금석문에는 태대대로를 지낸 것으로 기술되어 있다. 또 〈고자묘지명〉 등 여러 금석문에는 막리지가 2품의 관등으로 기재되어 있는데, 〈천남생묘지명〉에는 연개소문의 조부와 부친이 2품의 막리지를 역임한 것으로 나온다. 이를 종합하면 대대로는 최상위인 제1위 관등인 반면, 막리지는 제2위 관등인 태대형의 별칭으로 이해하는 것이 타당하다. 또 연개소문은 조부 이래 역임하던 막리지를 승계했다가, 집권한 다음 대대로에 '태(太)'자를 가상한 태대대로에 취임했을 것으로 짐작된다.

연개소문과 관련한 문헌사료를 근거로 대대로와 막리지를 동일시한 견해는 성립하기 힘든 것이다. 또 연개소문이 집권 이후 막리지에 취임했다는 견해도 성립하기 어렵다. 그럼 후기에 각 귀족집단을 대표하는 유력가문의 대표자들이 막리지직을 차지해 정국 운영을 주도했다는 견해, 곧 후기의 귀족연립체제를 대대로-막리지 중심의 정치운영체제로 이해하는 견해는 성립할 수 있을까?

전술했듯이 막리지는 제2위 관등인 태대형의 별칭이다. 대대로가 제1위 관등이면서 최고 실권자의 역할을 담당했다는 점에서 막리지도 관등뿐 아니라 특정한 직책의 역할을 담당했을 가능성을 상정해볼 수 있다. 다만 대대로는 최상위 관등으로 본래 한 명만 수여받아 귀족연립체제의 성립과 함께 최고 실권자의 직책으로 변질되었을 가능성이 높지만,[29] 제2위인 막리지(태대형)는 다수 인원이 수여받았을 텐데 이들이 모두 각 유력가문의 대표자 역할을 담당했다고 볼 수 있을지는 의문이다.

---

29 최근 대대로를 관직과 관등으로 구분해 관직으로서의 대대로는 1명, 관등으로서의 대대로는 복수로 존재했다는 견해가 제기되었다(윤성환, 2015). 대대로가 최고 실권자가 취임한 제1위 관등이라는 점에서 관직적 성격을 지녔다고 볼 수 있지만, 이를 분리하여 단수의 관직과 복수의 관등으로 존재했다고 보는 것은 논리적 비약이다. 대대로는 기본적으로 1명이 수여받은 제1위 관등이었다.

이와 관련하여 대로가 주목된다. 대로는 3세기 중엽에는 최고위 관등인 패자(沛者)와 교치(交置)되다가, 4세기 이후 패자는 소멸하고 대로만 남게 된다. 그런데 표1에서 보듯이 후기 관등제에서 최고위 관등인 대대로를 제외하면, 대로가 관등으로 사용된 사례는 확인되지 않는다(노태돈, 1999).[30] 대로가 후기에도 관등으로 기능했다고 보기도 하지만(리승혁, 1985; 武田幸男, 1989), 현전하는 사료만 놓고 본다면 그렇게 보기는 힘들다.

　중·후기 대로의 사례로는 475년 고구려가 백제 한성을 공격할 때 등장하는 대로 3인[31]과 당 태종의 침공 시에 활약한 대로 고정의(高正義)[32]를 들 수 있다. 개로왕 21년에 나오는 대로 3인은 군사지휘관이었고, 고정의도 오랫동안 군사적 경험을 익혔던(年老習事) 군사전략가였다. 문헌사료에서 확인되는 중·후기의 대로는 기본적으로 군사업무와 연관되어 있다. 이에 후기의 대로를 관직으로 보기도 한다(임기환, 2004; 윤성환, 2015). 또 귀족회의의 구성원으로 보기도 하는데, "귀족회의 구성원 중 특정 업무를 분장하지 않는 상급 중앙귀족에 대한 범칭"(윤성룡, 1997), "위두대형 이상으로 이루어진 귀족회의의 구성원에 대한 칭호"(노태돈, 1999; 정원주, 2013) 등의 견해가 그것이다.

　이와 관련하여 2015년에 발견된 〈고을덕묘지명(高乙德墓誌銘)〉이 주

30　『수서』 권81 고려전에 '대로'라는 관등명이 나오지만, 『주서』나 그 이후의 『신·구당서』 등에 모두 '대대로'로 명기된 만큼 대대로의 오기일 가능성이 높다(임기환, 2004, 218~219쪽).

31　『삼국사기』 백제본기3 개로왕 21년조, "高句麗對盧齊于·再曾桀婁·古尒萬年等, 帥兵來攻北城, 七日而拔之."

32　『삼국사기』 고구려본기 보장왕 4년조, "時, 對盧高正義年老習事. 謂延壽曰 秦王內芟羣雄, 外服戎狄, 獨立爲帝, 此命世之才. 今據海內之衆而來, 不可敵也. 爲吾計者, 莫若頓兵不戰, 曠日持久, 分遣奇兵, 斷其糧道. 糧食旣盡, 求戰不得, 欲歸無路, 乃可勝. 延壽不從."

표3 고을덕 가문의 관력 분류

인명	사유	관등	상사(垧事)	관직
조(祖) 고잠(高岑)		受建武太王中裏小兄	執垧事	
	緣敎貴		追垧事	降黜外官
		轉任經歷數政, 遷受遼府都督		
	卽奉敎	追受對盧官	依舊執垧事	任評臺之職
부(父) 고부(高孚)		受寶藏王中裏小兄		任南蘇道史
		遷陟大兄		任海谷府都督
		又遷受太相	承襲執垧事	任司府大夫
고을덕 (高乙德)	公年纔立志, 仕彼邦官	受中裏小兄		任貴端道史

목된다. 〈고을덕묘지명〉에는 고을덕(高乙德)을 비롯하여 조부인 고잠(高岑), 부친인 고부(高孚) 등의 관력이 상세히 기술되어 있다. 이 가운데 고잠의 최종 관력은 "교(敎)를 받들어 대로관(對盧官)을 받고, 본래 대로 상사(垧事)를 맡고 평대(評臺)의 직(職)을 담당했다"고 기술되어 있다.[33] 표3에서 보듯이 고잠이 받았다는 대로관은 관등에 상응하는 위치에 기재되어 있다. 이에 대로관을 '대로의 관등'으로 해석하여 관등으로 이해하기도 한다(李成制, 2015).[34]

그렇지만 표1에서 보듯이 고구려 후기에 '대로'라는 관등이 존재했다고 보기는 어렵다. 고잠은 대로관을 받은 다음 종전처럼 상사(垧事)를 맡는 한편, 평대(評臺)의 직을 담당했다고 한다. '평대의 직'을 경기(京畿)와 주변 성읍에 대한 국왕의 정무를 보좌하던 관직으로 보거나(王

---

[33] 〈고을덕묘지명〉, "祖岑[東部], 受建武太王中裏小兄, 執垧事. 緣敎貴, 追垧事, 降黜外官. 轉任經歷數政, 遷受遼府都督. 卽奉敎, 追受對盧官, 依舊執垧事, 任評臺之職."
[34] 이성제는 그 뒤 대로관을 관등으로 보는 견해를 수정하여 '특정의 직장을 가진 관'으로 이해하였다(이성제 편, 2018).

連龍, 2015), 평대를 중앙과 지방을 아울러 국가의 정무를 전반적으로 평의하던 관서로 이해하기도 한다(葛繼勇, 2015).

그런데 〈고을덕묘지명〉 찬자가 관등명은 고구려의 고유한 명칭을 그대로 사용했지만, 욕살에 상응하는 도독(都督)이나 사부대부(司府大夫) 등 관직명은 당의 관명을 준용했다(표3). "평대지직"도 관직에 해당한다는 점에서 당의 관명에 비견한 표현으로 짐작되는데, '평대'는 정사당(政事堂)에 상응하는 최고위 합좌기구이며, 대로관은 이러한 합좌기구의 구성원으로 이해된다(여호규, 2016).

이와 관련하여 연개소문이 부친 사망 이후 여러 귀족세력의 동의를 얻어 비로소 승습(承襲)했다는 부직(父職)이 주목된다. 연개소문이 물려받았다는 부친의 직책이 『신당서』 등 문헌사료에는 '대대로', 금석문 자료에는 '막리지'로 나온다. 이에 연개소문이 승습한 부직[35]에 대해 초창기 연구에서는 문헌사료를 중시하여 '대대로'로 파악하다가(請田正幸, 1979; 이내옥, 1983; 전경옥, 1996; 이도학, 2006), 최근에는 금석문에 주목하여 제2위 관등인 태대형=막리지로 파악하는 경향이 강하다(武田幸男, 1989; 임기환, 2004).

그런데 제반 사료를 종합하면 연개소문이 승습한 부직을 관등으로 보기는 힘들다. '섭직(攝職)'의 '직(職)'이라는 표현은 연개소문이 승습한 부직이 관등이 아니라 모종의 직임을 수행한 직책임을 시사한다. 또한 부직이므로 당연히 승습하는 것이지만, 다른 귀족의 동의 절차가 필요하다는 사실도 알 수 있다. 이에 연개소문이 승습한 부직을 그가 소

---

[35] 연구사는 이문기, 2000, 61~72쪽에 잘 정리되어 있다.

속된 동부를 관장하던 장, 곧 동부의 욕살(전미희, 1994)이나 대인(리승혁, 1985; 노태돈, 1999)으로 보기도 한다. 그렇지만 문헌사료나 금석문에 연개소문이 동부 욕살이나 대인을 승습했다는 기록은 확인되지 않는다.

문헌사료에서는 연개소문이 승습한 부직을 대대로라고 전한다. 물론 대대로는 당시 최고위 관등이자 실권직으로 1명만 취임했다는 점에서 연개소문이 승습한 부직이라고 보기는 어렵다. 당시 최고위 합좌기구의 구성원을 '대로'라고 불렀다는 사실을 상기하면, 연개소문이 승습한 부직은 '대로'였는데 전승 과정에서 '대대로'로 와전되었을 가능성을 상정해볼 수 있다. 연개소문이 승습한 부직은 최고위 귀족회의의 구성원이었기 때문에 '직'으로 인식되었고, 다른 구성원의 동의 절차도 필요했던 것이다.

그러므로 〈천남산묘지명〉의 "조부와 부친이 대로의 대명(大名)을 전했다"라는 구절은 그의 가문이 대대로 최고위 귀족회의의 구성원을 승습한 사실을 나타낸다고 파악된다. 고구려 후기 정치체제에서 핵심 역할을 수행했던 회의체의 실체는 최고위 귀족 중에 선임된 대로로 구성된 대로회의였고, 대대로는 이러한 대로회의를 주재한 최고 실권자라 할 수 있다. 다만 고잠의 관력으로 보아 대로에는 제5위인 위두대형보다 높은 관등 소지자가 선임된 것으로 파악되는데, 주로 제2위인 태대형(막리지) 소지자가 선임된 것으로 이해된다.

고구려 후기에는 제5위인 위두대형 이상의 고위 관등 소지자가 국정 전반을 장악한 가운데, 최상위 귀족세력들이 별도로 대로회의를 구성하여 군사업무 등 국가 중대사를 의결했던 것이다. 이때 유력 귀족세력을 대표하는 대로들이 상호 간의 타협이나 무력투쟁을 통해 3년마다

대로회의의 주재자인 대대로를 선임했으며, 이렇게 선임된 대대로는 여러 대로의 의견을 수렴하며 국정을 이끌어갔던 것이다.

이로 인해 대대로가 권한을 행사하는 데 일정 정도 한계가 뒤따를 수밖에 없었을 텐데, 이에 정변으로 권력을 장악한 연개소문은 대대로에 '태(太)'자를 가상한 '태대대로'를 신설하여 장기집권을 도모했던 것이다. 이를 통해 연개소문은 20년 이상 장기집권을 실현했지만, 종전 귀족연립체제의 구조를 근본적으로 혁신한 것은 아니었다. 이러한 점에서 연개소문 집권기의 정치체제도 기본적으로는 귀족연립체제의 연장선상에서 이해할 수 있다(김기흥, 1992; 노태돈, 1999).[36]

3. 관등·관직의 관계 및 중앙관서의 운영 체계

고구려 후기 중앙관서나 관직의 운영양상을 전하는 사료는 매우 적다. 문헌사료상 중앙관서의 명칭이 전하는 사료는 거의 없고, 관직도 『고려기』에 국자박사(國子博士), 대박사(大學士), 사인통사(舍人通事), 전용(典容: 典客의 오기) 등이 확인될 뿐이다. 더욱이 이들 관직은 모두 소형(小兄) 이상 관등 소지자가 취임했다는 데서 보듯이,[37] 고위직이라

---

36 한편 연개소문 정변 이후 귀족연립체제(정권)가 붕괴했다고 보는 견해도 다수 제기된 상태이다(전미희, 1994, 279~286쪽; 이도학, 2006, 30~37쪽; 임기환, 2004, 306~308쪽). 또한 645년 대당전쟁의 승리로 연개소문의 독재시대가 시작되며 귀족연립체제가 붕괴되었다가 661년에 연개소문이 태대대로가 되면서 다시 귀족연립체제로 회귀했다고 파악하거나(이문기, 2008, 76~86쪽), 정변 이후 여러 단계에 걸쳐 단계적으로 권력을 장악했다고 이해하기도 한다(방용철, 2017).

37 『한원』권30 번이부 고려전, "高麗記曰 … 又有國子博士·大學士·舍人通事·典容, 皆以小兄以上爲之."

기보다 하위직일 가능성이 높다.

국자박사의 '국자(國子)'는 공경(公卿)·대부(大夫)의 자제를 가리키는 말이다. 진(晉) 무제(武帝)대에 이들을 교육하는 기관으로 국자학(國子學)이 설치되었다가 수·당대에 국자감(國子監)으로 개칭되었는데, 이곳에 교수직으로 국자박사를 두었다. 이로 보아 고구려 후기의 국자박사는 중앙귀족의 자제를 교육한 기관의 교수로 여기는데, 372년(소수림왕 2년)에 설치된 태학(太學)에 소속되었을 가능성이 높다.

대박사는 대체로 태학박사(太學博士)의 오기로 추정되는데, 태학의 교수로 여긴다. 태학박사를 지낸 대표적 인물로는 600년(영양왕 11년)에 국초부터 전해지던 『유기(留記)』 100권을 개수하여 『신집(新集)』 5권을 찬술한 이문진(李文眞)이 있다. 이로 보아 태학박사는 교육 이외에 역사편찬과 문서관리 등의 업무도 담당한 것으로 추정된다.

사인통사의 사인(舍人)은 원래 주(周)의 지관(地官) 소속으로 궁정정치에 간여하고 재정을 담당한 관직이었는데, 직장(職掌)이 분화되어 동진(東晉) 이후에는 천자에 대한 상주(上奏)와 조명(詔命)의 전달을 전담하는 통사사인(通事舍人)을 두었다. 고구려의 사인통사 역시 국왕에 대한 상주와 왕명의 전달을 담당했을 것으로 짐작된다(임기환, 1996).

전객은 전서객(典書客)이라고도 하는데, 중국에서 전객은 진(秦)대에 9경(卿)의 하나로 설치되어 제후나 귀순한 이종족에 관한 일을 관장했고, 한(漢)대 이후에는 대홍려(大鴻臚) 혹은 홍려시(鴻臚寺)로 개칭되었으며, 수(隋)대에는 홍려시 소속 관청으로 전객서(典客暑)가 설치되어 외국 빈객의 접대를 전담했다. 고구려 말기의 전객 역시 빈객 접대 등 외교와 관련한 실무를 담당했을 것이다. 특히 『고려기』에 따르면 발고추가(拔古鄒加, 古鄒大加)가 외국의 빈객 접대를 관장했다고 하는데,

전객은 발고추가 아래에서 실무를 담당한 관직으로 짐작된다(노중국, 1979c).

『고려기』에는 무관직으로 대모달(大模達)과 말약(末若: 末客의 오기) 등이 전한다.[38] 대모달은 막하라수지(莫何邏繡支)나 대당주(大幢主)라고 불렸는데, 당의 위장군(衛將軍)에 대비되는 존재로 제5위인 조의두대형(皂衣頭大兄, 位頭大兄) 이상 관등 소지자가 취임했다.[39] 말객은 일명 군두(郡頭)라고 불렸는데, 당의 중랑장(中郞將)에 대비되는 존재로 천 명 단위의 독립부대인 당(幢)을 지휘했고, 대형(大兄) 이상의 관등 소지자가 취임했다. 고구려 후기의 무관직은 상급 지휘관인 대모달, 그리고 하급 무관인 말객으로 구성되었던 것이다.

이상과 같이 『고려기』에 고구려 후기의 중앙관직이 일부 전하고 있지만, 국립교육기관의 교수직, 국왕의 시종직, 외교사절 관련 실무직 등 주로 하위 실무직과 무관직에 국한되어 있다. 중앙관서의 장관 등 고위 관직은 거의 전하지 않고 있는 것이다. 이는 사료의 인멸로 인해 고위 관직이 전하지 않을 가능성도 있지만, 고구려 후기 관직 운영의 특수한 양상에서 기인했을 가능성도 배제할 수 없다.

『고려기』에는 "또한 발고추대가(拔古鄒(鄒)大加)가 있는데, 빈객의 접대를 담당했고 (당의) 홍려경(鴻臚卿)에 비견되며 대부사(大夫使)가

---

[38] 『한원』 권30 번이부 고려전, "高麗記曰 … 其武官曰大模達, 比衛將軍, 一名莫何邏繡支, 一名大幢主, 以皂衣頭大兄以上爲之. 次末若, 比中郞將, 一名郡頭, 以大兄以上爲之, 其領千人. 以下各有等級."

[39] 대모달의 별칭인 '막하라수지'가 막리지(莫離支)와 음이 비슷하다 하여 양자를 동일시하기도 하지만(山尾幸久, 2006), 전술했듯이 막리지는 제2위 관등인 태대형일 가능성이 높다.

취임했다"⁴⁰라는 기사가 나온다. 발고추대가는 외교사절을 담당한 당의 홍려경에 비견되는 관직인데, 제4위 관등 소지자인 대부사자(태대사자)가 취임했다는 것이다. 이를 통해 특정 관직에 특정 관등 소지자가 취임했던 관등과 관직의 상응관계를 상정해볼 수 있다.

이와 관련해 표3에서 보듯이 고부(高孚)가 제4위 관등인 태상(太相) 곧 태대사자로 승진하면서 과거 부친인 고잠이 담당했던 상사(垧事)를 이어받는 한편, 사부대부(司府大夫)를 담당했다는 사실이 주목된다. 사부대부는 당의 태부시(太府寺)에 상응하는 고구려 중앙관서의 장관으로 짐작되는데, 주로 국가재정을 담당했다(葛繼勇, 2015; 이성제, 2015). 국가재정을 담당한 중앙관서의 장관에도 제4위 관등인 태대사자가 취임했던 것이다.

그런데 당에서 홍려경이 장관이었던 홍려시, 사부대부가 장관이었던 태부시 등은 중앙관서 가운데 9시(寺)로 분류된다. 당의 9시로는 이들 이외에 태상시(太常寺: 예악·제사), 광록시(光祿寺: 酒醴·膳羞), 위위시(衛尉寺: 무기·무고·守宮), 종정시(宗正寺: 종실), 태복시(太僕寺: 廏牧·車輿), 대리시(大理寺: 형옥), 사농시(司農寺: 창고) 등이 있는데, 모두 특정 실무를 분장했다는 공통점이 있다.⁴¹ 고구려 후기에 제4위인 태대사자 관등 보유자는 주로 특정한 실무를 분장한 중앙관서의 장관에 취임했던 것이다.

---

40 『한원』 권30 번이부 고려전, "高麗記曰 … 又有拔古鄒[鄒]大加, 掌賓客, 比鴻臚卿, 以大夫使爲之."
41 당의 상서 6부와 9시의 관계에 대해서는 논란이 분분하지만(張國剛 주편, 1996, 75~77쪽), 상서 6부가 정령(政令)을 총괄하고 9시가 특정 실무를 분장했다는 데는 이견이 없다(兪鹿年, 1993, 169~181쪽).

이에 비해 문헌사료나 금석문 자료상 '장군직'에 임명되거나 '병마사'를 맡은 인물이 태대사자(大相)를 수여받은 사례는 확인되지 않는다. 연개소문의 부친인 대조(大祚)는 막리지에 있으면서 병마(兵馬)를 장악했다고 한다.[42] 남생도 23세에 제5위의 중리위두대형(中裏位頭大兄)을 수여받고 24세에 장군을 겸했으며, 28세에는 막리지에 임명되면서 3군대장군을 겸했다.[43] 또한 고질의 조부인 고식도 2품 막리지에 있으면서 국정과 병마사를 관장했다고 한다.[44] 현전하는 자료만 놓고 본다면 장군직에 임명되거나 병마사를 관장한 인물은 모두 제5위의 (중리)위두대형이나 제2위의 막리지를 수여받은 것으로 확인된다.

이처럼 고구려 후기의 관등제와 관직제는 상호 밀접한 연관 아래 운영되었던 것이다. 특히 제5위인 위두대형 이상의 고위 관등은 관등에 따라 직능별로 분화되어 있었던 것으로 짐작된다. 가령 제4위인 태대사자 소지자가 주로 당의 9시에 비견되는 실무 중앙관서의 장관에 임명되었다면, 제5위인 위두대형이나 제2위인 태대형(막리지) 소지자는 주로 장군직에 임명되거나 병마사를 관장했다. 특히 '대로관(對盧官)'이 '평대(評臺)'라 불린 최고위 귀족회의를 구성했는데, 주로 태대형 중에서 선임했다. 위두대형 이상의 고위 관등자라고 국정의 모든 분야에 관여한 것이 아니라 관등에 따라 관장한 직무가 달랐고, 군국지사(軍國

---

42 〈천헌성묘지명〉, "曾祖大祚, 本國任莫離支, 捉兵馬, 氣壓三韓, 聲雄五部."
43 〈천남생묘지명〉, "年卄三改任中裏位頭大兄, 卄四兼授將軍, 餘官如故. 卄八任莫離支, 兼授三軍大將軍."
44 〈고질묘지명〉, "公諱質, 字性文, 遼東朝鮮人也. 曾祖崱, 本藩三品位頭大兄. 祖式, 二品莫離支, 獨知國政及兵馬事. 父量, 三品柵城都督·位頭大兄兼大相. … 公 … 年登弱冠, 志蘊雄圖, 學劍可敵於萬人, 彎弧有工於七札." 在藩, 任三品位頭大兄兼大將軍, 屬禩起遼寅, 釁萌韓壤, 妖星夕墜, 毒霧晨蒸."

之事) 등의 국가 중대사는 주로 대로관으로 구성된 최고위 귀족회의에서 관장했던 것이다(여호규, 2016).

한편 고대국가의 중앙관서는 일반적으로 크게 왕실 재정기구와 국가 행정기구로 양분되는데, 신라의 내성(內省)이나 백제의 내정관사(內政官司)는 왕실 재정기구로 이해된다(三池賢一, 1971; 1972; 정동준, 2006). 그런데 표3에서 보듯이 고을덕의 부친인 고잠이나 고부는 왕실이 관장하던 국가의 목마(牧馬) 업무인 상사(峋事)를 담당하는 한편, 최고위 귀족회의의 구성원인 평대의 직책이나 국가 재정업무를 총괄하는 사부대부 등을 겸했다. 고구려 후기의 중앙관서도 크게 왕실의 사적 영역과 국가의 공적 영역으로 나뉘어져 운영되었을 가능성이 높은 것이다.

이와 관련하여 종래 '중리(中裏)'라는 표현을 부가한 관직이나 관등이 많은 주목을 받았다. 408년에 조영된 덕흥리벽화고분에 '중리도독(中裏都督)'이 나온다. 표4에서 보듯이 연개소문의 장남인 남생(男生)은 중리소형, 중리대형, 중리위두대형 등 '중리'를 부가한 관등을 수여받았다. 남산(男産)은 '중리'를 부가한 관등을 수여받지는 못했지만 21세에 '중리대활(中裏大活)'이라는 직책을 수여받았다. 또한 표3에서 보듯이 고을덕과 그의 부친인 고부, 조부인 고잠 등은 모두 중리소형(中裏小兄)을 수여받았다.

'중리(中裏)'는 '내리(內裏)'와 동의어로서, 왕궁 가운데 왕이 거주하는 공간을 뜻한다. 이 점에 착안하여 종래 많은 연구자들이 중리를 왕실과 가까운 중추세력(김철준, 1956; 1975)이나 국왕에 직속하는 특정 소수의 측근 집단(武田幸男, 1978)에게 수여했다고 보았다. 또한 중리계 관직과 관등을 모두 국왕 근시 관료군(武田幸男, 1980), 근시직(이문기, 2000; 2003; 김영심, 2014), 국왕의 근시업무를 담당하던 근시기구(이동훈, 2019) 등 관직으로 파악하기도 했다. 특히 중리계 관등 가운데 가장 낮은 중리소형을 군주의 신임을 얻어 그 좌우에서 시위하던 권중임광(權重任廣)의 관으로 보아, 출세가 보장된 현관(顯官)이자 귀족 가문이 권력을 세습하던 통로의 출발점으로 이해하기도 했다(이성제, 2016). 중리를 관등제의 운영양상과 연관시켜 이해하기보다는 주로 국왕의 측근세력 내지 근시직이라는 관직으로 파악한 것이다.[45]

그렇지만 덕흥리벽화고분의 중리도독이나 남산이 역임했다는 중리대활을 제외하면 나머지 사례는 모두 관등이라는 사실에 유의할 필요가 있다. 신라의 경우 국왕 근시직이 다수 확인되지만, 고구려의 경우에는 중리를 관칭한 근시직은 확인되지 않는 것이다. 반면 관등 자체가 일반 관등과 중리계 관등으로 분화하는 양상을 띠고 있다. 그리고 남생과 남산의 사례에서 보듯이 고위 귀족의 자제라면 누구에게나 중리계 관등을 수여한 것이 아니라 일부 자제에게만 수여했다.

그리고 왕궁의 내리 영역에서 국왕의 근시업무를 담당한 관원은 일차적으로 중리계 관등을 수여받은 귀족 자제 중에서 선발했다. 남생이 수여받은 중리소형을 국왕 근시직인 알자(謁者)에 비유하거나, 남생이 중리대형으로 승격한 다음 사령(辭令) 곧 왕명 출납을 관장했다는 사실은 이를 잘 보여준다. 이와 더불어 왕실 재정이나 수공업 등을 담당한 관원도 중리계 관등을 수여받은 귀족 자제 중에서 선발했는데, 표3에

---

[45] 이에 남생이 역임한 중리소형을 "관등이 아니라 소형 관등 소지자 가운데 중리로 표현되는 특정한 업무를 맡았던 관직적 성격을 지닌 관제"로 파악하기도 한다(이문기, 2003).

서 보듯이 고잠이 '건무태왕의 중리소형'을 수여받은 다음 왕실의 목마 업무를 관장하던 상사를 맡은 사실은 이를 잘 보여준다(여호규, 2016).

즉 왕실의 재정기구나 수공업 등은 국왕과의 주종관계에서 출발한 중리계 관등을 통해 운영했던 것이다. 그리고 국가의 공적 영역은 고위 관등을 직능별로 분화시켜 일반행정업무를 분장한 중앙관서의 장관과 군사업무를 담당한 장군직-막리지 등 크게 두 계통으로 나누어 운영했다. 이와 함께 대로로 구성된 최고위 귀족회의(평대)가 군국지사 등의 국가 중대사를 관장했다. 전체적으로 고구려 말기의 중앙관제는 왕실의 사적 영역과 국가의 공적 영역으로 양분된 가운데, 국가의 공적 영역은 다시 일반행정업무와 군사업무로 나뉘어 운영되었던 것이다.

4. 관제 운영에 나타난 신분제 구조

전술했듯이 고대 관등제는 단순히 관직의 서열을 표시하는 관품이 아니라 다양한 지배세력의 정치적 위상이나 신분 등급을 표시하는 위계로 기능했다. 고대는 신분제사회였기 때문에 관등제도 신분에 상응하는 방식으로 운영되었는데, 진골, 육두품 등 신분 등급에 따라 관등의 승진 상한이 규정된 신라 골품제는 이를 잘 보여준다.

백제의 16관등제도 크게 6좌평(佐平)과 달솔(達率) 이하 다섯의 솔(率)류 관등, 7~11위의 덕(德)류 관등, 그 이하 12~16위의 하위 관등 등 세 그룹으로 이루어져 있는데, 자색(紫色), 비색(緋色), 청색(靑色) 등의 관복제에 상응했다. 백제 관등제도 신분제에 상응하여 운영되었을 가능성이 높은 것이다. 이러한 점에서 고구려의 관등제도 신분제에 상응하는 형태로 운영되었으며, 신분 등급에 따라 관등 승진이나 각종 관직 취임에 제한이 따랐을 것으로 짐작된다.

이와 관련해 제5위 관등인 조의두대형(위두대형) 이상의 관등 소지자가 국가의 기밀을 관장했다는 『고려기』 기사가 많은 주목을 받아왔다. 『고려기』에 따르면 국자박사, 대박사, 사인통사, 전객 등의 관직은 소형(小兄) 이상 관등 소지자가 취임했다고 한다. 무관직 가운데 대당주(大幢主)라고 불린 상급 지휘관인 대모달에는 제5위인 조의두대형 이상 관등 소지자가 취임했고, 천 명 단위의 독립부대인 당을 지휘했던 말객에는 제7위인 대형 이상의 관등 소지자가 취임했다. 6세기 후반의 〈평양성각자성석〉에는 각 성벽 구간의 축성 책임자가 나오는데, 총 5개 가운데 소형이 4명, 상위사자가 1명이다. 각급 관직 취임에 일정한 관등상의 제약이 존재했고, 관등은 관직 취임의 기준으로 작용했던 것이다.

또한 표4에서 보듯이 연개소문의 아들인 남생과 남산은 거의 동일한 연령에 관등 승진이 이루어졌다. 9세에 일종의 입사직인 선인을 받은 다음, 15세에 소형(중리소형), 18세에 대형(중리대형), 23세에 위두대형(중리위두대형) 등으로 승진한 것이다. 이로 보아 고구려 후기 관등제 운영에서도 관직 취임과 관련한 관등의 상한이나 하한 규정이 있었을 것으로 추정된다.

이에 다케다 유키오는 『고려기』 기사와 남생·남산의 관등 승진 기사를 종합하여 13등급 관등제가 제11위 소형, 제7위 대형, 제5위 위두대형 등을 하한으로 하는 네 계층 구조로 운영되었을 것으로 파악했다(武田幸男, 1978; 1989). 이에 대해 임기환은 고구려 후기의 관제(冠制)를 청라관(靑羅冠), 비라관(緋羅冠), 절풍·조우관(折風·鳥羽冠) 등 세

표4　남생과 남산의 관등 승진표

연령	남생	남산
9	先人	
15	中裏小兄	小兄
18	中裏大兄	大兄
21		中裏大活
23	中裏位頭大兄	位頭大兄
24	將軍 兼任	
		中軍主活
28	莫離支, 三軍大將軍 兼任	
30		太大莫離支
32	太莫離支	

* 남생의 아들 헌성(獻誠)도 9세에 선인이 됨.

그룹으로 복원한 다음, 관등제도 세 계층 구조로 운영되었다고 추정했다. 즉 고구려 후기의 12등급 관등제가 각각 대사자와 대형, 상위사자와 소형 등을 경계로 하는 세 계층 구조로 운영되었다는 것이다(임기환, 1999; 2004).

두 견해의 가장 중요한 차이는 『고려기』 기사나 남생·남산의 관등 승진 기사에 나타난 제10(11)위 소형과 제7위 대형을 관직 취임의 하한으로 볼 것인지 상한으로 볼 것인지에 있다. 다케다 유키오가 이들을 각 관직 취임의 하한 관등으로 보았다면, 임기환은 상한 관등으로 이해했다고 할 수 있다. 그렇다면 고구려 후기 관등제는 실제 몇 그룹으로 구성되었을까? 이와 관련하여 후기 관등제가 3세기 후반 이래 형계와 사자계 관등이 여러 차례 분화하며 성립했다는 사실이 주목된다.

고구려 중기 관등제의 기본 구조는 2세기 말 이후 사자가 (대)사자와 (소)사자로 분화하고, 대형과 소형이 성립하면서 마련되었다. 그런데

6세기로 편년되는 〈농오리산성마애석각〉에 '소대사자(小大使者)'가 나온다(김례환·류택규, 1958). 『삼국사기』 직관지의 고구려 관명 가운데 대상(大相)은 태대사자, 종대상(從大相)은 대사자에 대응되므로, 소대사자의 '소(小)'는 대상에 비해 한 단계 낮은 종대상의 '종(從)'과 동일한 의미로 파악된다. 사자가 (대)사자와 (소)사자로 분화한 다음, 대사자가 다시 (태)대사자와 (소)대사자로 분화하면서 소대사자가 성립했던 것이다.

　사자계 관등이 (대)사자와 (소)사자로 분화한 다음, 다시 대사자가 (태)대사자와 (소)대사자로 2차 분화한 것인데, 2차 분화 이후 (태)대사자는 계속 태대사자라는 관등명으로 불렸지만, (소)대사자는 사용상의 불편함 때문에 앞의 '소'자를 생략하고 대사자로 약칭했다. 그런데 이러한 2차 분화양상은 형계 관등에서도 관찰된다. 408년에 작성된 〈덕흥리고분묵서명〉에는 '소대형'이라는 관등명이 보이는데, '태대형'의 존재를 고려하면, 소대형 역시 대형이 (태)대형과 (소)대형으로 분화하면서 출현한 관등으로 볼 수 있다. 형계 관등 역시 3세기 후반에 대형과 소형이 대두했다가, 그 후 대형이 다시 (태)대형과 (소)대형으로 2차 분화하였던 것이다.

　이처럼 사자계나 형계 관등은 3세기 후반에는 대사자와 (소)사자, 대형과 소형 등으로 이루어졌다가, 그 이후 대사자가 (태)대사자·(소)대사자, 대형이 (태)대형·(소)대형 등으로 2차 분화하는 과정을 겪었다(임기환, 1995; 2004). 그리고 대사자·대형의 2차 분화로 생성된 관등 가운데 (소)대사자나 (소)대형은 대사자·대형으로 약칭되어 기존의 대사자·대형과 동일한 관등명으로 사용되었다. 외형상 태대사자와 태대형이라는 상위 관등이 새롭게 생성된 것처럼 보인다는 점에서 대사자·

대형의 2차 분화는 상향 분화로 이해할 수 있다.

한편 5세기 후반 〈충주고구려비〉의 '발위사자'와 6세기 후반 〈평양성각자성석〉의 '상위사(上位使)' 등은 명칭의 유사성과 관등제상의 서열로 보아 사자에서 분화한 (대)사자·(소)사자 가운데 하위의 (소)사자가 '발위'와 '상위'로 2차 분화한 결과로 파악된다. (소)사자가 2차 분화할 때, 대사자의 2차 분화와 달리 대·소라는 용어를 사용하지 않은 것은 기존 관등명과의 혼동이나 사용상의 불편함 등을 피하기 위해서였을 것이다.

가령 (소)사자라는 관등의 앞에 대·소라는 용어를 사용한다면 (대)소사자, (소)소사자 등이 될 텐데, (대)소사자라는 명칭은 (소)대사자라는 관등명과 혼동될 우려가 있고, (소)소사자는 사용하기 불편했을 것이다. 또한 (소)사자의 약칭인 사자의 앞에 대·소라는 용어를 사용한다면 (대)사자, (소)사자 등이 될 텐데, 역시 (소)대사자의 약칭인 대사자와 혼동된다. 이에 따라 (소)사자의 2차 분화 시에는 대·소 대신 발위·상위라는 용어를 관칭하여 분화시켰다고 추정된다. 이처럼 (소)사자에서 발위사자나 상위사자가 분화했다면, 후기 관등제에서 (소)사자는 발위사자·상위사자와 별개의 관등으로 존재했다기보다는 둘 중 어느 하나와 동일한 관등명으로 사용되거나 분화와 동시에 소멸되었을 것으로 추정된다.

소형(小兄)과 제형(諸兄, 翳屬)도 하위 그룹에 속했다는 점에서 (소)사자가 2차 분화할 무렵 소형이 재차 분화한 결과로 추정된다. 소형이 2차 분화할 때도 (소)사자의 경우처럼 대·소라는 용어를 사용하지 않았다. 그 이유는 (소)사자의 경우와 마찬가지로 기존 관등명과의 혼동이나 사용상의 불편함 등을 피하기 위해서였을 것이다. 가령 소형이라는 관등명에 대·소라는 용어를 관칭한다면 (대)소형, (소)소형 등이 될 텐데 (대)소형이라는 명칭은 기존의 (소)대형이라는 관등명과 혼동될 우려가 있고, (소)소형은 사용하기 불편했을 것이다.

이에 소형이라는 관등명은 그대로 둔 채 소형보다 하위 관등으로 '제형'을 설정하는 형태로 2차 분화시켰다고 추정된다. 후기 관등제에서 하위 그룹에 속한 소형의 2차 분화는 하향 분화의 형태로 이루어진 것이다. 이로 미루어 (소)사자의 2차 분화도 하향 분화의 형태로 이루어졌을 가능성이 높다. 즉 (소)사자는 2차 분화 이후 생성된 발위사자와 상위사자 가운데 상위인 발위사자와 동일시되었을 것으로 추정된다(임기환, 1995; 2004).

이처럼 중기 관등제는 단계적인 분화를 거쳐 성립했는데, 3세기 후반에 대형·소형, 대사자·사자 등의 형태로 기본 골격을 갖춘 다음, 4세기 후반에는 대형과 대사자 등 상위 관등이 태대형·소대형과 태대사자·소대사자 등으로 2차 분화했다. 그리고 5세기 후반 이전에는 (소)사자가 발위사자(소사자)·상위사자로 2차 분화했고, 소형도 소형·제형으로 분화했다. 이러한 2차 분화 과정에서 상위 관등인 대형·대사자는 상향 분화한 반면, 하위 관등인 (소)사자·소형은 하향 분화했다.

후기의 형계 관등 5종 가운데 태대형·대형은 대형의 2차 분화, 소형·제형은 소형의 2차 분화로 중기에 성립했던 것이다. 또한 후기의 사자계 관등 4종 가운데 태대사자·대사자는 대사자의 2차 분화, 발위사자(소사자)·상위사자는 (소)사자의 2차 분화로 중기에 이미 성립했던 것이다. 이는 형계와 사자계 관등 가운데 위두대형이 가장 늦게 성립했음을 의미하는 동시에, 위두대형을 제외한 후기의 형계나 사자계 관등은 거의 대부분 중기에 성립했음을 뜻한다.

이상과 같은 형계와 사자계 관등의 단계적인 분화는 관등제의 계층화로 이어졌다. 모두루가의 관등 승습 사례는 이를 잘 보여준다. 모두루가는 염모 이래 모두루까지 3대(또는 4대)에 걸쳐 대형~대사자라는 관등을 승습했다. 4세기 후반에 대형과 대사자가 태대형·소대형 및 태대사자·소대사자로 분화되었을 것이라는 추정을 상기하면, 모두루가는 대형·대사자가 2차 분화한 관등 가운데 하위 관등인 (소)대사자-(소)대형을 승습하던 중급 귀족으로 추정된다(武田幸男, 1989).

한편 전술했듯이 『한원』 소인 『고려기』에 따르면 고구려 후기에 제5위 위두대형 이상의 관등 소지자가 국가기밀과 군사징발 등을 관장했고, 최고 무관직인 대모달(大模達, 大幢主)에도 위두대형 이상이 임명되었다. 후기 관등제에서 제5위인 위두대형은 최상층 관등의 하한선을 이루었던 것이다(武田幸男, 1978; 1989). 그런데 후기 관등제의 구조상 위두대형은 대형·대사자의 2차 분화로 형성된 태대형(2위)·태대사자(4위) 및 대사자(6위)·대형(7위)의 경계선에 위치했다.

그러므로 4~5세기 모두루가의 사례와 연관지어 보면, 위두대형은 대사자·대형의 상향 분화로 성립된 관등군을 태대형·태대사자 및 소대사자·소대형 등의 두 계층으로 구분하는 역할을 했다고 짐작된다. 그리고 대사자·대형과 사자·소형이 본래 서로 다른 등급의 관등이었다는 사실을 고려하면, 대사자·대형과 그 이하의 관등은 중기 이래 별도의 그룹을 이루었을 것으로 추정된다. 또한 사자·소형의 2차 분화와 함께 하위 관직이 다수로 늘어났다는 점에서 별도의 그룹이 형성되었을 것으로 보이는데, 국자박사, 대박사, 사인통사, 전객 등 하위 실무직에 취임할 수 있는 관직의 하한선인 소형이 경계를 이루었을 것으로 보인다.

이상을 종합하면 고구려 후기의 12관등제는 크게 제1위 대대로에서 제5위 위두대형까지의 최상위 그룹, 제6위 대사자와 제7위 대형까지의 중상위 그룹, 제8위 발위사자에서 제10위 소형까지의 중하위 그룹, 제11위 제형과 제12위 선인까지의 최하위 그룹 등 4개 그룹으로 나뉘어졌을 것으로 파악된다. 표4에서 보듯이 남생과 남산은 각 관등 그룹의 최하위 관등인 선인, 소형, 대형, 위두대형 등을 수여받는 형태로 초고속으로 승진했던 것이다. 고구려 관등제도 신라나 백제처럼 기본적으로 고대 신분제에 의해 운영된 것이다. 이러한 점에서 고구려 후기의 귀족연립체제도 고대 신분제에 기초하여 최고위 귀족세력이 정치권력을 독점한 정치체제라고 할 수 있다.

참고문헌

김영하, 2007, 『新羅中代社會硏究』, 일지사.
김철준, 1975, 『韓國古代社會硏究』, 知識産業社.
김현숙, 2005, 『고구려의 영역지배방식 연구』, 모시는사람들.
노태돈, 1999, 『고구려사 연구』, 사계절.
리지린·강인숙, 1976, 『고구려사연구』, 사회과학출판사.
사회과학원 역사연구소, 1979, 『조선전사(3)』, 과학백과사전출판사.
손영종, 2007, 『조선단대사(고구려사2)』, 과학백과사전출판사.
申采浩, 1931, 『朝鮮上古史』(2007, 『단재신채호전집 제1권』, 독립기념관 한국독립운동사연구소).
여호규, 2014, 『고구려 초기 정치사 연구』, 신서원.
이기백, 1974, 『新羅政治社會史硏究』, 一潮閣.
_____, 1996, 『韓國古代政治社會史硏究』, 一潮閣.
이동훈, 2019, 『고구려 중후기 지배체제 연구』, 서경문화사.
이병도, 1955, 『新修國史大觀』, 普文閣.
_____, 1976, 『韓國古代史硏究』, 博英社.
이성제 편, 2018, 『고대 동아시아 석각자료 연구(상)』, 동북아역사재단.
이홍직, 1971, 『韓國古代史의 硏究』, 新丘文化社.
임기환, 2004, 『고구려 정치사 연구』, 한나래.
조우연, 2019, 『天帝之子-고구려의 왕권과 국가제사-』, 민속원.
葛繼勇, 2015, 「신출토 入唐 고구려인 '高乙德墓誌'와 고구려 말기의 내정 및 외교」, 『韓國古代史硏究』 79.
김기흥, 1993, 「고구려 淵蓋蘇文政權의 한계성」, 『西巖趙恒來敎授華甲紀念 韓

國史學論叢』, 아세아문화사.

김례환·류택규, 1958, 「롱오리 산성에서 발견된 고구려 석각문」, 『문화유산』 1958-6.

김영심, 2014, 「유민묘지로 본 고구려, 백제의 관제」, 『한국고대사연구』 75.

김진한, 2010, 「고구려 후기 대외관계사 연구」, 한국학중앙연구원 박사학위논문.

김철준, 1956, 「고구려·신라의 관계조직의 성립과정」, 『이병도박사화갑기념논총』.

노중국, 1979a, 「고구려 국상고」(상), 『한국학보』 16.

_____, 1979b, 「고구려 국상고」(하), 『한국학보』 17.

_____, 1979c, 「고구려 율령에 관한 일시론」, 『동방학지』 21.

_____, 1981, 「高句麗·百濟·新羅 사이의 力關係變化에 대한 一考察」, 『東方學志』 28.

_____, 1998, 「신라와 고구려·백제의 인재양성과 선발」, 『신라문화제학술발표회논문집』 19.

_____, 2003, 「삼국의 관등제」, 『강좌 한국고대사(2)』, 가락국사적개발연구원.

노태돈, 1976, 「高句麗의 漢水流域 喪失의 原因에 대하여」, 『韓國史研究』 13.

_____, 1977, 「三國의 政治構造와 社會·經濟」, 『한국사(2)』, 국사편찬위원회.

리승혁, 1985, 「고구려 '막리지'에 대하여」, 『력사과학』 1985-1.

민철희, 2002, 「고구려 양원왕·평원왕대의 정국변화」, 『사학지』 35.

박승범, 2016, 「淵蓋蘇文 가문의 家系 기록 검토」, 『韓國古代史探究』 22.

방용철, 2011, 「고구려 營留王代의 정치 동향과 對唐 관계」, 『大丘史學』 102.

_____, 2017, 「淵蓋蘇文 집권기 고구려의 정치 운영」, 경북대학교 박사학위논문.

선봉조, 2009, 「榮留王代 政局主導權의 變化樣相과 淵氏勢力」, 『高句麗渤海研究』 33.

여호규, 2016, 「신발견〈고을덕묘지명〉을 통해본 고구려 말기의 중리제와 중앙관제」, 『백제문화』 54.

윤성룡, 1995, 「高句麗 貴族會議의 成立過程과 그 性格」, 『韓國古代史研究』 11.

윤성환, 2015, 「고구려 후기 '大人'의 실체와 大對盧」, 『군사』 95, 국방부 군사편찬연구소.

이규호, 2015, 「4~5세기 고구려 중리도독부의 성립과 기능」, 『고구려발해연구』 53.

_____, 2017, 「고구려 對盧의 성격과 역할」, 『사학연구』 127.

이내옥, 1983, 「연개소문의 집권과 도교」, 『역사학보』 99·100합집.
이도학, 2006, 「고구려의 내분과 내전」, 『고구려연구』 24.
이문기, 2000, 「고구려 막리지의 관제적 성격과 기능」, 『백산학보』 55.
_____, 2003, 「고구려 중리제의 구조와 그 변화」, 『대구사학』 71.
_____, 2008, 「高句麗 滅亡期 政治運營의 變化와 滅亡의 內因」, 『韓國古代史研究』 50.
이병도, 1976, 「高句麗對隋唐抗戰」, 『韓國古代史研究』, 박영사.
이성제, 2015, 「어느 고구려 무장의 가계와 일대기 - 새로 발견된 '高乙德墓誌'에 대한 譯註와 分析」, 『中國古中世史研究』 38.
_____, 2016, 「遺民 墓誌를 통해 본 高句麗의 中裏小兄 - 중리소형의 역임자와 직임을 중심으로」, 『中國古中世史研究』 42.
임기환, 1992, 「6·7세기 高句麗 政治勢力의 동향」, 『韓國古代史研究』 5.
_____, 1995, 「고구려 집권체제 성립과정의 연구」, 경희대학교 박사학위논문.
_____, 1996, 「중앙통치조직」, 『한국사(5: 삼국의 정치와 사회 - 고구려)』, 국사편찬위원회.
_____, 1999, 「4~7세기 고구려 관등제의 전개와 신분제」, 『한국 고대의 관등제와 신분제』, 아카넷.
_____, 2003, 「고구려 정치사의 연구현황과 과제」, 『한국고대사연구』 31.
장병진, 2015, 「새로 소개된 고구려 유민 '南單德' 묘지에 대한 검토」, 『高句麗渤海研究』 52.
_____, 2017, 「고구려 정치사 서술에 쓰이는 개념과 용어들」, 『學林』 40.
전경옥, 1996, 「淵蓋蘇文執權期의 莫離支體制硏究」, 『白山學報』 46.
전미희, 1994, 「淵蓋蘇文의 執權과 그 政權의 性格」, 『李基白先生古稀紀念韓國史學論叢(上) - 古代編·高麗時代篇 - 』, 一潮閣.
정동준, 2006, 「백제 22부사 성립기의 내관과 외관」, 『한국고대사연구』 42.
정원주, 2011, 「榮留王의 對外政策과 政局運營」, 『高句麗渤海研究』 40.
_____, 2013, 「高句麗 滅亡 硏究」, 韓國學中央研究院 博士學位論文.
정호섭, 2018, 「고구려 淵蓋蘇文 家門의 궤적과 복원」, 『東方學志』 185.
최일례, 2015, 「평원왕대 정국 운영의 특징과 그 함의」, 『고구려발해연구』 53.

_____, 2016, 「고구려 안장왕대 정국 변화와 그 動因」, 『한국고대사연구』 82.
최호원, 2012, 「고구려 영양왕대의 신라공격과 국내정치」, 『한국사연구』 157.
하일식, 1995, 「관등제와 신분제」, 『한국역사입문①』, 풀빛.

俞鹿年, 1993, 『中國政治制度通史(第5卷 隋唐時代)』, 人民出版社.
王連龍, 2015, 「唐代高麗移民高乙德墓志及相關問題研究」, 『吉林師範大學學報』 2015-4.

今西龍, 1932, 『新羅史硏究』, 國書刊行會.
李成市, 1998, 『古代東アジアの民族と國家』, 岩波書店.
末松保和, 1954, 『新羅史の諸問題』, 東洋文庫.
武田幸男, 1989, 『高句麗史と東アジア』, 岩波書店.
山尾幸久, 2006, 『「大化改新」の史料批判』, 塙書房.
石母井正, 1971, 『日本の古代國家』, 岩波書店.
宮崎市定, 1959, 「三韓時代の位階制について」, 『朝鮮學報』 14.
吉田光男, 1977, 「"翰苑"註所引"高麗記"について」, 『朝鮮學報』 85.
武田幸男, 1978, 「高句麗官位制とその展開」, 『朝鮮學報』 99·100合輯.
_____, 1980, 「六世紀における朝鮮三國の國家體制」, 『東アジアにおける日本古代史講座(4)』, 學生社.
三池賢一, 1971, 「新羅內廷官制考」(上), 『朝鮮學報』 61.
_____, 1972, 「新羅內廷官制考」(下), 『朝鮮學報』 62.
請田正幸, 1979, 「高句麗 莫離支考」, 『旗田巍先生古稀記念 朝鮮歷史論集』(上), 龍溪書舍.

5장

지방지배체제의 재편

김현숙 | 동북아역사재단 수석연구위원

    4~5세기에 고구려는 영역이 급격히 확장되었다. 그로 인해 고구려 민도 확대되었다. 중기 고구려는 팽창한 민과 지역을 효과적으로 통치하기 위해 지방통치제도를 만들고 다듬고 발전시켜 갔다. 그러나 6세기에 내우외환을 겪으면서 분열의 길을 걷게 되었다. 내재되어 있던 중앙귀족들의 갈등이 대규모 정란으로 분출되면서 왕권이 흔들리게 되었고, 중앙정계의 혼란이 지속되었다. 이로 인해 중앙정치와 연동되어 있는 지방도 영향을 받게 되어 집권세력과 갈등을 겪은 지역세력들이 국외로 이탈하거나 반란을 일으켜 중앙정부에 맞서기도 하였다.
    국제정세도 전환되어 오랫동안 유지되었던 동북아시아의 세력균형이 깨지고 많은 변화와 혼란이 야기되었다. 한동안 안정적으로 유지되던 서북변 지역에 긴장이 고조되었고, 이런 변동과 맞물려 고구려와 백제, 신라의 관계도 변화를 겪게 되었다.

외부로부터의 침략 위기에 놓인 고구려로서는 효과적인 영토수호와 동요하는 지역민 안정을 위해 방어체계 정비가 필요했다. 이에 따라 연동되어 있는 지방통치제도를 재편해야 하는 과제를 안게 되었다. 변화된 국내외 상황에 대처할 수 있는 방향으로 제도 정비와 재편이 필요했다.

1. 후기 지방통치제의 구조

1) 지방통치단위의 편제를 둘러싼 논의

6세기 이후 고구려의 지방통치제 관련 사료는 다른 시기에 비해 많은 편이다. 하지만 해당 사료가 지방제도 전반을 보여주는 것이 아니라 단편적인 내용을 담은 몇 줄뿐이어서 그에 대한 해석과 당시의 지방통치제 자체에 대해 여전히 논란이 계속되고 있다.

후기 고구려 지방통치조직을 보여주는 대표적인 사료로는 다음 세 기사를 들 수 있다 첫째, "다시 요동, 현도 등 수십 성이 있는데, 모두 관사를 두고 서로 통섭했다"고 하는 『주서(周書)』 고려조의 기사,[1] 둘째, "또 제대성에는 욕살을 두었는데 도독에 비정된다. 제성에는 처려구자사[2]를 두었는데 또한 도사라 칭한다. 도사의 치소를 이름하여 비

---

1 『주서』 권49 이역열전41상 고려조, "復有遼東玄菟等數十城 皆置官司 以相統攝."
2 『신당서』 권220 동이열전 고려조에 "餘城處閭近支 亦號道使 比刺史"라 나오므로 '處閭

라고 한다. 제소성에는 가라달을 두었는데 장사에 비정된다. 또 성에는 루초를 두었는데 현령에 비정된다"고 한『한원(翰苑)』고려조의 기사,[3] 셋째, "바깥에는 주현 60여 성을 두었다. 대성에는 욕살을 두었는데 이는 도독에 비정된다. 제성에는 도사를 두었는데 자사에 비정된다. 그 아래 각각 요좌를 두고 일을 나누어 담당하게 했다"고 한『구당서』고려조에 나오는 기사다.[4] 이 중『주서』는 6세기 중·후반,『한원』과『구당서』는 7세기의 상황을 보여주는 사료다.

『한원』에 인용된『고려기』의 기사는 후기 지방통치체제의 구조를 잘 보여준다. 하지만 지방통치체제를 가장 체계적으로 정리한 듯 보임에도 불구하고, 학계에서는 이 기사를 둘러싸고 논의가 분분하다. 후기 고구려 지방지배체제를 둘러싸고 가장 논란이 많은 부분 중 하나가 당시 지방통치단위가 몇 단계로 편제되어 있었는가 하는 것이다. 이러한 견해차가 발생한 이유는 바로 이 기사에 대한 이해가 다르기 때문이다. 후기 지방통치조직에 대해서는 2단계 편제설, 3단계 편제설, 4단계 편제설이 있다.

먼저 제대성(諸大城)-제성(諸城)-제소성(諸小城)-성(城)의 4단계로 편제하고, 제대성에는 녹살(傉薩), 제성에는 처려근지(處閭近支), 제소성에는 가라달(可邏達), 성에는 루초(婁肖)를 파견했다고 보는 견해가 제기되었다(노중국, 1979).『고려기』의 기사에 서술된 순서 그대로 지

近支比刺史'의 오기임을 알 수 있다.
3 『한원(翰苑)』 권30 번이부(蕃夷部) 고려조, "又其諸大城置傉薩比都督 諸城置處閭區刺史 亦謂之道使 道使治所名之曰備 諸小城置可邏達比長史 又城置婁肖比縣令."
4 『구당서』 권199하 동이열전149 고려조, "外置州縣六十餘城 大城置傉薩一比都督 諸城治道使比刺史 其下各有僚佐分掌曹事."

방통치조직이 구성되었다고 본 것이다.

다음으로 제소성에 파견된 가라달이 장사에 비정되었다는 점에 주목하여, 이를 욕살[5]과 처려근지의 속관(屬官)이라고 보아, 제대성(욕살-가라달)-제성(처려근지-가라달)-성(루초)의 세 단계였다고 파악한 설이 나와(武田幸男, 1980), 지지를 얻었다(임기환, 1995; 여호규, 2017; 최희수, 2008; 나동욱, 2009). 이 경우 지방통치조직이 3단계로 편제된 것으로 본다.

이와 달리 가라달의 '라(邏)'자가 내포하고 있는 '순찰하다'에 의미를 두어, 가라달이 변경지역이나 군사적으로 중요한 지역의 하위 지방관이었다고 본 견해도 있다(김현숙, 1996). 이 경우 3단계 조직이었다고 보는 것은 같지만, 변경이나 군사적으로 중요한 지역은 욕살-처려근지-가라달, 일반지역은 욕살-처려근지-루초의 3단계로 편제된 것으로 보았다.

그런 한편 욕살과 처려근지가 병렬적인 성격의 지방관이었고, 가라달은 욕살과 처려근지의 고위 보좌관으로서 군사적 소성을 총괄했다고 본 설도 나왔다(盧泰敦, 1996). 이 경우 당시 고구려 지방통치조직이 2단계 조직이었으며, 멸망기까지 3단계 조직으로 발전하지 못한 것으로 파악했다.

요컨대 고구려 후기에 지방 각 지역의 크고 작은 성을 피라미드식으로 편제한 뒤 중앙에서 지방관을 파견하여 일원적·직접적으로 통치했

---

[5] 『주서』와 『수서』에는 '욕살(褥薩)'로 나오고, 『구당서』와 『신당서』 및 『한원』 소인 『고려기』에는 '녹살(傉薩)'로 나온다. 각 사서의 기사를 인용할 때는 해당 사서에 나오는 그대로 하되, 그 외 논의 과정에서는 욕살로 통일하여 사용하겠다.

다고 보는 데에는 모두 견해를 같이하고 있다. 하지만 지방통치조직의 편제에 대해 여전히 의견이 일치하지 않고 있다. 그러나 1990년대 이래 고구려 지방통치제에 대한 연구가 확대, 심화되면서 3단계 조직이었으며, 군사적 성격이 강한 지역에 가라달이 주둔했다고 보는 것으로 의견이 수렴되어 가고 있다. 이에 대해서는 2절(후기 고구려 지방관의 성격)에서 다시 상세히 논하기로 하겠다.

2) 내평과 외평의 성격 및 지방 5부의 존부를 둘러싼 논의

고구려 후기 지방통치조직의 구조와 관련하여 논란이 되고 있는 또 다른 문제는 내평(內評)과 외평(外評)의 위치와 지방 5부의 존부 문제이다. 이것은 후기의 최상위 지방관인 욕살의 성격에 대한 논의와도 관련되어 있다. 이 때문에 더욱 복잡한 양상을 띠고 있는데, 그 실상을 명확하게 파악하기에는 현존 자료가 너무나 소략하고, 서로 달리 이해할 수 있는 부분도 많다.

내평과 외평의 위치에 대한 논란은 『수서』 권81 동이열전46 고려조에 나오는 "다시 내평 외평 오부 욕살이 있다(復有內評外評五部褥薩)"는 구절에서 비롯되었다. 이 기사는 다양하게 해석될 여지가 있기 때문에 내평, 외평, 5부의 위치와 욕살의 파견 지역 등 여러 가지 사안을 둘러싸고 많은 논의를 생산했다.

이에 대해 내평은 내부(畿內)의 주현(州縣), 외평은 나머지 4부(畿外)의 주현을 지칭하며 내평과 외평을 총칭한 것이 5부라고 본 견해가 먼저 나왔다(池內宏, 1951). 위 구절을 "다시 내평과 외평, 즉 5부에 욕살이 있다"로 해석한 것이다. 이 경우 욕살은 내부(내평)를 포함한 전국

5부의 장이지만 오골성(烏骨城) 욕살의 존재로 보아 5부의 치소(治所) 외에도 중요한 성에는 욕살을 배치한 것으로 보았다.

이와 달리 기내와 왕도를 합한 내평과 외평의 5부에 각각 욕살이 파견된 것으로 보기도 했다(山尾幸久, 1974; 崔熙洙, 1990; 林起煥, 1995). "다시 [기내와 왕도인]⁶ 내평과 [지방인] 외평의 5부에 욕살이 있다"로 해석한 것이다. 전국을 '내역(內域)= 안 지역'과 '외역(外域)= 바깥 지역'으로 크게 구분했던 것으로 보고, 안으로 관념한 지역은 왕도와 그 주위의 일정 지역인 기내로서 '내평'이고, 밖으로 인식한 곳은 그 외의 지방으로서 '외평'이라 본 것이다. 이렇게 본다면 위 사료는 "다시 내평과 외평의 오부에 욕살이 있다"라고 풀이할 수 있다(김현숙, 1996).

반면 5부는 왕도, 내평은 기내지역이고, 외평은 지방을 지칭한 것으로 본 견해도 나왔다(今西龍,1970; 武田幸男, 1980b; 노태돈, 1999). 위 구절을 "다시 (기내지역인) 내평, (지방인) 외평, (왕도인) 5부에 욕살이 있다"로 해석한 것이다. 이들은 왕도 5부와 기내지역 및 지방의 주요 대성에 욕살을 파견했다고 보았다. 이 경우 왕도 5부만 존재했고, 지방 5부는 존재하지 않았던 것으로 본다.

이처럼 의견이 분분하므로 과연 중앙과 지방을 각각 5부로 지역 구분했는지, 그것이 실제 지방통치조직으로 기능했었는지 살펴볼 필요가 있다. 『신당서』 권220 동이열전 고려조에는 "5부와 176성 69만 호를 거두었다"고 한 기사가 나온다. 이 기사는 "(왕도의) 5부와 (지방의) 176성에 거주하는 69만 호를 거두었다"고 해석할 수 있다. 지방 5부의

---

6   [ ]은 필자가 추가한 것이다. 이하 인용한 사료의 [ ]는 모두 같다.

존재를 부정하는 학자들은 이를 주요 근거로 삼고 있다.

그러나 위에서 살펴보았듯이 『수서』에 나오는 5부 관련 기사는 내평과 외평에 각각 5부가 있었다고 해석하는 것이 가장 무난하다. 『구당서』 고려조에는 "고려국은 예전에 [영토를] 나누어 5부로 했는데, 성이 176, 호가 69만 7,000호였다"고 나온다.[7] 이 기사는 고구려 전역이 다섯 개의 부로 나뉘어졌고, 그 5부 안에 176성이 포함되어 있었다는 의미로 해석된다. 전국 5부의 존재를 인정하는 학자들은 이 사료를 가장 대표적인 근거자료로 들고 있다.

지방 5부의 존재 가능성을 보여주는 다른 사료도 있다. 연개소문의 아들인 천남생(泉男生)의 묘지명(墓誌銘)에는 "[평양성이 함락되자] 그 왕 보장(寶藏)과 남건(男建) 등이 다 포로가 되었으며, 높은 산과 깊은 바다가 함께 [당의] 경계로 들어왔고, 오부(五部)와 삼한(三韓)이 모두 신첩(臣妾)이 되었다"는 구절이 나온다. 천남생은 "5부의 우두머리이자 삼한의 영걸"이었다는 표현도 나온다.

또 남생의 아들인 천헌성(泉獻誠)의 묘지명에는 "증조인 대조(大祚)는 본국에서 막리지(莫離之)에 임용되었으며, 병권을 장악하여 기세가 삼한을 제압하고 명성은 5부의 우두머리가 되었다"고 나온다. 또 "처음 양공(襄公)이 밖으로 부(部)를 살피러 갔을 때 공(公)도 역시 따라갔다"는 구절도 나온다. 여기에서 양공은 천남생을 가리킨다. 이것은 천남생이 아버지를 이어 최고 권력을 차지한 후 지방 순시를 나갔을 때 상황을 보여주는 사료다.

---

[7] 『구당서』 권199하 동이열전149 고려조, "高麗國 舊分爲五部 有城百七十六 戶六十九萬七千."

그런데 같은 내용을 전하는 기사가 『자치통감』에 나온다. 여기에는 "고려 천개소문이 죽자 장자 남생이 대신 막리지가 되었는데 처음으로 국정을 살피기 위해 출행하여 여러 성을 돌아보았다"[8]고 나온다. 즉 〈천헌성묘지명〉에는 바깥에 있는 부를 살피러 갔다고 나오는데, 『자치통감』에는 여러 성을 둘러보았다고 나오는 것이다. 〈천헌성묘지명〉의 부와 『구당서』와 〈천남생묘지명〉에 나오는 5부가 동일한 것이라면, 이 5부는 고구려 전체를 가리키는 것으로 볼 수 있다. 그리고 삼한은 〈광개토왕비〉에 '속민(屬民)'으로 지칭했던 백제와 신라를 의미하는 것으로 보인다. 그렇다면 고구려 전역이 다섯 개의 부로 구획되었고, 그 지방 5부에 소속된 176기의 성이 지방행정단위로 설정되어 있었다고 보아야 한다.

그러나 고구려 말기 당과의 전쟁 과정을 살펴보면 외평 5부가 실제 지방통치단위로 기능했다고 보기 어렵다(김현숙, 1996). 백제의 5방과 같은 개념의 5부가 있었다면 부의 장이 존재하고, 그가 전쟁 과정에서 활약을 해야 할 것이다. 하지만 실제 활동상이 확인되는 존재는 외평 5부의 장이 아니라 욕살들이었다. 따라서 고구려 전역을 5개의 광역으로 나누고 이를 5부라 했지만 지방통치조직으로서 실질적인 기능은 하지 않았던 것으로 보인다. 외평 5부의 존재는 후기의 최상층 지방관인 욕살의 치소와 직접 관련되어 있는 문제다. 따라서 다음 절에서 이 문제에 대해 다시 살펴보기로 하겠다.

---

8 『자치통감』 권201 당기(唐紀)17 고종 중지상(中之上) 건봉(乾封) 원년 5월조, "高麗泉蓋蘇文卒 長子男生代爲莫離支 初知國政 出巡諸城."

2. 후기 고구려 지방관의 성격

후기 지방통치체제의 구조에 관해 서로 견해가 다른 것은 관련 사료에 지방관의 성격을 분명히 서술해 놓지 않았기 때문이다. 거기에다 고구려 고유의 명칭을 띤 지방관을 당시 중국 왕조의 지방관과 비교하여 명칭을 비정함으로써 혼란을 더 가중시켰다. 이것은 당시 고구려와 중국의 지방관이 명칭이나 성격, 직급 등에서 완전히 동일하지는 않았다는 것을 보여준다. 정확히 같은 관직이 아니었기 때문에 비슷한 관직을 들어 비정하는 바람에 더 복잡하게 된 것이다.

고구려의 지방지배는 주요 교통로에 축조된 크고 작은 성을 중심으로 이루어졌다. 4~5세기에도 그러했고 6세기 이후 지방지배 역시 크고 작은 성을 단위로 조직되고 운영되었다는 것에는 기본적으로 변화가 없다. 그러나 시기와 국내외 상황이 달라진 만큼 중기의 지방제와 달라진 점이 없지는 않다.

후기 고구려 지방통치조직에 대해 개괄적으로 서술한 『주서』와 달리 『한원』과 『구당서』의 기사를 보면, 이전과 달라진 점을 분명히 확인할 수 있다. 『한원』 소인 『고려기』에는 대소성의 지방관으로 녹살, 처려근지, 가라달, 루초가 있었다고 나온다. 또 『구당서』 고려전에는 주현(州縣) 60여 성이 있었는데 대성(大城)에는 녹살, 제성(諸城)에는 도사(道使)가 있었고, 각각 요좌(僚佐)를 두고 일을 분장했다고 나온다. 이 두 사서의 기사는 서로 동일한 내용을 서술한 것이다.

그런데 이 사료들에서는 5세기 금석문에 나오는 '수사(守事)'라는 지방관이 보이지 않는다. 대신 욕살, 처려근지, 가라달, 루초 등 이전 시기 사서에 나오지 않던 관직명이 보인다. 따라서 이 기사들을 통해 6세기에 들어와 지방통치제가 변화되었다는 것과, 그 결과 정립된 관사(官司)와 속료(屬僚)를 둔 수십 기의 대성을 중심으로 운영되는 지방통치체제가 말기까지 지속되었다는 것 등을 알 수 있다.

1) 욕살의 성격과 치소

고구려 후기의 최상위 지방관은 욕살이었다. 욕살에 대한 자료는 다른 지방관 사료보다 상대적으로 많은 편이긴 하지만, 모두 단편적인 기사들이기 때문에 욕살의 성격과 직무, 활동지역 등이 분명하게 드러나지 않는다. 따라서 학자들 사이에 여전히 의견이 분분하다.

『신당서』 권220 동이열전145 고구려전에는 보장왕 4년(645년) 당 태종이 침략해왔을 때, 당나라군에 포위된 안시성을 구하러 15만 명의 군사를 이끌고 갔다가 사로잡혔던 북부욕살 고연수와 남부욕살 고혜진에 대한 기사가 나온다. 『책부원구(冊府元龜)』에서는 고연수를 "고려 위두대형 이대부 후부 군주 고연수(高麗位頭大兄理大夫後部軍主高延壽)", 고혜진을 "대형 전부 군주 고혜진(大兄前部軍主高惠眞)"이라고 기술했다. 『신당서』에는 두 사람이 욕살이었다고 나오는데, 『책부원구』에는 군주였다고 적혀 있는 것이다. 이에 대해 욕살이 곧 군주라고 볼 수도 있고, 욕살이면서 군주직을 겸한 것으로 볼 수도 있다. 여·당전쟁의 최종전이었던 평양성전투 과정에서 끝까지 항거했던 고구려 군주 술탈(述脫)이 있다. 술탈이 지방관으로서 욕살이기도 했는지는 알 수 없다. 사료상에 나오는 바로는 그가 평양성을 지키기 위해 최후까지 싸웠던 군사령관으로 보인다. 따라서 지금으로서는 군주가 곧 욕살이고 이는 지방관이었다고 결론 내리기는 어렵다. 그렇다면 고연수와 고혜진은 욕살이면서 군주직을 겸했다고 보는 것이 자연스럽다.

그런데 『한원』에서는 욕살을 도독에 비정해 놓았다. 실제로 멸망 후 유민이 된 고구려인의 묘지명에 욕살 대신 도독으로 표기한 경우가 많다. 책성도독 고량(高量), 책성도독 이타인(李他仁), 요부도독(遼府都督) 고과(高夸), 해곡부도독(海谷府都督) 고부(高孚) 등이 그 예다. 따라서 욕살이 곧 도독이었다고 보는 것은 문제가 없을 것 같다. 지금까지 문헌이나 묘지명 자료를 통해 확인된 욕살은 위 네 명과 북부욕살 고연수, 남부욕살 고혜진, 그리고 이름이 명기되어 있지 않은 오골성욕살 등 7명이다. 이들 가운데 고연수와 고혜진은 북부와 남부라는 방위명부를, 오골성욕살과 책성도독은 성의 이름을 직명 앞에 표기하고 있다. 방위명부 욕살과 성 이름 욕살은 어떤 성격 차이가 있을까?

욕살의 성격을 규명할 수 있는 단서가 되는 인물 가운데 구체적인 활동 사실이 사서에 나와 있는 사람은 고연수와 고혜진이다. 이들은 지방 5부의 욕살이었을까? 왕도 5부의 욕살이었을까? 요동으로 침입해온 적군에 대응하기 위해 북부와 남부라는 방위명부를 붙인 욕살이 출동했다. 고구려 영역을 동·서·남·북·중의 광역으로 나눠볼 경우, 오골성은 안시성과 함께 서부에 속했을 것이다. 그리고 지금의 중국 길림성 혼춘(琿春)에 있던 고구려 동북 변경의 중진인 책성도독은 동부에 해당할 것이다. 그런데 오골성욕살과 책성도독은 고연수, 고혜진과 달리 서부욕살, 동부도독이라 하지 않고 치소 성(治所城)의 이름으로 표기되고 있다. 그 이유는 무엇일까?

앞에서 왕도와 경기를 포함한 내평과 그 외 지방에 해당하는 외평으로 구분되어 있었고 거기에 각각 5부가 있었던 것으로 볼 수 있다고 정리한 바 있다. 내평과 외평에 모두 욕살이 있었다. 북부욕살 고연수와 남부욕살 고혜진이 바로 내평 욕살이다. 이들은 15만 병력을 이끌고 안시성을 구하러 갔는데, 이때 동원한 병력에는 중앙군과 함께 지방군도 포함되어 있었을 것이다. 즉 내평 욕살은 중앙군과 지방군을 이끌고 가 전투지역의 지방군과 합쳐 군사작전을 수행한 군단장 같은 성격을 가졌다.

그럼 그들은 중앙군의 최고위 사령관이었고 지방관이 아니었다고 보아야 할까? 사서에는 욕살을 최고 지방관으로 명기해 놓았다. 성격이 서로 다른 관인에게 동일한 관직명을 사용하지는 않았을 것이다. 따라서 내평 욕살과 외평 욕살은 내평과 외평에 파견되었다는 점에서 차이가 날 뿐 담당하는 업무는 동일했을 것으로 본다. 고구려의 지방관은 후기에도 역시 군사지휘관이자 행정관이었으므로 내평 욕살도 내평 지역을 통치하는 지방행정관이자 군단장이었다고 볼 수 있다.

외평 욕살은 말 그대로 바깥 지역, 즉 지방에 파견된 최고위 지방관이었다. 이들 역시 지방행정관이자 군단장이었다. 그럼 외평 욕살은 몇 명이 있었을까? 전국을 동·서·남·북·중으로 나누었다면 중인 내평을 제외하고 네 명의 욕살이 있었을 것이다. 그러나 영역의 주요 전략지점을 중심으로 권역을 나누어 욕살을 파견했다면 그보다 많은 수의 욕살이 있었을 것이다.

이와 관련해서는 오골성욕살을 중심으로 분석해볼 수 있다. 오골성은 현재 중국 요령성 봉성(鳳城)에 있는 봉황산성(鳳凰山城)이라고 보고 있다. 오골성은 요동과 국내성, 요동과 평양을 연결하는 교통요지에 위치해 있으며, 현재까지 조사된 고구려 산성 가운데 규모가 가장 큰 성이다. 또 책성은 일찍부터 고구려의 동북방 중진으로서 중요한 역할을 한 대성이다.

『구당서』에는 고연수와 고혜진이 당 태종에게 '오골성을 치면 그 도상(道上)에 있는 작은 성들이 저절로 무너질 것'이라며, '안시성보다 오골성을 먼저 공격하라고 건의했다'는 내용이 나온다. 이 기사를 근거로 지방에 설치된 다섯 개의 군관구 가운데 하나의 도독으로서 오골성욕살이 군사력을 통괄하고 있음을 보여주는 것으로 이해하기도 했다(山尾幸久, 1974). 물론 오골성욕살이 외평 5부의 하나인 서부욕살이었다고 볼 수도 있다. 고연수 등의 건의가 '오골성욕살이 고구려 서부의 군사력을 총괄하고 있으므로, 오골성을 치면 요동 지역 전체를 거둘 수 있다'는 의미에서 이루어진 것으로 이해할 수 있기 때문이다.

　만약 당시 지방통치조직의 최상위 단위로서 지방 5부가 실제로 기능했다면 서부의 최고 지방관인 욕살은 오골성욕살 한 명만 존재했을 것이다. 그렇다면 전쟁 과정에서, 특히 요동 지역에서 벌어진 전투에서 오골성욕살이 상당히 큰 역할을 했다고 보아야 한다. 실제로 당나라 군대가 백암성(白巖城)과 박작성(泊灼城)을 공격했을 때 오골성에서 구원병을 보내기도 했다.

　그러나 중앙에서 파견된 관인이 다른 성의 병사를 이끌고 지원하러 간 기사나, 요동 지역의 대성으로부터 다른 성으로 구원군이 파병되는 예는 오골성이 아닌 다른 성의 경우에도 종종 발견된다. 보장왕 4년(645년) 이적(李勣)의 군대가 공격해왔을 때 국내성과 신성의 보병과 기병 4만 명이 요동성을 구원하러 가기도 했고, 개모성(蓋牟城)을 지키기 위해 막리지가 가시성인(加尸城人) 700명을 파견하기도 했다. 또 앞에서 보았듯이 안시성이 위기에 빠졌을 때 중앙에서 고혜진과 고연수를 수장으로 하여 15만 명을 원군으로 보냈다. 그리고 같은 해 당군이 요동성을 쳐 요주(遼州)로 만든 후 백암성으로 진군했을 때 오골성에서 병사 만여 명을 구원병으로 보내기도 했다. 보장왕 7년(648년) 당군이 박작성을 공격했을 때 장수 고문(高文)이 오골(烏骨)과 안지성(安地城)의 병사 3만여 명을 이끌고 와서 지원한 적도 있다. 총장(總章) 원년 이적 등이 부여성을 공격했을 때에도 남건이 병사 5만 명을 구원병으로 보냈다.

이런 사례를 볼 때, 오골성에서 다른 성으로 지원군을 파견한 기사가 있다고 해서 그것이 바로 오골성욕살이 요동 전체를 관장하는 서부욕살이었다는 결정적인 증거라고 보기는 어렵다. 667년과 668년 당과의 최후 항전에서 신성과 부여성이 함락되자 관련된 16성과 40여 성이 순식간에 붕괴되었으나, 오골성욕살의 활동은 전혀 보이지 않기 때문이다. 물론 기사에 나타나지 않았을 뿐 실제로는 중요한 역할을 했다고 추정할 수도 있다. 하지만 나라가 망하는 최후의 전쟁에서 그것도 최전선 지역을 총괄해야 하는 서부욕살의 활동이 전혀 보이지 않는 것은 역시 의아하다고 할 수밖에 없다.

정황이 이러하므로 요동 지역을 포괄적으로 통치하는 욕살 한 명이 존재했다고 보기보다는 오히려 다수의 욕살이 주변 수십 개의 대소성을 총괄했다고 보는 편이 더 타당할 듯하다. 즉 예컨대 신성과 부여성 등이 함락되자 그대로 항복한 수십 성이 두 성의 욕살 관할하에 있는 제성, 소성이라 보는 것이다. 『주서』에 나오는 "다시 요동·현도 등 수십 성이 있는데, 모두 관사를 두고 서로 통섭했다"는 기사도 그런 면을 보여준다. 그러므로 고연수 등의 건의도 오골성이 서부욕살의 치소이므로 이 성이 무너지면 요동 전체가 붕괴될 것이란 의미였다기보다는, 봉성 지역이 압록강을 건너 평양으로 진격하는 교통 요지이므로(東潮·田中俊明 編著, 1995) 오골성이 무너지면 평양으로의 진격이 용이할 것이며, 평양이 함락되면 요동 지역의 다른 대성들도 쉽게 항복하리란 뜻이었다고 볼 수 있다.

즉 교통요충지의 전략지점에 구축된 주요 대성에 외평 욕살이 있어 광역별로 지역 지배와 방어를 책임지고 있었던 것으로 보인다. 따라서 내평과 외평의 욕살을 합한 전체 수가 10명에 한정된다고 볼 필요는 없다. 중원과 북방 지역으로부터의 적침을 막아야 하는 요동 지역의 경우, 다른 곳보다 많은 수의 욕살이 파견되었을 것이다(김현숙, 1996).

그럼 욕살급 지방관이 파견된 대성은 현재 남아 있는 산성들 중 어디에 해당될까? 최근 요동 지역 산성 조사와 연구가 많아지면서 욕살이 주재했던 대성이 어디에 있는 어떤 성이었을까를 두고 논의가 진전되고 있다.

먼저 이에 대해 유추할 수 있는 문헌사료로는 『구당서』 권39 지리2와 『신당서』 권43 지리7하 도독부 편제 기사에 나오는 신성도독부(新城都督府), 요성주도독부(遼城州都督府), 가물주도독부(哥勿州都督府), 위락주도독부(衛樂州都督府), 사리주도독부(舍利州都督府), 거소주도독부(居素州都督府), 월희주도독부(越喜州都督府), 거단주도독부(去旦州都督府), 건안주도독부(建安州都督府)를 들 수 있다. 고구려 멸망 후 설치된 이 9도독부 가운데 위치를 정확히 알 수 있는 것은 신성도독부, 요성주도독부, 건안주도독부 정도이다. 각각 신성, 요동성, 건안성으로 보는 데 문제가 없다. 나머지는 구체적인 위치를 파악하기 어렵다.

또 다른 사료로는 『삼국사기』 지리지4에 미항성(未降城), 이항성(已降城), 도성(逃城), 타득성(打得城)으로 분류하여 기재해 놓은 목록이 있다. 여기에 북부여성주, 신성주, 요동성주, 옥성주(屋城州), 다벌악주(多伐嶽州), 국내주(國內州) 등 6개의 주가 나온다. 이 목록에 열거된 많은 성 가운데 이 6개 성만 주로 표기되어 있고, 이 가운데 신성주와 요동성주는 도독부가 설치된 곳으로 나오므로 나머지 4주도 욕살의 치소라 추정할 수 있다. 이 가운데 다벌악주는 정확히 어디라고 지목하기 어렵지만 나머지는 북부여성, 신성, 요동성, 오골성, 국내성으로 볼 수 있다.

그리고 비록 9도독부나 6개 주에는 들어 있지 않지만 현재 확인되는 산성유적의 규모로 보나 사서에 나타나는 비중으로 보나 황해도 재령의 한성(漢城)도 욕살의 치소에 해당한다고 볼 수 있다. 여기에 고구려 유민 묘지명을 통해 확인된 책성도독, 요부도독, 해곡부도독이 있다. 이 중 책성은 혼춘의 성자산산성(城子山山城), 살기성(薩其城), 온특혁부성(溫特赫部城) 등이 대상지로 거론되고 있다. 요부도독과 해곡부도독은 〈고을덕(高乙德)묘지명〉을 통해 확인되었다. 요부는 요동성을 가리키는 것으로 보는 데 이의가 없지만(이성제, 2018), 해곡부에 대해서는 의견이 나뉜다. 즉 동해안의 청진(淸津)으로 보는 설(여호규, 2017)과 한성으로 보는 설(이성제, 2018)이 있다.

욕살급 대성의 치소를 현재 남아 있는 성유적에 비정하는 것은 여전히 확정적이지 않다. 먼저 현재 길림(吉林)에 있었던 북부여성과 혼춘의 책성, 봉성의 오골성, 무순(撫順)의 신성, 개현(蓋縣)의 건안성, 요양(遼陽)의 요동성, 집안(集安)의 국내성, 재령의 한성, 대련(大連)의 비사성, 농안(農安)의 부여성 등 10개 성을 대상지로 본 견해가 나왔다(김현숙, 1996). 지역적·전략적 중요성을 고려한 추정이었다. 반면, 이 중 비사성과 부여성을 제외하고 8개만 대상지로 본 견해가 제기되었다(노태돈, 1999). 이 견해는 문헌사료에 대한 정밀한 분석에 바탕하여 욕살의 치소를 상정했다. 그런 한편 최근 논의가 되고 있는 해곡부의 위치에 따라 욕살 파견지에 포함되는 도시가 달라지기도 한다. 해곡부가 청진에 있었다고 본다면 청진이 그에 포함되지만 한성으로 본다면 포함되지 않는다. 후자의 경우 요동성, 오골성, 국내성, 책성, 한성의 5곳만 욕살 파견지였고, 이곳에는 고구려 중앙군이 주둔한 것으로 보았다는 점에서 기존 설들과 차이가 있다(이성제, 2018).

한편, 욕살은 고구려 중기에는 나오지 않는 지방관이다. 중기의 최고 지방관은 수사였다. 수사는 관등이 대사자 혹은 대형이었는데, 욕살은 위두대형과 대형이 되었으며, 그중에서도 위두대형이 더 다수였다. 따라서 욕살과 수사는 같은 관직의 다른 이름이라 보기 힘들 만큼 격차가 있다. 이런 점에서 수사가 곧 태수급으로서 중기의 지방관은 군급 지방관인 수사·태수·수 아래 현급 지방관이 존재하는 2단계 구조였다고 보는 설도 있다(임기환, 1995; 여호규, 1995). 그러나 이는 3세기 말부터 5세기 말까지 200여 년간 고구려 지방통치조직이 변화나 발전 없이 기존 조직을 그대로 유지했다고 보는 것이다. 그리고 영역이 가장 확대되었을 당시에도 광역을 관장하는 최상위 지방관이 설치되지 않았다고 보는 것은 지방조직의 운영상 무리가 있다.[9]

따라서 중기에는 군급과 현급 행정단위를 주요 권역별로 분류한 다음 그 위에 상위 지방관인 수사를 두었는데, 후기에 와서 국내외 상황이 엄중해짐에 따라 지방통치조직 겸 군사방어체계를 재편하면서 최고위 지방관의 등급도 더 올려 비중 있는 자리로 만들었다고 보는 것이 더 합리적이다. 즉 수사를 폐지하고 욕살을 새로 설치하여 최고 지방관

---

[9] 이에 대해서는 『고구려통사』 3권, 「5장. 지방제도의 구조와 대민 지배」에서도 살펴본 바 있다.

의 비중을 더 높인 것으로 이해할 수 있다. 다만 이때 욕살의 관할구역은 수사의 그것보다 더 줄어들었던 것으로 본다. 보다 넓은 광역을 관할권으로 삼되 느슨하게 관리하던 수준에서 주요 전략지역을 중심으로 보다 책임감 있게 관할지역을 통치하도록 지방제를 변화시킨 것으로 보는 것이다(김현숙, 1996).

2) 처려근지의 성격

욕살 아래 지방관은 처려근지였다. 처려근지, 일명 도사(道使)는 교통로상의 요충지에 파견된 사자(使者)를 의미한다(武田幸男, 1981; 1989). 그렇다면 이는 3세기 말 4세기 초부터 있었던 지방관들의 본원적 성격에 가깝다. 지방관 관련 사료에 도사의 치소인 '비(備)'만 특별히 기록되어 있고, 욕살과 처려근지 둘 다 "그 아래 각각 요좌(僚佐)가 있어 일을 나누어 관장했다"는 것으로 보아, 후기 지방통치에서 욕살 못지않게 처려근지도 중요한 역할을 했음을 알 수 있다. 중기의 지방관과 대조해 본다면 그 비중이나 기능을 고려할 때 도사, 즉 처려근지는 태수의 후신이다(武田幸男, 1980). 태수는 군급 행정단위의 지방관이었으므로 처려근지도 주군현제에 비추어 본다면 군급 단위의 지방관이라고 볼 수 있다.

그런데 『한원』에는 처려근지를 주의 장관인 자사에 비정해 놓았다. 처려근지는 일명 도사라 했는데, 도사는 백제와 신라에도 존재했던 지방관이었다. 하지만 백제에서는 군급 지방관이었고 신라에서는 현급 지방관이었으므로 주의 장관인 자사에 비정되는 고구려와 직급에서 차이가 난다. 『한원』에는 고구려 관제를 당의 그것과 비교하여 서술해 놓았다. 그런데 이전의 중국 왕조들이 주군현제를 실시했던 것과 달리 당은 변경의 요충지나 이민족 거주지역에만 도독부를 두고 일반지역에는 주현제를 실시했다. 그리고 현종(玄宗) 천보(天寶) 원년에 주를 군으로 개칭하고 주 자사를 군 태수로 개명했다가 후에 다시 군을 주로 고쳤다. 따라서 당에서 주로 비정한 지방통치단위는 주군현제에서의 최상급 단위였던 주와 성격이 달랐고 오히려 군급에 해당하는 경우가 더 많았다고 보아야 한다.

이런 이유 때문에 사서에 나오는 주들도 규모나 성격 면에서 균질적이지 않다. 『자치통감』 권197 태종 정관 19년 10월조에는 당 태종의 침공 당시 고구려 성을 주로 재편했다는 내용이 나온다. 이 전쟁에서 당은 개모성, 요동성, 백암성을 차지한 후 각각 개주(蓋州), 요주(遼州), 암주(巖州)로 재편하고, 이 세 주의 주민 7만 명을 중국으로 데리고 갔다. 함락 당시 요동성에는 승병(勝兵) 1만 명과 남녀 4만 명이 있었고 50만 석의 양식을 비축하고 있었으며 전쟁 과정에서 죽은 자만도 1만여 명이나 되었다. 요동성은 인구 1만, 2만 명의 백암성이나 개모성과는 규모나 비중에서 크게 차이가 났던 것이다. 따라서 비록 당에서 이 성들을 같은 주로 편제했다 하더라도 고구려의 지방조직에서는 동급의 성이 아니었을 가능성이 있다.

이 세 성 가운데 백암성의 성주가 자사였다고 하므로, 백암성 정도 규모의 성이 처려근지의 치소에 해당한다고 볼 수 있다. 이에 따라 개모성, 백암성, 안시성, 대곡성(大谷城)의 성주가 처려근지급일 것이라 보았다(노태돈, 1996). 그런데 최근 고을덕이 역임했던 귀단도사(貴端道使)에서 '귀단'을 혼하(渾河) 즉 귀단수에서 이름을 딴 성 이름으로 보고, 다시 이는 신성(무순 고이산성에 비정)의 또 다른 이름이라고 보아, 신성을 처려근지급 지방관의 파견지라고 본 설이 나왔다(이성제, 2018). 그동안 신성은 그 중요성과 규모에 따라 욕살이 파견되는 대성급 성이라고 보았다. 귀단이 곧 신성인지 여부가 확인된다면 지방통치단위로서 신성의 위상 문제도 확정될 것이다.

한편 대성과 제성에 파견된 지방관인 욕살과 처려근지의 관계는 어떠했을까? 이에 대해 욕살과 처려근지가 대등한 성격의 지방관으로서 둘 사이에는 통속권이 없었다고 보기도 한다(노태돈, 1996). 이 설은 처려근지급으로 보이는 안시성과 백암성의 성주가 자력으로 수성(守成)을 했다는 것과 연개소문이 반란을 일으켰을 때 안시성 성주가 연개소문에게 끝내 굴복하지 않았으나 어찌할 수 없었다는 것을 주요 근거로 들었다. 그러나 이것은 적절한 예로 보기 어렵다. 연개소문의 난이 일어났을 때 보인 안시성 성주의 행위는 정변기의 혼란 상태에서 발생한 예외적인 현상이라 보아야 한다. 그리고 당나라군이 침입했을 때 안시성과 백암성이 자력으로 방어한 것도 욕살과 처려근지가 병렬적인 관계였다고 볼 수 있는 결정적인 증거는 아니다. 지방통치조직 자체가 군사조직과 일체화되어 있었기 때문에 적의 공격을 받게 된 성은 일단 자력으로 수성을 하면서 지원군을 기다려야 했던 것으로 볼 수 있기 때문이다.

요동 지역에 있는 성이 적에게 포위되어 공격을 받고 있을 때, 주변의 대성이나 중앙에서 지원군이 파견되는 예는 빈번하게 발견된다. 이때 구원군의 파견이 각 성의 자체적인 판단에 따라 무계획적으로 이루어지지는 않았을 것이다. 해당지역 상급 단위 지방관을 중심으로 주변의 대성급 지방관과 중앙군의 지휘자가 지원군의 차출과 이동, 지휘에 대한 작전을 수립하고 수행했을 것이다. 당 태종이 안시성을 포위했을 때 욕살인 고연수와 고혜진이 지원군을 이끌고 온 것에서도 군사작전의 수립과 시행에 욕살들이 주도적으로 참여했음을 알 수 있다. 따라서 욕살과 처려근지의 위상에는 차이가 있었다고 보아야 한다.

멸망 당시 고구려 행정단위의 수를 고려할 때 욕살과 처려근지는 대체로 60여 명에 달했던 것으로 보인다. 『구당서』와 『신당서』에 지방에 주현 60여 성이 있었다고 하고, 멸망 당시 5부 176성 69만 7,000호를 거두었다고 나온다. 이 176성 가운데 60여 개의 성이 욕살과 처려근지가 관할하던 대성과 제성이었다(김현숙, 1996; 임기환, 2015). 60여 명의 욕살과 처려근지들이 모두 수평적인 관계였다면 명령 계통이 서지 않아 외적의 침공에 신속하게 대응하기 어려웠을 것이다.

수와 당의 수차에 걸친 대대적인 침공에도 불구하고 요동 지역의 여러 성들이 잘 견뎌낼 수 있었던 것은 주요 교통로상의 대성을 중심으로 중·하위급 성들이 상호 연결되어 방어체계를 견고하게 구축하고 있었고, 또 주변 대성들 및 중앙과 긴밀하게 연계되어 있었기 때문이다. 신성이 667년에 함락될 때 같이 몰락한 16성, 668년 부여성 함락 시 항복한 부여천(扶餘川) 주변의 40여 성, 욕이성 함락 후 달아나거나 항복한 여러 성들과 668년에 남생을 따라 당에 투항했던 국내성 등 6성과 목저성(木底城) 등 3성에는 처려근지와 루초·가라달이 관할하는 행정단위가 들어 있었다. 이 성들은 신성, 부여성, 욕이성, 국내성 등에 종속되어 있었다고 볼 수 있다. 따라서 당시 지방통치체제는 대성-제성-제소성으로 조직되었고 각 단계의 지방관들도 상하 통속관계에 있었다고 보는 것이 타당하다.

물론 이때에도 각급 지방관들은 평상시 관할구역 내에서의 지역통치에 있어 사법권, 군사권, 행정권을 모두 행사했으므로 상급 지방관으로부터 통제를 많이 받지는 않았을 것이다. 현급 통치단위들은 중급 단위에 종속되는 면이 많았겠지만 중급 이상의 단위들은 관할지역 내부를 비교적 자율적으로 운영해갔던 것으로 보인다. 이런 점은 후대의 지방제에서도 나타나는 것으로써 욕살과 처려근지가 통속관계에 있었다는 사실과 모순되는 현상은 아니다.

3) 가라달과 루초의 성격

처려근지 아래 하위 지방관은 가라달과 루초였다. 가라달은 중국의 장사에 비정되는 데 비해 루초는 현령에 비정되므로 이 둘은 성격이 다른 지방관임에 틀림없다. 이런 점에서 가라달을 욕살과 처려근지의 속료로서 욕살이나 도사의 직할지를 관장한 현령급 지방관으로 보는 설이 제기되었다(임기환, 1995). 이 경우 『자치통감』 정관 19년 6월조에 보이는 '요동성장사'를 그 예로 들었다. 그리고 요동반도에 있는 고구려 성의 규모와 분포현황을 통해 가라달이 욕살과 처려근지 치소 성 주변의 행정적 보조성을 관할하거나, 치소 성 주변의 군사적 성격의 성곽을 관장한 지방관이었다고 다시 한번 정리했다(임기환, 2015). 제대성-제성-제소성의 3등급으로 구성된 성에 각각 욕살-처려근지(도사)-루초가 임명되었고, 이들 지방관은 각각 중국의 도독부-주-현에 비정되는데, 이 모든 등급의 성에 지방관을 보좌하는 속료인 가라달이 배치되어 업무를 분장했다고 본 설도 있다(최희수, 2008).

그러나 요동성장사는 『구당서』 고려전에 나오는 요동과 현도성에 설치된 관사(官司)에 소속되어 성주인 욕살이나 처려근지를 보좌하던 '요좌'였을 것이다. 이 사서에 욕살이란 고구려 관직명이 그대로 나오므로 만약 요동성장사가 관할구역을 가진 지방관이었다면 그도 가라달로 표기되었을 것이다. 『양서』 권54 동이열전 고구려전에 의하면 장사는 광개토왕대에 처음으로 설치되었다. 따라서 장사라는 관직명을 사용하는 속료가 7세기 지방 대성의 관사에 있었을 수는 있다. 하지만 『한원』에 고구려 지방관으로 나오는 가라달은 중국의 장사에 비정된다고 했을 뿐 장사란 관직명 그 자체로 표기하지는 않았다.

가라달의 성격을 규정할 때 가장 먼저 고려해야 할 것은 가라달이 루초와 마찬가지로 자신의 관할구역을 가지고 있었는가 아닌가 하는 점이다. 가라달이 장사에 비정된다고 하여 그를 욕살이나 처려근지의 속료라고 본다면, 가라달은 자신의 관할지역이 없었다고 보아야 한다. 그러나 지방관에 대해 설명하면서 욕살과 처려근지 다음에 가라달, 그다음에 루초를 거론한 것을 보면 가라달 역시 욕살, 처려근지, 루초와 마찬가지로 관할지역을 가진 지방관이었다고 보는 것이 더 합리적이다.

그렇다면 왜 가라달을 장사에 비정했을까? 광개토왕대에 이미 장사를 설치했지만 이때 설치한 장사가 중국의 그것과 같은 성격이었고, 같은 역할을 수행했는지는 알 수 없다. 장사가 고구려 후기의 지방관을 설명하는 사료에서 갑자기 재등장한 배경도 정확히 파악하기 어렵다. 다만 지방관 관련 설명을 하는 기사에 나오는 만큼 속료적인 성격이 있지만, 속료는 아닌 지방관이었다고 보는 것이 옳다.

이런 점에서 주목되는 기사가 612년 수 양제가 요하 서쪽에 있던 고구려의 무려라(武厲邏)를 둘러 뺀 뒤 요동군과 통정진(通定鎭)을 설치했다는 『자치통감』 권181 수 양제 본기의 내용이다. 여기에는 "고려가 요수의 서쪽에 라를 설치하고 요하를 건너오는 자를 감시했다"고 주석을 달아 놓았다. 여기에서 오늘날의 신민(新民)에 비정되고 있는 무려라를 요수의 나루를 감시하기 위해 둔 순라소(巡邏所), 즉 국경감시소였

5장 지방지배체제의 재편 245

다고 본 연구자가 있다(井上秀雄 외 역주, 1974; 譚其驤 主編, 1988). 그러나 무려라를 함락시킨 뒤 요동군과 통정진을 설치했다는 것으로 보아, 이곳에 규모가 작은 초소만 있었던 것이 아니라 진(鎭)이 설치되어 있었고 거기 부속된 초소가 있었을 것이다(김현숙, 1996; 이정빈, 2011; 이성제, 2013). 이런 점들에 착안했는지 가라달을 루초와 달리 군사적 성격이 강한 존재로 파악한 견해들이 일찍이 제출되었다. 군사적 견지에서 쌓은 진성(鎭城)에 파견된 관(官)이 가라달이었다고 보거나(리승혁, 1987), 가라(加邏)는 곧 대(大)이고, 달(達)은 군(軍)이란 뜻으로, 재지수장층에서 차출된 지방 군정관이라고 보았다(山尾幸久, 1974).

군사 요충지에 파견된 현급 지방관은 일반지역의 현령급 지방관과는 성격이 달랐을 것이라 보고, 가라달은 변경지역에 파견된 현령급 지방관이었고, 그 치소가 '나(邏)'였다고 본 견해도 나왔다(김현숙, 1996). 이 설의 경우, 『한원』에서 가라달을 제소성에 파견된 관할구역을 가진 지방관으로 기록하면서도 지방관의 속관인 장사에 비정한 것은 외적의 침공 위험이 상존하는 변경지역의 지방관이므로 다른 곳보다 상위 지방관들과의 영속(領屬)관계와 연락체계가 더 긴밀했기 때문이었을 것으로 보았다. 대부분 전략 요충지에 위치하고 있는 욕살급 대성과 처려근지급 제성이 있는 곳의 현급 행정단위에 가라달의 치소가 있었으므로 마치 상급자인 욕살이나 처려근지의 속료 같은 성격을 띠었을 것이기 때문이다.

요컨대 가라달과 루초는 같은 급의 지방관인데 가라달은 변경의 군사적 긴장이 높은 지역의 현급 성, 루초는 일반지역의 현급 소성에 파견되었다고 분석했다. 후기에도 지방조직과 군사조직이 일체화되어 있긴 했지만 하급 통치단위에서는 행정적인 면이 더 강한 지역과 군사적 면이 더 강한 지역을 그 성격에 맞게 구분하여 통치했을 것으로 이해한 것이다.

하지만 이와 달리 중국인들이 가라달의 성격을 장사에 비정했다는 점에 의거해서 속관 혹은 속료적인 면이 있었을 것이란 점도 배재할 수 없는 바, 이런 점을 종합하여 가라달은 욕살과 처려근지가 통치하는 권역 안에서 군사적인 역할만 담당했을 것이라는 견해도 제기되었다(나동욱, 2009). 이 경우 루초는 행정관으로서의 성격이 강한 일반 현급의 현령과 같은 지방관이라고 보았다. 가라달의 성격을 파악할 때 가장 주목되는 점이 속료인 장사에 비정한 것이지만, 그에 못지않게 중요한 것은 가라달이 분명 각급 지방관을 논하는 사료에, 그것도 상위직부터 순서대로 적어 놓은 기사에 나온다는 것이다. 즉 가라달은 장사와 유사한 성격을 갖고 있었지만 본질은 지방관인 것이다. 따라서 행정관으로서의 업무는 하지 않고 군사 관련 업무만 수행했다고 보기는 어렵다.

여하튼 현재는 가라달이 루초와 달리 군사적인 성격이 강했다고 보는 연구자들이 많다. 가라달을 욕살과 처려근지의 고위 보좌관으로서 군사적 소성을 총괄하였다고 본 설(노태돈, 1996)과 욕살과 처려근지 치소 성 주변의 행정적 보조성을 관할하거나, 치소 성 주변의 군사적 성격의 성곽을 관장했다고 본 설(임기환, 2015) 역시 모두 가라달이 군사적인 면과 연관이 있음을 인정하는 것이기 때문이다. 군사 관련 업무만 수행했다고 본 설 역시 같은 입장이라고 볼 수 있다.

3. 후기 지방제의 운용방식

1) 지방제의 재편과 방어력의 강화

앞에서 살펴본 내용을 바탕으로 후기 고구려 지방통치제의 재편 내용에 대해 정리하면 다음과 같다.

후기의 지방지배체제도 중앙집권적체제였다는 점에서는 중기와 기본적으로 같았다. 이전과 마찬가지로 크고 작은 성들을 3단계로 조직했다. 이때 전략지역은 제대성(욕살)-제성(처려근지)-제소성(가라달), 일반지역은 제대성(욕살)-제성(처려근지)-성(루초)의 구조로 되어 있었다. 후기의 지방관을 중기 때의 그것과 비교하면, 중기의 재에 해당하는 가라달과 루초가 통치하는 현급 지방행정단위인 제소성과 성이 몇 개의 자연촌이 소속된 지배의 최하 단위였다. 소성 두세 개를 관할하는 상위 단위로 제성이 있었고 여기에 처려근지가 파견되었다. 처려근지는 전대의 태수급에 해당된다. 최상위 지방관은 수사에서 욕살로 대체되었다. 수사보다 더 상위 등급의 욕살을 주요 지역별로 신설해 하위 통치단위들과 긴밀한 연계체계를 구축함으로써 외적의 침공이 있을 때 신속하게 대처할 수 있도록 하기 위해 수사를 욕살로 교체했다. 고구려의 전체 영역은 내평과 외평으로 크게 구분되었고 여기에 전국을 크게 구분한 지방 5부가 존재했다. 그러나 실제 지방지배는 제대성-제성-제소성으로 이루어진 조직을 통해 이루어졌다.

그러면 이렇게 재편된 후기 지방통치체제에서 각급 통치단위의 영속관계는 어떠했을까? 이에 대해 정확히 알 수 있는 자료는 없다. 다만 멸망 당시 성과 주현의 수를 통해 추정하거나, 당과 신라에서 그 조직을 계승했을 것으로 보아 양국이 설치한 행정구역을 통해 고구려의 통치단위 수와 영속관계 등을 추론하고 있는 정도다.

고구려 멸망기 성의 개수 및 당과 신라가 개정하여 설치한 통치단위 수에 관해 『구당서』 고려전에는 "바깥에는 주현 60여 성을 두었다. … 고려국은 옛날에 5부로 나눠졌는데 성이 176, 호가 69만 7,000이었다. 그 땅을 나누어 도독부 9, 주 42, 현 100을 두었다"고 되어 있다. 『신당서』 고려전에는 "주현이 60이었다. …5부 176성 69만 호를 거두었다. …그 당을 나누어 도독부 9 주 42 현 100으로 만들었다"고 나온다. 또 『삼국사기』 지리4 고구려조에는 "신라 또한 그 남쪽 지경을 얻어 한주, 삭주, 명주 3주 및 군현을 두었고, 이로써 9주를 갖추었다. …이상은 고구려 주군현으로 모두 164이고 신라가 고친 이름과 지금 이름은 신라지에서 볼 수 있다"고 되어 있다.

이 사료에 나오는 176성이 멸망 시 행정단위의 총수였으며, 주현 60 혹은 60여 성이 『한원』에 나오는 대성과 제성의 수이고, 176성에서 60여 성을 뺀 110여 개의 성이 소성일 것이다. 그렇다면 대성은 10여 개였고, 이 대성 각각에 제성 4~5개 정도가 속했으며, 제성에는 다시 소성 2~3개가 소속되었을 것이다. 『삼국사기』 권35와 권37의 지리지에도 한 군에 평균 2~3개의 현이 속하는 것으로 나오므로 무리한 추정은 아니다. 그러나 일반지역보다 전략 요충지의 명령 계통은 보다 긴밀했을 것이므로 대성이 관할하는 제성과 소성의 수에 조금씩 차이는 있었을 것이다.

내평 욕살도 그렇듯이 외평 욕살도 당대 최고 지방관으로서 행정장관이자 군단장적인 성격을 공유했다. 그런데 욕살은 수사보다 관등이 더 높았으나 관할구역 범위는 오히려 더 좁았다. 이처럼 최고 지방관을 욕살로 승급, 조정하고, 하부 통치단위에 대한 통속권을 더 강화하면서 상호 연결을 긴밀하게 하는 식으로 체제를 정비한 것은, 6세기에 들어와 한동안 유지되던 동북아 일대의 세력균형과 안정이 깨지자 위기의식을 느껴 방어체계를 강화하려고 했기 때문이다.

적의 침공에 신속하게 대응하기 위해서는 주요 전략 요충지별로 독립적인 대처가 가능하게끔 주민동원체제를 갖추고 최고 지휘관의 지위를 높여 통제권을 강력하게 행사할 수 있도록 하는 것이 더 효과적이다. 넓은 지역을 관할하는 최상위관이면서도 하위관보다 월등히 높지는 않아 지역 지방관의 대표자적인 성격이 강했던 수사를 폐지하고, 욕살을 신설한 것은 주요 지역별로 긴밀한 연계체계를 구축하여 관할권 내 하위 단위들을 강력하게 통제함으로써 위기 시 신속하게 대처할 수 있도록 하기 위해서였다. 후기로 갈수록 하위 등급의 행정단위가 증가하고 또 행정단위가 아닌 방위성들도 증가하게 되므로, 총괄하는 최상위급 지방관을 더 고위관으로 대체할 필요가 있었을 것이다. 욕살의 치소인 대성급에 해당될 직한 대형 산성들이 후기에 많이 축조되었고, 또 요동 지역에 집중되어 있는 것도 이와 관련이 있을 것이다. 지방통치체제의 개편으로 인해 방어체계가 한층 고도화되었다는 것은 치밀한 작전에 의해 이루어진 수·당의 대대적인 침공이 여러 차례 좌절되었던 것에서 구체적으로 확인된다.

이런 점에서 3세기 중엽 관구검(毌丘儉)의 침입과 4세기 중엽 전연의 침입, 그리고 7세기 수·당과의 전쟁 시 고구려의 군사적 방어능력 차이는 해당 시기 지방통치체제의 발전 정도를 잘 반영해준다. 즉 동천왕대 관구검군이 쳐들어왔을 때에는 수도방어체계가 제대로 구축되어 있지 못해 오래 버티지 못하고 국왕이 북옥저 지역까지 달아나야 했다.

하지만 고국원왕대에는 전연의 수뇌부에서 진격로를 두고 진지하게 작전논의를 해야 할 만큼 이전보다 고구려의 방어력이 강화되었다. 그럼에도 불구하고 결국 수도가 유린되는 피해를 입었다. 반면 후기의 대수당전 때에는 수와 당의 군대가 치밀한 구상 아래 작전을 개시했고 여러 방면에서 침공했지만 번번이 실패할 정도로 방어막을 튼튼히 구축하고 있었다. 이것은 고구려의 군사조직과 방어체계의 시대별 발전 정도를 보여주는 것이며 동시에 지방통치체제의 발전과정을 잘 보여준다.

당나라군에 의해 최종적으로 평양이 함락되고 멸망한 것도 고구려 최고 집권층의 분열과 배신이라는 내부 요인이 더 결정적인 원인으로 작용했다. 말기에도 군사방어체계는 매우 엄밀하게 구축되어 있었고, 적침에 대한 권역별 대처도 효과적으로 수행되었다. 이것은 곧 후기의 지방제가 대단히 조직적인 체제였다는 것을 보여준다. 전시에 대비한 체제 개편이었으므로 욕살은 수사보다 제반 사항에 대한 재량권을 더 많이 부여받았을 것이다. 이처럼 재량권이 강화된 욕살 중심으로 방어체계가 구축되었고 전투도 진행되었으므로 적절한 대처가 가능했던 것이다.

6세기 중반경 이상과 같은 내용으로 정비된 지방통치체제는 말기까지 유지되었으나 수·당과의 전쟁 위협이 대두하면서 각지에 방어성을 더욱 조밀하게 구축한 후 전략적으로 중요한 성들을 밀접하게 연결하는 등 상황에 따라 부분적으로 조정되었다. 그러나 말기에 이르러 지방에 대한 중앙의 통제력이 약화되었을 때에는 일원적, 중앙집권적으로 편성되어 있는 조직체계와 상관없이 지역별로 독자성이 강하게 표출되어 분리적인 경향을 드러내기도 했다.

지방통치체제의 발전은 대체로 이전 제도를 계승한 위에서 재정비해 나가는 쪽으로 이루어진다. 일반적으로 행정구역의 편성은 지리적 조건이나 인구밀도 등을 고려하여 설정되므로 고대시기에 편성된 행정구역이 오늘날까지도 크게 달라지지 않은 곳을 드물지 않게 볼 수 있다. 더구나 고구려의 지방통치조직은 교통로를 따라 그 주변에 설치된 크고 작은 성들을 중심으로 전략적으로 편성되었으므로, 통치구역의 규모나 등급이 시기에 따라 크게 달라지지 않았다. 부분적인 변동은 있었겠지만 3세기 말 4세기 초에 조직된 지방통치제의 골격을 유지하면서 발전시킨 것이 6~7세기의 제도였다. 따라서 후기의 지방관직 가운데 새로 신설된 것도 있지만 대개는 이전 시기의 관직을 계승했다고 볼 수 있다. 그런데 지방관의 명칭 자체가 태수, 재, 수사 같은 중국식 또는 중국풍이 강한 것에서 욕살, 처려근지, 가라달, 루초 같은 고유한 고구려식 용어로 변한 것을 보면 6세기 어느 시점부터 이전의 관직명을 모두 고구려풍으로 바꾸었던 것으로 보인다.

2) 성 중심 지방통치조직의 운용양상

1980년대 후반 중국의 개혁·개방에 따라 동북 3성 지역 소재 고구려 산성 조사 및 답사가 본격적으로 진행되었다. 이를 통해 얻은 생생한 정보는 고구려사 연구의 양적·질적 성장과 맞물리면서, 산성을 중심으로 한 고구려 지방지배 양상을 이전보다 구체적으로 분석할 수 있게 되었다.

고구려 산성에 대한 관심은 먼저 방어체계에 기울어졌다. 고구려 서북방 최전선이었던 요하선을 비롯한 요동 지역과 두 번째 수도였던 국내성을 중심으로 방어체계를 파악하는 노력이 이루어졌다. 이를 통해 서북 방면의 1차 방어선은 부여성에서 비사성까지 이어지는 선이었고, 2차 방어선은 봉황산성을 중심으로 호선(弧線)으로 배치된 산성들이었다는 것, 환인과 집안 외곽에 있는 산성들을 잇는 선이 수도 외곽의 방어선이었다는 것, 그리고 이들 성들이 모두 하천과 강을 따라 배치된 성들과 종심으로 연결되어 종심방어체계를 구축했다는 것이 밝혀졌다(여호규, 1955; 田中俊明, 1999; 나동욱, 2009).

다음에는 고구려 산성이 군사적 기능과 지방통치 기능을 함께 수행했다는 것에 주목하고, 현재 확인되는 산성을 통해 중·후기 고구려의 방어체계와 지방통치조직을 파악하고자 한 연구성과물이 나왔다(여호규, 2002; 2012; 나동욱, 2009; 이경미, 2012; 이성제, 2009; 임기환, 2012; 2013; 2015). 2000년대 이후 중국 소재 고구려 산성 답사가 활발해지면서 지방통치조직과 현재 남아 있는 산성을 직접 연결지어 산성 간의 영속관계나 연락체계 등을 보다 구체적으로 검토하였다. 이를 통해 그동안 짧은 사료를 통해 개괄적으로 구조를 파악하던 단계를 벗어나 고구려 지방통치조직과 그것의 운용양상을 좀 더 생생하게 추론해볼 수 있게 되었다.

지금까지의 연구를 통해 밝혀진 내용은 첫째, 고구려 산성은 산과 하천 등 자연경계를 따라 형성된 주요 교통로를 따라 축조되었고, 대평원 안쪽의 하곡평지나 산간분지를 따라 조성되었다는 것(여호규, 2012), 둘째, 그중에서도 전략 요충지와 결절점 혹은 분기점에 대형 산성이 구축되었고 그 인근에 중소형 산성 몇 기가 비치되어 있어, 문헌사료의 대성-제성-소성처럼 대형 산성과 주변의 중소형 산성들이 상하 영속관계로 조직되었다고 볼 수 있다는 점, 셋째 이로 보아 고구려 산성 가운데 지역주민들의 입거가 가능한 포곡식 대형 산성이나 출입이 편리한 산성의 경우, 지방지배를 위한 거점성이자 지방관 거주 치소였다는 점, 넷째, 고구려 멸망 후 도독부 9, 주 42, 현 100을 두었는데, 이 중 9도독부는 욕살급 성, 42주는 처려근지급 성, 100현은 루초와 가라달급 성으로 볼 수 있다는 것(임기환, 2015) 등이다.

현재 각 지역에 남아 있는 성들이 모두 같은 시기에 조성된 것은 아니었다. 고구려가 지방관을 파견하여 지역지배를 시작한 것이 3세기 말 4세기 초였다. 이때는 전략 요충지에 대표적인 산성을 조성하고, 성 주변에 거주하는 성민들과 곡에 거주하는 곡민들을 관할하는 거점지배를 실행했다. 이후 4세기 중·후반에는 거점지배의 단위가 늘어나면서 지방통치단위를 상하 조직으로 편성하여 권역지배를 실시했다(김현숙, 1996; 2005). 이런 변화 과정은 현재 남아 있는 유적을 통해서도 확인된다. 즉 지방관 파견 초기 단계에는 주요 전략지점에 거점성을 축조했다. 4세기 중·후반경에는 각 권역별로 전략 요충지에 대형 성곽을 하나씩 축조하고 행정구역을 '성(城)'으로 편제했으며, 나머지 소권역은 지류 연안의 하곡평지를 단위로 '곡(谷)'으로 설정했다. 그리고 5세기 이후에는 소권역에까지 중소형 성곽을 축조하여 지방지배를 더욱 강화했고, 후기에는 각 권역마다 중심 성곽과 중소형 성곽을 조성, 긴밀하게 연계하여 지방지배와 군사방어를 효과적으로 수행할 수 있게 지방통치조직을 갖추었다(여호규, 2012).

고구려 전체 영역을 주요 권역별로 나누면 요동 지역, 송화강 유역, 두만강 유역, 압록강 유역, 대동강 유역, 한강 유역 등으로 나눌 수 있는데, 이 권역별로 욕살을 비롯한 처려근지, 가라달, 루초 등의 지방관이 파견되었다. 이 중 요동 지역, 압록강 유역, 두만강 유역 소재 고구려 성의 현황과 분포 양상을 기반으로 문헌에 나오는 성들과 연관성을 살피고, 이를 통해 각 산성의 위계와 성격, 상호관계를 지방제와 방어체계라는 측면에서 살펴 지방통치제의 구조와 실질적인 운용방식을 살폈다.

산성을 중심으로 지방통치조직이나 방어체계를 검토한 연구는 지역별 성의 배치상황이나 성벽의 둘레 길이를 기준으로 한 성의 규모, 그리고 교통로를 고려하여 진행되었다. 따라서 고구려 영역 가운데 산성이 제일 많이 조성된 요동 지역에 대한 연구가 당연히 가장 많다.

먼저 고구려가 요하 중·상류 동안 지역으로 진출하여 지방통치조직을 정비해가는 과정을 성 유적을 통해 살폈다(여호규, 2002). 이 지역은 대흑산맥(大黑山脈)과 길림합달령(吉林哈達嶺)산맥 사이에 위치하여 하나의 지역권을 이루고 있었다. 고구려 초기 중심지인 압록강 중류 일대에서 요동평원을 경유하지 않고 이곳을 통해 곧바로 송료분수령(松遼分水嶺), 더 나아가 서요하 일대로 나아갈 수 있었고, 요동평원에서 송화강 유역으로 나아갈 경우에도 거쳐야 하는 전략적 요충지였다. 이 지역은 자연지형과 교통로상으로 대략 동요하 상류권, 구하(寇河)-청하(淸河) 유역권, 사하(沙河)-시하(柴河)-범하(汎河) 유역권 등 세 권역으로 나눠진다.

이 연구에서는 『삼국사기』 지리지4에 수록된 압록강 북쪽 고구려 성의 현황을 작성한 목록에서 항복하지 않은 11기의 성이 북부여에서 남쪽으로 차례로 기술된 것으로 보았다. 그리고 북부여성주(농안)와 신성주(무순) 사이에 기술된 절성(節城)과 풍부성(豊夫城)을 바로 이 지역에 있는 최진보산성(철령)과 성자산산성(서풍)에 비정했다. 이 두 성은 4세기에 조성된 것으로 보고 있다. 고구려가 4세기 중반경 요하 중·상류 동안 지역으로 진출할 무렵 이곳의 세 권역 가운데 구하-청하 유역권과 사하-시하-범하 유역권에만 둘레 5km 전후의 대형 산성을 하나씩 축조하여 지방지배와 군사방어력 강화를 도모했던 것으로 보았다. 다른 성들은 이보다 늦은 시기에 조성되었으며, 전략 요충지에 위치한 중심성곽인 서풍 성자산산성과 철령 최진보산성 사이의 소권역들에도 성곽을 축조하여 이 두 성에 상하관계로 종속시켜 지방행정을 실시한 것으로 보았다.

이러한 추론을 방증하는 것으로 성자산산성과 최진보산성은 5세기 이후 지방지배를 위한 거점성의 기능을 강화한 것이 확인되었다. 성자산산성은 대형 산성이면서도 거주용 공간이 협소한 취약점을 극복하기 위해 본성보다 늦은 시기에 서쪽 골짜기를 감싸는 외위성(外圍城)을 축조하여 거점성의 기능을 강화했다. 최진보산성은 내부에 평탄한 평지가 넓은 편이지만 골짜기 입구 앞쪽으로 범하가 지나기 때문에 접근하는 데 제약이 있었다. 이에 서남쪽 5km에 청룡산성을 축조하여 군사방어력과 거점성의 기능을 강화했다. 이 두 성은 후기에도 각 권역에서 가장 중요한 군사방어성이자 지방행정 중심지로 기능했다. 이런 점에서 연구자는 이 두 성을 처려근지가 파견된 제성(諸城)으로 보았다.

이 지역은 다시 지류를 따라 형성된 하곡평지권이나 산간분지권을 중심으로 3~4개의 지역으로 나뉘진다. 구하-청하 유역권에는 구하 본류의 하곡평지권을 관장할 수 있는 지점에 개원 용담사산성, 청하 상류의 하곡평지권을 관장할 수 있는 지점에 고성자산성이 각각 위치해 있다. 사하-시하-범하 유역권에는 사하와 시하 유역 일부를 관장할 수 있는 지점에 마가채산성이 있다. 연구자는 이와 같은 중소형 성곽이 대체로 각 권역의 소권역을 관장할 수 있는 지점에 위치하였다는 점에서 루초가 파견된 소성일 것으로 보았다.

또 동요하 상류권의 경우에는 요원분지에 용수산성, 공농산성, 성자산산성이 있는데, 공농산성과 성자산산성은 처려근지 주둔 성인 용수산성에 직속된 위성으로서 가라달 주둔 성이라 추론했다. 요컨대 고구려 후기 요하 중·상류 동안 지역의 지방통치조직이 각 권역마다 처려근지-루초, 또는 처려근지-가라달의 형태로 편제되었다고 본 것이다. 북방 거점성인 북부여성과 서방 거점성인 신성 사이에 위치하기 때문에 이곳에는 욕살이 파견된 대성이 없었다고 보았다.

다음으로 요동 지역을 고구려 서부로 보고 이곳의 교통로를 크게 주선, 간선, 지선 도로로 구분하여 지방제와 방어체계를 살핀 연구가 있다(나동욱, 2009). 이 경우 주선도로는 건안성(개주)-수암-오골성(봉성)에 이르는 길, 요동성(요양)-백암성-본계-오골성으로 진출하는 길, 신성(무순)-개모성-소자하-부이강-집안으로 진입 후 압록강 하류 방향으로 내려가는 교통로였다고 보았다. 그리고 간선도로는 안시성-수암-오골성을 연결하는 도로, 개모성과 본계를 연결하는 도로, 본계에서 남하하지 않고 태자하를 거슬러 올라가 본계-환인에 이르는 도로, 혼하-유하(柳河) 수계를 통해 통화-집안에 이르는 길이라고 정리했다.

이 연구에서는 요동의 지리적 환경이 종적인 교통로 간 횡적 상호 연결을 제한하므로 각 교통로에 배치된 성곽은 종적 형태의 유기적 결합이 이루어졌고 군사운용체계 역시 종적 결합 위주로 구축되어 있었던 것으로 파악했다. 이에 따라 종심상에 있는 욕살의 성으로는 국내성, 오골성, 다벌악성을 지목했다. 국내성 욕살은 북으로 천산산맥, 남으로 압록강, 서로 천산산맥에서 뻗어 나온 줄기에 위치한 관전(灌甸)에서 포석하(浦石河)를 잇는 선, 동으로 압록강 상류의 고원지대를 관장했을 것으로 보았다. 또 오골성은 북으로 천산산맥 능선, 남으로 압록강, 동으로 국내성 권역의 서경인 포석하까지이고, 서쪽 경계는 다벌악성과 접한 것으로 보았다. 이때 다벌악성은 낭랑산성에 비정하고 관할지의 북계는 천산산맥 능선, 남계는 압록강, 동측은 오골성 권역의 서변에 해당한다고 보았다.

그리고 요서에서 고구려로 진입하는 주선도로에는 건안성, 요동성, 신성이 가장 초입에 위치하고 있는데, 이 성들은 모두 욕살 주재 대성으로 천산산맥 이북의 각 주선도로를 책임구역으로 담당했다고 보았다. 또 처려근지의 제성으로는 안시성, 백암성, 개모성, 감물성, 박작성을 상정하고, 처려근지는 주선에 연결된 간선도로의 첨단을 방어했다고 보았다. 즉 처려근지는 단일도로를 책임졌고, 욕살은 주선도로와 처려근지 관할 간선도로의 외연을 연결하는 지역에 대한 광역방어를 책임졌다고 본 것이다. 처려근지의 제성은 주선도로상에서 욕살의 기능을 보조하는 배후 성이거나 간선도로에서 교통로를 통제했기 때문에 만약 제대성이 어렵다고 해도 원군을 파견하면 제대성과 제성이 동시에 무너지게 되어 종심방어선 형성이 불가능해지므로 자신의 제성을 독자적으로 방어한 것으로 보았다.

또 욕살과 처려근지의 예하 행정적 지방관으로 루초, 군사지휘관으로 가라달이 있었고, 가라달의 제소성들은 적의 침입을 조기경보하고 일차적으로 저지하기 위해 제대성 및 제성 통제권역의 사각지역이나 도로의 주요 길목에 분포했을 것으로 파악했다. 이 경우 외평 5부 중 서부인 요동 지역에는 군사적 필요성에 의해 다른 4부와 달리 다수의 욕살이 편성되었던 것으로 보았다(나동욱, 2009).

다음으로 요동반도 고구려 성의 분포를 천산산맥을 기준으로 서북부지역과 동남부지역으로 나누고, 각 지역을 하천 유역권으로 나누어 산성과 지방제를 관련지어 살핀 연구가 있다(임기환, 2015). 이 연구에서는 주요 하천과 그 지류의 유역권에 각각 지방지배의 치소 성들이 분산 분포하고 있고, 전략적 거점성이 위치하는 주요 하천에는 대형 산성이, 그 주위에는 군사적 목적의 소형 산성이나 보루성이 분포했다고 지적했다. 그리고 가라달은 욕살과 처려근지 치소 성 주변의 행정적 보조 성을 관할하거나, 치소 성 주변 군사적 성격의 성곽을 관장한 것으로 보았다. 요동반도 일대 성 가운데 욕살급 성은 건안성, 다벌악성(수암 낭랑산성), 처려근지급 성은 비사성, 와방점 남마권자산성(南馬圈子山城), 벽류하 유역 상류의 적산산성(赤山山城), 하류의 외패산성(巍覇山城)과 성산산성(城山山城)이라고 보았다. 그 외 각 하천이나 지류 유역에 독립적으로 분포하는 중형 산성 혹은 소형 산성은 루초급 지방성으로 파악하였다(임기환, 2015).

천산산맥 서북부지역 고구려 성의 배치를 보면 개현 건안성에서 대련 비사성까지 요동만으로 흘러드는 하천 유역을 끼고 성자구산성(城子溝山城), 분영촌산성(舊英村山城), 북와방점산성(北瓦房店山城), 득리사산성(得利寺山城), 남고산산성(嵐崮山山城)이 약 30여km 거리를 두고 차례로 배치되어 있다. 이 중 건안성이 욕살급 성이고, 비사성과 남마권자산성은 처려근지급 성이라 보았다. 건안성 주위에 가라달급 성 2기가 조성되었고, 득리사산성에도 가라달급 지방관이 배치되었을 것으로 추정하였다. 나머지 중형 산성 4~5개 정도에는 대체로 루초급이 파견되어 지방통치 및 군사상 방어를 동시에 수행하였을 것으로 보았다.

또 벽류하 유역 상류의 적산산성, 하류의 외패산성과 성산산성을 처려근지급 성, 손가와보산성(孫家窩堡山城)을 적산산성 휘하의 루초급 성으로 추정했다. 전둔촌(田屯村) 일대에 집중 배치된 고력성산산성(高力城山山城) 등 소규모 보루성의 경우, 군사초소로서 적산산성 성주의 직접 관할에 있었을 것으로 보았다. 위패산성의 처려근지 아래에는 사하 유역을 관장하는 노백산산성(老白山山城)과 벽류하 하류 우안을 관장하는 마둔촌(馬屯村) 고려성산산성에는 루초급 지방관이 파견되었을 것으로 보았다. 성산산성 역시 처려근지급 성으로 가라달을 통해 후성산산성을 관장했고, 장하(庄河) 유역 선성산성(旋城山城)은 루초급 혹은 가라달급 지방관을 통해 관장했을 것으로 추정했다.

대양하 유역의 중심지는 다벌악주의 치소 성으로 비정되는 낭랑산성의 욕살이 관장하였고, 대양하의 또 다른 지류인 초자하(哨子河) 유역의 중심 성인 송수구산성(松樹溝山城)은 처려근지가 관할했던 것으로 보았다. 또 대양하의 큰 지류인 편령하(偏嶺河)와 초자하의 각 지류마다 1,500~2,000m 내외의 중형 혹은 소형 산성이 축성되어 있는데, 이들 성은 루초가 파견되어 각 지류 유역을 관장했던 것으로 보았다.

이 연구에서는 천산산맥 서쪽의 경우 욕살급 1개, 처려근지급 2개, 루초급 5~6개, 가라달급 3개 정도로서, 가라달급을 제외하면 대략 1:2의 비율에 해당하지만, 벽류하 유역은 처려근지급 3개, 루초급 3개 정도이고, 대양하 유역은 욕살 1개, 처려근지 1개, 루초급 성으로 8~10개 정도 설정된 것으로 보았다(임기환, 2015).

두 번째로 연구가 많이 진행된 곳은 두만강 유역의 연변-혼춘 일대다. 이 지역 소재 성 가운데 중국 학계에서 고구려 성이라 인정하고 있는 성들 다수는 평지성이다. 일반적으로 고구려는 산성을 중심으로 지역지배를 했는데, 연변 지역은 이와 달리 평지성이 지역지배의 중심이었다는 것이 특이점으로 지적되었다(이성제, 2009; 임기환, 2012).

연변 지역 소재 고구려 성의 분포를 통해 고구려와 발해의 성곽 운용 방식에 대해 살핀 연구가 있다(이성제, 2009). 이 글에서는 현재 연변 지역 소재 성곽들 상당수가 발해시기에 축조된 것으로 보고 있지만 방어력 강화 측면에서나 적대세력(당, 흑수말갈)과의 관계에서 보아도 이 시기에 많은 성곽을 세워야 할 이유가 없기 때문에 고구려시기에 주요 거점마다 조성된 성곽들을 발해 때 이어서 사용한 경우가 많았을 것으로 보았다. 연변 지역에서 고구려 성의 운용은 기본적으로 평지성을 위주로 했지만, 시간이 흐른 후에는 평상시 거주성인 평지성과 주민 입거를 전제로 한 대형 산성을 결합하는, 중·후기 고구려 성곽의 보편적인 운용방식이 동일하게 적용된 것으로 보았다.

이 연구에서는 고구려 동북방의 최중진인 책성의 기능에 대해서도 주목했다. 책성이 지역의 통치거점으로 자리 잡을 수 있었던 것은 책성과 국내성을 잇는 교통로인 '옥저방면로'가 있어, 그 경로상에 축조된 여러 성을 징검다리 삼아 국내성과 연결될 수 있었고, 유사시 지원을 얻을 수 있었기 때문이라고 보았다. 옥저방면로는 집안에서 임강을 거쳐 무송의 산간지대를 경유하여 안도에 이르고 여기에서 포이합통하(布爾哈通河) 연안로를 따라 서진하는 경로였다. 무송에서 안도로 들어서는 지점에 위치한 동청고성지(東淸古城址)는 옥저방면로가 국내성과 책성을 잇는 간선이었고 이 경로상의 요지에 성곽이 축조되었음을 보여준다. 이후 책성에서 두만강을 건너 함경도 동해안에 이르는 경로가 추가되었는데, 두만강 북안의 조동산성과 남안의 운두산성의 조응관계가 그 교통로의 존재를 입증하는 것으로 보았다. 이를 통해 책성이 고구려시기 연변 지역의 최대 거점이면서 두만강 이남의 함경도 동해안으로 진출하는 전진기지로도 기능하였다고 지적했다.

다음으로 문헌상에 보이는 책성과 신성에 초점을 맞추어 고구려의 연변 지역 지배양상에 대해 살핀 연구가 있다(임기환, 2012). 연변 지역은 3세기까지 북옥저의 중심지역이었다. 고구려는 초기부터 활발하게 이 지역으로의 진출을 모색했다. 그래서 태조왕 이후에는 책성을 중심으로 거점을 구축하였고, 서천왕대를 전후해 신성을 축조하여 또 다른 거점을 마련하였다. 북방의 숙신에 대한 방어 및 통제력을 확보하기 위해서였다. 이 지역에 대한 완전한 영역지배는 광개토왕대에 이루어졌으며, 이를 거점으로 숙신을 통제하는 한편 부여 일파가 세운 동부여를 정벌하여 동북지역의 영역을 확정하였다. 이때 책성은 혼춘의 산성인 살기성과 평지성인 온특혁부성, 신성은 연길의 산성자산성과 평지성인 하룡고성이 하나의 세트였다고 보았다.

그리고 국내성에서 옥저를 통하여 북옥저에 이르는 동해안로가 책성까지의 주된 교통로(책성로)이고, 국내성에서 통화-백산-무송-안도로 이어지는 내륙 교통로(신성로)가 신성까지의 주된 교통로임을 확인하였다. 4~5세기 단계에는 연변 지역도 고구려의 다른 지역과 마찬가지로 성·곡 지배체제를 통해 지배하였다고 보았다. 또 고구려 말기에는 〈고자(高慈)묘지명〉, 〈이타인묘지명〉과 성곽의 상황을 근거로 책성을 욕살이 파견되는 동북지역의 가장 중심적인 거점성, 신성을 처려근지급 지방 성으로 보고, 그 외 다수의 처려근지급 지방 성이 연변 지역에 분포하였을 것으로 보았다(임기환, 2012).

그런 한편, 두만강 유역을 지리적으로 크게 두만강 하류와 혼춘하 유역, 포이합통하와 그 지류 연안, 두만강 중·상류 본류 연안 등 세 권역으로 나누어졌다고 보고, 이 일대의 지방지배에 대해 살핀 연구가 있다(여호규, 2017). 이 연구에서는 고구려 멸망 직전에 책성욕살을 역임한 이타인이 "12주 고려를 관장하고, 37부 말갈을 통할한" 사실에 주목했다. 이타인이 관장한 '12주 고려'는 지방관이 파견된 치소 성이고, 37부 말갈은 백산말갈(白山靺鞨)이라고 보았다.

이 연구에서는 평지가 넓게 발달한 혼춘분지 및 포이합통하-해란강 하곡평지 중심부 일대에는 평지성을 조밀하게 축조하고, 그 주변에는 지역을 에워싸는 형태로 포곡식 산성을 축조한 반면 외곽인 혼춘하 및 알하하(嘎呀河) 중·상류 유역에는 치소 성을 축조하지 않았음을 지적했다. 이에 근거하여 평지가 넓게 발달한 두만강 유역 중심부에는 평지성을 조밀하게 축조하여 지방통치의 중핵지역으로 삼은 반면, 그 주변에는 중대형 산성을 구축해 고구려인 통치와 백산말갈 통제를 도모했던 것으로 보았다. 그리고 백산말갈의 집단거주구역인 혼춘하나 알하하 중상류 방면에는 치소 성을 축조하지 않고, 이 지역으로 나아가는 전략적 요충지에 포곡식 산성을 구축해 백산말갈에 대한 통제와 교류를 도모한 것으로 보았다(여호규, 2017).

이처럼 산성을 중심으로 지방제도를 정비한 요하 유역과 달리 두만강 유역에서는 평지성이 지방통치조직의 중추를 담당하고 있었다는 데 많은 연구자들이 동의하고 있다. 또 후기로 가면 온특혁부성과 살기성처럼 평지성과 산성을 세트로 하여 지역지배를 하고 방어체계를 구축했다는 점에서 고구려 다른 지역과 비슷한 양상으로 갔다고 보기도 한다. 그러나 국내성과 환도산성처럼 평지성과 산성을 세트로 운영하는 것이 고구려 다른 지역에서 많이 나타나지만 대개는 수도나 별도에 해당한다. 산성이 가장 많이 남아 있는 고구려 서북 변경지역에는 그런 구성이 일반적으로 나타나지 않는다. 따라서 지역 상황에 맞추어 그에 적합한 형태로 지방지배의 치소를 두었다고 보는 것이 합리적이다. 그렇다면 연변 지역의 경우, 평탄지에 조성된 평지성이 지역지배의 중심 치소였고 그 주변에는 방어체계상 필요한 전략 요충지에 산성을 축조했으며, 백산말갈처럼 다른 고구려인들과는 거주 양상을 달리하는 경우 그에 맞게 통치했다고 보는 편이 타당하겠다.

이 밖에 압록강 중·상류 유역과 황해도 지역 등 도성과 별도 주변의 성을 통해 방어체계와 지역지배 양상을 추론한 연구도 이루어졌다.

먼저 압록강 중·상류 연안에 있는 8기의 고구려 성을 통해 방어체계와 압록강 수로 및 '동해로'의 기능에 대해 살핀 연구가 있다(여호규, 2008). 이 연구에서는 국내성을 중심으로 성을 구축해 도성방어체계를 구축했는데, 특히 요동으로부터의 침공에 대비해야 하는 압록강 하류 방면에 산성과 차단성을 조밀하게 조성했다는 점을 지적했다. 그리고 당시 중요 교통로였던 압록강 수로와 국내성에서 동해안 방면으로 가는 일명 '동해로'의 경우 압록강 수로를 통해 각종 물고기와 소금 등 각종 물자를 도성까지 운송하는 교통로로서 전 시기 동안 중요한 역할을 담당했던 것으로 보았다.

압록강 중·상류 유역의 고구려 성곽 40여 기를 대상으로 평양 천도 이후의 변화를 살핀 연구도 있다(이경미, 2012). 이 연구에서는 압록강 중·상류 지역을 집안분지권, 압록강 본류권, 국내성 진입로 일대권, 혼강에 연결되는 육도하 유역권, 부이강 유역권, 합밀하 유역권으로 구분하였다. 국내성이 최상급 지역 중심 성으로서 광역의 지방통치를 총괄했고, 그 아래에 상하 통속관계를 가지는 다수의 성이 영속되어 있었던 것으로 파악했다. 양민고성, 하고성자성, 패왕조산성, 자안산성이 중간급이고, 이 각각의 성곽은 대체로 강이 합류하는 지점 부근에 위치하여 각 소권역의 중심 성으로 기능했으며, 화피전자고성, 와방구산성, 고검지산성, 전수호산성은 지방통치의 최하위 행정단위로 기능했을 것으로 보았다. 압록강 중·상류 지역 고구려 성곽들은 국내성이 도성이었던 시기에는 도성방어체계로 기능하였으나 평양 천도 이후에는 국내성의 하위 행정단위로서 지방통치의 중심 성이 된 것으로 이해했다.

평안남도 용강군 오석산(烏石山)에 있는 둘레 6.6km의 대형 산성인 황룡산성을 통해 주변 일대 지역 방어와 지배, 그리고 후기 수도 평양의 방어체계에 대해 살핀 연구도 이루어졌다(이성제, 2011). 이 연구에서는 고구려가 낙랑군시기 점제현(秥蟬縣)이었던 이 지역을 차지한 뒤 황룡산성을 축조하여 새로운 지방지배와 지역방어의 거점으로 삼은 것으로 보았다. 지리적으로 황해-대동강 연안로를 끼고 있고, 인근에 우산성, 동진성, 능명산성, 보산성 등이 대동강 하류 북안과 서안을 따라 배치되어 황룡산성과 함께 유기적인 방어체제를 구축하여 황해-대동강 연안로를 통제하고 유사시 침입에 대처했던 것으로 파악했다.

이상에서 살펴보았듯이 문헌사료와 묘지명에 나오는 지방관 기사와 산성유적을 관련지어 지방통치조직과 지역지배양상을 살핌으로써 보다 입체적인 분석이 이루어지게 되었다. 문제는 우리 학계의 산성 연구가 조사기간이 짧고 제약이 많으며 열악한 현지조사를 기반으로 한 것이어서 아직 더 많은 연구가 필요하다는 점이다. 지금까지 파악된 산성 혹은 평지성의 경우, 발굴조사가 본격적으로 이루어지지 않은 곳이 많고, 조사결과가 발표된 경우에도 축조시기 등에서 논란이 있는 경우가 적지 않다. 축조시기를 달리 보면 지배 내용도 달리 파악할 수밖에 없다. 예컨대 두만강 유역 성곽 가운데 고구려시기 축조설이 제기된 성곽은 총 43기인데, 이 중 거의 모든 연구자가 고구려 성곽으로 보는 것은 9기에 불과하다. 이 성들은 주로 평지성으로 혼춘분지나 포이합통하-해란강의 하곡평지 중심부에 분포한다. 그렇다면 고구려가 두만강 유역 중 상당히 좁은 지역만 직접 통치한 것으로 보아야 한다. 이에 21기의 성을 고구려시기 성곽으로 추가해 파악하기도 했는데(여호규, 2017), 이렇게 보면 고구려가 두만강 유역 거의 전역에 치소 성을 축조했다고 보아야 한다. 즉 성곽의 편년에 따라 지방지배에 대한 이해가 크게 달라질 수 있는 것이다.

이런 점에서 산성유적을 통한 연구는 아직 유동적인 부분이 많다고 할 수 있다. 향후 여러 지역에서 본격적으로 산성 발굴조사가 진행되고 그 결과보고서가 나오게 되면 새롭게 검토해야 할 부분이 더 많아질 수 있다.

4. 말갈에 대한 지배방식

고구려에는 특수한 형태의 지배를 받는 존재가 있었다. 거주환경과 생활방식 등에서 다른 지역주민들과 성격 차이가 많이 나는 지역민들에게는 그에 맞는 지배방식을 적용해 통치했다. 영토 확장으로 다양한 성격의 주민들이 편입된 상태였으므로 그들의 생활방식에 맞는 지배방식을 적용하는 것이 더 효과적이었기 때문이다. 일원적이고 보편적인 지방통치가 추구되는 가운데 다양성이 인정되는 이런 점들이 고구려를 다종족국가로서 국제적이고 개성적인 성격의 나라로 만들었다. 고구려민 가운데 생활방식 등에 있어서 가장 차이가 났던 사람들이 바로 말

같이었다.

고구려사에서 말갈 연구는 주로 수·당대 말갈 7부의 위치, 말갈 각 부와 고구려의 접점, 고구려와 관련을 맺었던 숙신, 읍루, 물길, 말갈의 위치 문제 등에 초점을 두고 이루어졌다. 일제강점기 일본 학자들이 만주에 주목하면서 말갈을 연구대상으로 삼았지만 주로 그들의 거주지역에 대해 관심을 보였다.

말갈을 고구려인의 범주에 넣어 살피기 시작한 것은 1980년대 후반에 들어와서부터였다. 고구려 후기의 조세 관련 기사에 나오는 유인(遊人)이 말갈이나 거란 같은 부용민이었다고 본 연구(김기흥, 1987)와 말갈이 고구려의 지방민을 폄칭하는 용어였다고 본 연구(한규철, 1988)는 말갈을 고구려인이라고 보았다는 점에서 일본 및 중국 학자들과 인식상 큰 차이를 보여주었다. 이로 인해 고구려 기사에 나오는 말갈 관련 사료들을 상식선에서 순조롭게 해석할 수 있게 되었다. 이후 이런 시각에서 말갈 혹은 말갈 계통 세력들과 고구려의 관계가 어떠했는지, 고구려는 이들을 어떻게 지배했는지에 대한 연구가 자연스럽게 진행되었다(김현숙, 1992; 2003; 2018; 권은주, 2009; 김락기, 2010; 2013).

사서에 말갈은 일정한 범위 안에서 계절성 이동을 하는 반농반수렵 종족으로서 정착하여 농경생활을 하는 예맥족과 생활방식에서 현저한 차이가 나는 존재로 나온다. 말갈족은 이른 시기부터 고구려와 역사적 관계를 맺어왔는데, 고구려의 영향력이 커질수록 그 지배권과 영향권 아래 들어오는 범위와 정도가 더 늘어났다. 6세기 이후 고구려에서는 개별적으로 존재하던 말갈 집단을 크게 7개의 지역단위로 구분하여 인식하게 되었다(권은주, 2009). 이것이 바로 수·당대 사료에 나오는 말갈 7부이다.

이 말갈 7부 가운데 흑수부를 제외한 6부가 고구려의 직·간접 지배권 혹은 영향권 아래 들어왔다(김현숙, 1992). 이 가운데 백산부와 속말부는 상당히 이른 시기부터 고구려 지배권에 편입되었기 때문에 5세기 이후에는 완전한 고구려민이 되었다. 그러나 그 외의 부는 6세기 이후에야 고구려 세력권 안에 편입되었다. 이들의 경우 고구려 멸망기까지 속민집단 혹은 부용집단적 수준에 머물러 있었다.

말갈족에 대한 고구려의 지배 정도는 복속된 시기와 위치 등에 따라 차이가 있었다. 고구려와 인접해 있고 그 문화에 익숙해진 일부 말갈족에게는 고구려의 기본 지방통치방식인 성-촌 지배체제를 적용했지만, 대개의 경우 그들의 생활방식을 변경시키지 않으면서 부락 단위로 간접지배와 직접지배를 병행하는 식으로 통치했다. 이것은 전체적으로 보아 성-촌 지배체제 아래에서 행해진 특수한 지배였다(김현숙, 2003a; 2005).

고구려민으로 편입된 말갈에 대해 고구려 정부에서는 그 집단의 성격에 맞게 군사적 부담을 지우는 대신, 형식적인 수준에 그치는 소량의 세금만 부과했다. 즉 말갈족의 종족적 성격을 효과적으로 이용하기 위해 5세기 말 이후 고구려 중앙정부에서는 이들을 특수부대로 편제하여 정복전쟁에 활용했다. 말갈병을 고구려 정규군으로 편제한 것은, 혹독한 추위에 시달리면서 민첩성을 담보로 한 약탈에 의존하며 부락별로 생활했던 호전적인 말갈족에 대한 적절한 지배방식이었다.

이들의 활동이 본격화된 것은 수·당과의 전쟁 때였다. 고구려 군대로 편제되어 수·당과의 전쟁에서 활약했던 말갈은 당대(唐代)의 말갈 7부 가운데 속말말갈과 백산말갈이 가장 중심이었다. 이 두 부족이 고구려와 지리적으로도 가장 가깝고 일찍부터 직접적인 접촉을 많이 하였으므로 오지에 있는 다른 말갈들보다 고구려문화권에 더 익숙해져 있고, 또 안정적으로 고구려 지배권 아래 들어와 있었기 때문이다. 이 외 백돌부·불열부·호실부·안거골부 등의 말갈부족은 고구려 내에서 속민집단 혹은 부용적 속민집단으로 존재했으므로, 정규군으로 편제되기보다는 일정한 공물을 바치고 비정기적으로 군사활동에 동원되는 정도로 고구려정부에 대해 경제적·군사적 부담을 지고 있었을 것으로 추측된다.

국왕 직속 군대로 편제된 말갈족은 호전적이고 민첩한 종족적 성격에 걸맞게 고구려 멸망기와 부흥운동 과정에서 눈에 띄는 활동상을 보여주었다. 이 경우 말갈족들은 고구려 주민의 일원으로서 외부의 적을 맞아 나라를 지키는 고구려군으로 활동했다. 말갈족들이 부흥운동을 일으킨 것과 훗날 고구려 계승을 표방하는 발해 건국에 적극 참여한 것은 그들이 고구려인으로 살았고 스스로도 고구려민이라는 인식을 갖고 있었기 때문이다(김현숙, 1992).

한편 말갈의 조세 부담에 대해서는 아직 의견 차가 있다. 말갈이 군사적으로 동원되는 대신 세금을 다른 일반 고구려민들보다 적게 냈다고 보는 설은 6세기 이후의 조세 규정에 나타나는 '유인'에 말갈이 속한다고 보는 데서 비롯되었다. 즉 『수서』 고려전에 나오는 "인세는 포 5필, 곡 5석이다. 유인은 3년에 한 번 세를 내는데 10인이 함께 세포 1필을 낸다. 조는 호 1석이고 다음은 7두, 그 아래는 5두이다(人稅布五匹穀五石 遊人則三年一稅 十人共細布一匹 租戶一石 次七斗 下五斗)"라는 기사에서 '인'과 구별되는 존재로 나오는 '유인'에 말갈이 속한다고 본 것이다.

이 기사에 보이는 조세의 구분과 내역에 대해 서로 다른 의견이 제시되어 있다. 이 중 인세의 내용인 포 5필과 곡 5석의 문제, 조호(租戶)

의 부담 주체, 유인의 성격 문제 등을 둘러싸고 견해차가 나타났다. 이 중 유인에 대한 해석은 경제적 빈궁민이나 용작민, 유망민이나 몰락농민으로 보는 견해(백남운, 1933; 이병도, 1959; 강진철, 1965; 리지린·강인숙, 1976; 이인재, 1990; 이기백, 1976; 조상현, 2003; 전덕재, 2006)와 말갈과 거란 등 고구려 안의 이종족집단으로 보는 견해(김기흥, 1987; 김현숙, 1992), 놀이하는 사람, 악인(樂人), 매춘부, 상인, 농업 외의 직분을 가지고 별도의 적(籍)으로 관리되던 대상인, 상인, 공인 등 특수 직군의 사람으로 보는 견해(노중국, 1979; 권주현, 2000; 권오영, 2000; 유영박, 1987; 박남수, 2006; 나유정, 2020), 여·수전쟁 때나 북위 말에 고구려로 들어와 남게 된 중국인으로 보는 견해(김락기, 2000; 안정준, 2015a) 등으로 크게 분류할 수 있다.

이 가운데 고구려의 말갈 지배와 관련된 견해가 유인을 말갈이나 거란 등의 이종족 부용민으로 본 설이다(김기흥, 1987; 1990). 이 경우 고구려가 경제생활방식과 수준면에서 차이가 나는 여러 세력집단이 혼재하는 다종족국가임을 고려하건대, 전체 민을 대상으로 재산 소유에 따라 일률적이고 개별적인 조세 규정을 설정하기는 어렵다고 보았다. 이런 점에서 '인'과 구별되는 대상으로서의 유인, 그리고 조세의 집단적 수취라는 점에 착안하여 유인을 고구려에 부속된 이종족민, 특히 말갈·거란 등 자기들 나름의 집단사회를 운영하며 고구려에 복속되어 있던 집단적 부용민이라고 본 것이다.

이 연구에서는 일반 고구려민의 부담에 비해 훨씬 적은 양의 세금이 부용민에게 책정된 이유를 후기로 갈수록 여러 이종족을 원활히 통치하기 위해 덕화(德化)를 내세우지 않을 수 없었다는 데서 찾았다. 즉 이종족들을 선무함으로써 내외 안정을 도모해왔던 것으로 초기의 약탈적이고 가혹한 대복속민 시책이 수정되어, 고구려 대왕의 은덕에 피복속민들이 더욱 충성을 다하도록 유도했던 것이라 설명했다.

그러나 이에 대해서는 동의하기 어렵다는 견해가 제기되었다(김현숙, 1992). 고구려 당시 말갈의 독자적인 성격과 발해 멸망 이후 이종족으로서의 역사 전개에서 근본적으로 기인한 것이겠지만, 말갈이 고구려에서 차지하는 위치를 상당히 유동적이고 불안정한 것으로 보는 것이 지금까지의 대체적인 시각이다. 이것은 전체 '고구려민'이란 관념보다는 종족의 차이, 즉 이종족이란 관념이 더 강하게 작용한 결과라 할 수 있다. 이런 선입견에서 벗어나 수·당과의 전쟁 기사나 발해 건국기 기사를 보면 말갈은 고구려군으로 편제된 고구려인으로 보는 것이 옳다. 이렇게 보면 유인은 고구려 후기에 그 종족적 특성에 따른 고구려의 지방지배방식의 하나로서, 군대조직으로 편성한 집단성이 강한 말갈과 일부 거란족을 지칭하는 것으로 볼 수 있다. 즉 유인은 군역이란 특수직역을 가진 집단민이라 할 수 있다.

말갈에 대한 고구려의 지배방식 연구는 아직까지 초기 단계에 머물러 있다. 고구려의 지배권이 미친 범위에 대해서도 아직 개략적인 범위만 거론하고 있을 뿐 구체적인 내용을 확인하기 어려운 상태다. 백산말갈과 속말말갈 외 다른 말갈 부락들과 고구려의 관계가 선명하게 드러나지 않고 있기 때문이다.

이런 상황에서 최근 고구려의 동북지역 중진인 책성의 최고 지방관을 역임한 이타인의 묘지명이 발견됨으로써 관련 연구에 물꼬를 터주었다. 묘지명에 의하면 이타인은 책성도독으로서 고구려인과 말갈인을 동시에 통치했다. 이는 곧 고구려가 백산말갈 지역을 직접통치권역 안에 넣어 지방관을 통해 지배하되, 다른 일반 고구려인과 말갈인을 구분해서 통치했다는 것을 보여준다. 이때의 구분은 차별이 아닌, 성격에 맞는 지배방식을 적용했다는 의미이다. 즉 일원적이고 직접적인 지방통치라는 큰 틀 아래 생활방식 등에 차이가 나는 지역민들의 경우 그들의 존재양상에 맞는 지배방식을 적용하여 통치했다는 것을 보여주는 실제 사례인 것이다.

책성은 태조왕 이래 계속 고구려의 동북방 중진이었다. 〈고자묘지명〉에 의하면 이타인 이전에 위두대형(位頭大兄) 고량이 책성도독을 역임했는데, "방진(方鎭)의 영수(領袖)가 되어 실로 소속된 성(屬城)의 표준이 되었다"고 한다. 〈이타인묘지명〉이 발견되면서 책성도독의 업무를 보다 구체적으로 알 수 있게 되었다. 이타인은 고구려 멸망 직전에 '책주도독겸총병마(柵州都督兼總兵馬)'를 역임하면서 "고구려의 12주를 관할하고, 말갈 37부를 통할했다(管一十二州高麗, 統卅七部靺鞨)"고 묘지명에 적혀 있다. 책성도독이나 책주도독의 '도독'은 고구려의 욕살이다. 고량과 이타인은 동북방 지방통치의 최중심인 책성 지역에서 최고위 지방관을 역임했던 것이다. 이타인이 관장했다는 '12주 고려'는 지방관이 파견된 12개 치소 성이나 지방행정구역을 지칭한다. '37부 말갈'은 백산말갈이다.

여기서 37부 말갈은 말갈인 추수(酋帥)가 부락원을 집단적으로 통솔하는 부락 상태로 존재했다고 보고, 고구려가 이들을 편적(編籍)하여 군사 징발 등 세역(稅役)을 간접적으로 수취한 것으로 추정한 견해가 있다(여호규, 2017). 〈고을덕묘지명〉에 의하면 그의 부친인 고부가 해곡부도독을 역임했다. 고부는 중리소형(中裏小兄)을 수여받은 다음 남소도사(南蘇道使)를 거쳐 해곡부도독을 역임했다고 하므로, 대체로 보장왕 재위 중·후반에 해곡부도독을 역임한 것으로 볼 수 있다. 해곡은 3세기 후반 서천왕이 신성에 순행했을 때 고래 눈(鯨魚目)을 헌상했던 해곡태수의 관할구역과 연관성이 있는 것으로 보이는데, 중기의 태수와 후기의 도독, 즉 욕살의 관할구역은 범위에서 차이가 난다. 해곡을 한성 지역으로 보는 설(이성제, 2018)도 있고, 태조왕 55년조의 '동해곡'이나 〈광개토왕비〉 수묘인연호조의 '동해가(東海賈)'와 같은 지역으로 보고, 이를 함경북도 청진 일대로 비정한 설도 있다(여호규·李明, 2017).

후자의 경우 3세기 후반부터 압록강 중·상류 연안로와 함경북도 해안로를 경유하는 동해로를 따라 지방통치조직을 정비했고, 5세기 초반에는 두만강 하류에서 원산만에 이르는 동해안 지역을 하나의 권역으로 설정한 것으로 보았다. 이에 따라 고구려 말기에 책성과 해곡, 두 곳에 욕살이 파견되었으며, 해곡부도독은 두만강 하류를 제외한 청진-원산만(비열성)의 함경도 해안지대를 관할한 것으로 추정했다. 가능성이 높은 비정이라고 할 수 있다. 다만 이 해곡이 고구려 초기의 해곡태수가 통치하던 그 지역이었다면 책성은 옛 북옥저 지역, 해곡은 남옥저(동옥저) 지역의 중심이었다고 볼 수 있다. 그렇게 보면 해곡을 함흥에 비정할 수도 있을 것 같다.

요컨대 이타인이 통치했던 12주 고려나 37부 말갈의 분포범위는 대체로 두만강 유역 일대로 상정된다. 연변과 혼춘 일대의 성곽 분포현황을 바탕으로 12개 치소 성을 검출한 연구에 따르면, 고구려는 평원이 넓게 발달한 혼춘분지나 연길평원 일대에 평지성을 조밀하게 축조하고, 그 주변에 중대형 산성을 구축해 지방통치와 백산말갈에 대한 통제를 도모했다(여호규·李明, 2017). 이 경우 치소 성을 거의 축조하지 않은 혼춘하 중·상류 방면이나 알하하 중·상류의 왕청(汪淸) 지역을 백산말갈의 집단거주구역으로 추정했다. 즉 고구려가 두만강 유역을 평원이 넓게 발달한 중핵지역과 그 주변부, 백산말갈의 집단거주구역인 외곽지역으로 구분해 지방통치를 했다고 보았다. 이때 고구려인들은 주로 평원이 넓게 발달한 중심부에 밀집 거주했고, 37부 말갈은 그 주변과 외곽지역에 부락 단위로 산재하며 책성욕살의 통할을 받았다고 추정했다.

〈이타인묘지명〉에 대한 연구가 진행되면서 고구려의 말갈 지배방식에 대한 논의가 진전되는 한편, 새로운 궁금증이 대두되었다. 그럼 이타인은 고구려인인가, 말갈인인가 하는 것이다. 이타인이 관할한 대상이 '12주 고려'와 '37부 말갈'로 구분 서술되어 있는 것을 통해 알 수 있듯이 모두 고구려인이지만 말기까지도 책성 일대 지역민들을 고려와 말갈로 구분하고 있다. 이타인은 이 중 어느 쪽이었을까? 그는 분명 중앙에서 임명한 지방관이지만 그 지역 유력층을 지방관으로 임명하여 지역을 관할토록 했을 수도 있다. 그렇다면 이타인의 종족, 출신지는 어디였는지 의문이 제기될 수 있다.

이때 떠오르는 인물이 대조영이다. 그는 속말말갈 출신의 고구려 장수였다. 속말말갈 역시 고구려 영역 안에 일찍이 들어왔고 오랫동안 고구려인으로 살았던 사람들이다. 그 속말말갈 가운데 장수가 된 사람이 대조영이었고 그는 두말할 필요 없이 고구려인이었다. 그렇다면 이타인도 비슷한 경우일 수 있다. 이런 점에서 이타인은 책성 지역에 형성된 상층 지배세력 출신일 가능성이 있다. 두만강 유역에도 일찍부터 여러 계통의 주민집단이 잡거했으므로 이타인 가문의 족속이 어느 계통이라고 단정하기는 어렵지만, 조부인 복추(福鄒)나 부친인 맹진(孟眞)이 고구려 조정으로부터 고위 관등을 수여받았다는 점에서 일찍부터

이 지역 지배세력의 위상을 확보했다고 볼 수 있다(여호규·李明, 2017).

이타인 가문이 말갈 계통인지 여부와 상관없이 이 집안 사람들은 모두 고구려인이란 정체성을 갖고 있었고, '12주 고려'와 '37부 말갈' 모두 고구려인이었다. 종족적 구분은 있지만 이종족이라고 배제하거나 차별하지 않고 각자의 성격에 맞게 통치방식을 적용하는 것이 고구려 지방통치제의 중요한 특징 중 하나였다는 것을 〈이타인묘지명〉은 잘 보여준다.

참고문헌

고구려연구회 편, 2000, 『고구려연구』 10(중원고구려비 연구).
과학백과사전출판사, 1991, 『조선전사』 3.
김락기, 2013, 『高句麗의 東北方 境域과 勿吉 靺鞨』, 경인문화사.
김현숙, 2005, 『고구려 영역지배방식 연구』, 도서출판 모시는사람들.
노태돈, 1999, 『고구려사연구』, 사계절.
리지린·강인숙, 1976, 『고구려사연구』, 사회과학원출판사.
白南雲, 1933, 『朝鮮社會經濟史』, 改造社.
사회과학원 력사연구소, 1979, 『조선전사』 3(중세편 고구려사).
손영종, 1990, 『고구려사(I)』, 과학백과사전종합출판사.
_____, 2000, 『고구려사의 제문제』, 사회과학출판사.
신형식, 2003, 『고구려사』, 이화여자대학교출판부.
여호규, 1998, 『高句麗城 1 - 鴨綠江 中上流篇』, 國防軍史硏究所.
_____, 1999, 『高句麗城 2 - 遼河 流域篇』, 國防軍史硏究所.
李基白, 1976, 『韓國史新論』, 一潮閣.
이동훈, 2019, 『고구려 중후기 지배체제 연구』, 서경문화사.
이병도, 1959, 『한국사』 고대편, 을유문화사.
임기환, 2004, 『고구려 정치사 연구』, 한나래.
전덕재, 2006, 『한국고대사회경제사』, 태학사.
강진철, 1965, 「韓國土地制度史 上」, 『韓國文化史大系』 Ⅱ, 高大民族文化硏究.
權五榮, 2000, 「고대 한국의 喪葬儀禮」, 『한국고대사연구』 20.
權五重, 1980, 「靺鞨의 種族系統에 관한 試論」, 『震檀學報』 49.
권은주, 2009, 「靺鞨 7部의 實體와 渤海와의 關係」, 『고구려발해연구』 35.

권주현, 2000, 「高句麗遊人考」, 『경북사학』 23.

김기흥, 1987, 「6·7세기 高句麗의 租稅制度」, 『韓國史論』 17.

＿＿＿, 1991, 「삼국시대의 세제」, 『삼국 및 통일신라 세제의 연구』, 역사비평사.

＿＿＿, 1999, 「삼국시기 戰爭과 租稅制의 변화」, 『한국고대사연구』 16.

김락기, 2000, 「高句麗의 '遊人'에 대하여」, 『백산학보』 56.

＿＿＿, 2010, 「6~7세기 靺鞨諸部의 내부 구성과 거주지」, 『高句麗渤海研究』 36.

김진한, 2007, 「평원왕대 고구려의 대외관계 - 요해지역의 동향을 중심으로」, 『국학연구』 11.

＿＿＿, 2009, 「榮留王代 高句麗의 對唐關係와 西北方情勢」, 『정신문화연구』 32-4.

＿＿＿, 2009, 「嬰陽王代 高句麗의 政局動向과 對隋關係」, 『高句麗渤海研究』 33.

＿＿＿, 2010, 「高句麗 後期 對外關係史 研究」, 韓國學中央研究院 博士學位論文.

＿＿＿, 2011, 「보장왕대 고구려의 대당관계 변화와 그 배경」, 『고구려발해연구』 39.

김창석, 2019, 「戶籍 관련 자료를 통해 본 三國時期의 戶籍制度」, 『목간과 문자』 23.

김현숙, 1992, 「高句麗의 靺鞨支配에 관한 試論的 考察」, 『韓國古代史研究』 6.

＿＿＿, 1996, 「고구려 지방통치체제 연구」, 경북대학교 박사학위논문.

＿＿＿, 1997, 「高句麗 中·後期 地方統治體制의 發展過程」, 『韓國古代史研究』 11.

＿＿＿, 1999, 「6세기 고구려 集權體制 動搖의 一要因」, 『慶北史學』 22.

＿＿＿, 2002, 「4~6세기경 小白山脈 以東地域의 領域向方」, 『韓國古代史研究』 26.

＿＿＿, 2003a, 「6~7세기 고구려 역사에서의 말갈 연구」, 『강좌 한국고대사』 10, 가락국사적개발연구원.

＿＿＿, 2003b, 「熊津時期 百濟와 高句麗의 관계」, 『古代 東亞細亞와 百濟』, 충남대 백제연구소.

＿＿＿, 2007, 「고구려사에서의 촌」, 『한국고대사연구』 48, 한국고대사학회.

＿＿＿, 2009a, 「475년~551년 한강유역 領有國 論議에 대한 검토」, 『향토서울』 73.

＿＿＿, 2009b, 「고구려의 한강유역 領有와 지배」, 『백제연구』 50.

＿＿＿, 2018, 「고구려사에서의 '말갈'연구의 현황과 과제」, 『동북아역사논총』 61.

나동욱, 2009, 「6~7세기 고구려 지방군사운용체계」, 『史學研究』 95.

노중국, 1979, 「高句麗律令에 關한 一試論」, 『동방학지』 21.

노태돈, 1984, 「5~6世紀 東아시아의 國際政勢와 高句麗의 對外關係」, 『東方學

志』44.

_____, 1996, 「5~7세기 고구려의 지방제도」, 『한국고대사논총』 8.

柳永博, 1987, 「高句麗의 稅制와 游女問題」, 『斗溪李丙燾博士九旬紀念韓國史學論叢』, 지식산업사.

리승혁, 1987, 「고구려의 주, 군, 현에 대하여」, 『력사과학』 1987-1.

박경철, 1989, 「高句麗 軍事戰略 考察을 위한 一試論」, 『史學研究』 40.

_____, 2012, 「延邊地域으로의 高句麗 勢力 浸透 및 支配의 實像」, 『동북아역사논총』 38.

박남수, 2006, 「高句麗 租稅制와 民戶編制」, 『동북아역사논총』 14.

拜根興, 2010, 「唐 李他仁 墓誌에 대한 몇 가지 고찰」, 『忠北史學』 24.

손영종, 1985, 「중원고구려비에 대하여」, 『력사과학』 1985-2.

송기호, 2003, 「粟末靺鞨의 원류와 부여계 집단문제」, 『한반도와 만주의 역사문화』, 서울대학교출판부.

안정준, 2013, 「李他仁墓誌銘」에 나타난 李他仁의 生涯와 族源 – 高句麗에서 활동했던 柵城지역 靺鞨人의 사례」, 『목간과 문자』 11, 한국목간학회.

_____, 2015a, 「'李他仁墓誌銘' 탁본 사진의 발견과 새 판독문」, 『고구려발해연구』 52.

_____, 2015b, 「6세기 高句麗의 北魏末 流移民 수용과 遊人」, 『동방학지』 170.

양시은, 2012, 「연변지역 고구려 유적의 현황과 과제」, 『동북아역사논총』 38.

여호규, 1995, 「3세기 후반~4세기 전반 고구려 교통로와 지방통치조직」, 『한국사연구』 91.

_____, 2002, 「요하 중상류 동안지역의 고구려 성과 지방지배」, 『역사문화연구』 17.

_____, 2008, 「鴨綠江 중상류 연안의 高句麗 성곽과 東海路」, 『역사문화연구』 29.

_____, 2012, 「고구려 성곽과 방어체계의 변천」, 『한국군사사』 14권(성곽).

_____, 2017, 「두만강 유역 고구려 성곽의 분포현황과 지방통치의 양상」, 『역사문화연구』 61.

여호규・李明, 2017, 「高句麗 遺民 李他仁墓誌 묘지의 재판독 및 주요 쟁점 검토」, 『한국고대사연구』 85.

이경미, 2012, 「압록강 중・상류 고구려 성곽의 분포양상과 기능의 변화」, 『한국고대사연구』66.

_____, 2017, 「鴨綠江~遼河 유역 고구려 성곽과 지방통치 연구」, 한국외국어대학교 박사학위논문.

이성제, 2009, 「高句麗와 渤海의 城郭 운용방식에 대한 기초적 검토: 延邊地域 분포 성곽에 대한 이해를 겸하여」, 『高句麗渤海硏究』34.

_____, 2013, 「高句麗의 西部 國境線과 武厲邏」, 『大邱史學』113.

_____, 2018, 「褥薩의 大城·王都 5部 駐在와 그 職任」, 『한국고대사연구』92.

이인재, 1990, 「신라통일 전후기 조세제도의 변동」, 『역사와 현실』4.

이정빈, 2011, 「6세기 후반~7세기 초반 고구려의 서방 변경지대와 그 변화-요서 고구려의 邏와 수의 鎭·戍를 중심으로-」, 『역사와 현실』82.

임기환, 1992, 「6·7세기 고구려 정치세력의 동향」, 『韓國古代史硏究』5.

_____, 1995, 「고구려 집권체제 성립과정의 연구」, 경희대학교 박사학위논문.

_____, 2007, 「고구려 평양 도성의 정치적 성격」, 『한국사연구』137.

_____, 2012, 「고구려의 연변 지역 경영-柵城과 新城을 중심으로-」, 『동북아역사논총』38.

_____, 2015, 「요동반도 고구려 성 현황과 지방지배의 구성」, 『한국고대사연구』77.

田中俊明, 1999, 「성곽시설로 본 고구려의 방어체계-왕도 및 대중국 방어를 중심으로」, 『고구려발해연구』8.

정호섭, 2019, 「고구려의 州·郡·縣에 대한 재검토」, 『사학연구』133.

曺祥鉉, 2003, 「고구려 '遊人'의 성격 검토」, 『한국고대사연구』32.

최희수, 2008, 「고구려 지방통치 운영 연구」, 서강대학교 박사학위논문.

_____, 2012, 「5~6세기 高句麗 地方統治의 운영」, 『韓國古代史探究』10.

한규철, 1988, 「高句麗時代의 靺鞨 硏究」, 『金山史學』14·15合輯.

譚其驤 主編, 1988, 『中國歷史地圖集釋文滙編東北卷』, 中央民族學園出版社.

拜根興, 2012, 『唐代高麗百濟移民硏究』, 中國社會科學出版社.

孫玉良·孫文范, 2008, 『簡明高句麗史』, 吉林人民出版社.

楊秀祖, 2010, 『高句麗軍隊與戰爭硏究』, 吉林大學出版社.

王綿厚·李健才, 1990, 『東北古代交通』, 沈陽出版社.

李爽, 2013, 「高句麗後期軍事制度研究」, 『東北史地』2013-5.
孫進己·王德厚, 1989, 「唐代東北的民族分布」, 『東北歷史地理』2, 黑龍江人民出版社.
孫鐵山, 1998, 「唐李他仁墓志銘考釋」, 『遠望集(下)』, 陝西人民美術出版社.
王綿厚, 1994, 「鴨綠江右岸高句麗山城研究」, 『遼海文物學刊』1994-2.
李殿福, 1994, 「集安卷雲紋瓦當考辨」, 『社會科學戰線』1984-4.
張正岩·王平魯, 1994, 「新城道及新城道上的諸城考」, 『遼海文物學刊』1994-2.
張曉東, 2011, 「唐太宗與高句麗之戰跨海戰略-兼論海上力量與高句麗之戰成敗-」, 『史林』2011-4.
陳大爲, 1989, 「遼寧境內高勾麗遺蹟」, 『遼海文物學刊』1989-1.
馮永謙, 2012a, 「武厲邏新考(上)」, 『東北史地』2012-1.
_____, 2012b, 「武厲邏新考(下)」, 『東北史地』2012-2.
華陽, 2012, 「論李勣東征事跡考」, 『黑河學刊』2012-11.

今西龍, 1970, 『朝鮮古史の研究』, 國書刊行會.
東潮·田中俊明 編著, 1995, 『高句麗の歷史と遺跡』, 中央公論社.
武田幸男, 1989, 『高句麗史と東アジア』, 岩波書店.
三上次男·田村晃一, 1993, 『北關山城』, 中央公論美術出版.
鬼頭淸明, 1984, 「高句麗の國家形成と東アジア」, 『朝鮮史研究會論文集』21.
吉田光男, 1977, 「"翰苑"註所引"高麗記"について」, 『朝鮮學報』85.
末松保和, 1962, 「朝鮮古代諸國の軍事組織」, 『古代史講座』5, 學生社.
_____, 1965, 「朝鮮三國·高麗の軍事組織」, 『靑丘史學』1.
武田幸男, 1980a, 「朝鮮三國の國家形成」, 『朝鮮史研究會論文集』17.
_____, 1980b, 「六世紀における朝鮮三國の國家體制」, 『東アジア世界における日本古代史講座』4.
山尾幸久, 1974, 「朝鮮三國の軍區組織-コホリのミヤケ研究序說-」, 『古代朝鮮と日本』.
三上次男, 1990, 「撫順北關山城」, 『高句麗と渤海』, 吉川弘文館.
小川裕人, 1937, 「靺鞨史研究に於ける諸問題」, 『東洋史研究』2-5.

日野開三郎, 1947, 「靺鞨七部考−靺鞨七部の住域に就いて」, 『史淵』 36·37合輯.
池內宏, 1951, 「高句麗討滅の役に於ける唐軍の行動」, 『滿鮮史硏究(上世 第2冊)』.
津田左右吉, 1915, 「勿吉考」, 『滿洲地理歷史硏究報告』 1.

6장

장안성의 축조와 이거

양정석 | 수원대학교 교양대학 부교수

　현재 평양은 대동강을 중심으로 18구 2군에 이르는 북한 최대의 도시이자 수도이다. 장안성(長安城)은 이 중 대동강 북편의 평천구역, 중구역, 모란봉구역으로 이어지는 지역에 위치하고 있다. 역사유적으로서의 장안성에 대한 조사는 지속적인 도시화 등으로 인해 체계적으로 이루어지지 않아 고구려시기의 양상을 완전하게 복원하기 쉽지 않다. 다만 고려, 조선, 그리고 최근까지 단속적으로 이루어진 수개축(修改築), 즉 복원 정비 과정을 거쳐 현재 남아 있는 평양성과 조선시대에 그려진 〈기성도(箕城圖)〉를 통해 고구려 장안성의 원형을 간접적으로 살펴볼 수는 있다.

　장안성은 현재의 평양성과 동일하게 북에서부터 북성, 내성, 중성, 그리고 외성으로 구성되어 있었던 것으로 추정하고 있다. 따라서 경관

그림1 | 기성도병(서울역사박물관 소장)

에 대한 설명도 조선 후기의 모습을 중심으로 하는 것이 편리하다.

우선 북성부터 살펴보면 약 25만m² 면적의 북성은 을밀대, 최승대, 부벽루, 청류벽을 거쳐 내성으로 이어진다. 장안성을 산성과 평지성의 합체로 이야기하는 경우가 많은데, 여기서 산성에 해당하는 곳이 북성이다. 통로는 북문인 현무문을 지나 남으로 관통하면 남문인 전금문이 나오며, 부벽루 뒤편으로 암문이 설치되어 있다. 북성은 기본적으로 내성을 배후에서 방어하는 역할을 하였던 것으로 이해하고 있다.

내성의 면적은 약 130만m²로 장안성의 약 11%에 해당한다. 이 내성의 성벽은 을밀대, 칠성문, 만수대, 주작문을 거쳐 대동강 쪽의 북성과 연결된다. 주요 통로로는 북쪽의 칠성문과 동남쪽의 대동문, 서쪽의 정

해문, 남쪽의 주작문, 동쪽의 장경문이 있었으며, 북성과 내성을 연결하는 동암문도 있었다. 이 중 칠성문과 대동문은 현존한다.

중성은 장안성의 25%에 해당하는 약 300만m^2 면적으로, 성벽은 크게 보통강 방향의 성벽과 대동교, 창광산, 안산을 거쳐 대동강 방향으로 조성된 성벽으로 나누어 볼 수 있다. 현재 남아 있는 중성의 서문인 보통문은 1962년에 지금의 위치로 옮긴 것이다. 이외에 정남문인 정양문, 동남문인 함구문, 동문인 육로문, 북문인 경창문이 있었다.

마지막으로 장안성 전체 면적의 62%에 해당하는 외성은 면적이 약 730만m^2로, 그 성벽은 대동강과 보통강 기슭을 따라 고구려의 도시유적으로 여겨지는 가로구획의 흔적이 남은 내부 구역을 감싸고 있다. 외성의 통로로는 남문인 거피문, 북문인 선요문, 동문인 고리문, 서문인 다경문이 있었다. 이 중 다경문의 위치는 외성 서편 강기슭으로 운하가 다경문을 통해 중성으로 흘렀다고 한다.

그런데 조선시대의 기록자료는 시기에 따라 내성과 중성에 대한 설명이 다르다. 이는 조선 인조대에 기존의 부성이 너무 넓어 이를 나누어 내성 부분만을 부성으로 사용하고 나머지 부분을 중성이라 부르면서 생긴 일이다. 물론 이때 새롭게 내성이 만들어진 것이 아니라 '개축'이라는 용어를 사용하고 있는 것에서 알 수 있듯이 기존의 성터를 이용하였다. 그리고 이 기존의 성터는 뒤에서 살펴볼 자료를 통해 고구려 당시에 축조된 것으로 확인되었다. 이렇게 볼 때 현재 평양성의 4권역이라고 할 수 있는 북성, 내성, 중성, 외성이라는 명칭은 조선 후기에 확정된 것이고, 이 명칭은 고구려 장안성을 설명할 때 그대로 사용되고 있다.

이 고구려 후기 도성, 장안성에 대한 유적으로서의 조사와 연구는, 윤두수(尹斗壽)가 기존의 위치에 대한 논의를 보다 명확하게 정리한 『평양지(平壤志)』를 편찬한 것이나, 한백겸(韓百謙)이 평양성 외성 내부에서 확인한 전(田)자형 토지구획을 조사하고 이를 체계적으로 정리하여 「기전설(箕田說)」이라는 논고로 발간한 것을 기점으로 할 경우, 이미 400년이 훨씬 넘게 진행되어 왔다. 그 사이 새로운 자료를 발견하거나 새로운 해석방식이 등장할 때마다 고구려 후기 도성으로서의 장안성이 갖는 역사적 의미도 지속적으로 변화하면서 새롭게 이해되었다. 이 글에서는 이 400년이 넘는 장안성의 실체를 찾아가는 과정을 몇 가지 주제를 중심으로 살펴보고, 장안성이 고구려 역사에서 갖는 의미와 동아시아 도성제에서 장안성의 위상에 대해서도 함께 검토하도록 하겠다.

1. 장안성의 위치와 축조, 그리고 이도의 배경

1) 평원왕이 이도한 장안성의 위치 비정

『삼국사기』에는 고구려 도성의 천도 과정이 고구려본기뿐 아니라 지리지 고구려조에도 자세히 기록되어 있다. 특히 지리지에서는 "주몽(朱蒙)이 흘승골성(紇升骨城)에 도읍을 세움으로부터 40년이 지나 유류왕(儒留王) 22년에 도읍을 국내성(國內城)으로 옮겼다. … 국내(國內)로 도읍하여 425년이 지나 장수왕(長壽王) 15년에 평양(平壤)으로 도읍을 옮기고, 156년이 흐른 후 평원왕(平原王) 28년에 장안성으로 도읍을 옮겼다"고 천도 시기와 도성이었던 기간을 정리하였다. 고구려의 도성을 조기 도성, 전기 도성, 중기 도성, 그리고 후기 도성으로 구분한 견해(민덕식, 1989)는 이를 근거로 한 것이다.

그런데 『삼국사기』에는 장수왕 이전에도 평양으로 천도한 기사가 확인된다. 즉, 동천왕 21년(247년) 평양성을 축조하였다는 기사와 고국원왕 13년(343년) 평양동황성으로 이거하였다는 기사이다. 이러한 장수왕 이전의 평양에 대해서 기존에는 북한 연구자 중심으로 현재의 평양 지역으로 보는 인식이 많았다(채희국, 1957; 정찬영, 1966; 남일룡, 2006). 반면 최근에는 한국에서도 동천왕대에 평양성을 축조했다고 보거나(이도학, 2015), 평양동황성을 평양 일대 또는 주변으로 보는 견해가(민덕식, 1989; 김지희, 2016; 기경량, 2020) 지속적으로 나오고 있다.

이렇게 동천왕, 고국원왕, 장수왕에 걸쳐 평양 관련 기록이 전하지만, 『삼국사기』 지리지에서는 기본적으로 장수왕대에 평양성으로 도읍을 옮겼다는 것을 획기라고 할 정도의 실질적인 천도로 이해한 것으로 보인다. 그리고 이 장수왕대의 평양성에서 평원왕대의 장안성으로 도읍을 옮겼다는 것을 이와 동등한 수준의 천도로 이해하였다고 할 수 있다. 그런데 이 지리지 고구려조에는 이러한 연대기적 인식과는 전혀 다른 내용도 함께 부기되어 있어 주목할 필요가 있다. 주석의 내용을 보면 『당서(唐書)』에는 "평양성은 또 장안이라고 불렀다"(불천설(不遷說))라고 되어 있는 데 반해, 『고기(古記)』에 "평양에서 장안으로 옮겼다"(이도설(移都說))고 하는 점을 들어 "이 두 성이 같은 것인지 다른 것인지, 멀리 떨어져 있는지 가까웠는지를 알 수 없다"는 것이다. 『삼국사기』 찬자의 입장에서는 문헌자료를 검토한 결과 불천설과 이도설의 근거가 동시에 존재한다는 것을 확인하고, 이를 검토하여 본기를 편찬할 때는 평양성과 장안성을 각기 다른 곳으로 보는 이도설을 채택하였던 것이다. 찬자는 『당서』로 대표되는 중국 자료와 『고기』로 대표되는 국내 자료를 비교하여 국내 자료를 채택하였지만, 그럼에도 의문이 남기 때문에 기록으로 남겼던 것 같다. 이 중국 측 자료를 합리적이라고 보는 견해는 1950년대 일본 연구자에 의해 체계적인 불천설로 정리되었다(三品彰英, 1952).

어쨌든 『삼국사기』에서 연대기의 기준이 된 이도설은 비록 평양성과 장안성의 위치에 대한 획정은 되지 않았지만, 이를 기반으로 한 문헌 발간이 이어졌다. 이와는 별도로 15세기 후반이 되면 장안성의 위치를 새롭게 추정한 지리지도 나왔다. 『신증동국여지승람(新增東國輿地勝覽)』 평안도 평양부고적조에는 장안성을 "대성산 동북쪽에 있다. 흙으로 쌓았으며, 둘레가 5,161척이요, 높이가 19척이다"라고 정리한 후, 여기에 더하여 "고구려 평원왕 28년(586년)에 평양에서 이곳으로 옮겨와 살았다. 성 가운데에 안학궁(安鶴宮) 옛터가 있다"고 부기하였다. 이는『신증동국여지승람』의 찬자가 현재 평양시의 중심지역을 평양으로 보고, 대성산 동북쪽에 있는 토축 성을 장안성으로 보았으며, 그 가운데 안학궁이 있다고 여겼다는 것을 잘 보여준다.

이러한 인식은 1590년에 윤두수가 편찬한『평양지』에도 이어져, 연혁(沿革)조에서는 장수왕 15년(427년)의 천도를, 성지(城池)조에서는 대성산성을 설명하면서 그 동북쪽에 586년에 이거한 장안성과 안학궁 고지(古址)가 있음을 간략하게 정리하였다. 19세기 전반 한치윤이 지은『해동역사(海東繹史)』궁실지에서는 "양원왕 8년(552년)에 장안성의 안학궁을 건축하였으며, 평원왕이 옮겨 도읍한 옛터가 지금 평양부 북쪽에 있는 구룡산(九龍山) 위에 있다"고 설명하고 있다. 여기에서는 '장안성의 안학궁'이라고 하여 좀 더 분명하게 한 점을 확인할 수 있다. 이렇게 평양성과 장안성을 별개로 보는 인식은 지속되었지만, 장안성의 위치는 현재의 대성산 아래 안학궁지로 보는 것이 일반적이었던 것으로 생각된다.

장안성에 대한 위치 비정과 달리, 장수왕대의 평양성에 대해서는 크게 이론이 없었던 것 같다. 다만 양란 이후 18세기에 들어서 평양의 북성 등 관방시설을 복구하는 과정에서 각석이 출토되자(『평양속지(平壤續志)』), 이것이 본격적으로 평양성의 위치에 대한 명확한 근거로 이야기되기 시작한다. 1830년 김정희(金正喜)는 병술년(丙戌年, 1766년)에 출토된 각석과 새롭게 외성오탄(外城烏灘) 아래서 출토된 각석에 쓰인 기년명을 '기축(己丑)'으로 판독하고, 이를 고구려 장수왕대인 449년에 이루어진 축성 내용이 담긴 '고구려고성석각(高句麗故城石刻)'이라 정의하였다(『해동금석원(海東金石苑)』). 이후 오경석도 이 지역에서 추가적으로 각석을 발견하면서 평양성의 북성과 외성이 모두 고구려 장수왕대에 축성된 것으로 이해하게 된다(田中俊明, 1985).

이를 바탕으로 평양성의 폐기된 성벽은 고구려 장수왕 때 만들어진 것으로 이해하게 되었지만, 외성 내부에 보이는 독특한 구조에 대해서는 전혀 다른 시각이 상존하였다. 바로 기자의 정전과 관련된 유적, 기전유제(箕田遺制)라는 것이다. 『고려사(高麗史)』 지리지 평양부조에는 "고성 유적 하나는 기자 때 축성된 것이며, 성안은 정전제(井田制)를 써서 구획하였다"는 기사가 전한다. 『신증동국여지승람』 평양부고적조에서도 "외성 안에 정전이" 있으며 "정전유적이 완연하다"고 하였다. 이러한 외성 내부의 소위 정전제 관련 유적을 직접 조사하고 체계적으로 정리한 인물이 한백겸이다(『구암유고(久菴遺稿)』). 그의 정전제설은 이후 많은 학자에게 평양성 내부에 있는 유적이 고구려 유적과 관련 있다기보다는 기자의 유적이라는 인식을 갖게 하였다. 물론 이와 달리 정약용은 이 유적을 기자의 정전이 아닌 고구려 멸망 이후 주둔하였던 당군의 둔전이었을 것이라고 주장하였지만, 고구려의 것이라고 보지 않았다는 점은 다르지 않다(기경량, 2017).

위에서 살펴본 바와 같이 19세기까지의 평양성과 장안성에 대한 기본적인 인식은 이도설을 기반으로 하고 있다고 할 수 있다. 다만 장안성을 안학궁으로 보았기 때문에 평양성에서 확인된 각자성석(刻字城石)을 장수왕대로 비정할 수밖에 없었다는 근본적인 한계도 함께 갖게 되었다.

그런데 이러한 전통적인 장안성 인식에 변화가 생기기 시작하였다. 19세기 말부터 진행된 일제의 평양 지역 진출은 20세기 초 본격적인 조사로 이어진다. 이때 새로운 방법론을 가지고 참여한 인물이 세키노 다다시(關野貞)이다. 그는 기존의 정전 또는 둔전으로 이해되었던 평양성 외성 내부의 구획을 고대 도성의 조방제로 보고 이를 평원왕대의 장안성으로 이해하였다(關野貞, 1909). 이에 따라 장수왕대의 평양성은 기존의 장안성으로 여겨졌던 대성산성과 안학궁으로 변경하였다. 이후 추가적인 조사성과를 바탕으로 안학궁 대신 청암리토성을 하나의 세트로 바꾸기는 하였지만(關野貞, 1928), 기본적인 설정은 이때 완성된다. 이는 기존의 '평양성에서 안학궁으로 도성을 옮기는 이도설'과 정반대로 설정된 '안학궁에서 평양성으로 옮기는 이도설'이라고 할 수 있다. 이후 장안성의 위치에 대한 인식은 북한 학자들의 추가적인 연구를 통해 현재의 평양성으로 확정되었다.

2) 장안성 축조과 이도의 배경

이렇게 현재의 평양성으로 위치가 확정된 장안성의 축조 목적은 크게 고구려 도성의 발전이라는 측면과 내외정세에 대처하기 위한 군사적 측면으로 나누어서 검토할 수 있다(민덕식, 1989). 우선 고구려 도성의 발전적 측면을 중심으로 볼 때 장안성부터 본격적인 도성이라는 용어를 사용할 수 있는 단계라는 견해가 나온 바 있다(채희국, 1965; 최희림, 1978). 채희국은 장안성을 고구려 도성의 효시로 보았다. 장안성 축성은 고구려 성제의 발전에 큰 계기가 되었고, 이와 같은 도성의 발생은 성의 발전에서나 도시의 발전에서 획기적인 것이라고 규정하면서, 이전 시기에 산만하였던 도시 구성이 짜임새를 갖게 되었는데 이는 사회 생산력 발전의 결과라고 보았다. 최희림은 기존의 안학궁성과 대성산성과 같은 평지성과 산성을 함께 가지고 있는 도성제도가 갖는 한계를 극복하고, 산성의 이점과 평지성의 이점을 결합한 강력한 방어력을 가진 발전된 수도성이 필요했기 때문에 장안성을 축조하였다고 보았다.

이러한 도성 발전이라는 측면과 함께 최근에는 장안성 축조의 배경을 보다 다양한 시각에서 검토하기 시작하였다. 장안성 축조가 매우 긴 기간 동안 계획적으로 이루어졌다고 보는 견해에서는 외부 충격에 의한 갑작스러운 추진보다는 국내적인 상황을 근본적인 원인으로 이해하였다.

우선 장안성을 축조하였다는 양원왕대의 정세를 검토한 견해(김희선, 2006)에서는 이 시기가 왕권의 약화와 귀족세력 간의 분열로 인해 정국이 불안정한 시기였다는 점에 주목하였다.

『일본서기(日本書紀)』권19 긴메이(欽明)천황 6년조, 7년조에는 양원왕의 즉위 과정과 관련하여 당시 상황을 보여주는 내용이 전한다. 당시 세자였던 양원왕이 추군(麤群)으로 불리는 정치세력의 도움으로 세군(細群)으로 불리는 반대세력을 숙청하고 왕위에 올랐다는 이야기이다. 당시 왕위 계승을 둘러싸고 외척세력이었던 추군과 세군 사이의 무력충돌로 2,000명이 희생되었다고 하니, 정치세력 간의 다툼이라고 하기에는 매우 큰 정쟁이었다. 연구자들은 이러한 즉위 과정을 당시 정치상황의 변화, 고구려 왕권의 위상 하락과 귀족세력의 성장을 보여주는 것으로 이해하기도 한다. 나아가 양원왕 즉위 시 반대세력이었던 세군 세력을 구도(舊都)인 국내성을 기반으로 한 귀족세력으로, 이들과 대립하는 추군 세력을 평양을 지역 기반으로 하는 신진귀족세력으로 상정한 견해도 나왔다(임기환, 1992).

이러한 인식을 바탕으로 양원왕 2년 "왕도(王都)의 배나무 가지가 이어졌다"는 기사를 즉위 시 혼란이 어느 정도 수습된 것을 상징하는 것으로 보는 견해(민철희, 2002)나 양원왕 4년 "환도(丸都)에서 가화(嘉禾)

를 바쳤다"는 기사를 환도 지역의 귀족세력이 양원왕에게 복속한 것으로 보는 견해(임기환, 1992)가 제기되었다. 이와 같이 즉위 초반 정치적 안정과 왕권이 강화되어 가는 과정을 보여주는 것으로 보아 외성의 축조와 도시 건설을 염두에 둔 장안성으로의 천도 또한 사전에 계획되었을 가능성이 높아졌다(김희선, 2005). 나아가 즉위 시 혼란을 수습하고 자신의 즉위를 도운 추군 세력을 중심으로 중앙귀족세력을 재편성하기 위해 장안성 천도를 도모하였을 것으로 추정하였다.

하지만 양원왕 13년(557년)에 환도에서 간주리(干朱理)의 반란이 일어난 것을 볼 때, 여전히 즉위 반대세력의 중심지라고 생각되는 환도 지역은 정치적으로 안정되었다고 보기 어렵다.

따라서 이러한 양원왕대의 국내 정세로 보아, 이전 도성과 달리 일반 거주민을 보호하는 외성과 일정한 구획을 갖춘 도시건설 계획을 포함한 대규모 신도(新都) 장안성 건설과 같은 국가적 사업을 추진하기 어려웠을 것이다. 그렇다면 당시 장안성의 축조는 대규모의 천도를 염두에 둔 것이 아니라 일종의 정국 전환용으로 한정적인 부분에서 진행되었을 가능성이 있다(김희선, 2005).

양원왕대의 장안성 축조와 달리 평원왕대의 천도는 국내적 상황과 관련하여 전통적인 구귀족세력과 구분되는 신진정치세력이 대거 등장한 시기라는 점이 부각되기도 하였다(임기환, 1992). 장안성 축조 시작 직후 정국 불안은 새로운 신도 건설을 결정하고도 제대로 축성공사를 진행하지 못한 주요 원인으로 작용하였다고 본 견해도 있다(김희선, 2006).

이러한 견해들은 장안성의 초축 시기와 내성 축조 시기 사이의 시간적 공백을 쉽게 설명해준다. 장안성은 축조가 개시된 지 근 14년 만에야 내성의 축조가 시작되었는데, 이를 단순히 성 자리를 정비하고 인원 징발과 같은 준비사업을 진행하는 데 걸린 시간이라고 보기에는 기간이 너무 길다. 이는 천도 전 왕궁만을 먼저 축성하였다고 보는 견해(민덕식, 1989)와는 차이가 있는데, 양원왕 8년(552년)에 축조가 개시된 이래 평원왕 8년(566년)에 이르기까지 장안성의 축조공사는 제대로 진행하지 못했던 것으로 보았다.

장안성의 본격적인 축성사업은 평원왕대에 이르러 추진된 것으로 보이는데, 평원왕대는 양원왕 말년의 정국 혼란과 달리 안정적인 정국 운영이 이루어진 것으로 추정하였다.

이러한 인식은 평원왕 2년(560년)의 대사면(大赦免)에 관한 기사를 양원왕 말년 간주리의 반란에 가담했던 환도 지역의 귀족세력에 대한 일종의 정치적 사면으로 해석하여 당시 평원왕이 환도의 귀족들과 정치적인 타협을 모색하였을 것으로 보는 견해(임기환, 1992)를 기반으로 한 것이다. 이와 함께 평원왕 13년(571년)에 패하(浿河) 벌판에서 50일 동안 행해졌다는 사냥에 관한 기사를, 당시 평원왕이 군사권을 장악하고 있었으며, 정치세력의 분열에 따른 혼란의 종식과 추락했던 왕권이 다시 안정되었음을 의미하는 것으로 보는 견해(민철희, 2002)도 이를 방증하는 것으로 보았다. 이처럼 평원왕대의 정국 안정이 장안성 축성공사를 안정되게 추진할 수 있는 밑바탕이 되었다는 것이다. 평원왕 8년(566년)에 내성이 축조된 것과 평원왕 11년(569년)에 외성이 축조된 것, 그리고 평원왕 28년(586년)에 천도가 단행된 것을 모두 평원왕대에 정국 안정이 이루어지고 내외통치권이 확립되었기 때문에 가능했다는 것이다. 한편 외성의 축조 시기를 평원왕 31년(589년)으로 보는 견해를 따를 경우 평원왕대의 정국 안정이 더 길었다고 보게 된다.

이러한 국내 정세와는 별도로 급격한 대외 정세 변화도 장안성의 축조와 이도(移都)의 배경으로 논의되기도 하였다. 그중 장안성 축조 배경의 하나로 논의된 것이 신라의 북상이다(이성시, 1990). 이는 장안성을 축성한 시기가 신라의 고구려 침입 직후였기 때문이다. 양원왕 7년(551년)에 신라와 백제의 동맹군이 연합하여 고구려의 남부지역을 점령하였다. 이후 신라는 백제의 점령지였던 한강 하류 유역마저 차지하고 신주를 설치하였다. 신라의 영역 확장과 그로 인한 군사적 대치는 고구려의 대응을 가져왔고, 그중 하나가 장안성 건설이라는 것이다.

여기에 더하여 당시 돌궐의 위협도 새로운 방비가 필요하였을 것이라는 가능성도 제기되었다(민덕식, 1992). 550년에 동위(東魏)를 계승한 북제(北齊)는 고구려를 압박하였지만, 한편으로는 강력한 세력을 가지고 남하하는 돌궐에 군사적 대응을 하기 시작하였다. 당시 돌궐은 유연을 격파하고 흥안령을 넘어 동진하였는데, 이는 고구려에게도 큰 위협이 되었다고 한다.

양원왕 3년(547년)에 고구려는 돌궐의 위협에 대비하여 서북방 방어의 중요 거점인 신성과 백암성을 수리·개축하였는데, 이것은 당시 고구려가 중국의 정세와 주변 민족들의 움직임을 간파하고 행한 대응이었다는 것이다(민철희, 2002). 실제로 신라가 한강 유역을 공취하던 양원왕 7년(551년)에 돌궐은 고구려의 신성과 백암성을 공격하였는데(護牙夫, 1967), 고구려는 이에 대한 대비를 하였던 것이다. 북제나 돌궐의 동향이 고구려의 주요 중심지인 요동 지역에 대한 직접적인 위협이 될 수 있는 상황에서 고구려가 장안성을 축조하였던 것이다(김희선, 2006).

김희선은 장안성의 초축 단계에서부터 이미 외성의 축조와 도시 건설을 염두에 두었을 가능성이 큰 것으로 보고, 552년의 시축(始築) 이전에 이미 충분한 검토와 논의가 이루어졌을 것이며, 551년 이후 신라의 급격한 북상과 돌궐의 세력 확장 또한 수도 방비체제 강화의 필요에 따른 신도 장안성의 건설을 촉구하였다고 보았다.

다만 당시 신라와 돌궐의 위협이 심각한 상황으로 진전될 정도로 지속적인 것은 아니었다고 보았다. 차츰 대외상황이 안정되면서 정치적으로 혼란하였던 고구려의 내분도 평원왕 즉위 이후 점차 수습되었다는 것이다.

김희선은 이러한 대내외적인 안정을 기반으로 평원왕대에 이르러 장안성으로의 천도 또한 본격적으로 추진되었다고 보았다. 내·외성의 축조와 궁궐, 정원, 관청 등의 건설, 그 밖의 일정한 구획선을 갖춘 도시건설사업, 그리고 전기 평양성을 포괄하는 도성 규모의 확대 등 장안성으로의 천도 준비가 계획적으로 이루어졌다는 것이다.

그런데 외성의 축조 과정에서 살펴보았듯이 평원왕 28년(586년)에 이루어진 천도는 장안성 완공 전에 미리 단행되었다. 뒤에서 다룰 장안성이 42년 걸려 완성되었다는 각석에 관한 기록을 긍정할 수 있다면, 장안성 건설공사가 완전히 마무리된 것은 영양왕 4년(593년)으로 추정되기 때문이다. 이렇게 완공도 되기 전에 장안성으로 이도가 단행된 배경을 수(隋)의 출현 이후 진행된 동아시아의 정세 변화로 이해하는 견해는 비교적 일찍부터 제기되었다(민덕식, 1992; 김희선, 2006).

수가 평원왕 23년(581년)에 건국되자 고구려는 즉각 사신을 파견하여 조공하였고, 이후 평원왕 26년(584년)까지 계속해서 매년 2~3회씩 사절을 수에 파견하였다. 584년에 수 문제가 고구려 사신을 궁궐의 정전인 대흥전(大興殿)에서 융숭히 대접하였다는 기록을 통해서도 고구려뿐 아니라 수 역시 일단 우호적인 관계를 유지하고 있었다고 할 수 있다.

다만 고구려는 여러 차례 수에 조공 사절을 파견하며 외교적인 노력을 기울이면서도 앞으로 닥칠지 모를 수와의 대결에 대비하여 그 방비책을 마련하고 있었다고 할 수 있다. 고구려는 평원왕 27년(585년)에 남조의 진(陳)에 사신을 보내 수를 견제하고 다음 해에는 장안성이 완공되기 전인데도 불구하고 이도를 단행하였던 것이다. 이에 대해 김희선은 수의 팽창 의도에 대비하기 위해 방위체제가 강화된 장안성으로의 천도를 서두름으로써 수에 대한 방비책을 모색하였던 것으로 보았다. 실제 수는 진을 멸망시킨 이후 고구려에 보낸 조서에서 침공의 가능성까지 거론하고 있어(『수서』권81 고려전), 당시 고구려가 수로부터 받고 있던 압력의 정도가 심각하였음을 알 수 있다. 이에 따라 고구려는 진의 멸망 이후 수에서 눈치챌 정도로 병사를 정돈하고 곡식을 축적하는 등 거수지책(拒守之策)을 마련하고 있었다. 이러한 일련의 상황 속에서 장안성 마무리 공사가 영양왕 4년(593년)에 완료되었다.

민덕식은 이러한 국내외적인 정세 변화에 대한 인식을 바탕으로 처음 장안성 축조 계획은 내성 축조와 관련 있고, 이후 이도와 나성 축조는 처음부터 계획된 것은 아니라고 보았다(민덕식, 1992). 이는 결국 『삼국사기』에 장안성 축조와 이도가 별개 기사로 수록되게 된 원인이라는 것이다.

그렇다면 기존 장안성 구조와 관련하여 가장 중요하게 다루어야 할 궁궐의 위치에 대한 문제도 함께 살펴볼 필요가 있다. 처음으로 장안성의 구조에 대해 검토하였던 세키노 다다시는 궁궐의 위치에 대해 장안성 내에서 장대한 규모의 대지와 다량의 고구려 기와가 확인된 내성에

한 곳, 북성에 한 곳, 그리고 외성에 접한 중성에 한 곳, 이렇게 세 곳의 후보지를 추정하였다(關野貞, 1928). 현재는 일제강점기 조사를 통해 고구려시기의 주춧돌 등을 확인하고 지형적으로도 건축물이 있었던 대지로 보이는 구역이 있어 내성 만수대 주변을 궁궐 후보지로 보는 견해가 일반적이다(민덕식, 1989). 나아가 내성과 같은 지형적 특징이 있는 공간에 고구려 궁궐이 위치하였다는 인식을 바탕으로 이를 고구려 특유의 궁궐 위치 선정 인식으로 보기도 한다(기경량, 2017). 이와는 달리 중성은 궁궐이 존재하는 내성을 방어하는 전략적 측면을 가지고 있으며, 수·당의 장안성처럼 궁성 전면의 관청지구인 황성으로 삼았을 가능성을 고려하거나, 여기서 한 걸음 더 나아가 위진남북조 이래의 동아시아 도성의 궁궐 위치를 참고하여 중성 창광산 아래의 대지에도 고구려의 궁궐이 있었을 가능성을 제기하기도 하였다(양정석, 2014).

따라서 당시 고구려의 궁궐 위치와 관련해서는 후보지 중 한 곳만을 궁궐로 봐야 할지, 두 곳만 궁궐로 봐야 할지, 아니면 세 곳 모두를 궁궐로 봐야 할지, 나아가 궁궐 위치가 시기에 따라 변경되었던 것인지 등에 대해 추가적인 조사와 연구가 필요할 것이다. 외성은 중성이나 내성과는 달리 일반 백성이 거주하던 지역으로, 이곳에서 상업·수공업을 비롯한 다양한 생산활동이 이루어졌을 것으로 여기고 있다.

2. 장안성 축성 시기와 과정의 복원

1) 축성 시기 복원의 핵심, 각자성석

『삼국사기』 고구려본기에는 장안성과 관련된 두 사료가 전한다. 양원왕 8년(552년)조의 "장안성을 축조하였다(築長安城)"는 기사와 평원왕 28년(586년)조의 "장안성으로 도읍을 옮겼다(移都長安城)"는 기사가 그것이다.

이 두 사료에서 하나는 장안성을 축조하였다는 것이고, 다른 하나는 도읍을 옮겼다는 것이기 때문에 그 흐름상으로 보면 하나의 과정으로 생각할 수 있다. 다만 장안성을 축조하였다는 기사를 완공으로 보면 완성된 후로 무려 34년이 흐른 후에 도읍을 옮긴 것이 되기 때문에 쉽게 이해하기 어렵다. 이에 따라 연구자들은 『삼국사기』 양원왕 8년조의 장안성 축조 기사는 완공이 아닌 시축으로 보는 경향이 많다. 이렇게 보면 장안성의 축조가 552년에 시작하여 586년에 이르러 일단락되어 도읍을 옮길 수 있었다는 것으로 정리할 수 있다.

다만 이 두 기록만으로는 앞에서 다루었던 외성, 중성, 내성, 그리고 북성으로 이루어진 거대한 장안성이 어떤 성부터 만들어졌는지, 어떤 과정을 거친 것인지, 최종 마무리는 어떤 성에서 이루어졌는지 등 장안성의 축조 과정을 알기는 어렵다. 그런데 이러한 정보를 가지고 있는 자료가 고구려가 멸망하고 1,000년이 지난 조선 후기에 평양 지역의 관방시설이 새롭게 정비되면서 조금씩 알려지기 시작하였다.

장안성의 축조와 관련하여 『삼국사기』의 내용을 보완해줄 수 있는 정보가 담겨 있는 자료는 평양성 각자성석이다. 현재까지 확인된 각자

그림2 | 장안성 추정 복원도(양정석, 2014, 동북아역사넷)

성석은 모두 6점인데, 실물이 전해지는 것은 3개(제2석, 제4석, 제5석) 뿐이다. 이 중 1점은 그 내용만 전하고 있고, 다른 것과는 성격도 조금 달라 별도로 이야기되고 있다. 각자성석은 그간 많은 연구자들에 의해 다루어졌는데, 여기서는 일단 축성 과정과 관련하여 각자성석이 제작된 시기를 중심으로 살펴보고자 한다.

각자성석은 고구려 장안성의 축성 과정에서 만들어진 것으로, 고구려 멸망 이후 오랜 기간 잊혀졌는데, 조선 숙종 40년(1714년)에 북성을 복구하는 과정에서 다시 세상에 그 존재가 드러났다(『평양속지(平壤續志)』권1 성지(城池)조). 이 성 아래의 석각(石刻)은 성벽의 면석에 "글자 새긴 성돌"(최희림)이라고 할 수 있다. 이에 대해『해동금석원(海東金石苑)』에는 "모성석각(某城石刻)",『삼한금석록(三韓金石錄)』에는 "모성각자(某城刻字)",『조선금석총람』에는 "성벽석각(城壁石刻)"(다나카 도시아키), 박방룡은 "명문성석(銘文城石)", 그리고 채희국과 최순희는 '각자성석(刻字城石)'이라고 하였다. 이렇게 다양한 용어가 사용되었지만, 최근에는 '각자성석'으로 쓰는 것이 일반적이다(민덕식, 1992).

『평양속지』에는 1791년에 발견된 이 각자성석에 대해서 구성(舊城) 아래에 있는 석각에 "本城四十二年畢役", 즉 이 성은 42년 만에 공사를 마쳤다는 내용이 전하고 있다. 다만 전하는 것이 여덟 자에 불과하여 이것이 전체 기록인지 아니면 속지에서 요약한 것인지는 명확하지 않다. 이 각자성석이 북성에서 나온 것을 보면 북성이 고구려 때 축성된 것은 분명한데, 42년 동안 북성만 쌓았다고 하기는 어렵기 때문에 장안성 전체 공사 기간으로 보는 견해가 제기되었다(정찬영, 1966; 田中俊明, 1985; 민덕식, 1992). 그런데 이렇게 보면 앞에서 언급한『삼국사기』에서 전하는 양원왕 8년(552년)의 장안성 축조와 평원왕 28년(586년)의 장안성 이도 기간인 34년과는 다르게 된다. 만약 552년에 축성을 시작한 것으로 보고 그로부터 42년이 걸려 완공된 것으로 보면 593년이 되므로, 장안성으로 이도한 이후에도 축성은 계속된 것이 된다. 이에 대한 논의는 향후 장안성의 축조 과정과 기간을 이해하는 핵심이 된다. 한편 이 각자성석을 고구려 당대로 보지 않는 견해(기경량, 2018)도 있는데, 이에 의하면 42년간이라는 시간적 의미도 함께 사라진다.

북성에서 발견된 각자성석과는 달리 1766년 새로운 종류의 각자성석이 발견되었는데, 이것이 바로 일반적으로 연구자들이 이야기하는 각자성석 제1석이다.

제1석 : 己丑年五月卄八日始役西向十日里小兄相夫若牟利造作

각자성석 제1석은 『해동금석원』에만 실려 있는데, 김정희의 증서를 바탕으로 한 것으로 실물이나 정식 탁본이 있는 것은 아니다. 1829년 김정희가 쓴 제발(題跋)에는 정확히 어디서 발견되었는지 밝히지 않았다. 그럼에도 이 제1석의 위치를 추정하는 연구는 제2석, 제3석과의 관계를 설정하기 위해 지속적으로 나오게 된다. 다만 여기에 쓰인 간지인 기축을 장수왕대의 기축년(449년)으로 본 것은 김정희가 이 각자성석이 확인된 성을 장수왕대에 천도하였다는 평양성으로 보았다는 데 기인한다. 이는 대성구역의 안학궁을 평원왕대에 이도한 장안성으로 여겼던 조선시대의 통설을 따른 것이라고 할 수 있다.

그런데 『조선금석총람(朝鮮金石總覽)』에는 이 기축년을 평원왕 11년(569년)으로 보았다. 이는 세키노 다다시 등에 의해 이미 이 성을 장수왕대의 평양성이 아닌 장안성으로 보는 설이 대두되었기 때문이다. 이후 북한 학계에서도 이 성을 장안성으로 파악하였기 때문에 기축년을 552년 이후인 569년으로 보았다(최희림, 1978).

이후 일본 연구자 다나카 도시아키는 이와는 달리 기축년을 제2석 등에서 확인된 기유년의 오기로 추정하여 새로운 입론을 만들기도 한다(田中俊明, 1985; 2003).

이렇게 간지에 대한 해석은 연구가 진행되면서 달라지게 된다. 그런데 이 장안성의 각자성석에는 연월일로 명확하게 축성 시점이 밝혀져 있고, 축조 방향과 거리, 책임자 등이 기록되어 있어서 이후 연구자들은 연구방향을 바꾸어 장안성 축조 과정 자체를 어느 정도 복원할 수 있게 된다.

제2석 : 己酉年[三]月卄一日自此下向東十二里物苟小兄俳須百頭作節矣

각자성석 제2석은 『해동금석원』뿐 아니라 이후 『삼한금석록』에도 실렸다. 『삼한금석록』이 인용한 『평양지』에는 이 각자성석은 "기축년(1829년) 홍수로 구루성(九壘城), 즉 평양의 외성이 무너지면서 2개의 지석(誌石)이 나왔다"고 하는데, 그중 하나라고 한다.

제1석은 어디서 나왔는지 알 수 없지만, 제2석의 경우 김정희는 "외성의 오탄 아래(外城烏灘下)"라고 했고, 『삼한금석록』의 편자인 오경석은 1855년 오탄 강기슭, 여기에 더하여 한사정(閑似亭)에서 직접 찾아보았다고 했다. 이후 최희림은 이곳을 양각도 위쪽 외성의 남벽으로 추정하였다(최희림, 1967). 이곳은 한사정의 주변으로 다나카 도시아키도 이 지역을 각자성석의 출토 지점으로 보았다(田中俊明, 1985). 그러면서 여기에 더하여 위치를 특정하지 못했던 제1석을 한사정의 서편에 있었다고 추정하였다. 이 견해로 원래 각자성석이 발견되었다는 오탄과 더 멀어지면서, 오탄 자체가 출토 지점 논의에서 빠지게 된다. 민덕식은 제1석의 축조 방향 표시방식이 다르고 서향이라는 것도 나성 내에서는 방향이 마땅하지 않다는 점을 들어 새롭게 추론하였다. 즉 각자성석 제1석의 내용이 중성의 남벽 동단인 대동교 부근에서 서쪽으로 이어지는 중성의 남벽과 비교하면 서로 합치된다는 것이다. 이를 바탕으로 이 각자성석 제1석이 대동교 부근 오늘날의 오탄 일대에서 발견된 것이 아닐까 하는 추정을 하였던 것이다. 더불어 제1석에만 '자차(自此)'라는 말이 없는데, 만약 생략된 것이 아니라면 각자성석 제3석과의 접합 지점인 나성 서벽의 다경문 북쪽 자성 동쪽에 위치하면서 내성의 서벽과 만나는 지점에서 서남쪽으로 쌓았다는 표시로 서향이라고 하였을 가능성도 제기하였다(민덕식, 1993).

이렇게 대동강의 오탄과 반대편 보통강까지 장안성의 동서로 출토 위치를 추정할 수 있는 것은 제1석의 위치를 모르기 때문이다. 그럼에도 민덕식이 오탄을 염두에 둔 것은 그 경우 중성의 남벽을 외성과 함께 고구려 때 동시에 축조한 것으로 볼 수 있기 때문이다. 이렇게 중성과 제1석을 연계하여 이해하는 인식은 최근에 다시 제기되고 있다(기경량, 2017).

『해동금석원』과 『삼한금석록』은 모두 간지를 기축년으로 보았고, 북한의 연구자 채희국과 최희림도 기축년으로 판독하였다. 그런데 이 각자성석은 『삼한금석록』의 편자인 오경석의 아들 오세창이 소장하고 있었고, 이후 이화여자대학교박물관에 수장되어 있었다. 당시 이를 새롭게 해독한 이노우에 히데오와 황수영은 기축이 아닌 기유일 가능성을 제기하였다(井上秀雄, 1976; 황수영, 1976). 그리고 제2석을 체계적으로 판독한 연구(최순희, 1979)가 나온 이후 대부분의 연구에서 이 각석의 간지를 기유년으로 판독하고 있다. 이는 이후 다른 두 각자성석에 대한 판독에도 영향을 미치게 되고 세부적인 판독도 연구자마다 상당히 다르게 진행된다(정원철, 2010). 여기서는 '자차'라고 하여 제1석의 '시역(始役)'과 차이가 나는데, 다른 각자성석에서 모두 '자차'로 되어 있어 제1석의 '시역'을 오독으로 보는 견해도 있다. 어떻게 보든 이들은 '여기서부터'라는 의미로 보아 축성이 시작된 지점을 분명히 한 것으로 볼 수 있다.

제3석 : 己丑年三月卅一里自此下向□[下]二里丙[中]百頭上位使尒丈作節矣

각자성석 제3석은 『해동금석원』에 실리지 않았지만, 『삼한금석록』이 인용한 『평양지』에 나오는 두 지석 중 또 다른 하나이다. 제2석과 달리 현재 전하지 않는다.

제3석의 간지에 대해서는 제2석과 달리 연구자 사이에도 의견이 갈린다. 제1석도 기축년이 아닌 기유년으로 보는 견해가 있기 때문에 이를 세 개의 각자성석 간지에 대한 인식을 함께 정리해보면 다음과 같다.

우선 제1석과 제3석은 기축년으로, 제2석은 기유년으로 보는 견해가 있다(민덕식, 1992; 김희선, 2005). 다음으로 제1석, 제2석, 제3석 모두를 기유년으로 보는 견해가 있다(田中俊明, 2003; 민덕식, 2003). 마지막으로 제1석은 기축년으로, 제2석과 제3석은 기유년으로 보는 견해가 있다(여호규, 2005; 심정보, 2006). 이렇게 연구자마다 견해를 달리하는 이유는 각자성석의 위치나 내용의 관계를 고려하여 그려내는 당시 상황에 대한 인식에 차이가 있기 때문이라고 할 수 있다.

출토 위치를 통해 볼 때 제2석, 제3석은 나성, 즉 외성의 축조와 관련되었다고 보는 것이 일반적인 데 비해, 제1석은 외성과 관련된 것으로 보거나(田中俊明, 1985), 중성과 관련하여 이해하는 견해도 있다는 점을 확인할 수 있다(민덕식, 1993; 기경량, 2017). 반면 내성의 경우에는 출토 위치가 분명하기 때문에 다른 문제를 중심으로 논의가 진행되었다.

제4석 : 丙戌二月中漢城下後部小兄文達節自此西北行涉之

　각자성석 제4석은 1913년 모란대 아래의 도로를 개수할 때 발견하였는데(淺見倫太郎, 1914), 내성 동벽과 연결되는 옥류교 부근이라고 추정하고 있다(최희림, 1978).

　현재 평양 중앙력사박물관에 소장되어 있는데, 비교적 잘 남아 있어 판독에 대해 이견이 많지 않다. 다만 '二'자 앞에 '十'이 있는 것으로 보는 견해에서는 12월로 보았고(최희림, 민덕식, 김희선), '十'이 없는 것으로 보는 견해에서는 2월로 판단하였다(田中俊明, 여호규, 김창호, 정원철). 일반적으로는 『삼국사기』의 축성 관련 기사를 검토하여 고구려에서 12월에 축성을 한 경우가 없는 데 비하여 2월에 축성공사가 많았던 것을 근거로 하여 현재는 2월로 보는 견해가 우세하다.

　어쨌든 552년 이후의 병술년은 566년이 되므로 이를 바탕으로 내성의 축조는 장안성을 쌓기 시작한 지 14년이 지나서라고 할 수 있다. 물론 이때 축성이 시작된 것인지 아니면 완공된 것인지에 대한 문제는 남게 된다. 그보다 일찍 시작될 가능성도 있기 때문에 내성의 성벽은 늦어도 566년에는 시작된 것으로 보아야 한다는 견해(정원철, 2010)도 제기되었다. 이와 별도로 외성에서 발견된 각자성석의 기축년을 569년으로 보는 견해에서는 내성이 그 이전에 완성되었다고 보았다(최희림, 1978).

　어떻게 보아도 장안성을 축조하였다는 552년에서 본격적인 축성까지 14년의 차이가 있다는 점은 의문이다. 이에 대해 장안성 전체에 대한 구체적인 축조 계획의 수립과 노동력 징발, 식량, 숙소, 도구 확보 등 준비사업 때문이라고 보는 견해가 먼저 나왔다(최희림, 1967). 하지만 계획만으로 14년을 소모한다는 것은 이해하기 어렵기 때문에 그보

그림3 | 평양성 각자성석 제5석

다는 그 사이에 왕궁의 건설이 진행된 것으로 보기도 하였다(민덕식, 1992). 여기서 한 걸음 더 나아가 고구려 내부의 정치적 상황에 기인하는 것이 아닌가 하는 견해도 제기되었다(김희선, 2005).

제5석 : 卦婁盖切小兄加群自此東廻上□里四尺治

각자성석 제5석은 최희림이 1964년 내성 서남모서리에서 발견하였다. 이곳은 한국 학자들에 의해 그 위치가 확인되었는데(고구려연구재단, 2005), 내성의 서남모서리가 아니라 동남모서리에 더 가깝다고 한다(정원철, 2010).

다른 각자성석은 현재 남아 있지 않거나 이전되어 박물관에 수장되어 있는 데 비해, 제5석은 현재 성벽 기저부에서 세 번째 단인 원자리에 그대로 남아 있어 위치를 명확하게 알 수 있다. 아쉽게도 여기에는 간지가 기록되어 있지 않아 정확한 시기를 알 수 없다.

2) 장안성 축성 과정의 복원

각자성석을 발견한 장소에 대한 추정과 이에 대한 판독이 여러 연구자에 의해 이루어지면서 장안성의 축조 시점이나 범위에 대한 견해도 다양하게 제출되었다. 이에 따라 장안성의 축성 과정에 대한 다양한 해석이 나오게 된다. 대다수 연구에서는 각자성석이 장안성의 내성, 외성, 북성에서 확인되었다고 보았지만, 연구자에 따라 북성에서 나왔다는 각자성석은 해석 근거에서 제외시키기도 하고 각자성석 제1석을 외성이 아닌 중성과 관련된 것으로 보기도 하였다. 또 각자성석이 만들어진 시기에도 차이가 나기 때문에 이를 어떻게 해석하느냐에 따라 장안성 전체의 조성 과정을 이해하는 방식도 달라지게 된다.

이러한 장안성 축성 과정에 대한 본격적인 연구는 제5석이 확인된 1964년부터 북한에서 시작되었다.

우선 채희국은 북성에 있는 영명사를 광개토왕 2년(392년)에 창건하였다는 9사와 연결하여 이해하고 있다. 이렇게 볼 경우 북성은 이보다 먼저 축조되었을 가능성이 있다고 보고, 최근에는 청암리토성을 쌓은 시기(남일룡, 2001)로 여기는 247년을 북성 축성이 시작된 시기로 추정하였다. 이후 『삼국사기』 기록에 근거하여 장안성을 축조하였다는 552년부터 장안성으로 도성을 옮겼다는 586년 사이에 내성과 나성이 축성되면서 전체 도시를 포괄하는 대규모 도성건축으로까지 발전한 것으로 보았다(채희국, 1965).

정찬영은 『삼국사기』 기록에 더해 본격적으로 각자성석을 활용하였다. 『평양속지』에 나오는 북성 각자성석의 42년이 완공 시점을 보여주는 것이며, 오탄 출토의 각자성석 제1석과 제2석의 간지는 공사의 착공 시점을 보여주는 것으로 보아, 평양성은 『삼국사기』에 나오는 552년에 공사를 시작하여 42년이라는 공사 기간이 걸려 평양성으로 천도한 586년보다 7년 늦은 593년경에 완공되었다고 추정하였다(정찬영, 1966).

최희림은 이러한 내용을 체계화하여 552년 평양성 축성 계획을 세우고 10여 년의 준비 기간을 거쳐 병술년인 566년부터 내성과 북성을 쌓기 시작하여 을축년인 569년경에 완성하고, 나성과 중성은 569년경에 축성을 시작하여 570년대 말에 완공하였다고 보았다. 그리고 586년에 수도를 평양성으로 옮긴 이후에도 작은 규모의 공사를 몇 해 계속 보강하여 평양성의 축성에는 모두 42년이 걸렸다고 보았다(최희림, 1967; 1978).

이들 북한 연구자들의 세부적인 축성 과정에 대한 인식은 조금씩 차이가 있지만, 내성에서 나온 각자성석의 병술년을 566년으로 보거나, 외성에서 나온 각자성석의 기축(己丑)을 569년으로 보는 것은 동일하다(葛城末治, 1935; 채희국, 1965; 정찬영, 1966; 최희림, 1978).

그런데 각자성석 제2석의 간지가 기축이 아니고 기유라는 견해가 1976년 한국과 일본에서 나오면서 북한을 중심으로 이루어지고 있던 고구려 장안성의 축성 과정에 대한 연구가 새로운 변화를 맞이한다. 이를 바탕으로 축성 과정에 대한 새로운 이해가 가능해졌기 때문이다. 우선 최순희는 이화여자대학교박물관에 소장되어 있는 제2석을 조사하면서 간지를 기축이 아닌 기유(己酉)로 판독하였다. 이를 통해 각자성석의 간지를 병술, 기축, 기유 총 3개로 보고 이들의 순서를 조합하였다. 우선 병술(566년)-기축(569년)-기유(589년)로 나열하면 24년간이 되고, 기유(529년)-병술(566년)-기축(569년)으로 나열하면 약 41년간이 된다고 하였다. 하지만 이것으로 축성 연대를 결정하기는 어렵다고 보았다. 추가적으로 발견된다면 새롭게 연대가 결정될 것이기 때문이었다. 이렇게 제2석을 기유로 판독하고 편년하면 평원왕 31년(589년)으로 비정되므로 기축년과 짧게는 20년, 길게는 40년의 시간 차가 생긴다. 게다가 제2석과 제3석은 모두 외성 남쪽에서 발견되었으므로 양자 간의 시간 차를 설명하기는 어렵다.

  1985년 다나카 도시아키는 기존 장안성 축조 과정의 해석에 활용되고 있던 『해동금석원』의 제1석과 제2석, 『조선금석총람』의 제4석, 그리고 1964년 발견된 제5석, 『평양속지』의 성석, 이렇게 5개의 각자성석에 더하여 오경석의 『삼한금석록』에 실린 제3석을 추가하여 논의를 확장하였다. 여기에는 각자성석의 출토 위치를 서지 분석을 통해 비정한 것에 대한 문제점을 밝히고 새롭게 기성도병을 분석하여 위치를 재비정하였다. 이를 바탕으로 필사로 전하는 제1석과 제3석의 간지를 실물에서 확인된 제2석의 기유년을 근거로 모두 기유년으로 변경하였다(田中俊明, 1985). 그 결과 장안성은 552년에 천도를 기도한 이래 566년에 이르러 내성이 축조되고, 586년에 이곳으로 천도한 뒤 589년에 이르러 나성이, 마지막으로 북성이 축조되어 42년 만인 593년에 완성되었다며 일련의 장안성 축성 과정을 복원하였다(田中俊明, 1990).

  민덕식은 이후 다나카 도시아키가 생각한 장안성의 축조 과정을 바탕으로 조금 다른 방식으로 해석하였다. 우선 『삼국사기』의 장안성을 쌓았다는 기사를 552년에 국왕이 거주할 궁궐부터 짓기 시작하였다는 것으로 해석하였다. 궁궐이 마무리되자 궁궐을 방어하는 내성이 축조되기 시작하였고, 내성은 제4석의 연대를 시축이 아닌 필역(畢役)으로 보아 566년에 완공되었을 것으로 추정하였다(민덕식, 1992). 이

그림4 | 장안성 외성 성벽 전경(『조선고적도보』 2)

후 586년에는 장안성으로 이도를 단행하였으며, 589년부터는 시가지를 두르는 나성을 축성하기 시작하고, 이후 북성도 수축하기 시작한 것으로 보았다. 마지막 단계인 북성은 593년에 완공한 것으로 보았다. 552년에 시작하여 42년이 걸려 593년에 마무리된 것이다.

민덕식의 견해를 정리하면, 처음 장안성 축조 계획은 내성 축조와 관련된 것이었고, 이는 566년에 완성된 것으로 보았다. 그리고 내성이 축성된 지 21년 만인 586년에 신도인 장안성으로 도읍을 옮기는데, 어떤 이유에서인지 이도한 지 4년 만인 589년에 처음 계획에 없던 외성과 북성을 축조한 것이 된다(민덕식, 1992). 그렇다면 이도할 때의 장안성은 나성이 없는 도성이 된다. 이러한 다나카 도시아키와 민덕식의 축조과정 인식은 이후 연구의 기본 축이 된다.

김희선도 장안성은 왕궁을 방어하는 내성이 먼저 축조되고 그 후에 시가지를 두르는 외성이 축조되었으며, 완성되는 데 42년이 걸린 것으로 해석하였다. 그 중간 과정은 우선 내성에서 확인된 각자성석을 바탕으로 하여 천도가 결정되고 부지 설정과 정비가 개시된 지 14년 만인 566년에 내성 축조가 시작되거나 완성되었다고 이해하였다. 다만 외성의 축조와 관련해서는 조금 유보적이었다. 기축과 기유 중 하나를 선택하지 않고 552년과 593년 사이에 있는 569년의 기축년, 589년의 기유년 중 어느 한 시기에 축조된 것으로 추정하는 데 멈춘 것이다.

물론 어느 시기로 보든 실질적인 내성과 외성의 축조 시기는 552년의 장안성 축조 개시로부터 상당한 시간적 공백이 있다. 하지만 569년 기축년인 경우 566년 이후 3년 만이 되고, 589년이라면 23년이 지난 다음이 된다. 결국 이 부분은 당시 상황을 이해하는 데 전혀 다른 인식의 전제가 될 수 있다.

이러한 상황에서 나온, 기존의 금석문 연구성과를 체계적으로 종합한 『한국금석문자료집(상)』 고구려편에는 각자성석 제1석을 569년으로, 제2석을 589년으로, 제3석을 569년으로 정리하였다.

앞에서 다룬 연구는 모두 각자성석의 대상으로 내성과 외성만을 검토하고 있다. 민덕식이 각자성석 제1석을 중성과 관련하여 이야기한 적이 있지만, 추가적인 검토가 이루어지지는 않았다. 그런데 이 중성을 각자성석과 본격적으로 연결하여 이해한 견해가 나왔다(심정보, 2006).

심정보는 제1석을 제2석, 제3석과 간지 차이만이 아니라 그 대상이 되는 성도 다른 것으로 보았다. 제1석을 외성이 아닌 중성의 서벽 구간을 축조하는 내용으로 본 것이다. 이를 토대로 새로운 축성 과정을 설계하였다. 우선 552년부터 566년까지는 성벽을 축조할 계획을 세우고 축성재료를 준비하는 기간으로 파악하였다. 성벽이 축조된 이후에는 성내에 건축재료를 반입하여 건물을 구축하기에는 많은 제약이 따르기 때문에 그 사이에 궁궐과 묘사(廟社) 등을 건축하였을 것으로 본 견해(민덕식, 1989)를 받아들였다. 566년부터 569년까지는 내성을 축조하는 기간으로 파악하였다. 이를 바탕으로 569년부터 중성 내의 관청건물을 완비하고 성벽을 축조하는 기간으로 보았다. 마지막으로 589년부터 593년까지 외성과 북성을 축조하는 기간으로 보았다. 공사가 끝나는 시점을 593년으로 파악한 것은 북성에서 발견되어 『평양속지』에 수록된 "본 성은 42년 만에 공사가 끝났다(本城四十二年畢役)"는 내용을 장안성 축조 시점인 552년부터 환산한 연도이다(심정보, 2006). 한동안 세키노 다다시와 다나카 도시아키의 중성고려축조론에 최희림만이 중성고구려축조론으로 대응하고 있던 상황에서 새롭게 심정보가 중성고구려축조론에 힘을 더한 것이다.

이렇게 축성 과정에서 중성의 존재가 본격적으로 등장하면서 정원철은 다시 새로운 방식으로 외성 쪽에서 나온 각자성석을 기축년과 기유년으로 나누어 보았다(정원철, 2010). 우선 그는 실물을 확인할 수 있는 제2석을 기유년으로 보는 것은 인정하면서, 더불어 금석학의 대가인 김정희가 제1석을, 역시 금석문 전문가라고 할 수 있는 오경석이 제3석을 각기 기축년으로 본 것도 무시할 수는 없다고 하였다. 즉 기유년과 기축년 두 가지가 모두 있었을 가능성도 크다는 견해를 제시한 것이다. 다만 여기에서는 기축년 간지의 제1석 출토 위치를 외성이나 중성이 아닌 내성으로 추정하였다. 즉 세 개의 각자성석을 모두 기유년으로 보면 내성의 축조와 외성의 축조 사이에 시간적 공백이 너무 큰데, 기축년인 569년에 내성부터 다시 축조되었다면 그 공백이 3년으로 준다. 정리하면 병술년인 566년에는 내성부터 성벽을 축조하기 시작하였으며, 기축년인 569년에 내성의 일부 구간이나 외성 남벽의 서쪽 구간 성벽을 쌓기 시작했을 것으로 추정하였다. 그리고 장안성의 성벽은 고구려가 천도를 단행한 586년 이후에도 완성하지 못하였는데, 기유년인 589년에도 외성의 동쪽 구간으로 연결되는 성벽을 쌓기 시작하였다는 것이다. 결국 장안성의 성벽은 늦어도 566년 내성이 축조되기 시작하고, 이어서 외성은 589년 이후까지 쌓았으며, 593년 북성의 축조가 마무리된 착공으로부터 따지면 무려 42년이 걸린 대공사였다는 것이다. 이는 589년부터 593년까지 4년 만에 외성을 축조했다고 보는 견해와 매우 다르다. 나아가 중성의 존재도 상정할 필요가 없어져 버린다.

하지만 민덕식과 심정보에 의해 새롭게 부각되었던 중성의 존재는 이후 또 다른 연구를 통해 다시 부각된다(기경량, 2017). 여기서는 제4석에 의해 병술년, 즉 평원왕 8년(566년) 2월에 내성 축성이 시작되었으며, 외성은 제2석, 제3석에 의해 기유년, 즉 평원왕 31년(589년) 3월 21일에 축성이 시작되었고, 중성도 기유년으로 보는 제1석에 의해 같은 해 5월에 축성이 시작되었다고 하였다. 이렇게 하면 중성과 외성이 거의 동시에 축성되기 시작한 것이 된다. 민덕식은 외성과 함께 축조된 것으로 보이는 중성 남벽의 축조에 대해 전략적 고려가 있었던 것으로 보았다(민덕식, 2003). 한편, 제1석을 중성과 관련지어 본 것은 민덕식, 심정보와 같으나 그 출토 위치를 오탄으로 설정한 것은 심정보와는 달리 민덕식의 견해와 동일하다.

북성은 언제 축성을 시작하였나 하는 문제도 역시 논란의 대상이 되는데, 민덕식과 마찬가지로 북성의 축조를 마지막으로 장안성의 축조가 마무리된 것으로 추정하였다. 하지만 여기에서는 북성에서 나왔다는 42년이라는 기간을 전제하지 않았다.

이와 같이 1964년 각자성석 제5석이 발견된 것을 시작으로 축성 과정에 대한 연구가 본격적으로 이루어지기 시작하여 현재까지 이르고 있다. 그 과정에서 다양한 해석이 나왔지만 아직 장안성의 축성 과정을 확정할 정도로 의견이 모였다고 하기는 어렵다. 게다가 이들 연구는 내성의 축조 과정에 대해서는 어느 정도 합의가 있지만, 외성에 대해서는 전혀 다른 축조 과정을 그리고 있다.

이러한 인식의 차이는 단순히 외성의 성곽뿐 아니라 그 내부에 가로구획으로 불리는 이전과 전혀 다른 새로운 방식의 도성 공간에 대해서도 이어진다. 축성 과정을 어떻게 보느냐에 따라 이 도성 공간이 계획적으로 이루어진 것인지, 그것이 아닌 매우 급박한 상황에서 이루어진 것인지 인식의 차이가 나는 것이다. 따라서 다음에서는 외성을 중심으로 장안성의 구조를 살펴보고, 그 구조가 같는 동아시아 도성제에서의 의미를 검토하고자 한다.

3. 장안성 외성의 가로구획과 동아시아 도성제

1) 정전에서 가로구획으로의 인식 전환

문헌을 통해 확인할 수 있는 가장 오래된 외성 내부의 도시유적에 대한 인식은 기전유지(箕田遺址)이다. 『고려사』 지리지 평양부조에는 당시 평양에 기자 때 쌓은 성과 고려 성종 때 쌓은 성, 이렇게 두 개의 옛 성터가 남아 있는데, 이 중 기자 때 쌓은 성은 내부가 구획되어 정전(井

田)으로 쓰였다고 전한다. 『신증동국여지승람』 평양부고적조에는 외성에 기자가 구획한 정전유적이 잘 남아 있다고 하였다.

이 유적에 대한 본격적인 조사는 1607년 한백겸에 의해 이루어졌다. 그는 유적의 전체적인 형태를 분석하면서 전(田)자는 4구(區)로 되어 있고 각 구는 70묘(畝)이며, 종횡으로 4전 8구로 64구가 정정방방(正正方方)으로 나누어져 있다고 파악하였다. 이를 은제(殷制)에 따른 역학(易學)의 〈선천방원도(先天方圓圖)〉와 같은 것으로 해석하였다.

그는 이 유적의 형태를 〈기전도〉라는 이름의 도면으로도 작성하였는데, 개별의 전을 동서로 긴 장방형의 구획으로 표현하였다. 이후 『평양속지』에는 이 유적에 대한 현황을 3묘9묘로(三畝九畝路)를 기준으로 설명하고 있다. 그런데 여기에 인용한 『기자지』의 〈정전도〉에는 정방형으로 그려져 있어 이후 논란의 대상이 된다. 여기에 더하여 이전에는 법수(法樹)라는 나무를 세워 표식으로 삼았는데, 이후 목표(木標)가 없어진 것을 대신하여 1691년에 구획을 개리(改釐)하여 사우(四隅)에 돌을 세워 경계를 짓도록 하였다고 한다.

이 석표(石標)를 새로운 시각에서 본 것은 20세기 초 한국에 온 세키노 다다시였다. 1902년부터 시작된 그의 한국에 대한 유적 조사는(김란기, 2007) 당시 일본제국의 의도적 목적에 부합하기 위해 실시되었는데, 이 중 평양 지역에 대한 조사는 그가 한국에서 한 마지막 조사라고 할 수 있는 1926년까지 여러 차례 진행되었다. 그의 평양 지역에 대한 조사와 연구는 이후 건축학, 고고학, 문헌학, 그리고 지리학 연구에 많은 영향을 미쳤는데, 고구려 평양성과 장안성에 대한 새로운 해석도 그 중 하나이다. 세키노 다다시에 대해서는 건축사 또는 고고학 관련 조사와 연구가 많았던 관계로, 평양 지역 유적에 대한 관심이 도성보다 고

그림5 | 장안성 외성 석표(『조선고적도보』 2)

분에 쏠려 있다고 본 견해도 있지만(기경량, 2017), 그는 일본 고대 도성으로 박사를 받은 전공자였다.

세키노 다다시는 1899년 일본의 고대 도성인 헤이조쿄(平城京)의 헤이조(平城)궁지를 실제 조사하여 나라현에 보고서를 제출하였다. 1905년 추가적인 연구를 바탕으로 한 헤이조쿄 관련 논문을 시작으로 1907년에는 헤이조궁 대극전의 기단 위치를 발견하기에 이른다(奈良新聞, 1907). 같은 해 이를 바탕으로 연구를 확대하여 정식 논문을 발표하고(關野貞, 1907), 이를 바탕으로 1908년 도쿄제국대학에서 학위를 받았다. 현재 일본 도성제 연구수준에서 보면 세키노 다다시의 연구는 많은 부분에 오류가 있음이 증명되었지만, 일본에서 고대 도성제에 대한 본격적인 연구는 그가 시작했다고 해도 과언이 아니었기 때문에 당시로서는 도성제 연구의 최선봉에 있었다고 할 수 있다. 그는 당시 자신이 조사·연구하였던 헤이조쿄와 헤이조궁에 대한 이해를 바탕으로 고구려 도성이었던 평양성을 조사하였던 것이다.

세키노 다다시의 설은 크게 두 가지로 나눌 수 있다. 먼저 제기한 것은 기존의 정전 또는 둔전으로 이해되었던 외성 내부의 구획을 고대 도성의 조방제로 보았던 것이다. 그는 1908년 공학박사를 획득한 이후 1909년 한국에 두 번째 유적 조사를 오게 된다. 이 조사에는 평양 지역도 포함되어 있었는데, 거기에서 고구려의 유적이라고 생각되는 것을 발견하고 한국에서 평양성에 대한 새로운 가설을 발표하였다(關野貞, 1909). 그 유적이 바로 기자정전유적이었다. 그는 당시 역사가들의 연구를 빌어 기자와 평양은 아무런 관계가 없다고 하여 기존의 기전유제를 비판하였다. 그보다는 당시 "평양의 외성 내 대동강에 면하는 곳에 종횡의 도로가 정연하게 지나며 바둑판과 같은 모습"을 하고 있고 "이 정연한 도로는 매우 오래된 것인데 그 교차하는 네거리에 석표를 세워 그 넓이를 나타내고 있다. 그리고 도로는 종횡으로 넓은 도로와 좁은 도로를 번갈아 관통"시키는 모습이 더 인상적이었던 것 같다.

세키노 다다시가 두 번째로 제기한 것은 현재의 평양성이 평원왕대의 장안성이고, 장수왕대의 평양성은 대성산성과 안학궁이라는 것이었다. 앞에서 평양 외성 지역을 답사하면서 직관적으로 알 수 있었던 조방제, 즉 가로구획과는 달리 이 패러다임은 완성하기까지 더 많은 시간이 필요하였다. 그 시작은 안학궁과 청암리토성에 대한 조사가 기본이었지만, 청암리토성에 대한 인식의 전환은 1911년 평양 지역에 대한 조사 과정에서 확인한 두 비석에서 출발하였다.

그는 목멱산 서쪽 8정(町) 지점에서 "皇宮基址 自浮碧樓大同江坊上 一里至 光武三年立"이라는 내용의 비를, 청암리토성의 서쪽 대동강가의 구릉에서 "皇宮基址 自牡丹峰興盃後山上至 光武三年立"이라는 내용의 비를 각각 확인하였다. 그는 이 중 목멱산의 비를 목멱산황성이라고 정리하였는데, 이는 이후 평양동황성 추정지 중 하나가 되었다. 청암리토성 역시 이후 장수왕대의 평양성으로 이해하는 계기가 되었다. 물론 이 비를 세운 사람에 대해 특별한 역사적 가치를 부여하기 어렵다고 한 견해도 있지만(기경량, 2020), 실제로 이를 조사한 세키노 다다시는 기존 조선의 평양성 연구자들과 전혀 다른 탁견을 가지고 있었다고 하였다(關野貞, 1928).

그런데 이 광무 3년은 일본의 건축기사였던 세키노 다다시가 헤이조궁지를 조사하고 나라현에 보고서를 제출하여 일본 도성제 연구의 근대적 연구가 시작된 해와 같은 1899년이다. 같은 해 대한제국의 평양 지역에 황궁지비라는 이름의 비석 2개가 평양성과 안학궁지가 아닌 각기 다른 두 곳, 현재 일부 연구자에 의해 중기 도성과 관련된 것으로 이해되는 청암리토성, 또 평양동황성으로 추정되는 목멱산황성에 세워진 것이다. 이는 당시 평양 지역에서 기존의 평양성과 안학궁지가 아닌 또 다른 곳에 도성이 존재했다는 인식이 이미 있었다는 것을 보여준다. 이는 같은 시기 새롭게 논의되던 낙랑토성 문제와 함께 향후 고구려 도성제 연구에 많은 영향을 미치게 된다.

2) 장안성의 가로구획과 동아시아 도성제

세키노 다다시는 평양 지역을 답사하면서 외성의 내부 여러 곳에 일정한 간격을 가지고 세워진 석표를 발견하였다. 이는 1908년 통감부 건축기사였던 이마이즈미(今泉)가 실측한 평양 정차장 부근의 도면을 바탕으로 추가적인 분석을 통해 일본에서 자신이 조사하였던 헤이조쿄의 모습과 유사하다는 것을 알게 되었다. 그는 1907년 치밀한 지표조사를 실시하고 일본 중세시기에 제작된 〈경북반전도(京北班田圖)〉와 각종 부지도(敷地圖) 등의 자료를 참고하고, 당시 일본 참모본부 육지측량부에서 제작한 지형도와 지적도를 바탕으로 헤이조쿄의 조방을 복원한 바 있었다. 그는 이때 사용하였던 방법론을 그대로 평양성에 활용하였다. 그리고 이들 도로유적을 척도 기준으로 비교 검토한 후 동후위(東後魏) 이후 고구려시대에 계획된 도성의 것으로 보았다. 나아가 자신이 헤이조쿄 복원에 비교 대상으로 설정하였던 당 장안성의 전신이라고 생각한 수의 대흥성을 고구려 도성의 비교 대상으로 상정하였다(關野貞, 1909).

이후 그는 추가적인 검토를 통해 가로구획에 대한 고증을 시도하였다(關野貞, 1914). 우선 이들 석표 사이의 간격이 큰 것은 곡척(曲尺)으로 약 46척, 작은 것은 약 17척이라는 것을 통해 가로구획을 확인하고, 이것이 일본의 고대 도성에서 조사하였던 도로와 같으며, 그 간격은 도로의 폭임을 추정하였다. 이 간격을 고구려척으로 환산하면 각기 40척, 15척의 정수로 구획되며, 따라서 이 석표는 고구려가 도성을 만들 때 도로 폭을 규정하면서 세운 것에서 유래한다고 보았다. 이를 바탕으로 그는 이 유적을 기자의 정전유적이 아닌 고구려의 도로유적으로 확정하였다(關野貞, 1928). 그리고 1구획을 동위척 600척(약 213.6m)으로 보고 양측 도로 폭을 제외하면 사방 500척(약 178.19m)이 된다고 보았다. 그런데 이 동위척은 이후 도량형에 대한 연구를 통해 고구려척으로 재인식된다(박찬흥, 1995).

이러한 세키노 다다시의 연구는 이후 북한에서도 받아들여졌는데,

채희국은 평천동 일대에서 고구려척으로 40척, 15척의 폭을 가진 동서와 남북으로 뻗은 구획 내 한 지점의 지하 70~100cm 깊이에서 자갈돌이 깔려 있는 유구를 발견하였다. 그는 이를 고구려 도시 유적의 하나인 도로유구로 보았다.

이후 중앙력사박물관의 조사를 통해 1953년에는 남북으로 거피문(영귀루)을 통과하는 대로(大路)의 석표 사이 폭은 약 13.8~13.9m였고, 함구문에서 중앙대로로 통하는 도로의 석표 사이 폭은 13.9~14m였다는 점이 확인되었다. 그리고 1954년 김책공업대학 청사 기초공사장에서 드러난 도로 폭은 12.6~12.8m이고, 도로 좌우측에는 약 60~70cm 폭의 배수로가 있음이 확인되었다.

최희림은 이곳에서 드러난 도로유구의 폭을 『평양속지』에 나오는 9묘로의 폭이라고 추정하고, 이 길을 나성의 서문인 다경문에서 동문인 고리문으로 뻗은 중앙대로라고 보았다(최희림, 1978). 이 조사에서는 3묘로나 1묘로를 찾지 못하였지만, 그는 9묘로의 폭이 12.6~12.8m인 것을 기반으로 한백겸이 말한 3묘로는 그의 1/3인 4.2m이고, 1묘로는 1/9인 1.4m라고 추정하였다. 정리하면 그는 장안성의 외성 가로구획이 9묘로는 고구려척으로 36척이고, 3묘로는 12척, 1묘로는 4척으로 설계되었다고 보았다. 또 한백겸이 그린 장방형구획을 동서 대 남북이 10 대 7의 비례로 보고 이를 중성벽에서 외성 안 동서대로까지의 실측치를 바탕으로 1개의 구역을 4등분한 소구획인 1구의 동서 폭을 120m, 남북 길이를 84m로 보았다. 결국 그는 한백겸의 〈기전도〉에 나온 구획과 도로의 개수를 실제 외성의 가로구획 모습과 동일시하였던 것이다.

이러한 장방형의 가로구획으로 추정한 최희림과는 달리 리화선은

1930년대의 〈평양시가도〉를 바탕으로 평천리(平川里) 일대의 방(坊) 형태를 정방형으로 보았다(리화선, 1989). 한백겸의 그린 〈기전도〉는 개념도에 가까운 데 비해 〈평양시가도〉에 의하면 1930년대까지 정방형의 모습이 남아 있었던 것으로 보인다. 이에 대한 방증 자료로 정방형으로 구획된 『평양속지』의 〈정전도〉를 들기도 하였다. 그는 한백겸의 1구(區)를 한 변의 길이가 85m인 작은 방으로 이해하고, 1전(田)을 한 변의 길이가 170m인 1방으로 보았다. 나아가 이를 고구려척으로 환원하여 작은 방은 250척, 방은 500척, 한백겸의 전(甸)을 리로 보고 2,000척으로 상정하였다. 이렇게 리화선은 한백겸의 구획 개념과 『평양속지』의 정전제 형태를 통합적으로 볼 수 있는 틀을 만들었다.

이후 한인호는 최희림과 리화선의 안을 통합하여 장안성의 지형 조건에 맞게 장방형과 정방형의 구획이 적절히 배합된 것으로 보았다(한인호·리호, 1993). 최희림과 같이 외성 안의 방 전체를 장방형으로 복원하면 정양문(正陽門) 서쪽 구간의 실측치와 맞지 않고, 리화선과 같이 정방형으로 복원하면 정양문 – 함구문(含毬門) 구간의 실측치와 맞지 않는다. 이를 해결하기 위해 한인호는 정양문 – 함구문 구간에는 동서 장방형의 방으로 1구가 동서 120m, 남북 84m이며, 정양문 서쪽 구간에는 정방형의 방으로 1구의 한 변이 84m인 것으로 보았다. 한인호는 이렇게 외성의 가로구획을 복원하고 여기서 한 걸음 나아가 이러한 가로구획이 중성에도 있었다고 보았다.

이러한 다양한 견해는 일본의 가메다 히로시에 의해 조금 더 정리된다(龜田博, 2000). 우선 1930년대보다 이전 자료인 1903년에 발간된 『高句麗時代之遺蹟圖版(上冊)』의 부도(付圖)를 바탕으로 평천리 일대의 가로구획을 동서 폭 182m, 남북 길이 181.5m의 정방형 형태로 산출하였다. 여기에 더하여 대로(大路) 약 14m, 중로(中路) 약 5m, 소로(小路) 약 1m로 도로 폭이 정형화되어 있다는 점도 추정하였다.

2000년대에 들어서 동북아역사재단에서는 고구려 장안성과 관련된 새로운 자료를 제공하여 연구의 방향을 대폭 변화시켰다. 고해상, 고화소의 위성사진과 항공사진을 제공함으로써 사진측량학(photogrammetry)적인 연구가 가능하게 된 것이다. 또한 구글 등에서 제공하는 GIS 기반 위성사진인 구글어스를 바탕으로 장안성에 대한 보다 정확한 수치를 기반으로 한 복원이 시도되었다(정원철, 2010). 2014년에는 구글어스에 추가하여 새롭게 한국의 V world가 제공하는 API를 기반으로 평양 지역의 지형을 디지털로 구현하고 이를 시기별 사진 분석과 기존의 각종 도면 등 지리정보를 통합하여 평양 지역의 고지형을 분석하고 이를 바탕으로 가로구획 등을 포함한 장안성 1차 추정 복원도가 제시되었다(양정석, 2014). 이를 통해 기존의 조사와 연구를 통해 이루어진 장안성 외성의 가로구획에 대한 추정이 상당히 정교한 수준으로 이루어졌음을 재확인할 수 있었다.

그렇다면 이러한 장안성 외성의 가로구획은 어떻게 조성될 수 있었는지 살펴볼 필요가 있다. 보다 정확하게 말한다면 어디서 영향을 받았는가 하는 것이다.

정전유지가 아닌 고구려 장안성으로 인식하고 이 장안성의 축조에 중국의 도성제가 영향을 끼쳤을 것으로 처음 추론한 연구자는 세키노 다다시였다(關野貞, 1928). 그는 수의 대흥성이 장안성의 모델이라고 생각하였다. 이후 후지타 모토하루는 수가 아닌 당 장안성의 영향이라고 주장하였다(藤田元春, 1929). 이와 달리 야모리 가즈히코는 평원왕 28년에 이루어진 장안성의 축조를 처음으로 중국식 나성(羅城), 즉 도시위곽(都市囲郭)을 채용한 것으로 보았다. 이렇게 만들어진 장안성 축조 계획은 기존의 고구려 산성과 북위 낙양 도성 축조 계획의 결합이라는 점에서 새로운 도성제로서 중요한 특징을 가진다고 보았다(矢守一彦, 1962).

이후 다나카 도시아키는 한국의 고대 삼국의 도성제를 검토하면서 고구려 장안성은 북위 낙양성을, 백제 사비성은 남조 건강(建康)을, 그리고 신라 왕경의 개량은 당 장안을 모델로 하였다는 논지를 전개한 바 있다(田中俊明, 1991). 이에 대해 센다 미노로는 고대 한국에 있어서 중국형 도성의 성립으로 이해하기도 하였다(千田稔, 1991).

6~7세기 동아시아 도성제에서 가장 특징적인 것은 가로구획된 개별 공간, 즉 방의 존재이다. 방의 형태는 동서 장방형이나 정방형 중 어느 한 형태로 다양하게 설정되었고 그 규모 또한 각기 다르게 설정되었다. 고구려 장안성의 경우 이 방의 형태가 현재는 정방형에 가까운 것으로 이해하고 있다.

그런데 고구려 장안성의 방은 일정한 크기로 분할되어 있는데, 그 형태가 전(田)자형의 4분할 방식으로 이루어져 있다. 이 방식은 북위 낙양성, 신라 왕경, 그리고 일본 후지와라쿄(藤原京)에서 확인할 수 있는데, 당 장안성과는 다르다. 이들 도성의 도로는 각각 대로, 중로, 소로로 유형화되었고, 도로의 규모 또한 일정한 유사성을 나타내고 있다. 게다가 고구려 장안성, 신라 왕경, 그리고 일본 후지와라쿄에서는 고구려척을 구획의 기준으로 사용하였다.

또한 고구려 장안성, 신라 왕경, 일본 후지와라쿄에는 실제적인 중심대로가 존재하지 않는다. 이 같은 양상은 북위 낙양성에서도 확인되는데, 이러한 점이 주작대로가 있는 당의 장안성과 확연한 차이라고 할 수 있다. 최근 연구를 통해 가로구획방식에 있어서도 당 장안성과 여타 도성 간에 일정한 차이점이 확인되었다(김희선, 2006). 북위 낙양성을 비롯한 고구려 장안성, 신라 왕경, 일본 후지와라쿄는 도로 폭을 포함하여 방을 구획함으로써 도로의 너비에 따라 방의 실제 면적이 달라졌던 것이다.

한편 고구려 장안성에는 정연한 가로구획방식 외에 나성도 새롭게 만들어졌다. 이 특징을 북위 낙양성과 연결하여 이해한 견해도 이미 제기된 바 있다. 그런데 장안성에 채용된 나성은 중국의 나성과는 성격이 다르며 경관이라는 측면에서 보면 오히려 백제 사비도성의 나성과 친연관계가 있다고 할 수 있다. 게다가 사비도성의 축조가 고구려 장안성보다 이르기 때문에 영향관계를 논한다면 백제의 영향이라는 측면도 간과하기 어렵다. 장안성의 나성이 수의 침입을 대비한 것이라면 이를 중국 도성제의 영향으로 보는 것보다는 고구려 산성 축조의 전통이나 백제 나성과 관련하여 보는 것이 더 타당할 수 있다.

이와는 다르게 최근 고구려 중기까지의 도성제를 평지성과 산성의 세트관계로 이해하였던 것을 잘못된 통설이라고 부정하는 견해가 나온 바 있다(기경량, 2017; 임기환, 2021). 이러한 견해에서는 장안성의 외성이 만들어질 때 가로구획도 함께 만들어졌기 때문에 시간상으로 볼 때 수 대흥성의 영향으로 보아야 한다고 하였다. 또 수의 영향이 있기 전까지 가로구획이 확인되지 않는 고구려의 도성제는 진정한 의미의 중국적 도성제를 적용하지 못하였다고 보았다. 이 견해는 기본적으로 고구려사의 성격을 그들의 고유 문화를 상당히 오랜 기간 유지하고 있다고 보는 인식을 기반으로 한다(강진원, 2015). 고구려 도성제에 있어서도 과거의 모습이 6세기까지 지속된 것으로 보는데, 고구려 중기까지 고구려 도성은 일종의 성채(城砦)적 특성을 가지고 있어 왕도의 의미가 한정된다는 것이다(기경량, 2017). 이는 장안성 외성이 축조되기 이전까지 도성제라는 측면에서 보았을 때 정체적이었다고 이해할 수 있어 추가적인 논의가 필요하다.

한편, 최근 외성과는 다른 종류의 가로구획을 중성에서도 확인하였다는 연구가 나온 바 있는데(양정석, 2014), 이는 고구려 당시 중성의 존재와 관련하여 중요한 단서가 되기도 하였다(기경량, 2017).

4. 후기 도성으로서 장안성의 의미

『삼국사기』에 의하면 고구려는 평원왕 28년(586년) 도읍을 평양성에서 장안성으로 옮겼다. 이로부터 668년 멸망할 때까지 장안성은 70여 년간 고구려의 수도로 운용되었다. 고구려사와 같이 700년이 넘는 긴 역사를 체계적으로 이해하기 위해서는 시기를 크게 몇 단계로 나누어 구분하기도 한다. 이러한 시기구분에는 도성의 천도를 기준으로 시기를 나누는 경향이 많은데, 이전 일본 연구자들의 경우 비류시대·환도시대·평양시대로 나누거나(末松保和, 1962), 국내성을 전기 도시, 청암리토성·안학궁·평양성(장안성)을 후기 도시로 나누기도 하였다(藤島亥次郎, 1980). 이후 고고학적인 성과를 바탕으로 명칭을 변경하여 졸본시대, 국내성시대, 평양·장안성시대로 구분하기도 하였다(東潮·田中俊明, 1995). 이러한 일본 연구자들과는 별도로 중국 연구자들도 졸본 지역을 초기 도성, 집안 지역을 중기 도성, 그리고 평양 지역을 후기 도성으로 나누어 보았다(魏存成, 1985).

이들 연구는 두 시기로 나누거나 세 시기로 나누는 등 조금씩 차이는 있지만, 기본적으로 평양 천도를 시기구분의 중요한 획기로 인식하고 있다는 공통점을 가지고 있다. 조금 더 세분한 경우도 평양 천도를 기본으로 하고 그 아래 분류에서 전기 평양성과 후기 평양성으로 나누어 보는 견해(田中俊明, 2004)가 일반적이다. 오랜 기간 이어온 이러한 견해는 지금도 평양 천도를 세 번째 도성(권순홍, 2019), 또는 후기 왕도(기경량, 2017)로 이해하는 견해 등을 통해 지속되고 있다. 이러한 흐름으로 보면 도성을 같은 평양 지역이라고 할 수 있는 평양성에서 장안성으로 옮긴 것은 장수왕대 도성을 평양성으로 옮긴 것에 비하면 그 중요도가 시기를 구분할 정도는 아니게 된다.

이러한 인식과는 달리 국내성과 안학궁성을 하나의 틀에서 보아야 한다는 견해도 일찍부터 제기된 바 있다(사회과학원 고고학연구소, 1975). 고구려 발전에서 도성의 역할과 차지하는 위치에 따라 초기와 후기 도성으로 나눌 수 있는데, 국내성과 안학궁이 초기 도성이며, 평양성(장안성)이 후기 도성이라는 것이다. 이를 조금 더 세분하여 도성 위치에 따라 홀승골성기, 국내성기, 안학궁성기, 평양성(장안성)기, 이렇게 네 시기로 구분한 연구도 있다(민덕식, 1989). 여기서는 기존에 모호하게 설정되었던 홀승골성(紇升骨城) 단계를 조기 도성으로 구분하면서 국내성과 안학궁성을 각기 전기와 중기 도성으로 설정하였다. 이러한 차이에도 불구하고 이들의 견해는(사회과학원 고고학연구소, 민덕식) 기본적으로 평양 천도를 대구분으로 하고 그 아래 전기 평양성과 후기 평양성(장안성)을 세부구분으로 하는 위 견해들과 달리 비교적 짧은 기간 동안의 도성인 평양성(장안성)을 온전히 하나의 시기인 후기 도성으로 인식하고 있다는 공통점을 가지고 있다. 이는 고구려 도성의 시기구분에서 가장 중요한 기준이었던 평양 천도와 다른 기준으로도 시기를 설정하는 것이 가능함을 보여준다.

그런데 이렇게 시기구분을 할 경우 각기 시간대의 폭은 조금씩 차이가 나지만 고구려 정치체제의 변천 과정을 초기 또는 전기, 중기, 후기로 나누어 보는 시기구분(노태돈, 1999; 임기환, 2004; 김현숙, 2005)과 매우 유사하게 된다. 이와 연결하여 보면 중앙집권적 관료 체계가 성립하였던 중기는 국내성과 전기 평양성시기가 되는데, 도성의 위치가 크게 변화함에도 불구하고 하나의 흐름에서 이해할 수 있게 된다. 이러한 인식은 그동안의 논의 과정에서 모호하게 다루어졌던 평양동황성의 의미를 보다 명확하게 부각시킬 수 있을 것이다.

그리고 고구려 후기, 즉 양원왕부터 보장왕 시기(노태돈, 1999), 중앙집권적 통치체제의 이완(김현숙, 2005) 또는 귀족연립체계(임기환, 2004)로 이해되는 시기의 도성이 착공까지 포함한다면 장안성이 된다. 이렇게 볼 수 있다면 고구려 도성의 연구 과정에서 평양 천도를 중심으로 한 시기구분과는 별도로 장안성을 기존의 왕도와는 다른 새로운 의미의 도성으로 이해할 수 있다는 견해(기경량, 2017)도 비로소 새롭게 의미를 갖게 될 것이다.

이들 연구는 왜 장수왕대에 새롭게 만든 수도 평양성이 있는 데도 불구하고 바로 옆에 장안성이라는 신도시를 조성하였는가라는 근본적인 질문에 답하는 과정이라고 할 수 있다. 이 문제를 해결하기 위해 앞으로 정치적인 의미뿐 아니라 시야를 외부로 돌려서 비슷한 시기 웅진에서 사비로 천도하였던 백제 사례와의 비교를 통해서도 검토되어야 할 것이다. 대성산성과 안학궁을 중심으로 한 평양성이나 공산성과 그 주변을 중심으로 한 백제의 웅진도성에서는 해결할 수 없었던 근본적인 문제를 해결하기 위해 오랜 기간 축성과 도시공간의 구축이라는 준비 기간을 거쳐 새롭게 장안성과 사비도성으로 천도하였던 것일 수도 있기 때문이다. 따라서 고구려 후기 도성인 장안성의 축조와 이도가 갖는 의미를 대내적으로 정치적 상황이나 대외적으로 군사외교적인 상황뿐 아니라 보다 복합적인 방향에서 살펴보는 것은 앞으로의 과제라고 할 수 있다.

이와 함께 최근 도성의 공간구성요소에 대한 체계적인 분석을 바탕으로 한 경관에 대한 새로운 해석이 나오기 시작하였다(권순홍, 2020; 김현봉, 2021). 이러한 연구 역시 발굴조사 등 실제적인 조사가 쉽지 않은 현재 상황에서 장안성의 공간적 특징을 보다 명확하게 할 수 있는 방향을 제시해줄 수 있을 것이다. 더불어 장안성시기 평양 지역의 고지형에 대한 보다 구체적인 분석도(허의행·양정석, 2021) 향후 장안성에 대한 새로운 인식을 가능하게 해줄 것이다.

참고문헌

『高麗史』,『久菴遺稿』,『三國史記』,『三韓金石錄』,『隋書』,『新增東國輿地勝覽』,『朝鮮金石總覽』,『平壤續志』,『平壤志』,『海東金石苑』,『海東繹史』.

국립문화재연구소, 2005,『한국금석문자료집(상)』.
김희선, 2010,『동아시아 도성제와 고구려 장안성』, 지식산업사.
노태돈, 1999,『고구려사연구』, 사계절.
고구려연구재단, 2005,『증보판 평양일대 고구려유적』.
김현숙, 2005,『고구려의 영역 지배 방식 연구』, 모시는 사람들.
사회과학원 고고학연구소, 1975,『고구려문화』, 사회과학출판사.
임기환, 2004,『고구려 정치사 연구』, 한나래.
최희림, 1978,『고구려 평양성』, 과학백과사전출판사.
강진원, 2015,「高句麗 國家祭祀 硏究」, 서울대학교 박사학위논문.
_____, 2021,「고구려 평양도읍기 王城의 추이와 왕권」,『한국고대사연구』101.
권순홍, 2019,「고구려 도성 연구」, 성균관대학교 박사학위논문.
_____, 2020,「평양 도성의 경관을 통해 본 고구려 지배질서의 변화」,『역사와 현실』116.
기경량, 2017,「고구려의 왕도 연구」, 서울대학교 박사학위논문.
_____, 2018a,「고구려 평양 장안성 출토 각자성석(刻字城石)의 축성 구간검증」,『역사와현실』110.
_____, 2018b,「고구려 평양 장안성의 외성 내 격자형 구획과 도시 형태에 대한 신검토」,『고구려발해연구』60.
_____, 2019,「고구려 평양 장안성 중성·내성의 성격과 축조의 배경」,『고구려발

해연구』 64.

_____, 2020, 「고국원왕대 '平壤東黃城'의 위치와 移居 기록의 성격」, 『한국학연구』 57.

김란기, 2007, 「세키노 타다시의 한국유적 조사행적과 그 성격 연구」, 『한국건축역사학회 춘계 학술대회 논문집』.

김지희, 2016, 「高句麗 故國原王의 平壤 移居와 南進」, 『韓國史論』 62, 서울대학교 국사학과.

김현봉·양시은, 2021, 「고구려 평양도성의 경관 변화와 그 의미」, 『고구려 발해연구』 70.

김희선, 2005, 「高句麗 長安城의 築城過程과 遷都의 背景」, 『역사문화연구』 22.

_____, 2006, 「6~7세기 동아시아 도성제와 고구려 長安城」, 『한국고대사연구』 43.

_____, 2015, 「고대 동아시아의 천도와 도성 – 계획 천도와 좌북조남식 도성구조를 중심으로 –」, 『동아시아 문화연구』 63, 한양대학교 동아시아문화연구소.

남일룡·김경찬, 2001, 「청암동토성에 대하여(3)」, 『조선고고연구』 2001-2.

남일룡, 2006, 「안학궁성에 대한 몇 가지 고찰」, 『고구려 안학궁 조사 보고서』.

리화선, 1989, 「고구려 평양성 외성 안의 리방의 형태와 규모 그 전개에 대하여」, 『력사과학』 1989-1.

민덕식, 1989, 「고구려의 후기도성」, 『한국사론』 19.

_____, 1992, 「高句麗 平壤城의 築城過程에 관한 研究」, 『국사관논총』 39.

_____, 1993, 「高句麗의 平壤城刻字城石에 관한 研究」, 『韓國上古史學報』 13.

_____, 2003, 「高句麗 平壤城의 都市形態와 設計」, 『고구려발해연구』 15.

민철희, 2002, 「고구려 양원왕, 평원왕대의 정국변화」, 『사학지』 35.

박찬흥, 1995, 「고구려척에 대한 연구」, 『사총』 44.

심정보, 2006, 「고구려 장안성 건조시기에 대한 문제 12」, 『북방사논총』 6.

여호규, 2005, 「평양성」, 『증보판 평양일대 고구려유적』, 고구려연구재단.

이도학, 2015, 「『三國史記』의 高句麗 王城 記事 檢證」, 『한국고대사연구』 79.

임기환, 1992, 「6~7세기 고구려 정치세력의 동향」, 『한국고대사연구』 5.

_____, 2003, 「고구려 都城制의 변천」, 『한국의 도성』, 서울학연구소.

_____, 2007, 「고구려 평양 도성의 정치적 성격」, 『한국사연구』 137.

_____, 2021, 「고구려 평양도성 논의에 대한 재검토」, 『고구려발해연구』 70.
정원철, 2010, 「고구려 장안성의 성벽 축조 과정에 대한 재검토」, 『조선대 동북아 연구소』 25-1.
정찬영, 1966, 「평양성에 대하여」, 『고고민속』 1966-2.
채희국, 1957, 「평양 부근에 있는 고구려 시기의 유적」, 『문화유산』 1957-5.
_____, 1965, 「평양성(장안성)의 축성 과정에 대하여」, 『고고민속』 1965-3.
최순희, 1979, 「평양성성석고」, 『문화재』 121.
최희림, 1967, 「평양성을 쌓은 년대와 규모」, 『고고민속』 1967-2.
한인호·리호, 1993, 「평양성 외성 안의 고구려 도시리방과 관련한 몇 가지 문제」, 『조선고고연구』 1993-1.
황수영, 1976, 「金石文의 新例」, 『한국학보』 5.
허의행·양정석, 2021, 「평양성의 구조와 내외부 시설의 고고지형적 접근」, 『제2회 전국고구려발해학대회 논문집』.
양정석, 2014, 고구려 평양성 디지털 복원 프로젝트, 동북아역사넷.

魏存成, 1985, 「高句麗初, 中期的都城」, 『北方文物』 1985-2.

葛城末治, 1935, 『朝鮮金石攷』.
龜田博, 2000, 『日韓古代宮都の研究』, 學生社.
東潮·田中俊明, 1995, 『高句麗の歷史と遺跡』, 中央公論社.
藤田元春, 1929, 『尺度綜考』, 臨川書店.
朝鮮總督府, 1929, 『高句麗時代之遺蹟』 圖版 上冊, 古蹟調査特別報告 第5冊.
關野貞, 1907, 「平城京及大内裏考」, 『東京帝國大學紀要工科第三冊』.
_____, 1909, 「韓國藝術の變遷に就て」, 『韓紅葉』.
_____, 1914, 「滿洲輯安縣及平壤附近に於ける高勾麗時代の遺蹟」, 『考古學雜誌』 5-3.
_____, 1925, 「高句麗の平壤城及長安城に就いて」, 『朝鮮』 115.
_____, 1928, 「高句麗の平壤城及び長安城に就いて」, 『史學雜誌』 39-1.
藤島亥治郎, 1980, 「朝鮮三國時代の都市と城」, 『東アジア世界における日本古

代史講座4-朝鮮三國と倭國』, 學生社.
矢守一彦, 1962,「朝鮮における城郭の諸形式と都城プランの系列について」, 『歷史地理學紀要』4.
李成市, 1990,「高句麗の日隋外交」, 『思想』1990-9.
田中俊明, 1984,「高句麗長安城の位置と遷都の有無」, 『史林』67-4
_____, 1985,「高句麗長安城城壁石刻の基礎的硏究」, 『史林』68-4,
_____, 1990,「王都로서의 泗沘城에 대한 豫備的考察」, 『百濟硏究』21.
_____, 1991,「朝鮮三國の都城制と東アジア」, 『古代の日本と東アジア』, 小學館.
_____, 2003,「東아시아 都城制에서 高句麗長安城」, 『白山學報』67.
_____, 2004,「高句麗の平壤遷都」, 『朝鮮學報』190.
井上秀雄, 1976,「朝鮮金石文の調査中間報告」, 『東北大學文學部硏究年報』25.
淺見倫太郞, 1914,「大同江岸發見の高句麗古城石刻」, 『朝鮮及滿洲』83.
千田稔, 1991,「古代朝鮮の王京と藤原京」, 『古代の日本と東アジア』, 小學館.
護牙夫, 1967,「突厥第一帝國におけるqaran號の硏究」, 『古代トルコ民族史硏究』.

3

고구려 후기의 사상과 문화

7장 유·불·도 삼교와 역사서 편찬 및 문학

7장

유·불·도 삼교와 역사서 편찬 및 문학

조경철 | 연세대학교 사학과 객원교수

고구려는 광개토왕-장수왕-문자명왕 때를 거치면서 전성기를 보냈다. 그러나 안장왕-안원왕, 안원왕-양원왕의 왕위 계승이 순조롭지 않았다. 특히 양원왕(재위 545~559년)은 치열한 왕위 다툼을 거치고 즉위하여 정국이 불안하고 왕권이 예전 같지 않았다. 이 시기를 전후하여 고구려 후기라 하고 정치 운영양상을 귀족연립정권이라고 부르고 있다. 왕권의 불안정은 연개소문의 독재체제로 이어졌으며, 그의 사후 아들끼리 다시 권력투쟁이 벌어져 결국 고구려는 나·당 연합군에 의해 멸망하였다.

고구려는 372년 전진으로부터 불교를 받아들였다. 국내성에 초문사(肖門寺)와 이불란사(伊弗蘭寺)를 짓고 평양에 9사를 창건하는 등 불교 홍포에 적극적이었다. 이때 제작된 고구려 고분벽화에서는 연꽃 그림이 많이 나타난다. 한편 승려 승랑은 중국으로 건너가 중국 삼론종의 토대를 마련하기도 했다. 이렇듯 고구려 전기와 중기 불교는 신앙과 교학 양 측면에서 꾸준히 발전해가고 있었다.

6세기 중반 두 외척세력인 추군(麤群)과 세군(細群) 두 파는 그 이름이 불교에서 유래했기 때문에 불교계의 싸움이기도 했던 것으로 추정된다. 왕고덕은 승려 의연을 북제에 보내 지론종(地論宗) 등 당시 불교계의 흐름을 파악하고 고구려 불교계의 통합을 이루려고 했지만 불교적 갈등이 여전히 해소되지 않아 혜량과 보덕 같은 이름난 승려들이 신라로 망명하기도 하였다. 불교계의 갈등이 채 봉합되기도 전에 연개소문은 자신의 독재체제를 강화하기 위해 당의 도교를 적극적으로 받아들였다. 당에서 온 도사를 절에 머무르게 하는 등 불교계를 자극했고 열반종에 능통한 보덕은 신라 땅 완산주로 망명하기도 했다.

중국이 수·당으로 통일되면서 고구려도 대비를 해야 했다. 중국의 도교를 받아들이는 등 유화적인 입장을 취하면서도 왕실의 권위를 높이고 충을 강조하기 위한 역사책『신집(新集)』을 편찬하기도 하였다. 고구려에 퍼진 여러 문학적인 이야기로는 안장왕과 한씨 미녀 이야기, 온달과 평강공주 이야기가 있다. 고구려 멸망을 전후해서는 연개소문이 원래 전생에 수나라 사람이었다는 등 여러 참언이 퍼지기도 하였다.

이 글에서는 위에서 언급한 고구려 후기 종교·문화에 관한 일반적인 내용과 더불어 추군과 세군의 불교적 의미, 혜량과 거칠부의 만남, 보덕의 망명 시기, 고구려의 3년상 등을 다루었다. 특히 도교와 불교의 갈등 여부에 주목했다.

고구려에서는 불교·유교·도교 삼교가 나름 균형을 이루며 발전하였다. 승려 의연은 유교와 도교에도 능통했다고 한다. 고구려 후기 영류왕, 보장왕, 연개소문이 도교를 본격적으로 받아들여 '3교 정립'을 추구하려고 했던 시도가 고구려 후기 사상사, 더 나아가 한국의 사상사에 어떤 영향을 끼쳤는지 고민해볼 문제이다. 연개소문의 도교정책으로 나라가 망했다는 과도한 비판은 도교가 불교와 유교와 더불어 한국사상사의 한 축을 형성하지 못한 근본적인 원인이 되었다고 생각한다.

1. 유·불·도 삼교와 정치변동

1) 고구려 후기의 불교

4~6세기 고구려는 전성기를 맞았다. 유교와 불교를 받아들여 통치사상을 확립하고 요동과 한강 유역까지 영토를 확장하기도 했다. 문자명왕을 이어받은 안장왕 때까지만 해도 전성기가 계속 이어지는 듯했다. 그러나 고국양왕-광개토왕-장수왕-문자명왕-안장왕으로 이어지는 왕위 직계가 안장왕 때 무너졌다. 안장왕의 다음 왕위는 동생 안원왕에게 넘어갔다. 『삼국사기』는 안장왕이 자기에게 아들이 없어 키가 크고 도량도 넓은 동생을 사랑했다고 하면서 왕위 계승에 아무런 문제가 없는 듯이 서술하였다. 그런데 『일본서기』에는 『백제본기』를 인용하여 531년 3월 고(구)려가 안(안장왕)을 시해했다고 하였다.

고구려는 371년 백제와의 전쟁에서 고국원왕이 전사하는 어려운 상황을 맞이하였다. 소수림왕은 372년 이 난국을 타개하기 위한 한 방법으로 전진으로부터 불교를 받아들였다. 광개토왕은 불법을 믿어 복을 구하라는 교서를 내리고 평양에 9개의 절을 창건하였다. 평양 천도 이

그림1 | 금동연가7년명여래입상

후 장수왕은 정릉사를 창건하고 문자명왕 때 금강사를 창건하기도 했다. 안장왕 이후 구체적인 절의 창건 기록은 보이지 않지만 여러 고구려 불상을 통해서 고구려 불교신앙을 유추해볼 수 있다.

고구려를 대표하는 금동연가7년명여래입상은 기미년에 만들어진 불상으로, 439년(장수왕 27년) 또는 539년(안원왕 9년)에 제작된 불상으로 추정되는데 (문명대, 2003), 보통 539년으로 보고 있다. 연가(延嘉) 원년은 533년(안원왕 3년)이다. 안장왕의 3년상이 끝나는 해에 연가 연호를 반포한 것으로 여겨진다. 불상의 광배에는 '고려국낙랑동사'에서 40여 명의 승려들이 1,000개의 불상을 만들어 유포하였으며, '인현의불(因現義佛)'이라 쓰여 있다. 인현의불은 천불 가운데 29번째 부처이다.

'고려국'의 '고려'는 고구려를 말한다. 고구려는 광개토왕·장수왕 때를 전후하여 '고려'로 나라 이름을 바꾸었다고 보기도 한다(조경철, 2018). '동사(東寺)'는 원래 절 이름이 아니라 광개토왕이 세운 9개의 절 가운데 동쪽에 세운 절의 별칭인 것 같다. 형의 뒤를 이은 안원왕은 왕자 평성을 태자로 임명하고 광개토왕이 세운 동사를 기반으로 하여 금동연가7년명여래입상과 같은 불상 1,000개를 만들어 왕실과 국가의 번영을 빌었다. 천불신앙은 1,000명의 부처가 국토 어디에나 있듯이 왕의 권위도 나라 어디에나 있다는 걸 상징한다. 그러나 안원왕의 다음 왕위는 순조롭게 평성(양원왕)에게 이어지지 않았다.

(1) 추군과 세군의 권력다툼

안원왕의 다음 왕위는 양원왕에게 넘어갔지만 순조롭지 않았다. 『일본서기』에서 인용하고 있는 『백제본기』에는 추군과 세군의 치열한 왕위 계승 다툼을 보여주고 있다.

> 일본 긴메이(欽明)천황 6년(545년) 12월 20일(갑오) 고려국(고구려국)에서 세군과 추군이 궁궐 문 앞에서 북을 치며 싸웠는데 세군의 자손들이 거의 살해되었다. 12월 24일(무술)에 박곡향강상왕(안원왕)도 죽었다.

해를 넘긴 546년에는 더 자세한 사항을 싣고 있다.

> 정월 3일(병오)에 중부인의 아들을 왕으로 삼았는데 나이가 8세였다. 박왕(안원왕)에게는 세 명의 부인이 있었는데 정부인에게는 아들이 없고 중부인과 소부인에게 아들이 있었다. 중부인의 아들이 나중에 세자가 되었는데 그 장인 쪽 사람들을 추군이라고 부르고 소부인 장인 쪽을 세군이라고 불렀다. 박왕이 병에 걸리자 추군과 세군이 각기 자기 부인의 아들을 왕위에 세우려고 다투었는데 이때 죽은 세군의 수가 2,000여 명에 달했다.

양원왕이 추군과 세군의 치열한 싸움 과정에서 즉위하였기 때문에 이때 입은 정치적 타격은 이후 고구려의 정치와 사상 등 여러 방면에 큰 영향을 끼쳤다. 양원왕 때 이후 고구려의 정치와 사상계의 흐름을 이해하기 위해서는 추군과 세군의 정체에 대한 고찰이 필요하다. 고구려의 귀족들이 크게 둘로 나눠 싸웠다면 당시 대립되는 두 그룹을 설정해야 한다. 그럴 때 맨 처음 떠오르는 것은 국내성 세력과 평양 세력이다. 장수왕의 평양 천도 이후 주류는 평양 세력이었지만 국내성에도 나름대로 세력이 남아 있었고 국내성 출신의 평양 세력도 상당수 포진하고 있었을 것이다.

추군은 평양을 근거지로 한 귀족이고 세군은 국내성을 기반으로 한 세력으로 보는 견해가 있다. 안원왕 다음의 왕위 계승을 놓고 평양을 근거지로 한 중부인(中夫人) 세력인 추군과 국내성을 기반으로 한 소부인(小夫人) 세력인 세군이 격돌했는데, 평양을 근거지로 한 세력이 이겼다고 본 것이다. 양원왕 13년(557년) 10월 환도성의 간주리(干朱理)가 반란을 일으켰는데, 이 또한 세군의 환도성(국내성) 세력이 추군의 평양성 세력을 밀어내고 세력을 만회하기 위한 반란으로 보고 있다(임기환, 1992). 두 세력을 평양성과 국내성 세력으로 볼 수는 있는데, 왜 이 두 세력을 추군과 세군이라 불렀는지는 설명하고 있지 않다.

추군과 세군을 정치사상적 입장에서 고찰한 연구가 있다. 추군과 세군이 겉으로는 왕위 계승을 둘러싼 외척 간의 싸움이지만 다른 한편 내부적으로는 정치 지향의 다툼이라는 것이다. 즉, 세군은 한문식(중국식) 군주체제를 지향한 반면, 추군은 고구려식 욕살(褥薩)체제를 추구하는 입장을 가졌던 것으로 보았다. 왕위계승전에 머물지 않고 고구려 사회가 나아가야 할 방향을 결정하는 싸움으로 파악하였다. 추(麤, 麁)는 거칠다는 의미이고 세(細)는 가늘고 세련된 의미로 파악하여 고구려식 욕살체제를 지향하는 세력을 추군이라고 불렀고 한문식 군주체제를 지향하는 세력을 세군이라 불렀다(주보돈, 2003). 추군과 세군의 뜻풀이를 포함하여 고구려식과 한문식으로 나눈 것은 타당하나, 실제로 고구려에 '고구려식 지향 세력'과 '한문식 지향 세력'이 대표적인 두 세력이고 두 세력이 대립적이었는지는 논의가 필요하다.

추군이 평양 세력이고 세군이 국내성 세력이거나, 추군이 고구려 지향이고 세군이 한문(중국) 지향이라고 하면, 맞아떨어지지는 않는다. 고구려 지향은 국내성에 가깝고 중국 지향은 평양에 가깝기 때문이다.

한편, 추군과 세군을 평양과 국내성으로 보긴 하는데 반대로 추군을 국내성, 세군을 평양으로 보는 견해도 있다. 추군과 세군에 관한 내용은 『일본서기』에서 인용하고 있는 『백제본기』에 나오므로 추군과 세군이란 용어를 고구려인의 관점이 아닌 백제인의 관점에서 봐야 한다고 하면서 추는 멀다, 세는 가깝다는 뜻이 있으므로 백제의 입장에서 멀리 위치한 국내성이 추군이고 가까운 평양이 세군이라고 하였다.

여기에 불교적 의미도 덧붙였다. 먼저 『일본서기』에는 안원왕이 '박국향강상왕(狛國香岡上王)' 또는 '박곡향강상왕(狛鵠香岡上王)'으로 표기되어 있다. 여기에서 곡(鵠)은 부처가 열반한 곡림(鵠林)이고 여기에 향(香)을 붙인 곡향이란 의미는 '부처에게 향을 태우면서 기원을 드리는 의식'으로 풀었다. 그래서 안원왕이 곡향왕이란 불교식 이름을 가진 것으로 보았다. 곡향왕의 뒤를 잇기 위해 싸운 추군과 세군에게서도 불교적 의미를 찾았다. 보통 군(群)이 글자의 앞에 오기 때문에 추군과 세군도 글자 순서를 바꾸어 군추와 군세로 볼 수 있고 불교 경전에 군추와 군세가 나온다고 하였다(남무희, 2007).

그런데 군추와 군세를 불교적 용어와 연관시켰지만 군추와 군세 둘 다 같은 경전 또는 같은 구절에 대구로 동시에 나오는 것을 제시하지는 못했다. 군(群)이 들어간 추군과 세군을 찾을 것이 아니라 군이 공통으로 들어가 있으므로 추와 세가 서로 대립 또는 비교되는 불교용어를 찾아야 한다. 『십지경론』에 보면 일체 중생에게는 추세차별(麁細差別) 등 6종의 차별이 있다고 한다. 추세차별의 추는 유색(有色)을 말하고, 세는 무색(無色)을 말한다. 『십지경론』에는 이 밖에 추와 세를 대립 또는 비교하는 미세심염해(微細心念害)와 추중신행뇌해(麁重身行惱害), 일세이추(一細二麁) 등의 용례가 여럿 보이고 있다.

『대지도론』에는 '추인즉추죄(麁人則麁罪), 세인즉세죄(細人則細罪)'라고 했는데, 추인은 소승행자, 세인은 대승행자로 보기도 한다. 추죄와 세죄의 용례에서 보듯 추와 세는 정도 차이가 있지만 모두 덜어내야 할 번뇌이다. 『대신기신론』에는 추를 상응심(相應心), 세를 불상응심(不相應心)으로 풀었다. 추와 세의 전개상황을 설명하면서 추중지추(麁中之麁)를 범부의 경계, 추중지세(麁中之細)와 세중지추(細中之麁)를 보살의 경계, 세중지세(細中之細)를 부처의 경지라고 했다.

추와 세의 비교는 『십지경론』(麁細分別), 『대지도론』뿐만 아니라, 『대승의장』(麁細分別), 『대승열반경의기』(麁細分別), 『인왕반야경소』(麁細分別) 등 광범위하게 보인다. 추군과 세군의 '추'와 '세'가 불교에 나오는 용어라는 것을 고구려 사람들도 충분히 인지하고 있었을 것이다. 특히 '추세차별'이란 용어가 나오는 『십지경론』과 추인(麁人)과 세인(細人), 추죄(麁罪)와 세죄(細罪)가 나오는 『대지도론』은 고구려의 승상 왕고덕이 의연을 북제에 보내 법상에게 물어보라고 한 경전으로 고구려에서도 널리 읽힌 경전이었다.

안원왕-양원왕의 왕위계승전과 추군, 세군과 관련된 내용은 이문진이 편찬한 『신집』이나 고구려 승려 도현이 편찬한 『일본세기』 등 고구려 관련 기록에 보이지 않는다. 반면, 『일본서기』에서 인용한 『백제본기』에는 보인다. 특히 추군과 세군이란 용어도 마찬가지이다. 어쩌면 추군과 세군은 자칭이 아닌 타칭일 수도 있다. 추군이나 세군 특히 '추'와 같은 부정적인 단어를 추군 세력의 지원을 받은 양원왕이나 양원왕의 계보를 잇는 이후 왕대에서 스스로 사용했을까 하는 의문이 생긴다. 백제의 관점에서 고구려의 중부인과 소부인 사이에서 벌어진 권력투쟁을 비하하는 측면에서 두 세력에 부정적인 의미가 들어간 추군과 세군이란 이름을 붙였을 수도 있다. 『일본서기』에서 인용한 『백제본기』에서 중부인 세력을 추군, 소부인 세력을 세군이라 하면서 싸움 과정을 설명한 것은 백제의 부정적인 관점이 들어간 서술방식으로 여겨진다.

물론 고구려에서 이미 명명한 것을 『백제본기』에서 그대로 실었을 수도 있다. 그렇다면 이긴 쪽 세력을 부정적인 의미가 담긴 추군이라 명명한 것에서 고구려 안에서도 이 시기 정변에 대한 반성의 의미가 있었음을 유추할 수 있다. 불교의 두 그룹이 구체적으로 어떻게 구분되는지는 추군과 세군이란 용어만 갖고 알 수는 없고 이후 전개되는 고구려 불교사의 전개 과정과 결부시켜 살펴보아야 한다.

추군과 세군이 불교에서 온 용어라면, 안원왕의 장지 이름이 들어간 왕호인 박곡향강상왕의 곡향도 불교적 의미를 가졌을 가능성이 있다. 앞서 곡향을 '부처에게 향을 태우면서 기원을 드리는 의식'이라 하면서 곡향왕을 불교식 왕명으로 풀었는데, 이보다는 '강상'이라는 장지 앞에 '곡향'이란 부처의 열반을 상징하는 이름을 붙여 마치 왕의 죽음을 부처의 죽음처럼 상징하는 효과를 의도했을 수도 있다. 안원왕은 인현의 불(금동연가7년명여래입상) 등 천불상을 만들어 널리 유포한 왕이기도 하다. 함경남도 신포에서 발견된 금동판 명문에는 천손(先王)을 미륵의 도솔천에서 만난다고 하였다. 왕이 묻히거나 죽어 머무는 곳을 곡림이나 도솔천 등 불교적 의미로 표현했다고 생각한다.

(2) 혜량의 신라 망명

신라 거칠부는 머리를 깎고 사방을 돌아다니다 염탐하기 위하여 고구려 땅에 들어가 혜량을 만나 가르침을 청하였다. 혜량은 거칠부에게 다시 안전하게 신라로 돌아갈 길을 알려주며 나중에 군사를 거느리고 올 때 자신을 부탁한다고 하였다. 백제와 신라가 연합하여 백제가 한강의 하류 지역을 차지할 때 신라의 거칠부는 군사를 이끌고 한강 상류에 속하는 죽령 바깥, 고현 이내의 십군을 취하였다. 이때 혜량이 무리를 이끌고 나왔다. 거칠부가 말에서 내려 군례(軍禮)로 맞이하였다. 혜량은 거칠부에게 "지금 우리 나라의 정치가 어지러워 멸망할 날이 얼마 남지 않았다. 바라건대 나를 그대 나라로 데려가기 바란다"라고 말하였다. 이에 거칠부가 혜량을 신라에 데리고 왔고, 진흥왕은 그를 국통으로 삼았다. 혜량은 신라의 불교계를 이끌어 나갔고 백고좌회(百高座會)와 팔관회(八關會)도 처음 시행하였다.

혜량이 신라로 망명한 해는 551년이다. 이는 고구려 안원왕이 545년 추군과 세군의 싸움 중에 죽고, 추군의 양원왕이 즉위한 지 6년째 되는 해이다. 혜량이 거칠부를 따라 신라로 망명한 해가 551년이지만 이미 이전에 거칠부가 혜량을 찾아갔을 때부터 혜량은 고구려를 떠날 준비를 하고 있었다. 그때는 545년 추군과 세군의 싸움이 벌어지기 전이었다.

『삼국사기』 거칠부전에는 거칠부와 혜량의 첫 번째 만남을 서술한 다음, 거칠부가 545년(진흥왕 12년) 『국사(國史)』를 편찬했다는 기사가 이어지고 551년 기사에 거칠부가 혜량과 함께 신라로 돌아왔다고 서술하고 있다. 545년 추군과 세군의 싸움이 벌어지기 전에 혜량이 망명의 뜻을 비쳤음을 알 수 있다. 아마 545년 이전에 이미 고구려 불교계 내에 갈등이 쌓여 있었을 것이다. 혜량이 '지금(551년) 우리 나라의 정치가 어지러워져 멸망의 날이 얼마 남지 않았다'고 한 것은 바로 545년 왕위 계승을 둘러싸고 추군과 세군의 싸움이 벌어져 2,000명 이상 사상자가 나온 사건의 여파가 불교계 내에서 551년까지 계속되고 있었음을 보여준다. 물론 551년 백제와 신라가 북진하고 있는 외적 상황도 고려되었을 것이다.

혜량이 고구려에서 어느 정도의 영향력을 가졌던 승려인지는 알 수 없다. 다만 신라 거칠부가 혜량의 명성을 듣고 찾아갔고 그가 신라로 망명하자 신라 불교의 총책임자인 국통에 임명된 것을 보면 상당한 영향력을 가졌던 승려로 추정된다. 혜량의 고구려 불교에서의 영향력과 관련하여 그가 주로 활동한 지역을 고려할 필요가 있다.

551년 거칠부가 혜량을 만난 곳은 거칠부 등이 취한 죽령 이북, 고현 이남의 한강 상류 유역이다. 일부에서는 혜량이 머물고 있었던 지역을 구체적으로 〈충주고구려비〉가 세워진 중원(충주)으로 보기도 한다. 551년 이전 거칠부가 정탐을 위해 승려로 가장한 다음 고구려에 잠입하여 혜량의 문하에 몰래 있었을 때 위험한 중앙보다는 지방이었을 가능성이 높다는 점, 거칠부가 정탐한 지역도 나중에 신라가 쳐들어간 지역이었을 것이라는 점, 신라군이 침공하였을 때 혜량 자신의 안위를 염려하였다면 중앙보다 한강 유역 지역일 가능성이 높다는 점, 그리고 당시 불교사원이 주로 수도나 주요 거점이 되는 성에 세워졌다는 점 등을 고려할 때, 혜량이 주석하였던 사원은 한강 상류 지역 중 국원성(충주)에 있지 않았을까 추정하였다(노태돈, 1999). 처음에는 중앙무대에서 활약하였던 혜량이 545년 정변 이후 평양에서 충주에 내려왔다고 보기도 한다(정선여, 2007). 거칠부가 처음 혜량을 만났을 때와 다시 만났을 때의 장소를 같은 한강 상류로 보면서 거칠부가 이 지역 지리에 익숙하여 죽령 바깥, 고현 이내의 십군을 쉽게 취할 수 있었다고 보기도 한다(주보돈, 2014).

그런데 거칠부가 545년 이전에 처음 혜량을 만난 곳과 551년에 만난 곳이 같은 지역이었을까. 545년 이전에 만났을 때는 평양 부근이었고 551년에 만났을 때는 한강 상류였던 것으로 추정된다. 529년 이전 금강산 장안사에서 거칠부와 혜량이 처음 만났다고 보기도 한다(김수진, 2019).

『삼국사기』 거칠부전에는, 거칠부가 두 번째로 혜량을 만났을 때 "지금 우연히 서로 만났다(今邂逅相遇)"라고 하였다. 또 『삼국사기』 고구려본기에 의하면, 주몽이 비류수를 따라 올라가다 송양왕을 만났는데 송양왕도 예전에 보지 못한 사람을 만났다고 하면서 '우연히 서로 만났다(邂逅相遇)'라고 하였다.

거칠부와 혜량의 두 번 만남이 같은 지역에서 이루어졌다면 혜량의 은혜를 입었던 거칠부의 입장에서는 그를 직접 찾아갔을 것이다. 그런데 거칠부는 '우연히'라고 하였다. 혜량을 만날 것을 예상하지 못했던 것이다. 그럼 왜 우연이라고 했을까. 평양 혹은 그 근방에 머무르고 있던 혜량이 직접 자신의 무리를 이끌고 551년 한강 상류에 진출한 거칠부를 찾아왔기 때문이 아닐까. 거칠부가 처음 고구려의 수도인 평양까지 찾아가 혜량을 만났을까 하는 의구심이 들 수도 있지만 거칠부가 승려 모습을 하고 있었기 때문에 불가능한 일도 아니다. 김춘추가 고구려에 잡혀 있을 때 고구려 첩자인 승려 덕창(德昌)은 신라 경주에 머물면서 김유신이 군사를 이끌고 쳐들어올지 모른다는 정보를 제공하기도 했다.

고구려는 추군과 세군의 다툼 이전에 불교계의 갈등이 존재했고 545년 추군과 세군의 싸움으로 정점에 이르렀다. 혜량을 중심으로 한 불교세력은 주변 상황에 따라 다른 생각을 품게 되었다. 그러다 551년 한강 유역이 신라와 백제에 넘어가자 혜량은 그의 무리와 함께 거칠부를 따라 신라로 망명하게 되었다. 혜량은 신라로 건너가 백고좌회와 팔관회를 시행하였다. 이로 보아 혜량은 고구려에서 활동했을 때도 백고좌회와 팔관회를 시행하였을 것으로 추정된다.

백고좌회는 『인왕경』에 근거한 법회로 100명의 승려를 모시고 100일 동안 국가의 안녕을 위해 여는 법회를 말한다. 팔관회는 하루 동안 신도들이 8계를 지키는 것을 말하는데, 삼국시대에는 전몰장병의 위령제적 성격이 강했다. 신라 팔관회의 경우 혜량에 의해 551년 처음 실시되었고 572년(진흥왕 33년) 전몰장병을 위하여 외사(外寺)에서 7일 동안 개최된 적이 있다.

추군과 세군의 싸움으로 2,000여 명의 사상사를 내는 등 정치적 혼란과 불교적 갈등이 폭발하였지만, 양원왕이 즉위한 이후 이를 수습하기 위한 여러 조처가 시행되었을 것이다. 고구려에서도 『인왕경』에 근거한 호국법회 성격의 백고좌회와 추군과 세군의 싸움으로 죽은 사람들에 대한 위령제적 성격의 팔관회도 열렸을 것으로 추정된다. 혜량은 이러한 고구려의 백고좌회와 팔관회를 신라에 보급시켰다.

(3) 왕고덕과 의연의 북제 구법

545년 추군과 세군의 싸움, 551년 한강 유역 상실과 혜량을 비롯한 불교계의 이탈, 557년 환도성의 반역 등 당시 고구려는 내우외환의 위기에 처해 있었다. 안장왕을 살해하고 왕위에 오른 안원왕도 추군과 세군의 싸움 와중에 죽고 추군의 지원을 받은 양원왕이 왕위에 오르는 등 왕위 계승이 불안했다. 다행히 양원왕의 다음 왕위는 그의 맏아들인 평원왕에게 순조롭게 넘어갔다. 평원왕 때 대승상 왕고덕은 신심이 깊은 재가불자였다. 왕고덕은 대승의 가르침을 받들었고 부처의 가르침이 나라 곳곳에 퍼지기를 바랐다. 대승상은 막리지와 같은 높은 관직을 말하며 왕고덕의 성씨가 왕씨인 점을 고려하면 평양 천도 이후 새롭게 대두된 중국 또는 낙랑 계열의 인물로 추정된다. 왕씨로 유명한 인물은 거문고를 잘 다룬 재상 왕산악이 있다.

왕고덕은 승려 의연으로 하여금 중국 북제의 업성(鄴城)에 가서 법상에게 불교의 여러 문제에 대해 알아오게 하였다. 첫째, 석가모니가 열반에 드신 지 지금까지 몇 년이 되었나? 둘째, 천축의 불교가 언제 한(漢)에 들어왔나? 셋째, 불교가 중국에 전래되었을 때 어느 황제였고 연호는 무엇이었나? 넷째, 제(齊)와 진(陳) 중 어느 나라에 먼저 불교가 들어왔나? 다섯째, 이후로 지금까지 얼마나 지났으며, 몇 명의 황제를 거쳤나? 여섯째, 『십지론』, 『지도론』, 『지지론』, 『금강반야론』 등을 쓴 사람과 그 내용은 무엇인가? 등에 관한 것이었다.

북제의 법상을 만나러 간 의연의 가계는 알려져 있지 않다. 『해동고승전』에 의하면, 스스로 머리를 깎고 승려가 되어 계율을 닦았으며, 유교와 현학(도교)도 널리 공부하여 도를 닦는 사람이나 속인 할 것 없이 모두 찾아왔다고 한다.

의연이 찾아간 북제 정국사(定國寺)의 법상은 경전에 능통할 뿐 아니라 계율을 강조하여 도통(都統)에 임명되기도 했다. 40년 동안 불교 교단의 총책임자가 되어 그가 통솔한 승려만 200만 명이었다. 특히 문선제는 일찍이 땅에 엎드려 머리를 풀어헤치고 법상으로 하여금 밟고 가게 하기도 하였다. 문선제는 법상을 대승통에 임명하는 한편 국사로 추대했다. 황제와 황후, 여러 중신이 그에게 보살계를 받았다. 법상의 행적은 널리 알려져 그 명성이 멀리 외국에까지 전해졌다. 법상의 스승 혜광 역시 북제의 승통이었고 『사분율(四分律)』을 중시하였다.

법상은 의연에게 다음과 같이 답해주었다.

> 석가는 희씨의 주나라 소왕 24년 갑인년에 출생했고 19세에 출가하고 30세에 깨달았다. 49년 동안 세상에 계시다 열반에 들었다. 열반 이후 제나라 무평 7년(576년) 병신년에 이르기까지 1,465년이 지났다. 불법이 중국에 들어 온 때는 후한 명제 영평 10년(67년)이다. 이후 위나라와 진나라를 거쳐 지금에 이르렀다. _『속고승전(續高僧傳)』

고려 각훈이 지은 『해동고승전』에는 여러 논서의 저자와 번역자 등에 대한 답변이 덧붙여져 있다. 『지지론(보살지지론)』은 아승가(阿僧伽, 無着) 비구가 미륵보살에게서 받은 것으로, 진나라 때 담마참(曇摩讖, 曇無讖)이 번역하였고, 『지도론(대지도론)』은 용수보살이 지은 것으로 진나라의 구마집파(鳩摩什波, 鳩摩羅什)가 번역하였으며, 『십지론』과 『금강반야론』은 아승가의 동생인 세친이 지은 것으로 위나라 때 보리유지(菩提留支)가 번역하였다고 하였다. 또 『속고승전』에는 법상이 의연에게 상세히 답변했다고 하면서 책에는 일부만 실었다고 하였다. 아마도 의연은 법상에게 앞에 언급된 것 말고 여러 가지를 질문했고 법상은 그에 대해 자세히 답변한 것으로 여겨진다.

왕고덕과 의연은 법상에게 부처가 열반에 든 해를 물었다. 부처가 입멸한 연대는 불교 교리 가운데 가장 기초적인 것임에도 불구하고 당시까지 통일된 견해가 없었다. 법상이 알려준 입멸 연대를 고구려도 사용한 것으로 생각되는데, 9세기 신라에서 사용한 입멸 연대와도 서로 다르다. 법상의 말을 따르면 부처가 입멸한 연대는 기원전 889년이다(신동하, 1999).

당시 고구려는 자국 연호와 중국 연호를 사용했는데 혹여 입멸 연대에 기준한 불멸 연대를 사용하자는 고구려 불교계의 상황을 반영한 것인지 모르겠다. 551년 혜량이 신라로 망명한 사건은 고구려 불교계에 큰 충격이었다. 침체된 불교계를 일신하는 차원에서 적어도 불교계에서 불기 연대를 사용할 것을 제안했을 수도 있다. 인도의 불교가 중국에 전해진 연대와 이후 전개상황을 물어본 것도 고구려 불교의 반성 차원에서 입멸에서 현재까지에 이르는 중국 불교의 역사를 살펴보자는데 목적이 있었을 것이다.

부처의 입멸 연대는 미륵신앙과도 관련이 있다. 부처가 열반에 든 이후의 시기를 정법(正法)시대, 상법(像法)시대, 말법(末法)시대로 나눈다. 보통 정법 500년, 상법 1,000년을 말하고, 그 이후가 말법시대에 해당한다. 부처 입멸 기원전 889년에서 1,500년이 지난 해는 611년 즈음이니, 7세기 전반이다. 의연이 법상을 만난 576년과 얼마 떨어지지 않은 시기이다. 545년 추군과 세군의 싸움으로 2,000여 명의 사상자가 발생했으므로 사람들은 말법시대가 가까웠다고 생각했을 것이다. 7세기 백제 익산에 미륵사가 세워진 것도 말세에 미래의 부처 미륵을 맞이하기 위해서였다.

6~7세기 불상으로 추정되는 영강7년명금동광배와 금동신묘명삼존불입상은 미륵신앙을 잘 보여주는 불상이다. 평양에서 출토된 영강7년

명금동광배는 죽은 어머니를 위해 미륵존상을 만들어 망자가 자씨(慈氏: 미륵)의 세 번 설법에 참여하기를 바라고 있다. 보통 자씨삼회(慈氏三會)란 미륵이 하생하여 세 번의 설법을 통해 중생을 제도하는 것을 말하는데, 여기에서는 지상이 아닌 미륵이 머무는 도솔천에서 세 번의 설법 듣기를 바란다고 한 것이 특징이다.

그림2 | 금동신묘명삼존불입상

금동신묘명삼존불입상은 죽은 스승과 부모를 위해 만든 불상으로 미륵을 만나기를 기원하고 있다. 아미타상(阿彌陀像, 無量壽像)을 조성하면서도 아미타불의 서방 정토가 아니라 미륵이 있는 도솔천에 왕생하기를 바라고 있다. 1988년 함경남도 신포시 오매리에 있던 절골에서 발견된 금동판 명문에도 도솔천에 올라 미륵을 뵙고 아울러 앞서 죽은 고구려의 선왕들을 만나기를 바란다는 글이 새겨져 있다.

왕고덕과 의연의 또 다른 질문은 당시 중국의 불교 이론이었다.『십지론』,『지도론』,『지지론』,『금강반야론』등의 저자와 역자 그리고 내용 등이었다.『십지론(십지경론)』은 화엄부의『십지경』에 세친이 주석을 단 것으로 인도의 승려 늑나마제와 보리유지가 번역하였다. 그런데 법상은 보리유지만 언급했다.『지도론(대시도론)』은『대품반야경』의 주석서로 인도의 대승불교 승려인 용수(龍樹)가 저술한 불교 논서로 구마라집이 번역하였다.『지지론』은 무착이 미륵에게서 받았다는 책으로 담무참이 번역하였다. 『금강반야론』은 세친이 지었고 보리유지가 번역하였다.

이 가운데 당시 불교에서 가장 유행한 경전은 『십지론』이었는데, 고구려에서 가장 궁금해한 경전이기도 했다. 『십지론』에 근거한 지론종이 북제에 유행하고 있었다. 『십지론』을 북제의 수도 업성에서 늑나마제(勒那摩提)와 보리유지가 번역했는데 서로 차이가 있었다. 업성의 북쪽에 살고 있던 보리유지의 번역을 따랐던 파를 지론종 북도파라고 하고, 업성의 남쪽에 살고 있던 늑나마제의 번역을 따랐던 파를 지론종 남도파라고 불렀다. 북도파는 도총에 의해서 일어났다. 법상의 스승 혜광은 늑나마제로부터 『십지론』을 배웠으므로 법상은 지론종 남도파의 계보를 잇고 있었다. 세친은 『십지론』을 쓰면서 『십지경』 원문에 없는 아뢰야식(阿賴耶識)과 아타나식(阿陀那識)을 언급했는데, 이 아뢰야식과 아타나식의 정체를 둘러싸고 의견을 달리하는 북도파와 남도파가 발생하게 되었다.

천태종의 담연은 북도파는 아뢰야식을 상정하여 의지처로 삼는 반면, 남도파는 아뢰야식을 진여(眞如)로 헤아려 의지처로 삼는데, 둘 사이는 물과 불처럼 격렬했다고 하였다. 또 북도파는 아뢰야식을 상정하여 이것이 일체법을 생성한다고 하고, 남도파에서는 법성을 상정하여 이것이 일체의 것을 낳는다고 하였다. 북도파는 나중에 아마라식(阿摩羅識)을 주장하는 섭론종(攝論宗)에 흡수되었다.

그런데 법상은 의연의 물음에 대한 답변에서 『십지론』의 번역자를 자신의 계보에 속하는 남도파의 늑나마제가 아니라 북도파의 보리유지라고 하였다. 이에 대해 법상은 보리유지의 여러 저술도 접했기 때문에 특별히 『십지론』의 번역자를 구분하지 않았다고 하였다(이만, 1996).

『십지론』의 번역자가 보리유지라는 언급은 『속고승전』에는 언급되어 있지 않고 『해동고승전』에만 나오는 내용이다. 『해동고승전』에서 법상이 『십지론』의 번역자로 보리유지를 언급한 것이 사실일 수도 있지만 전해지는 과정에서 늑나마제가 보리유지로 바뀌었을 가능성도 없지 않다. 왕고덕과 의연이 『십지론』의 번역자를 물어본 것은 번역자에 따라 『십지론』의 해석이 달랐음을 알았기 때문이다. 지론종 남도파와 북도파의 대립은 중국뿐만 아니라 고구려에서도 발생했을 수 있다. 따라서 법상의 대답을 보리유지로 변경시킨 것은 고구려의 지론종 북도파나 북도파를 이은 섭론종 계열일 수도 있다. 의연의 귀국 여부에 대해선 말이 없지만 법상의 대답을 들은 다음 왕고덕에게 보고하기 위하여 귀국하였을 것으로 생각된다. 법상을 만난 이듬해인 577년 북제가 멸망했으므로 이즈음 귀국한 것으로 본다(김상현, 2005).

의연과 비슷한 시기에 활동한 지황도 지론종과 연관되었다. 지황은 건강의 도양사(道場寺)에서 담천과 함께 활동한 승려였다. 담천은 진나라와 수나라 때 활동한 섭론종의 대가로 섭론학설을 받아들이기 전에 늑나마제의 제자인 담준에게 『십지론』을 배웠다고 한다. 담천이 도양사에서 지황을 만나 유식(唯識)에 대해 논하였는데, 아마도 이때 『십지론』이 주논의 대상이었을 것이라고 한다(정선여, 2007).

평원왕 때 고구려는 이전 안장왕의 피살, 추군과 세군으로 대표되는 귀족들의 싸움 등으로 왕권이 실추되고 불교계의 통제가 이완되어 있던 상황에 대한 타개책이 필요했다. 의연이 만났던 법상은 『사분율』에 입각한 계율을 강조한 북제의 승통이었다. 『사분율』에 따르면 세간의 싸움이 있으므로 이의 중재자로 국왕을 세웠으며, 따라서 국왕이 세운 법을 만인이 떳떳이 지켜야 한다고 하였다. 국왕이 법을 어기는 이에게는 법을 알게 하고 법을 잘 지키는 이에게는 상급을 주듯이, 법과 계율은 단지 편의상 민과 승려에게 구별되어 적용될 뿐이며 법, 계율 모두 부처의 정법에 기반을 두고 있으므로 별개가 아니라고 하였다(조경철, 2015).

고구려로 귀국한 의연은 왕고덕과 함께 교학과 계율에 입각한 불교 승단 정비에 나섰을 것으로 여겨진다.『사분율』이 소승계라면 의연이 법상에게 물어봤던『지지론』은『보살지지론』으로 대승계(유가계)까지 포함한 계율을 설한 경전이다.『보살지지론』에 대한 상세한 정보를 얻은 의연은 귀국하여 왕과 귀족들에게 보살계를 행한 것으로 추정된다(정선여, 2007). 577년(평원왕 19년)부터 642년 연개소문의 정변이 일어나기 전까지 고구려의 정치와 불교계는 안정을 찾았다(민철희, 2002).

(4) 일본과 중국에서의 활동, 삼론종과 법화신앙

538년 또는 552년 일본에 불교를 전해준 나라는 백제였다. 일본에서 백제 승려의 활약은 대단했지만 고구려 승려의 활약도 이에 못지않았다. 일본에서 활동한 고구려 승려로 혜자, 담징, 혜관, 도등, 도현 등이 있다. 이들 가운데 혜관은 일본 삼론종의 시조로 추앙받았다. 고구려의 삼론학에 대한 이해는 역사가 깊다. 삼론학은 공사상을 담고 있는『중론』,『백론』,『십이문론』등 세 논서에 대해 공부하는 학파를 지칭한다. 고구려의 승랑은 이미 6세기를 전후하여 중국에서 활동했으며 중국 삼론학의 기초를 놓았다. 공(空)을 무(無)로 인식했던 격의불교(格義佛敎) 단계를 벗어나 속제(俗諦)와 진제(眞諦)가 아닌 중도(中道)를 지향했다. 삼론종을 대성한 중국의 길장은 승랑을 매우 높게 평가하였다.

길장은 그의 저서 여러 곳에서 "섭령의 승랑과 흥황의 법랑을 계승했다(攝嶺興皇相承)"고 하였다.

고구려 승려 혜관은 수에 들어가 가상사(嘉祥寺) 길장에게 삼론의 종지를 전해 받았다. 혜관은 길장의 제자이기도 하지만, 멀리 고구려 승랑의 계보를 이은 것이다. 혜관은 625년(스이코천황 33년, 영류왕 8년) 중국에서 일본으로 건너갔는데, 천황이 칙명으로 간고사(元興寺, 法興寺, 飛鳥寺)에 머물게 했다. 그해 여름에 가뭄이 들어 혜관에게 비 내리기를 빌게 하였다. 혜관이 푸른 옷을 입고 삼론을 강설하자 비가 곧장 내렸다. 천황이 기뻐하여 곧바로 혜관을 승정으로 삼았다. 첫 번째 승정은 백제의 관륵이었는데, 두 번째 승정은 삼론의 혜관이 맡았다. 혜관은 주로 삼론을 강의하였고 일본 삼론종의 시조가 되었다. 일본에서 활동한 백제의 승려 가운데 삼론에 능통한 이가 많았지만 고구려의 혜관이 일본 삼론종의 시조가 된 것은 승랑으로 이어지는 고구려 삼론의 권위를 인정했기 때문이다. 혜관의 제자 오관은 중국 오나라 사람으로 삼론에 능했다. 혜관의 아들 지장도 혜관의 제자이다. 고구려 승려 도등도 당나라에 들어가 길장의 문하에서 삼론을 배우고 일본에서 삼론을 강의하였다. 중국에서 활동한 실법사와 인법사도 삼론에 능했다.

수가 중국을 통일한 589년에서 6년 뒤인 595년 고구려 승려 혜자는 일본으로 건너갔다. 수를 견제하기 위해 고구려는 적극적인 대일외교를 펼쳤다. 혜자는 일본 쇼토쿠태자(聖德太子)에게 내전(불교 경전)을 가르치고, 태자와『법화경(法華經)』얘기를 나누기도 하였다. 그는 일본과 수의 외교관계에도 도움을 주었다. 일본에서 수에 사신을 파견하면서 오간 서신 가운데 "하늘의 아들(天兒)", "왜왕은 하늘을 형으로 삼고, 해를 아우로 삼는다"라는 표현의 '천(天)'과 '일(日)'은 고구려 건국

설화에 보이는 "천제의 아들(天帝之子)", "해와 달의 아들(日月之子)"의 사상적 배경으로 보기도 한다(이성시, 1990).

596년 호코사(法興寺)가 완성되자 혜자는 백제 혜총과 함께 이 절에 머물렀다. 사람들은 혜자와 혜총을 삼보의 동량이라 칭했다. 호코사는 고구려의 1탑 3금당 가람 배치 양식을 따랐다. 그만큼 고구려의 영향력이 컸다. 영양왕은 호코사 금당에 안치할 불상 조성에 사용할 황금 300냥을 보내기도 하였다.

혜자는 일본에 20여 년간 머물다 615년 고구려로 귀국했다. 일본에서 활동한 승려들의 귀국 여부는 특별히 언급되지 않았다. 혜자가 귀국한 정확한 이유는 알 수 없다. 혜자는 622년 2월 5일 세상을 떠났는데, 쇼토쿠태자가 죽은 621년 2월 5일의 1주기에 맞춰 죽은 것이라고 한다(『일본서기』). 중국을 통일한 수가 등장하고 신라의 압박이 심해지는 정세 속에서 고구려는 혜자를 통해 일본과의 관계를 더욱 더 돈독히 하고자 하였다. 쇼토쿠태자는 『법화경』, 『열반경』, 『유마경』, 『승만경』 등에 관심이 많았고 혜자에게서 많은 가르침을 받았을 것이다. 쇼토쿠태자가 지었다고 전하는 『승만경의소』, 『유마경의소』, 『법화경의소』 삼경의소는 혜자나 혜총이 지었을 가능성도 있다. 고구려에서도 이 경전들이 유행했을 것이고, 혜자가 고구려로 귀국한 이후 주로 설법한 경전도 이러한 경전이었을 것이다. 『유마경』은 재가신자인 유마거사가 주인공으로, 고구려에는 유명한 재가신자 왕고덕이 있었다. 『열반경』은 보덕으로 계승되었다.

이 밖에 고구려 승려 혜편은 소가노 우마코(蘇我馬子)의 스승이 되었고 선신니 등 비구니 3명을 득도시켰다. 고구려 승려 담징과 법정은 일본으로 건너가 채색·지묵·맷돌의 제조법을 전해주었다. 담징은 유학에도 조예가 깊었다. 담징은 승려이자 학자이며 공예기술자로서 일본 불교문화 발전에 많은 영향을 주었다.

일본에서는 불교계의 통제를 강화하기 위하여 10사(師)를 임명했는데, 고구려의 박대(狛大)와 도등 두 명도 포함되었다. 10사 가운데 한 명인 복량은 혜관에게 삼론을 배웠다. 고구려 승려 도현은 불교와 유교 전적을 두루 섭렵하였다. 그는 일본에 건너가 다이안사(大安寺)에 머물며 『일본세기』를 찬술하였고 고구려 멸망을 예언하기도 하였다.

중국에서도 고구려 승려의 활동은 활발하였으며, 중국인 제자들도 배출하였다. 중국에서 배우고 일본으로 건너간 혜관도 있다. 중국으로 건너간 고구려 승려는 이른 시기부터 있었다. 고구려에 불교가 들어오기 전인 4세기 중반 중국의 지둔도림과 편지를 나눈 승려가 있었고, 500년을 전후한 시기 삼론에 능통한 승랑이 중국으로 건너가 이름을 떨친 적도 있었다. 의연은 570년대에 북제로 건너가 법상을 만나 부처의 열반 연대 등 여러 이야기를 나누고 귀국하였다. 이 밖에 고구려 실법사(實法師)는 수에서 삼론을 강의하였고 법민과 혜지는 그의 강의를 들었다. 인법사(印法師)는 수의 촉 지방으로 가서 삼론을 강의했는데, 영준이 그의 제자였다.

반야(波若)는 596년 천태산 지의를 찾아가 선법을 전수받았다. 597년 입적한 지의의 말을 따라 598년 지의가 머물렀던 천태산 화정봉에서 두타행을 닦고 613년 국청사(國淸寺)로 하산하여 입적하였다. 고구려 승려 지황은 살바다부(薩婆多部, 說一切有部)에 능통했다. 현유는 사자국(獅子國: 스리랑카)에서 활동하였다. 지딕은 돈황석굴에서 발견된 선종 자료에서 신수, 혜능, 지선 등과 함께 선종의 5조 홍인의 제자로 병칭될 정도로 높은 평가를 받았다.

고구려의 법화신앙에 대해서는 알려진 바가 없지만, 대표적인 대승 경전인 『법화경』이 고구려에서도 널리 읽혔을 것은 당연하다. 혜자에게 불교를 배운 쇼토쿠태자가 『법화경』에 능통했기 때문에 당연히 혜자도 능통했을 것이다.

법화의 주된 사상 가운데 하나가 '회삼귀일(會三歸一)'인데, 통합과 통일의 원리에 적용되었다. 예를 들어 수의 주홍정이 수 문제에게 "천태산 국청사에서 법화의 회삼귀일 법문을 홍포하면 천하가 하나 될 것"이라 했고, 정말로 문제가 그렇게 하니 천하가 하나 되었다고 한다. 고려 초의 승려 능긍도 천태의 법화사상을 받아들여 세상에 널리 행하면 삼한(후삼국)이 합하여 하나가 될 뿐 아니라 왕업도 끊이지 않을 것이라고 하였다(「국청사금당주불석가여래사리영이기(國淸寺金堂主佛釋迦如來舍利靈異記)」).

고구려의 승려 반야는 천태의 제자로 중국에서 활동하고 있었고 『법화경』에 능통한 혜자는 615년 일본에서 고구려로 귀국했다. 혜자가 귀국하기 1년 전인 614년 수가 영양왕의 입조를 요구했으나 거절하였다. 고구려도 법화의 회삼귀일 원리에 입각해 국내성 세력이나 평양 세력 등에서 비롯되는 여러 갈등을 해소하려고 노력했을 것이다.

법화의 또 다른 사상 가운데 하나는 모두가 불성을 갖고 있다는 것이다. 『법화경』은 여성의 성불을 인정하고 있는데, 이는 모든 사람이 불성을 갖고 있고 부처가 될 수 있다는 것이다. 모든 사람이 불성을 갖고 있다는 생각은 모든 사람이 무언가를 할 수 있다는 희망을 갖게 하였다. 이 사상은 열반사상(涅槃思想)에서 구체화된다.

(5) 연개소문의 집권과 보덕의 망명

642년 연개소문의 정변에 의해 고구려의 정치상황은 돌변했다. 연개소문은 도교를 적극적으로 유치하여 유·불·도 삼교의 균형을 꾀하면서 통치제제를 정비해 나갔다. 삼교의 균형은 상대적으로 우위를 점하였던 불교계에 대한 통제를 가져왔다. 이에 일부 승려가 반발하였는데, 대표적인 인물이 열반종의 보덕이었다. 보덕은 완산주(전주)로 망명하여 열반사상을 널리 퍼뜨렸다. 보덕이 망명한 연대에 대해서는 650년과 667년 두 견해가 있는데, 650년이라면 백제의 완산주로 이주한 것이고, 667년이라면 백제가 멸망한 이후이므로 신라의 완산주가 된다.

보덕은 자(字)가 지법(智法)으로, 고구려 용강현 사람이다. 평양성에 기거할 때 산방의 노승들이 찾아와 강경을 청하자 『열반경』을 강했다고 한다. 그가 머문 사찰은 반룡산(盤龍山) 연복사(延福寺)이다. 연개소문 집권 당시 고구려는 정책적으로 도교를 앞세웠다. 도교의 불교 탄압에 대한 대표적인 예로 절을 도관(道館)으로 만들었다는 것을 드는데, 이는 단지 절에 도사를 머무르게 했다는 정도로 이해할 수도 있다(방용철, 2013). 보덕이 나라가 머지않아 망할 것이라고 하면서 피할 곳을 묻자 제자들은 완산주 고달산이 좋다고 하여 고달산 경복사에 주석하였다. 보덕은 11명의 고명한 제자가 있었는데, 모두 완산주 인근에 절을 짓고 주석하였다.

보덕은 평안도 용강현 출신이지만 주로 머무른 곳은 평양성, 반룡사 또는 반룡산 연복사, 대보산(大寶山) 영탑사(靈塔寺) 등이었다. 노교를 앞세우고 불교를 뒤로하는 연개소문과 보장왕의 도선후불(道先後佛) 정책에 대하여 보덕이 왕에게 누차 간한 것으로 보아, 보덕이 활동했

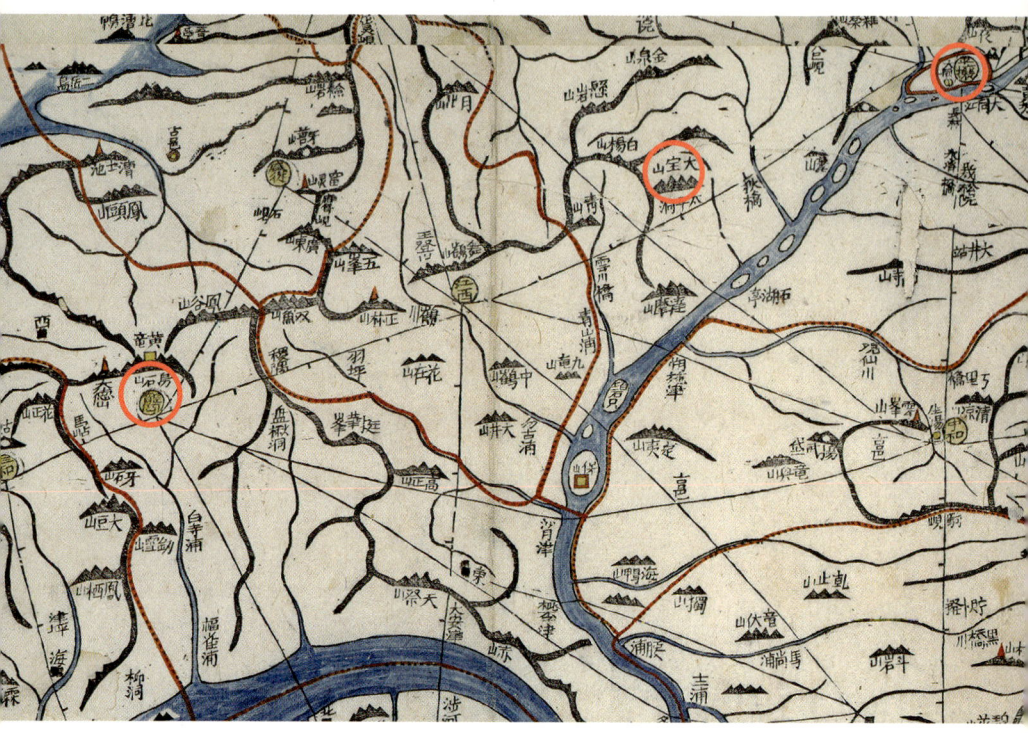

그림3 | 보덕이 활동한 평양, 대보산, 용강 부근
(서울대학교 규장각한국학연구원 소장, 〈대동여지도〉)

던 지역은 평양성 인근이었던 것으로 추정된다. 반룡사를 평남 용강군에 위치하고 있다고 하거나(강인구 외, 2003), 반룡산 연복사를 함경도 덕원 또는 평안도 상원에 위치한 것으로 보거나(노용필, 1989), 반룡사가 영탑사보다 멀리 떨어진 것으로 보기도 하지만(정선여, 2007), 고려시대 기록에 '서경 반룡산(西京盤龍山)'으로 나오므로(조법종, 2014), 보덕이 머문 반룡사 또는 반룡산 연복사는 평양에 있었다고 보아야 한다. 대보산 영탑사는 평양 서쪽에 위치한다.

보덕이 망명한 연대도 기록에 따라 650년 또는 667년으로 달리 나온다. 김부식이나 일연 등 대부분은 650년을 따르고, 667년은 최치원의 인식이다. 최치원은 668년 고구려의 멸망을 667년 보덕의 신라 망명과 연결 지어 해석했다(김주성, 2003). 650년은 보덕이 남하를 시작한 시점이고, 667년은 경복사가 완공되어 이주가 마무리된 시점으로 보기도 한다(노용필, 1989). 어느 견해를 따르든지 대부분 보덕이 고구려를 떠난 시기를 650년으로 보고 있는 것 같다. 반면 최치원과 이규보가 보덕의 망명 시기로 언급한 667년 3월 3일의 '3월 3일'은 서왕모(西王母)가 태어난 날이기도 하여 도교에서 중요하게 여긴 날이라고 하면서 667년을 보덕의 신라 완산주 망명시기로 보기도 한다. 직접적인 망명 동기는 보덕의 주석처인 반룡산의 사찰 부근에 용언성(龍堰城), 용언저(龍堰邸), 용언궁(龍堰宮)을 지어 도관 또는 도관 관련 공간으로 만들었기 때문이라 한다(조법종, 2014). 고구려는 매년 봄 3월 3일 낙랑언덕에서 사냥대회를 여는데, 이때 어수선한 틈을 타서 완산주로 넘어갔을 수도 있다.

연개소문의 불교 탄압으로 보덕이 망명했다면 왜 적국인 신라 땅으로 망명하지 않고 백제 땅으로 망명하였을까? 650년 보덕이 백제 완산주 고대산으로 가려면 한강 유역의 신라 땅을 거쳐야 한다. 과거 고구려의 승려 혜량이 신라로 망명한 사례를 참작한다면 당연히 신라 망명이 순조로웠다. 신라는 고구려와 백제의 연결을 경계하고 있었는데, 고구려의 승려 일단이 백제로 건너가는 것을 그대로 놔두지는 않았을 것이다.

고구려 멸망기를 전후하여 많은 사람들이 신라로 망명한 것을 감안한다면 보덕의 망명도 백제가 멸망한 이후 고구려 멸망을 1년 앞둔 667년일 가능성이 더 높다. 신라 입장에서는 당과 함께 고구려를 공격할 때 이미 점령한 백제 지역에 대한 안정도 필요했다. 신라는 보덕을 옛 백제 땅 완산주에 안착시켜 백제인의 인심을 달랬을 것으로 생각된다. 신라는 674년 고구려의 왕족 안승을 익산에 불러들여 보덕국을 세워주기도 했다. 신라는 보덕과 안승 등을 끌어들여 옛 백제 지역에 대한 지배를 강화해 나가고자 하였다.

보덕의 완산주 망명을 650년으로 보는 입장은 권신 연개소문과 승려 보덕의 대립, 도교와 불교의 대립을 강조하면서 이를 고구려 멸망과 연결시키는 것이었다. 고려 왕조의 이자현, 김부식, 일연 등은 연개소문과 같은 무력을 기반으로 한 권신의 발호를 경계하고 불교에 대한 도교의 탄압을 강조했다. 도교를 맨 앞에 내세우는 도교 우위의 삼교일치에 대해서도 반대했다.

그런데 650년 보덕의 백제 망명과 668년 고구려의 멸망은 19년의 격차가 있다. 그리고 고구려 멸망 조건의 중요한 요소 가운데 하나인 백제도 아직 망하지 않은 상황이었다. 백제가 망하지 않는 한 당 혼자 고구려를 멸망시키는 것은 수의 경우나 당 태종의 패배에서 확인된 바와 같이 쉽지 않은 일이었다.

667년 보덕의 신라 망명은 보는 관점에 따라 도교에 대한 직접적인 반대보다 고구려가 멸망 조짐을 보이자 취한 행동으로 보이기 쉽다. 660년 백제 멸망 이후 고구려는 앞으로 당과 신라의 협공이라는 새로운 전쟁 국면을 맞이하게 되었고, 신라가 당의 보급로를 책임지는 한 당과의 싸움에서 이길 자신감도 많이 사라졌다. 이런 상황에서 연개소문이 죽은 후 연개소문의 세 아들 남생, 남건, 남산의 권력투쟁이 벌어졌다. 권력투쟁에서 밀린 남생은 666년 당으로 망명하고, 667년 12월 연개소문의 동생 연정토는 신라로 망명했다. 668년 남건이 끝까지 저항하였지만, 정치·군사 자문역을 맡았던 승려 신성이 성문을 열고 당에 항복했다. 연개소문이 도교를 앞세운 이래 불만을 품고 있던 보덕은 남생, 연정토와 마찬가지로 망명을 택했고, 그곳은 옛 백제 지역인 완산주였다. 보덕은 650년보다 667년 신라 땅인 완산주로 망명했다고 보는 것이 더 타당할 것 같다.

보덕이 완산주로 망명하기 전 고구려에서의 불교 활동은 두 가지 정도 알려져 있다. 영탑사에 8각 9층탑을 세운 것과 사람들에게 『열반경』을 강(講)한 것이다. 보덕이 대보산 동굴 아래에서 참선을 하고 있는데, 어떤 신인(神人)이 와서 땅 밑에 8면 7층석탑이 있다고 하였다. 땅속을 파보니 말 그대로여서 이곳에 영탑사(靈塔寺)를 지었다고 한다. 이는 고구려의 성왕이 요동성에 행차했다가 아육왕(阿育王)이 불탑을 세웠던 땅속 자리에다가 다시 7층목탑을 세웠다는 이야기를 연상시킨다. 아육왕은 인도에서 이상적인 전륜성왕으로 떠받드는 아소카왕을 말한다. 『삼국유사』 요동성육왕탑(遼東城育王塔)조에서 7층목탑을 세운 고구려의 성왕은 동명성왕이 아니고 광개토왕으로 추정되는데(조경철, 2012), 보덕도 아소카왕이나 광개토왕처럼 불법을 수호하는 전륜성왕이 나타나 다시 고구려의 불교를 흥하게 해달라고 기원한 것으로 생각한다.

보덕은 산방의 노승들이 찾아오면 40권 『열반경』을 강했다고 한다. 『열반경』은 진나라 때 북량의 담무참이 맨 처음 번역하였는데, 나중에 40권 『열반경』과 36권 『열반경』이 유통되었다. 전자를 북본열반경, 후자를 남본열반경이라고 한다. 『법화경』과 『열반경』은 석가불신앙을 위주로 하며 일체 중생의 성불 가능성을 말하고 있다.

다만 보덕의 경우는 달리 보기도 한다. 『열반경』은 일체 중생의 성불을 말하고 있고 일천제(一闡提)의 성불 가능성도 말하고 있지만, 불법을 없애려 하는 일천제의 경우 성불할 수 없다고 주장하기도 한다. 그래서 연개소문의 도교 우위, 불교 탄압에 대항한 보덕은 연개소문과 같은 일천제의 성불을 부정하는 열반사상을 갖고 있다고 보기도 하지만(김주성, 2003), 이는 과도한 해석으로 보덕의 열반사상은 일천제 성불론에 가깝다고 생각한다.

보덕이 사상적으로 대립각을 세운 대상은 도교뿐만 아니라 불교일 수도 있다. 당은 도교를 앞세우는 한편, 645년 인도에서 돌아온 현장의 신유식(新唯識)인 법상종(法相宗)을 내세우기도 하였다. 신라의 원효와 의상도 현장의 신유식을 공부하기 위해 당 유학을 시도한 적이 있다. 신유식은 오성각별(五性各別)에 입각하여 일천제는 성불할 수 없다고 주장한다. 이러한 당의 법상종이 고구려에 유입되면서 보덕을 중심으로 한 일천제 성불론의 열반사상과 대립했을 수도 있다.

보덕이 망명의 거주처로 옛 백제 지역을 택한 이유 가운데 하나는 이 지역에 이미 『열반경』의 전통이 있었기 때문이다. 백제는 성왕 19년(541년) 중국 양에 사신을 보내 모시박사와 『열반경』 등의 주석서를 요청한 적이 있다. 이때 당시 백제에는 『열반경』이 이미 들어와 있었고 더 깊은 연구를 위해 양에 유통되고 있었던 『대열반경집해』 등 『열반경』 주석서를 요청할 정도로 『열반경』에 대한 이해가 깊었다. 이후 백제의 『열반경』에 대한 관심은 중국으로 유학 간 백제 승려가 길장의 『열반경』 주석서를 가지고 귀국해서 중국에 남아 있는 책이 없다는 중국 측 기록을 통해서도 알 수 있다(조경철, 2015).

보덕에게는 11명의 제자가 있었다. 그 가운데 명덕은 완산주 고대산(고달산)에 보덕의 거처를 주선했다. 11명의 제자는 완산주 인근에 절을 짓고 보덕의 열반사상을 널리 퍼뜨렸다. 무상은 제자 김취와 함께 금동사를, 적멸과 의융은 진구사를, 지수는 대승사를, 일승, 심정, 대원은 대원사를, 수정은 유마사를, 사대와 계육은 중대사를, 개원은 개원사를, 명덕은 연구사를 세웠다. 개심과 보명은 전기(傳記)가 따로 있다.

보덕의 열반사상은 고구려와 백제의 열반사상을 통합하였으며, 신라의 원효가 받아들였다. 원효는 『열반종요(涅槃宗要)』란 책을 저술하기도 하였다. 보덕은 일체 중생은 모두 불성이 있다는 열반사상으로 고구려·백제·신라 삼국의 정신적 통합을 추구하였고, 원효는 이를 화쟁사상(和諍思想)으로 발전시켰다.

2) 고구려 후기의 도교

도교가 고구려에 들어와 본격적으로 정치·종교적 영향을 끼친 시기는 영류왕과 보장왕 때로, 실질적으로는 연개소문이 집권한 기간이다. 도교는 『도덕경』, 『장자』 등의 경전을 위주로 하여 노장사상으로 알려지다가 후한 때 장릉(張陵)의 오두미교(五斗米敎)와 장각(張角)의 태평도(太平道)에 의해 종교적 요소를 더하면서 중국에 널리 퍼져 나갔다. 도교는 유교 또는 불교와 우호적인 관계를 유지하기도 하지만 대립하기도 하였다.

도교가 한국에 들어온 시기는 매우 이른 편이다. 이미 4세기 백제가 『도덕경』을 인용하고 있고, 고구려에도 고분벽화 등을 통해 국내성시기에 들어왔음을 알 수 있다. 고구려는 당이 들어선 이후 이전 수와의 전쟁 양상을 되풀이하지 않기 위해 유화책을 시도했으며, 그 방법 중 하나가 영류왕 때 당의 도교를 수용하는 것이었다. 영류왕이 연개소문에 의해 시해되고 보장왕이 옹립된 이후 도교는 연개소문의 독재체제를 정당화하는 방식으로 이용되었다. 그는 유교·불교·도교의 삼교 정립이라는 구실을 달아 불교 교단을 통제하였다. 이에 보덕은 연개소문의 도교진흥책에 대항하다가 받아들여지지 않자 옛 백제의 완산주로 이주하였다. 결국 연개소문의 도교진흥책은 고구려 멸망의 한 계기가 되었다고 보고 있다.

지금까지 고구려의 도교에 대한 연구는 대부분 연개소문의 도교와 보덕의 불교와의 대립 관점에서 이루어졌는데, 근래 도교와 불교의 대립이 과장되었다고 보는 견해가 제기되었다. 가장 논란이 되는 부분은 절을 도관으로 삼았다는 부분과 보덕의 이주 시기이다. 절을 도관으로 삼았다는 것은 도교와 불교의 대립을 극단으로 몰고 갔다는 것인데, 이에 대한 검토가 필요하다. 덧붙여 보덕의 이주 시기가 백제 멸망 이전인지 이후인지의 문제도 당시 불교와 도교의 대립양상을 달리 볼 수 있는 관점을 제시한다.

고구려에 도교가 들어온 시기는 명확하지 않다. 문헌기록으로는 을지문덕이 612년 고구려에 쳐들어온 수의 장수 우중문에게 보낸 시에 『도덕경』을 인용한 것이 가장 이르다. "신묘한 계책은 천문을 꿰뚫었고"로 시작해서 "만족할 줄 안다면 그치면 어떠할까"라는 시의 마지막 구는 『도덕경』 44장의 "족함을 알면 욕되지 않고 그칠 줄 알면 위태롭지 않다(知足不辱 知止不殆)"라는 구절에서 따온 것이다. 을지문덕이 인용한 위 구절은 이미 4세기 백제 장군 막고해가 인용한 바 있다. 병법서로도 활용된 『도덕경』이 장군들에게 널리 퍼져 읽히고 있었음을 알 수 있다.

연개소문이 당에서 도교를 받아들인 것도 평소 『도덕경』에 관심을

그림4 | 강서대묘 사신도의 현무(평안남도 강서)

갖고 있었기 때문이다. 국내성시기 고분벽화에 보이는 복희·여와·비선(飛仙)·서왕모 등 신화적 인물과 별자리 등도 넓은 범주에서 도교에 대한 이해를 반영한다고 볼 수 있다. 〈광개토왕릉비〉에 보이는 '天帝之子', '河伯之孫'의 천제(天帝)나 하백(河伯)도 도교적 요소를 포함하고 있다. 고구려 후기에는 도교의 영향을 받은 사신도도 유행하였다. 하지만 고구려의 도교가 도관이나 도사 등을 둘 정도로 교단화되지는 않았던 것 같다. 백제의 경우에도 승려와 절과 탑은 많은데 도사는 없다고 하였다.

수와의 싸움에서 전쟁영웅이었던 영류왕은 배다른 형 영양왕의 뒤를 이었다. 619년 수는 당에 의해 멸망하였다. 영류왕은 이전 수와의 대결양상을 피하고 새로 들어선 당과 우호적인 관계를 맺고자 하였다. 영류왕이 당에 사신을 보내 책력을 청하자, 당은 우호와 견제의 의미를 담아 황실이 받들고 있던 도교를 전해주었다. 당에서 보낸 도사들은 고구려에 천존상(天尊像)과 도법(道法)을 가지고 왔으며, 왕과 국인들은 그들이 강의하는 『도덕경』을 들었을 뿐 아니라 이듬해에는 당에 사람을 보내 불교와 도교의 교법을 배워오게 하는 등 적극적인 모습을 보였다.

한편 영류왕과 대신들이 자신을 죽이려고 모의하고 있다는 것을 눈치챈 연개소문은 642년 왕을 죽이고 새로 보장왕을 옹립하였다. 정권을 잡은 연개소문도 일단 당과 우호관계를 유지하고자 하였다. 『삼국유사』에 의하면, 고구려에 유교와 불교는 성하지만 도교가 아직 성하지 않으니 삼교는 솥의 세 발과 같다고 하면서 당에 도교를 청하여 널리 퍼뜨리고자 하였다. 당 태종은 도사 숙달(叔達, 敍達) 등 8명을 보내고 『도덕경』도 보내주었다. 왕은 기뻐하여 절을 도관으로 삼아 이들을 머무르게 하였다. 연개소문은 유교·불교·도교의 균형을 맞추기 위해 도교를 들여왔지만, 불교 측에서는 상대적으로 불교를 탄압하는 것처럼 여겼을 것이다. 특히 '절을 도관으로 삼은 행위'는 불교계로서는 상당한 타격이었다.

당과 고구려의 우호관계는 얼마 가지 못했다. 645년 당은 고구려를 침략했지만 안시성싸움에서 패퇴하였다. 고구려에 와 있었던 도사 8명의 행방은 어떻게 되었는지 알 수 없다. 연개소문의 삼교 균형 정책은 계속 이어진 것으로 보인다. 도교를 받드는 것에 대해 불만을 품고 있던 반룡사의 보덕은 완산주 고대산으로 거처를 옮겼다. 그는 불교계의 이반이 심상치 않았음을 짐작하고, 654년 "마령(馬嶺)의 신인(神人)이 나타나 '임금과 신하들의 사치함이 한도가 없으니 패망할 날이 얼마 남지 않았다'고 말하고 사라졌다"고 한다(『삼국유사』).

보덕이 도교진흥책에 반대하여 남쪽으로 거처를 옮겼다는 이야기는 『삼국유사』 흥법(興法) '보장봉노(寶藏奉老) 보덕이암(普德移庵)' 항목에 자세히 전한다. 이에 의하면, 보장왕과 연개소문이 도교를 받들고 불교를 멀리하여 보덕이 고구려를 떠났고 결국 고구려가 망할 수밖에 없었다고 강조하였다. 이 항목에서 『삼국유사』를 지은 일연은 자신의 말과 다른 사람의 말을 빌려 고구려 멸망을 수차례 언급하면서, 도교 신봉이 가져온 부정적 결과를 특히 강조하였다(정호섭, 2018).

『삼국사기』는 650년 보덕이 나라에서 도교를 받들고 불교를 믿지 않아 거처를 완산주 고대산으로 옮겼다고만 했는데, 『삼국유사』는 여기에 "얼마 되지 않아 나라가 망하였다"라는 말을 덧붙였다. '얼마'라고 했지만 650년과 667년은 19년이나 떨어져 있다. 또 도교를 신봉한 연개소문이 실은 수나라 사람 '양명(羊皿)'인데, 고구려를 멸망시키기 위해 환생했다고 하면서 '연개소문(양명)=도교=고구려 멸망'이란 등식으로 파악하고 있다.

『삼국유사』는 대각국사 의천의 시구 가운데 "보덕이 거처를 옮긴 후 동명성왕의 옛 나라 위태로워졌네"를 인용하면서 『삼국사기』의 고구려가 망할 날이 얼마 남지 않았다는 마령 신인의 말을 덧붙였다. 654년 고구려가 멸망할 거라는 마령 신인의 말은 『삼국사기』에서는 650년 보덕의 완산주 이주와 별개로 언급된 말인데, 『삼국유사』는 이 둘을 연결시키고 있다.

보통 도교의 불교에 대한 탄압의 예로 절을 바꾸어 도관으로 삼았다는 기록을 들곤 한다. 그런데 이 기록의 해석에는 문제점이 있다. 『삼국사기』와 『삼국유사』에서 모두 언급하고 있지만 같은 내용에 대한 서술 방식에 차이가 있다.

『삼국유사』에 "연개소문이 유교·불교·도교 삼교의 정립을 위해 당에서 도사 8명을 들여왔는데, 절을 도관으로 삼았다(以佛寺爲道館)"라는 구절이 있다. 『삼국사기』에는 이 구절이 "取僧寺館之" 또는 "取浮屠寺館之"라고 되어 있는데, 이에 대한 해석을 '절을 빼앗아 이들을 머물게 하였다'라고 한 것이다(정구복 외, 2012). 도교와 불교의 극렬한 대립 관계를 떠올리게 하는 대목이다.

그런데 당에서 도사 8명을 보내자 왕이 기뻐하여 취한 조치가 절을 빼앗아 도관으로 삼는 단계까지 가지는 않았을 것이다. 『삼국유사』는 『삼국사기』의 '取僧寺館之'란 구절을 '以佛寺爲道館'으로 바꾸어 기술하였다. 문장을 '以-爲-' 구조로 바꾸어 건물 자체의 기본 용도를 바꿨다. 또 『삼국사기』의 관(館)을 도사가 머물며 도를 닦는 '도관(道館)'으로 바꿔버렸다.

'取僧寺館之'는 도사 8명이 오자 '절을 취하여 그들을 머물게 했다'로 해석하는 것이 자연스럽다(방용철, 2013). 김춘추가 고구려에 왔을 때 김춘추를 머물게 했다고 할 때도 '館之'라고 했기 때문이다(『삼국유사』). 또 『신당서』나 『송고승전』에서도 '맞이하여 머무르게 했다'는 '迎而館之'라는 표현이 보인다.

'取僧寺館之'는 어구만 볼 것이 아니라 바로 앞에 있는 '王喜'라는 두 글자를 붙여 해석하면 좀더 명확해진다. '王喜取僧寺館之'에서 '왕이 기뻐한다(王喜)'와 '절을 빼앗아 도관을 삼았다(取僧寺館之)'는 두 구절은 서로 어울리지 않는다. 굳이 절을 뺏는 것을 기뻐한다고까지 표현하지는 않았을 것이다.

또한 『삼국유사』에서는 '館之'를 '도관(道館)으로 삼았다'라고 해석하여 도관(道館)을 '道觀'의 의미로 사용하였지만, 이런 경우는 매우 드문 편이고 국내 기록에서는 잘 확인이 되지 않는다. 또한 '觀'이라고 해서 모두 도관을 말하는 것이 아니고, 단지 건물을 말하는 '館'으로 쓰이는 경우도 있다.

『사기(史記)』 사마상여열전(司馬相如列傳) 봉선문(封禪文)의 "鬼神接靈圉賓於閒館"라는 구절에서 '한관(閒館)'은 『한서』에서 '閒觀'이라고 표기되어 있다. 『한서』 한관의 '觀'은 도교의 도관이 아닌 집의 뜻으로 쓰인 것이다. 즉, '觀'은 도관(道觀)의 관으로 쓰일 수 있지만, 도관(道觀)의 뜻을 담고 싶을 때 '觀'이 아닌 '館'을 쓴 경우는 거의 없다.

『속고승전』의 "승사를 취하여 비구니의 거처로 삼았다(取僧寺爲尼所住)"는 구절은, '爲'가 있어 '비구니의 거처로 삼았다'라고 풀이되지만, '取僧寺館之'에는 '爲'란 글자가 없고 '館之'라 했기 때문에 '머물게 했다'로 보는 것이 무난하다. '절을 도관으로 삼았다'라고 해석하면서 연개소문과 보덕, 도교와 불교의 관계를 극히 대립적인 관계로 보는 것은 적절치 않다.

연개소문의 도교진흥책이 구체적으로 어떻게 추진되었는지는 알 수 없다. 도사 8명을 당으로부터 청한 이후 고구려 자체적으로 도사를 배출했는지도 알 수 없다. 도사 8명이 고구려 불교계를 마치 없애버리려고 했다는 식의 비판은 『삼국유사』 등 불교계의 입김이 반영된 것으로 여겨진다. 『삼국유사』는 고구려의 멸망을 도교의 불교에 대한 탄압으로 보았다. 일연이 도교에 대해 부정적인 입장을 가진 것은 아니었지만, 어디까지나 불교가 주축이고 도교는 보조 역할을 하는 정도라고 인정하였다. 일연이 활동한 고려시대에도 도교는 널리 퍼져 있었다. '보장봉노', 곧 보장왕이 노자를 받들어 나라가 망했다는 메시지는 당시 고려왕에게도 유효했다. 이런 측면에서 『삼국유사』의 '보장봉노 보덕이암'이란 항목의 제목도 특별하다. 사실 고구려에서 도교를 앞장서 받아들인 장본인은 보장왕이 아니라 연개소문이기 때문이다.

『삼국유사』 흥법 '보장봉노 보덕이암'이란 항목은 도교의 불교에 대한 탄압을 다룬 대목이다. 일연은 보장왕이 노자(도교)를 받들고 불교를 멀리하자 보덕이 완산주로 거처를 옮겼고 이로 인해 고구려 또한 머지않아 멸망하지 않을 수 없다고 하였다. 그런데 보장왕은 영류왕을 시해한 연개소문이 옹립한 왕이다. 이미 영류왕은 당나라에 도교의 가르침을 요청한 적이 있었고, 보장왕은 도교를 받아들이자는 연개소문의 청에 따랐을 뿐이다. 보덕이 누차 왕에게 불교에 대한 탄압을 중지할 것을 요청해 받아들일 수 없었던 것은 왕의 뜻이라기보다 연개소문이 버티고 있었기 때문이다. 이 항목의 내용 대부분도 보장왕의 '봉노'보다 연개소문의 '봉노'에 대한 비난이다. '보장봉노'가 아니라 '연개소문봉노'가 사실에 가깝다. 그럼에도 불구하고 '보장봉노'라고 한 것은 연개소문에 의해 옹립된 보장왕을 나무란 것이라기보다는 일연이 살고 있던 당대 왕들에 대한 경계적 성격이 강하다고 생각한다. 고려시대 귀족들이 널리 받아들이고 있던 도교에 대한 견제를 왕에게 말하고 싶었던 것이다.

『삼국유사』에는 이 밖에도 도교에 대한 비판을 언급하고 있다(방용철, 2012). '아도기라(阿道基羅)' 항목에서는 척발도가 관중과 낙양에 위세를 떨치고 있을 때 최호가 좌도(左道: 도교)를 조금 익혀 불교를 시기하고 미워하고 구겸지(寇謙之)와 함께 불교를 폐하려고 하였는데, 나중에 최호와 구겸지는 악질에 걸려 죽었다고 한다. '경덕왕(景德王) 충담사(忠談師) 표훈대덕(表訓大德)' 항목에서는 혜공왕이 도류(道流: 도사)와 더불어 놀다가 큰 난리가 있어 마침내 왕은 선덕왕과 김양상에게 살해되었다고 하였다. '전후소장사리(前後所將舍利)' 항목에서는 송의 휘종이 좌도(도교)를 받들어 사람들이 금인(부처)이 나라를 망친다는 참언을 퍼뜨렸다고 한다. 또 황건의 무리가 불교를 파멸시켜 승려를 파묻고 경전을 불사르려 한다고 하였다. 보장왕과 연개소문의 도교의 대한 과도한 비판도 이와 맥을 같이하고 있다.

그렇다면, 영류왕·보장왕·연개소문이 받아들인 도교의 성격은 어떠했을까? 고구려가 당에서 받아들인 것은 천존상, 『도덕경』, 도사라고 하면서 더 이상의 구체적 언급이 없기 때문이다. 천존상은 도교의 최고 신인 천존 또는 원시 천존의 상을 말한다. 당의 천존상은 높이 3자 5치로 운관을 쓰고 손잡이가 달린 향로를 들고 있었다고 한다. 당에서 도교를 받아들이기 이전에 이미 고구려에 『도덕경』이 들어와 있었고, 도교의 한 형태인 오두미교가 유행하고 있었다. 그렇지만 구체적인 도교의 신상이 들어온 것은 이때가 처음인 것으로 추정된다.

을지문덕이 612년 수의 장수 우중문에게 보낸 시에 『도덕경』이 인용되어 있다. 『도덕경』은 전쟁을 승리로 이끄는 병법서로서도 널리 활용되었다. 『수서』 예문지(藝文志)에 『노자병서(老子兵書)』란 책이 실려 있기도 하다. 을지문덕 등 장군들이 주로 관심을 보였던 『도덕경』이 병법서 측면에서 주석이 달린 책이었다면, 당에서 고구려에 들어온 『도덕경』은 이전 병법 주석과 다른 계통의 주석본이 주종을 이뤘다고 추정된다. 『도덕경』의 주석본으로 유명한 것으로는 왕필(王弼)의 주석본과 하상공(河上公)의 주석본이 있다. 왕필본은 노자의 철학적 문제에 집중한 반면, 하상공본은 양생술에 치중하였다(박승범, 2019). 물론 왕필본과 하상공본도 싸워서 이기는 법을 말하지 않는 것은 아니다. 『도덕경』의 핵심사상이기도 한 '무위(無爲)'는 병법의 핵심이기도 하다. 왕필은 적의 도발에 쉽게 전쟁에 나서지 말라고 하였고, 하상공은 교묘하고 은밀한 전법을 활용해야 한다고 하였다.

오두미교는 무덕(武德, 618~626년)·정관(貞觀, 627~649년) 연간에 고구려 사람들이 앞다투어 믿었다고 한다. 오두미교는 중국 후한 말 장릉이 창시하여 그 아들 장형, 손자 장로의 계보를 이어받은 원시 도교의 한 교단으로, 말 그대로 오두의 쌀을 내고 교단에 입단했다고 해서 붙여진 이름이다. 오두미교의 주된 관심사는 질병의 퇴치였다. 오두미교는 고구려의 민간신앙과 결합하여 음사(淫祀)의 형태로 이해되기도 하였다. 이렇듯 고구려에는 『도덕경』은 물론 이에 대한 여러 주석서가 들어와 있었고 여러 사람들이 오두미교란 형태로 민간에 어느 정도 퍼져 있었다.

그럼 연개소문이 도교에 특히 관심을 가졌던 이유는 무엇일까? 아마 연개소문도 병법서로서 『도덕경』에 관심을 가졌을 것이다. 도교가 추구하는 정치는 '무위(無爲)'의 통치인데, 이를 『한서』에서는 군주의 통치를 도와주는 "군인남면지술(君人南面之術)"이라고 하였다. 하지만 유교나 불교와 달리 도교가 갖고 있었던 특별한 가르침이 연개소문의 독재체제에 특별한 장점을 부여한 것은 아니었다. 당도 『도덕경』의 특별한 통치술에 관심을 가졌다기보다는 당 황제의 성씨가 이씨이고, 이씨의 기원이 노자까지 이어진다고 하면서 당 황실의 신성성을 고양하기 위한 목적이었다.

연개소문이 도교를 적극적으로 받아들인 이유 가운데 하나는 가문과 관련해서이다. 물에서 태어났다거나(生水中) 샘에서 태어나서(出於泉) 그의 선조가 연(淵, 혹은 泉)씨 성을 갖게 되었다고 한다. 『도덕경』은 도의 원리를 물에 비유해서 "최고의 선은 물과 같다(上善若水)"고 한다.

연개소문은 도교를 널리 퍼뜨려 자기 가문이 물에서 태어난 신성한 가문임을 강조하고 싶었을 것이다.

연개소문은 도사들을 동원하여 국내의 유명 산천을 돌아다니며 도교를 널리 퍼뜨리고 정권의 안정과 국가의 운을 빌게 하였다. 평양성의 지형지세는 신월성(新月城) 모양이었는데 남하(南河)의 용으로 하여금 더 쌓아 만월성(滿月城)으로 만들고 이름을 용언성이라고 하였다. 따로 참서를 지어 용언도라고 하고, 또 천년 동안 번영할 천년보장도(千年寶藏堵)라고 하였다. 그런데 중국에서 온 도사들의 경우 한편으로 고구려의 명맥을 끊기 위한 은밀한 시도도 하였던 것 같다. 옛날 고구려의 성제(聖帝)가 상제에게 조회할 때 타고 갔던 돌이라고 전해지는 신비로운 영석(靈石)을 파서 깨뜨리기도 하였다(『삼국유사』).

연개소문의 의도와 달리 고구려에는 멸망을 암시하는 여러 참언이 돌아다녔다. 아마도 중국에서 온 도사들이 민심을 불안하게 하기 위하여 퍼뜨렸을 것이다. 당의 시어사(侍御史) 가언충(賈言忠)은 『고구려비기』의 말을 인용하여 "고구려는 900년이 되지 못하여 팔십(八十)대장에게 멸망한다"라고 말하였다. 그에 따르면, 고구려 건국은 기원전 1세기가 아니라 기원전 3세기이고, 팔십대장은 당의 장수 이적(李勣)이라는 것이다.

연개소문이 유교·불교·도교 삼교의 균형을 맞추기 위해 도교를 받아들이겠다고 하였지만, 도교를 널리 퍼뜨리기 위한 도사의 보급과 도사가 머물기 위한 도관을 확장하는 과정에서 자연스럽게 교단을 형성하고 있던 불교와의 충돌이 불가피했을 것이다. 불교는 왕실이나 귀족과 연결되어 있었다. 귀족연립정권의 통치체제를 지탱하는 사상적 기둥은 불교였는데, 추군과 세군의 싸움, 혜량의 신라 망명으로 불안정을 초래하였다. 이후 왕고덕과 의연의 활동으로 안정을 찾아가는 듯하였으나 연개소문의 급작스런 도교진흥책은 불교와 도교와의 갈등뿐만 아니라 도교에 대처하는 불교계의 갈등을 초래하였다. 그 결과 보덕은 도교와 정면충돌하여 다른 나라로 망명하였고, 연개소문의 뒤를 이은 남건의 군사참모로 활동했던 승려 신성은 고구려 멸망 때 평양성의 문을 열어주기도 했다.

결국 삼교 정립의 실패, 도교와 불교의 불화, 불교계 내부의 갈등 등 사상적인 대립이 고구려 멸망을 초래한 한 요인이 되어버렸다. 다만 7세기 중엽 현상적인 측면만 본다면 고구려는 멸망 직전까지도 급변하는 국제정세에 비교적 효과적으로 대응했다고 한다(여호규, 2018). 연개소문이 당에서 도교를 도입한 사실에 대해서도 부정적인 선입관에서 벗어나 다양한 논의를 전개할 필요가 있다.

3) 고구려 후기의 유교

고구려에 유교가 들어온 시기는 이른 시기로 추정된다. 한자로 쓰인 중국의 유교 경전이나 유교 사상을 담은 여러 책을 통해 자연스럽게 유교에 접했을 것이다. 유교에 대한 체계적인 이해는 소수림왕 때 태학(太學)을 건립한 이후이다. 태학이 중앙에 건립되었다면 평양 천도 이후에는 지방에 경당(扃堂)이 건립되었다. 『한원』에 국자박사가 보이는 것으로 보아 태학 위에 국자학이 있었고 이곳에서 보다 상층의 귀족 자제를 가르친 것 같다. 태학과 경당에서는 유교 경전을 비롯하여 역사책, 문학책 등을 읽고 활쏘기도 병행하였다. 태학에서는 성년의 귀족 자제가 주로 공부했고, 경당에서는 하급 귀족과 상대적으로 나이가 어린 미혼 자제가 공부했다(이정빈, 2012; 2014). 온달이 지방에서 글과 활쏘기를 익힐 수 있었던 것도 경당과 같은 지방교육기관이 있었기 때문이다.

『신집』을 편찬한 이문진도 태학박사였다. 고구려 사람들이 즐겨 읽은 책으로는 오경·『사기』·『한서』·『후한서』·『진춘추』 등이 있었고, 특히 『문선』을 좋아했다. 책을 읽고 글쓰기에 필요한 한자사전류인 『옥편』, 『자통』, 『자림』 등도 갖추고 있었다.

고구려의 덕흥리벽화고분에는 주공과 공자를 언급하였고, 광개토왕 때 영락(永樂) 연호를 사용하였다. 사직을 세우고 종묘를 수리한 일은 보통 고국양왕 때의 사실로 여기나, 일부에서는 광개토왕 때의 일로 보기도 한다(조경철, 2012). 장수왕은 유교적 이념에 입각해 〈광개토왕릉비문〉을 작성하기도 했다. 비문에 표기된 백제의 비칭인 백잔(百殘)의 잔(殘)과 왜의 비칭인 왜적의 적(賊)은 『맹자』에서 인을 해치는 것을 적, 의를 해치는 것을 잔이라고 한 것에서 따온 것 같다.

고구려 후기에도 유교가 널리 보급되었다는 것은 『구당서』에 오경 등 유교 경전과 『사기』 등 역사책을 즐겨 읽었다는 데서 알 수 있다. 특히 각 지방의 경당에서 배운 유교적 기본소양이 큰 역할을 한 것으로 추정된다. 600년 영류왕이 이문진을 시켜 기존의 『유기(留記)』를 대신한 새로운 역사서 『신집』을 편집할 수 있었던 것은 그만큼 발전된 고구려의 유교 수준이 뒷받침되었다는 것을 반증한다.

고구려 사람들이 특히 즐겨 읽었다는 『문선』은 양의 소명태자가 편찬했는데, 노장사상의 글도 포함되어 있지만 유교적 소양을 기본으로 한 책이다. 이 책은 신라의 강수가 배운 책이기도 하고 신라의 독서삼품과(讀書三品科)에 들어가 있기도 했다.

역사서나 문학서를 읽고 글을 지을 때 필수적으로 갖춰 놓아야 하는 것이 사전이다. 고구려에서 『옥편』·『자통』·『자림』 등의 사전을 읽었다는 것은 그만큼 한문 수준과 유교 수준이 높았음을 반영한다. 『설문해자(說文解字)』를 증보한 사전 『자림』은 『후한서』나 『문선』 등 중국의 고대 전적을 읽는 데 매우 유용했다. 한편, 글씨의 서체가 전서 다음에 예서와 해서가 사용되는 추세가 유행하자 다시 자서(字書)를 편찬하게 되었는데, 고야왕(顧野王)의 『옥편』이 유명하다. 이후 불교용어까지 참조하여 어휘가 늘어난 『자통』은 『자림』에 비해 상세한 설명이 곁들여졌다(노용필, 2013).

'유교와 불교는 성한데 도교가 성하지 않아 삼교가 정립되지 않았다'는 연개소문의 말도 고구려 후기 유교 수준이 불교와 어깨를 나란히 하고 있음을 보여주는 표현이라고 생각한다. 연개소문의 도교진흥책이 불교계의 반발을 불러와 승려 보덕이 완산주로 망명했으며, 보장왕은 도사를 존중하여 유사(儒士) 위에 두었다. 그렇다면, 유교는 도교에 대해 어떤 입장을 취했을까? 이 대목에서 주목되는 것이 고구려 사람들이 즐겨 읽었다는 손성(孫盛)의 『진춘추(晉春秋)』이다.

『진춘추』는 『진양추(晉陽秋)』로도 불리는데, 동진 간문제(재위 371~372년)의 생모 정태후의 이름 '아춘(阿春)'을 피휘하여 춘(春) 대신 양(陽)을 썼기 때문이다. 공자가 지은 『춘추』라는 책명을 따와 진의 역사책이란 의미에서 『진춘추』라고 하였는데, 편년체로 234년부터 420년에 이르는 시기를 다루고 있다. 『진춘추』의 역사로서의 특징 가운데 하나는 유학의 도의를 앞세워 상고의 예제를 회복할 것을 주장하면서 현학(玄學: 노장)에 대하여 반대하는 명확한 입장을 표방하고 있다는 점이다. 아마도 유교 입장에서도 『진춘추』처럼 연개소문의 도교진흥책에 대하여 반대 입장을 가진 것으로 추정된다(노용필, 2013).

유교의 예제 가운데 구체적인 것으로 상장례가 있다. 고구려의 상장례를 기록한 『수서』에 따르면, 고구려에서는 사람이 죽으면 빈(殯)을 치르고 3년이 지나면 길일을 택하여 매장한다고 하였다. 고구려에서 3년상이 치러진 구체적인 사례는 광개토왕이다. 광개토왕은 『삼국사기』에 의하면 412년 10월에 죽었고, 〈광개토왕릉비〉에 의하면 414년 9월 29일에 묻혔다. 죽은 날과 묻힌 날의 달수를 계산하면 24개월이고 햇수는 3년이다. 그래서 보통 광개토왕의 상장례 기간을 3년으로 보고 있다. 그런데 전통적인 3년상에 의하면 그 기간은 25개월 또는 27개월이고 특별한 경우 36개월이다. 광개토왕의 장례 기간은 24개월이고 3년에 걸쳐 있다. 3년이 지나면 길일을 택한다고 했으므로 24개월도 3년상으로 볼 수 있다는 것이다.

그러나 '3년을 지난다'는 표현은 적어도 대상(2주기)을 치르고 난 후를 말하는 것이다. 3년상의 예로 25개월이 아닌 24개월 3년상이 치러진 적은 없다. 따라서 광개토왕의 24개월 장례 기간은 재검토의 여지가 있다. 고국양왕의 죽음과 광개토왕의 즉위 사이에는 연대 논란이 있는데, 영락 연호가 유년 칭원이라면 광개토왕의 즉위 연도는 우리가 알고 있는 391년보다 1년 앞선 390년이 된다. 죽은 해도 412년이 아니라 411년으로 1년이 앞당겨질 수 있다. 411년 10월부터 414년 9월 23일까지 달수를 계산하면 36개월이 된다. 당의 왕원감(王元感)과 청의 모기령(毛奇齡)도 36개월 3년상을 주장했다(조경철, 2012).

광개토왕 이후 3년상이 치러졌는지 알 수 있는 확실한 사례는 보이지 않는다. 다만 고구려 후기에도 3년상이 치러졌을 가능성은 남아 있다. 안원왕의 연가 연호 반포와 안원왕의 죽은 연대가 한 사례이다. 금동연가7년명여래입상의 조성 연대는 일반적으로 안원왕 9년(539년)으로 보고 있다. 그렇다면 연가 1년은 안원왕 3년(533년)이 된다. 안장왕은 531년 5월에 죽었으므로 25개월 또는 27개월 3년상이 끝나는 시기는 533년 5월이나 533년 7월이 된다. 이때 연가 연호를 반포했을 수도 있다. 아니면 기간을 조금 앞당겨 533년 정월 태자를 책봉하면서 연호를 반포했을 수도 있다. 신라 선덕여왕의 경우도 비슷하다. 진평왕이 632년 1월에 죽었고, 선덕여왕은 634년 정월 인평(仁平) 연호를 반포하였다. 진평왕의 3년상은 25개월일 경우 634년 정월에 끝나고 27개월일 경우 634년 3월에 끝난다. 선덕여왕이나 안원왕이나 3년상이 끝나는 해 정월에 새로운 연호를 반포한 셈이다.

다음은 안원왕의 죽은 연대와 관련해서다. 안원왕이 병들어 누워 있을 때 다음 왕위를 둘러싸고 싸움이 벌어졌다. 중부인이 낳은 세자를 미는 추군 세력과 소부인이 낳은 왕자를 미는 세군 세력의 싸움이었다. 이 와중에 안원왕은 죽고 추군의 세자 양원왕이 다음 왕위를 이었다. 이때 세군 사람 2,000여 명이 죽었다고 한다. 한편 안원왕이 죽은 시기도 당시 정세를 반영하듯 기록마다 다르다.『삼국사기』는 안원왕이 죽은 때를 545년 3월이라 했고,『일본서기』에서 인용한『백제본기』는 545년 12월이라고 하고 양원왕이 즉위한 때를 546년 정월이라고 하였다.『삼국사기』는 단지 안원왕이 죽은 사실만 언급한 반면,『백제본기』는 추군, 세군의 싸움에 대한 자세한 정황을 설명하고 있다. 한편『양서(梁書)』와『남사(南史)』는 안원왕이 죽은 해를 548년이라고 하여 앞의 두 책과 3년간의 차이가 난다.

백제 위덕왕의 즉위 연대도 기록마다 차이가 난다.『삼국사기』는 554년 7월에 성왕이 관산성전투에서 전사했다고 했으므로, 위덕왕은

554년 8월 이후 즉위한 것이 된다. 부여 왕흥사터 사리감에는 555년에 즉위하였다고 했다. 그런데 『일본서기』는 성왕이 죽은 때를 554년 12월이라고 하고, 위덕왕이 즉위한 해를 557년 3월 1일이라고 하여 3년간의 차이가 난다. 한편 무령왕과 무령왕비의 3년상은 28개월 3년상이었다(조경철, 2009).

신라 지증왕의 경우 『삼국사기』는 500년에 즉위했다고 하였고, 『삼국유사』는 기이편 '지철로왕(智哲老王)' 항목에서 500년 또는 501년이라고 하였다. 전왕 소지왕은 500년 11월에 죽었다. 503년에 세워진 〈포항냉수리신라비〉에서는 지증왕을 정식 왕을 칭하지 못하고 갈문왕(葛文王)이라고 칭했다. 소지왕의 마지막 기사 등으로 유추하여 소지왕과 지증왕 사이에 정변이 일어난 것으로 보고 있다. 그래서인지 모르지만 지증왕이 즉위한 연도도 3년의 차이가 난다.

고구려의 안원왕-양원왕, 백제의 성왕-위덕왕, 신라의 소지왕-지증왕에 이르는 왕위 계승에 정변적 요소가 보이고, 그들의 사망 혹은 즉위 연대도 3년의 차이가 난다. 겉으로 보면 3~4년간의 불완전한 왕위 계승 정황으로도 보일 수 있지만, 다음 왕위를 이어갈 왕이 왕위 계승의 혼란을 유교적 예제의 3년상으로 포장하여 자신의 왕위 계승을 정당화하고자 한 의도로 해석할 수도 있다.

고구려, 신라의 경우 확실히 3년상을 밝히긴 어렵지만, 백제 위덕왕의 경우 554년 12월 성왕의 사망부터, 정확히는 온전한 시신의 수습부터 557년 3월 1일에 이르기까지 즉위한 기간이 유교의 전통 예제인 27개월 3년상에 정확히 맞아떨어진다.

고구려 안원왕의 뒤를 이은 양원왕은 추군과 세군의 싸움 와중에 아버지 안원왕이 죽은 사실을 당분간 숨겼을 수도 있다. 545년 3월에 죽었는데 12월에 죽었다고 발표했을 수도 있다. 추군의 양원왕은 왕위에 오른 후 아버지 안원왕의 추모 분위기로 정국을 이끌어 나갔다. 아버지 안원왕의 장례를 3년상으로 치른 뒤 548년 정식으로 왕위에 올랐을 수도 있다. 안원왕은 545년에 죽었고 548년에 양원왕이 즉위했다면 『양서』와 『남사』에 양원왕이 548년에 죽었다는 기사는 전후 문맥을 다시 한번 살펴볼 필요가 있다. "태청 2년(548년) 연(안원왕)이 죽자 그 아들(양원왕)로 하여금 연의 작위를 잇도록 하였다(太淸二年, 延卒, 詔以其子 襲延爵位)"에서 548년은 연이 죽은 해를 말하는지 아들(양원왕)이 연의 작위를 이은 해인지 확실하지 않다. 두 사건이 같은 해에 일어났을 수도 있지만, 연이 죽은 것은 이전이고 그 아들이 왕위에 오른 해가 548년이라고 해석할 수도 있다. 고구려와 신라의 경우 3년상의 장례가 백제처럼 정확히 28개월 또는 27개월은 아니지만 25개월 또는 36개월 등 다양한 경우의 수를 고려할 필요가 있다.

고구려 후기 귀족연립정권기 왕권이 상대적으로 약한 상황에서 3년상의 장례 절차는 왕위 계승의 정당성을 확보하는 중요한 역할을 한 것으로 보인다. 또한 3년상은 고구려의 유교에 대한 이해와 예제 질서에 대한 높은 이해도를 반영한다고 볼 수 있다.

2. 역사서 편찬과 문학 및 참언

1) 고구려 후기의 역사서

고구려는 광개토왕-장수왕-문자명왕 때까지 전성기를 이어왔다. 그러나 안장왕이 살해되고, 추군과 세군의 싸움 와중에 안원왕이 사망하고, 한강 유역을 빼앗기고, 혜량이 신라로 망명하는 등 안팎으로 어지러운 시기를 겪었다. 다행히 왕고덕과 의연이 불교계를 정비한 평원왕 때를 전후하여 안정을 찾아갔다.

그런데 평원왕의 뒤를 이은 영양왕이 590년 즉위하기 전 중국에 큰 변화가 있었다. 오랫동안 5호16국, 남북조로 분열을 겪고 있던 중국에 새로운 강자 수가 등장하였다. 수는 589년 남조의 마지막 왕조인 진을 멸망시키고 중국을 통일하였다. 고구려는 통일왕조 수와 우호관계를 맺으면서도 장차 수의 침입에 대비하였다. 평원왕은 남조의 진이 망했다는 소식을 듣고 군사를 훈련하고 군량을 쌓아 방어할 계책을 세웠으며 수비에만 머무르지도 않았다. 수가 중국을 통일한 다음 해에 왕위에 오른 영양왕은 598년에 말갈의 무리 1만 명을 거느리고 요서를 공략하였다. 수가 수군과 육군 30만 명을 거느리고 반격하였으나 고구려는 이를 물리쳤다.

안장왕-안원왕-양원왕으로 이어지는 왕위 계승의 혼란기를 벗어나 양원왕-평원왕-영양왕의 안정기를 거친 후 수의 공격을 물리친 영양왕은 600년에 새로운 역사서의 편찬을 명하였다. 고구려는 국초(國初)부터 역사책을 편찬하는 전통이 있었으며, 중국 역사서에 대한 이해도 깊었다. 중국의 『구당서』에는, 고구려에서 사마천의 『사기』, 반고의

『한서』, 범엽의 『후한서』, 진수의 『삼국지』를 비롯하여 손성의 『진춘추』를 읽었다고 한다. 물론 여기에 언급되지 않은 다른 역사책도 있을 것이다. 고구려의 승려 도현이 편찬한 『일본세기』에서는 『춘추』를 인용하고 있다. 『진춘추』는 조금 생소한 역사책인데 도교에 대한 비판적 입장을 취하고 있다.

영양왕 11년(600년), 왕은 태학박사 이문진에게 명하여 옛 역사를 요약하여(約古史) 『신집』 5권을 만들게 하였다. 국초에 처음으로 문자를 사용할 때 어떤 사람이 사실을 100권으로 기록하여 이름을 『유기(留記)』라 하였는데, 이에 이르러 깎고 고쳤다고 한다. 국초에 『유기』를 편찬했다고 하는데 구체적인 시기는 확실하지 않다. 나라를 세운 동명성왕이나 3대 대무신왕 때로 보거나, 어느 정도 나라 형태를 갖춘 기원 전후로 보기도 하지만, 대체적으로 백제와 신라의 역사 편찬과 비교하여 소수림왕이나 광개토왕 때로 보고 있는 듯하다(이기백, 1978). 『삼국사기』 고구려본기의 서술이 미천왕 때까지는 설화적 기사가 많은 반면, 고국원왕, 소수림왕 때부터 그렇지 않은 것도 『유기』 편찬을 소수림왕 때로 보는 한 이유이기도 하다(이기동, 1999). 한편, 봉상왕 때까지 『삼국사기』 고구려본기의 경우 중국 고전을 인용한 미사여구를 많이 사용한 반면 미천왕부터 그렇지 않다고 하여 미천왕 때 『유기』가 편찬되었을 것으로 추정하기도 한다(조우연, 2019).

『유기』의 성격은 신화, 전설이나 왕가의 계보 따위를 기록한 역사책으로 보고 있다. 『유기』란 책 이름도 훌륭한 조상의 신이한 일을 기록으로 남겨둔다는 의미로 해석할 수 있다. 반면 『신집』은 종래의 『유기』와 구별되는 현실적·실용적인 성격의 역사책으로 보고 있다. 100권이나 되는 『유기』에 비해 『신집』이 겨우 5권으로 줄어든 것은 『신집』이

『유기』의 단순한 요약이 아니라 성격 자체가 크게 달라진 것이라고 하였다(이우성, 1976). 『유기』는 기전체로 편찬되었으나, 이후 편년체나 기사본말체로 바뀌었다고 보기도 한다(조우연, 2019).

『신집』이 『유기』를 참조한 새로운 형식의 축약본이라면, 『유기』가 편찬된 이후부터 600년까지의 역사도 『신집』에 포함되지 않았을까? 옛 역사를 요약하여 『신집』을 만들었다고 하는데, '고사(古史)'는 말 그대로 '옛 역사'를 말하는 것인지 아니면 '옛 역사서'를 말하는 것인지 확실하지 않다. 옛 역사를 요약하였다 하더라도 그 안에 옛 역사서를 참고했을 것은 당연하다. 따라서 '약고사'는 '옛 역사서를 참고하여 옛 역사를 요약하여'란 의미로 이해하면 될 것 같다.

그래서 『신집』 5권을 편찬했다는 기록 뒤에 바로 이어서 '옛 역사서'에 해당되는 『유기』를 언급하여 "국초에 『유기』란 역사책이 있었다"고 덧붙였다. '고사(古史)'가 전후 문맥상 국초의 『유기』일 수도 있다. 그렇다고 하여 『유기』만을 말하는 것은 아니다. 『신집』 이전에 『유기』가 대표적인 역사책이지만 국초에서 600년까지 이르는 사이 당연히 다른 여러 형태의 역사책도 편찬되었을 것이다.

그런데 '국초'란 말 뜻에 유의할 필요가 있다. 말 그대로 '국초'는 일반적으로 나라를 세우고 얼마 되지 않은 시기를 말한다. 아무리 넓게 잡아도 3대 100년을 넘어서진 않을 것이다. 고구려 건국이 기원전 37년이고, 주몽의 손자 대무신왕의 재위 연간은 18~44년이다. 앞서 신채호와 이우성이 언급한 동명성왕-대무신왕 시기를 전후하여 『유기』가 편찬된 것으로 보인다.

『삼국사기』에 '국초'란 용어는 한 번 더 보인다. 최치원의 문인들이 국초에 고려에 내조했다고 한다. 이 기사에 이어서 태조 왕건의 손자

현종이 최치원에게 문창후(文昌侯)란 시호를 내렸다고 한다. 고려 건국이 918년이고 현종의 재위 연간은 1009~1031년이다.『고려사』에 나오는 국초는 대체로 성종 때 이전을 말하고 있다. 성종의 재위 연간은 981~997년이다. 현종은 태조 왕건의 손자로 3대에 해당되고 성종도 태조 왕건의 3대이다.

　백제는 4세기 근초고왕 때 박사 고흥이『서기』를 편찬했고, 신라는 진흥왕 때 거칠부가『국사』를 편찬했다. 백제와 신라 모두 역사편찬자가 알려졌다. 그런데 근초고왕과 비슷한 시기인 고구려 소수림왕 때『유기』가 편찬되었다면 그 편찬자도 알려졌을 것이다. 단지 어떤 사람(有人)으로만 나오는 것은『유기』가 아주 오래전 '국초'에 편찬되었다는 것과 호응하는 서술 표현으로 보인다.

　『유기』는 100권이고『신집』은 5권이다. 참고로『삼국사기』는 총 50권이고, 그중 고구려본기는 10권이다. 권수의 분량이 정해진 것은 아니지만 국초까지의 역사를 다룬 역사서의 분량이『삼국사기』고구려본기의 10배에 해당되는 100권에 이른다는 것은 매우 많은 권수이다. "國初 始用文字 時有人 記事一百卷 名曰留記"는 보통 '나라 초기에 처음으로 문자를 사용할 때 어떤 사람이 사실을 100권으로 기록하여 이름을『유기』라 하였다'고 번역한다. '국초, 문자 사용, 어떤 사람, 100권,『유기』'를 특정한 시기에 특정한 사람이 특정한 책을 만들었다고 보지만, 처음 문자를 사용하기 시작할 때 곧바로 어떤 사람이『유기』100권을 지었다고 보는 것은 무리이다. 국초에 비로소 문자를 사용할 때부터 때마다 지금까지 어떤 사람이 기사를 기록했는데, 100권에 이르렀다고 보면 어떨까. 책 이름인『유기』도 '남겨진 기록'이라는 의미를 담아 국초부터 이름이 생겨 계속 이어져 온 것으로 생각된다(조경철, 2012; 조범환, 2015). 『유기』란 일종의 실록모음집 역할을 했다.

이문진이 편찬한 『신집』은 새로운 역사서라기보다 『유기』를 비롯한 여러 역사서를 특정한 목적을 가지고 요약한 것으로 보인다. '특정한 목적'이 구체적으로 어떤 것인지는 알 수 없지만, 『신집』의 '신(新)'이란 단어에서 새롭게 무언가를 해나가고자 한 의지는 읽을 수 있다. 국초의 『유기』를 산수(刪修: 깎고 고침)하고, 그 이후의 여러 역사책을 요약해서 분량이 5권이라면 『신집』은 왕실이나 왕계와 관련된 내용이었을 것이다. 『삼국사기』에는 안장왕이 그냥 죽었다고 하였으나 『일본서기』에는 시해되었다고 하였고, 『삼국사기』에는 양원왕의 왕위 계승이 순탄한 것처럼 되어 있으나 『일본서기』에는 추군과 세군의 싸움으로 2,000여 명이 죽었다고 기록되어 있다. 영양왕은 안장왕-안원왕-양원왕으로 이어지는 왕위 계승의 난맥상을 삭제할 필요가 있었을 것이다(노태돈, 1999; 임기환, 2004). 『신집』 편찬에는 동명성왕에서 자신까지 이르는 왕계를 정리하면서 왕실과 관련된 불미스러운 일은 덜어내기 위한 영양왕의 목적도 있었다.

유교적 소양을 갖춘 이문진이 역사서를 편찬한 것처럼 승려들도 역사서를 편찬하였다. 고구려의 승려 도현은 불교 전적뿐만 아니라 유교 전적도 두루 섭렵하였다. 도현은 백제가 멸망하기 전에 일본으로 건너가 후지와라노 가마타리(藤原鎌足)와 친밀한 관계를 유지하면서 정치·군사고문 역할을 수행했다. 도현은 다이안사(大安寺)에 머물며 불법을 전파하면서 『일본세기』 몇 권을 저술하였다. 『일본서기』는 네 군데에서 『일본세기』를 인용하고 있는데, 우리 사료에 없는 내용도 보인다. 도현은 『춘추』의 '초국(楚國)과 등국(滕國)의 고사'를 인용하여 661년 당의 침략을 격퇴할 때 여세를 몰아 당군을 섬멸했다면 고구려가 망하는 일은 없었을 것이라고 하였다(박재용, 2007).

2) 고구려 후기의 문학과 참언

고구려 사람들은 유교 경전이나 역사서뿐만 아니라 다양한 문학작품을 접하고 직접 짓기도 하였다. 특히 양나라 소명태자가 엮은 글모음집인 『문선』을 좋아하였다. 『문선』에는 진·한 이후 제(齊)·양(梁)의 시(詩)·서(書)·부(賦) 등이 수록되었다. 신라에서는 독서삼품과의 상품(上品) 시험과목이었다. 『문선』에는 도연명의 시 9편이 실렸고, 소명태자는 나중에 『도연명집』을 편찬하기도 하였다. 고구려에서 『문선』을 특히 좋아했다면 도연명의 시도 널리 읽혔을 것으로 짐작된다. 〈집안고구려비〉에 "古人之慷慨"란 구절이 보이는데, 이는 도연명의 〈감사불우부(感士不遇賦)〉에 나오는 구절이다. 두 구절의 연관성은 〈집안고구려비〉의 건립 연대와 관련하여 논란이 있다.

을지문덕은 수나라 장수 우중문에게 시 한 수를 지어 보냈다.

神策究天文 신묘한 계책은 천문을 꿰뚫었고,
妙筭窮地理 신묘한 계책은 지리를 다하였네.
戰勝功旣高 싸워서 이긴 공이 이미 높았으니,
知足願云止 만족할 줄 안다면 그치면 어떠할까.
_『삼국사기』(국사편찬위원회 번역)

이 〈여수장우중문시(與隋將于仲文詩)〉는 상대방을 치켜올리고 승리에 대한 자신감과 은근히 조롱하는 분위기를 담은 시였다. 마지막 구의

'知足'은 『도덕경』에 나오는 말이다.

『삼국사기』 지리지에는 안장왕 때 한강 유역에 사는 한씨(漢氏) 미녀가 왕을 맞이했다는 이야기가 전한다. 이를 통해 안장왕의 남방 진출과 재지세력과의 연대를 추정할 수 있다(강진원, 2016). 평원왕 때 바보 온달(愚溫達)과 평강공주 이야기는 여러 사람에게 회자된 것 같다. 『삼국사기』 온달전의 내용은 역사적 사실과 설화가 섞여 있다. 바보 온달이 만나리라고는 생각지도 못했던 공주를 만나 글과 활쏘기를 배워 나라에 공을 세운다는 이야기이다. 매년 봄 3월 3일에 열리는 낙랑언덕의 사냥대회에 참여하여 두각을 나타낸 온달은 위로는 북주의 침략을 물리치는 전공을 세우고, 아래로는 잃어버린 한강 유역을 회복하기 위해 신라와 싸웠으나, 불행히 아단성에서 화살에 맞아 전사하였다 한다. 그의 관이 좀처럼 움직이지 않다가 공주가 직접 내려와 관을 어루만지니 움직였다고 한다.

신라의 김춘추가 백제를 정벌할 군대를 요청하기 위해 고구려에 가서 일이 어긋나 억류되는 상황이 벌어졌다. 이에 선도해(先道解)란 사람이 김춘추를 찾아와 거북이와 토끼 이야기(龜兎之說)를 해주었다. 토끼가 위기를 모면하기 위해 간을 따로 숨겨놓았다고 거짓말을 했듯이 당신도 일단 거짓말을 해서 위기를 모면하라는 얘기였다. 김춘추는 왕(선덕여왕)과 상의하여 옛 고구려 땅을 돌려주겠다고 거짓말을 하고 빠져 나왔다(『삼국사기』).

오늘날 〈별주부전〉으로 전하는, 이 이야기의 원전은 불교에 나오는 석가모니의 전생담과 관련 있다. 하지만 등장하는 동물과 이야기 전개는 우리식으로 바뀌었다. 고구려는 불교에 나오는 여러 이야기를 나름대로 바꾸어 활용하였다.

연개소문이 중국에서 도사와 천존상을 받아들이고 도교를 유교와 불교 위에 두려고 하자 고구려 사회는 뒤숭숭해졌다. 때로는 서로서로 자신의 종교를 앞세우기 위해 상대방 종교를 알게 모르게 비방하였다. 도교를 비난하기 위해 참언을 활용하기도 했다. 승려 보덕은 도교 진흥에 반대하여 옛 백제 땅(신라 완산주)으로 망명하였다.

연개소문이 원래 수나라 사람 양명의 환생이라는 이야기도 퍼졌다. 『삼국유사』에서 인용한 『당서』에 의하면, 수 양제가 요동을 정벌할 때 비장으로 참가한 양명은 죽으면서 '내가 반드시 고구려에 총신으로 태어나 저 나라를 멸망시킬 것이다'라고 하였다. 연개소문의 개(盖)를 풀면 양명(羊皿)이 된다. 또 『삼국유사』에서 인용한 고구려본기에는 수 양제가 쳐들어왔을 때 고구려가 거짓 항복하는 체하면서 숨긴 활을 꺼내 양제를 쏘니 그 옆에 있던 우상(右相) 양명이 '신이 다음 생에는 고구려의 대신으로 태어나 고구려를 멸망시키겠다'고 다짐했다고 한다. 이런 이야기는 중국의 도사 아니면 고구려의 불교계가 만들어 유포시켰을 가능성이 높다. 전생에 수나라 사람이었던 연개소문이 고구려를 멸망시키기 위해 도교를 퍼뜨리고 있으니 받아들여서는 안 된다고 했을 것이다.

연개소문의 전생이 수나라 양명이었다면, 김유신의 전생은 고구려 추남(楸南)이었다는 참언도 떠돌았다.

> 물이 아래에서 위로 흐르고 동물의 암컷과 수컷이 서로 바뀌는 일이 생겨 점쟁이 추남을 불러 연유를 물었다. 그랬더니 대왕의 부인이 음양의 도를 역행하였기 때문이라 답했다. 왕과 부인이 놀라 다른 일로 추남을 시험해보았다. 상자 안에 쥐 한 마리를 넣고 무엇이 들어 있냐고 물었다.

추남은 쥐가 들어가 있는데, 모두 여덟 마리라고 하였다. 왕과 부인은 추남이 허튼소리를 한다고 하여 목을 베었다. 죽으면서 추남은 '내가 죽어 반드시 대장이 되어 고구려를 멸망시키리라' 하였다. 사람들이 미심쩍어 쥐의 배를 갈랐더니 새끼 일곱 마리가 있었다. 고구려에서는 나중에 죽어 고구려를 멸망시킬 대장이 된다고 한 추남의 환생이 김유신이라고 여기고, 사람을 보내 김유신을 죽이려고 하였다. _『삼국유사』

고구려를 지킬 연개소문은 고구려를 침략했던 수나라 사람 양명의 환생이고, 고구려를 멸망시킬 김유신은 고구려 왕에게 버림받은 추남의 환생이라거나, 900년이 되기 전에 당의 팔십대장(이적)에게 멸망할 것이라는 등의 이야기는, 고구려 멸망 즈음에 고구려가 멸망할 수밖에 없다고 떠다니는 참언이었다. 이러한 참언은 고구려인들의 사기를 떨어뜨렸고 서로 간의 믿음을 손상시켜 내분을 초래하기도 했다.

일본으로 건너가 활동한 고구려 승려 도현이 지은 『일본세기』에도 고구려 멸망과 관련된 이야기가 실려 있다. 쥐가 말의 꼬리에서 태어났는데, 도현은 이것을 고구려가 일본에게 속한다는 길조라고 풀었다. 쥐는 삭방(북방)을 취한 것이고, 말은 건괘(乾卦)를 취한 것인데, 고구려는 서북이니 자(子: 쥐)에 해당하고, 일본은 동남이니 오(午: 말)에 해당한다는 것이다.

연개소문의 환생, 김유신의 환생, 쥐가 말꼬리에서 태어났다는 참언은 유교나 불교보다 도교에 가깝다. 고구려는 삼교 정립을 위해 도교진흥책을 펼쳤지만, 도교적 참언이 오히려 국가 멸망을 재촉하는 부정적인 역할로 기능하였다.

참고문헌

강인구 외, 2003, 『역주 삼국유사』, 한국학중앙연구원.
김진한, 2020, 『고구려 후기 대외관계사 연구』, 한국학중앙연구원출판부.
노태돈, 1999, 『고구려사연구』, 사계절.
문명대, 2003, 『삼국시대 불교조각사연구-관불과 고졸미-』, 예경.
서영대 외, 2005, 『고구려의 사상과 문화』, 고구려연구재단.
연민수 외, 2013, 『역주 일본서기』, 동북아역사재단.
이동훈, 2019, 『고구려 중·후기 지배체제 연구』, 서경문화사.
장휘옥, 1991, 『해동고승전-현재적 풀이와 주석-』, 민족사.
정구복 외, 2012, 『역주 삼국사기』, 한국학중앙연구원.
정병삼, 2020, 『한국불교사』, 푸른역사.
정선여, 2007, 『고구려 불교사 연구』, 서경문화사.
조경철, 2015, 『백제불교사연구』, 지식산업사.

강진원, 2016, 「고구려 안장왕의 남진과 대외정책」, 『대동문화연구』 94.
김상현, 2005, 「중국 문헌 소재 고구려 불교사 기록의 검토」, 『고구려의 사상과 문화』, 고구려연구재단.
김수진, 2019, 「6세기 신라의 영역확장과 이주자」, 『한국학연구』 55.
김주성, 2003, 「보덕전의 검토와 보덕의 고달산 이주」, 『한국사연구』 121.
남무희, 2001, 「고구려 후기 불교사상 연구-의연의 지론종 사상 수용을 배경으로-」, 『국사관논총』 95.
_____, 2007, 「안원왕·양원왕대 정치변동과 불교계 동향」, 『한국고대사연구』 45.
노용필, 1989, 「보덕의 사상과 활동」, 『한국상고사학보』 2.
_____, 2013, 「고구려의 손성 진춘추 수용과 그 역사적 의의」, 『한국사학사학보』 27.

민철희, 2002, 「고구려 양원왕, 평원왕대의 정국변화」, 『단국사학지』 35.
박승범, 2019, 「고구려의 도교와 노자도덕경의 수용」, 『선사와고대』 61.
박재용, 2007, 「일본서기에 인용된 도현의 일본세기」, 『한국고대사연구』 47.
방용철, 2012, 「삼국유사 소재 도교 관련 기록과 일연의 인식」, 『역사와경계』 85.
_____, 2013, 「7세기 고구려 불교정책의 한계와 국조신」, 『한국고대사연구』 72.
신동하, 1999, 「한국 고대의 불기사용에 대하여」, 『한국사론』 41·42.
여호규, 2018, 「7세기 중엽 국제 정세 변동과 고구려 대외관계의 추이」, 『대구사학』 133.
이기동, 1994, 「고대의 역사인식」, 『한국의 역사가와 역사학』(상), 창작과비평사.
이기백, 1978, 「김대문과 그의 사학」, 『역사학보』 77.
이기백·고익진·이우성·천관우, 1976, 『우리 역사를 어떻게 볼 것인가』, 삼성문화문고.
이만, 1995, 「유식불교의 심식론」, 『동양철학』 6.
____, 1996, 「고구려 의연의 유식교학」, 『한국불교학』 21.
이성시, 1990, 「고구려의 일수외교-이른바 국서문제에 관한 일시론-」, 『벽사이우성정년기념논총 민족사의 전개와 그 문화』 상.
이정빈, 2012, 「고구려 경당의 설립과 의의」, 『한국고대사연구』 67.
_____, 2014, 「고구려 태학 설립의 배경과 성격」, 『한국교육사학』 36.
임기환, 1992, 「6, 7세기 고구려 정치세력의 동향」, 『한국고대사연구』 5.
정호섭, 2018, 「삼국유사 고구려 불교사 서술과 그 한계」, 『사학연구』 130.
조경철, 2009, 「백제 왕실의 3년상」, 『동방학지』 145.
_____, 2012, 「고려 광개토왕대 유교와 불교의 전개양상」, 『한국고대사연구』 68.
_____, 2018, 「주몽고려, 궁예고려, 왕건고려, 코리아의 단절과 계승」, 『역사와현실』 109.
조범환, 2015, 「삼국의 국사편찬와 왕권」, 『한국사연구』 168.
조법종, 2014, 「삼국유사 보장봉노 보덕이암에 나타난 보덕공간 관련검토」, 『신라문화제학술논문집』 35.
조우연, 2019, 「삼국사기 고구려본기에 보이는 수사적 표현과 사료구성」, 『한국고대사탐구』 32.

주보돈, 2003, 「삼국시대 지방통치제제의 정착과정」, 『강좌 한국고대사』 2, 가락국사적개발연구원.

_____, 2014, 「거칠부의 출가와 출사」, 『한국고대사연구』 76.

찾아보기

ㄱ

가라달(可邏達) 225~227
가물주도독부(哥勿州都督府) 237
각자성석(刻字城石) 299, 301, 308, 312
각자성석 제2석 303
각자성석 제3석 305
각자성석 제4석 306
각자성석 제5석 307, 315
간주리(干朱理) 294
개로왕 65, 78, 105, 129
거기대장군(車騎大將軍) 120
거단주도독부(去旦州都督府) 237
거란(契丹) 132~134, 158~163
거소주도독부(居素州都督府) 237
거애례(擧哀禮) 128
거칠부(居柒夫) 137, 346~348
거피문 321
건안주도독부(建安州都督府) 237
경당(扃堂) 39, 378
〈경북반전도(京北班田圖)〉 320
계루부 175

고구려고성석각(高句麗故城石刻) 289
고구려고지(高句麗故地) 63, 74
『고구려비기』 377
고국원왕 287
『고기(古記)』 288
고달산 361
『고려기』 182, 190
『고려사(高麗史)』 290, 315
고막해(庫莫奚) 132, 134, 136
고모루성수사(古牟婁城守事) 179
고목성(高木城) 66, 80, 81
고보녕(高寶寧) 158, 161~163
고부(高孚) 205
고연수 232
〈고을덕묘지명(高乙德墓誌銘)〉 198
〈고자묘지명(高慈墓誌銘)〉 31, 33, 40, 51, 196
고정의(高正義) 198
고지형 323, 329
고혜진 232
곡림(鵠林) 343
곡척(曲尺) 320

공산성 328
과절(過節) 184
관등제(官等制) 175, 216
관륵 357
관복제 209
관산성(管山城) 138
관산성전투 107
관품제 182
광개토왕 61, 63, 308, 339, 340
〈광개토왕(릉)비〉 133, 369, 381
〈광개토왕(릉)비문〉 33, 44, 379
구겸지(寇謙之) 374
『구당서』 226
구루성(九壘城) 303
9묘로 321
9사 308
『구암유고(久菴遺稿)』 290
국내성 45, 292, 326
국내성 세력 342
국내성시대 326
『국사(國史)』 346
국원(國原) 94
국자박사 203
국통(國統) 346
군두(郡頭) 204
귀족연립정권 13, 31, 47
귀족연립체제 13, 31, 173, 189, 191
귀족회의 16, 50, 193
근시직 208

금강사 340
금동신묘명삼존불입상 352, 353
금동연가7년명여래입상 340, 381
금산(金山) 132
금해후상우(今邂逅相遇) 348
금현성(金峴城) 93~95
기내(畿內) 227
〈기성도(箕城圖)〉 283
기외(畿外) 227
기유(己酉) 309, 310, 312, 313
기자정전유적 318
『기자지』 316
〈기전도〉 316, 321
「기전설(箕田說)」 286
기전유제(箕田遺制) 290
기전유지(箕田遺址) 315
기축(己丑) 309~310, 312, 313
긴메이(欽明)천황 292
김부식 363
김유신 392, 393
김정희 289, 302
김춘추 391

ㄴ

나성 308, 310, 311, 325
나·제 동맹군 62, 121, 131
낙랑토성 319
남건 364
남부욕살 232

남산(男産) 210, 364
남생(男生) 210, 364
남제(南齊) 123, 124
남천주 143
남평양 96
낭성(娘城) 95, 96
내리(內裏) 207
내성 284, 298, 305~310, 312~314
내평(內評) 227
내평 욕살 249
『노자병서(老子兵書)』 375
녹살(傉薩) 225
〈농오리산성마애석각〉 212

ㄷ

〈단양신라적성비〉 95
달홀주(達忽州) 143
담징 358
『당서(唐書)』 288
대극전 317
대당주(大幢主) 204
대대로(大對盧) 13, 15, 47, 49, 50, 53~55, 177, 185, 189, 191, 193, 195, 202
대두산성 76
대로(大路) 321, 323
대로(對盧) 48, 53, 193
대로관(對盧官) 199
대로회의 201
대모달(大模達) 195, 204, 215
대박사 203
대부사자 205
대사자(大使者) 179, 185, 212, 215
대상(大相) 212
대성산성 289, 318, 328
대왜외교(對倭外交) 123, 145, 147~150, 153, 155, 157
대인(大人) 50, 55, 201
대인회의 193
대전 월평동유적 63, 69, 71
『대지도론』 344
대형(大兄) 176, 179, 185, 212
대흥성 320, 323, 325
대흥전(大興殿) 296
덕창(德昌) 348
〈덕흥리고분묵서명〉 212
도관(道館) 371, 372
『도덕경』 370, 375
도독 225
도사 224, 370, 372, 373
도살성(道薩城) 93~95
도성제 326
도시위곽(都市圍郭) 323
도현 359, 389, 393
독산성(獨山城) 91~93
독산성전투 91, 92
돌궐(突厥) 121, 130~136, 159, 160, 162, 165, 295

돌지계(突地稽) 161
동부 201
동사(東寺) 340
동성왕 66, 68, 70, 71, 73, 74, 78
동아시아 도성제 315, 324
동위(東魏) 119, 120, 122, 130, 295
동이교위(東夷校尉) 122, 136, 139
동천왕(東川王) 150, 287
동해로 264, 273
동후위(東後魏) 320
두정리고분군 64
둔전 318

ㄹ

라(邏) 226
루초(婁肖) 225

ㅁ

〈마운령비(磨雲嶺碑)〉 142
막고해 368
막리지(莫離支) 31, 48, 49, 51, 52, 55, 193~197, 235
막하라수지(莫何羅繡支) 195, 204
말갈 158, 161~163, 165, 267, 268
말객 204
말법(末法) 352
명문성석(銘文城石) 301
모두루가 215
〈모두루묘지명(牟頭婁墓誌銘)〉 33, 40

모성각자(某城刻字) 301
모성석각(某城石刻) 301
목멱산황성 319
몽촌토성 65, 69, 75~77
무려라(武厲邏) 163, 245
무려성(武厲城) 164, 165
무령왕 66, 68, 70~74, 79, 81, 82, 84, 383
무위(無爲) 375
무제(武帝) 120
『문선』 380, 390
문선제(文宣帝) 120, 130, 132, 133
문자명왕 78, 80~82
문자왕(文咨王) 44, 127, 120
물길(勿吉) 128, 161
미륵신앙 352

ㅂ

박곡향강상왕(狛鵠香岡上王) 22, 343, 345
박국향강상왕(狛國香岡上王) 343
반룡사 362, 370
반룡산(盤龍山) 361~363
반야(波若) 359
발고추가(拔古鄒加) 203
발고추대가 205
발위사자 177, 185, 213
방원령로 81, 84
배세청(裵世淸) 151

배수로 321
〈배유업묘지(裵遺業墓誌)〉 145
백고좌회(百高座會) 346
백랑하 160
백암성(白巖城) 131, 132, 160
백제 128, 130, 141, 295
『백제본기』 341
법상 350, 351, 353, 355
법상종(法相宗) 366
법수(法樹) 316
『법화경』 360, 365
법화신앙 356, 360
〈별주부전〉 391
병술(丙戌) 306, 309, 314
보덕 361, 363~366, 371, 378
보덕국 364
보장왕 361, 367, 368, 374
부여성(扶餘城) 162
부절(不節) 184
북부욕살 232
북성 284, 298, 308, 310, 313, 314
북위(北魏) 119, 121~126, 128~130, 132
북위 낙양성 324
북제(北齊) 119, 121~123, 130~141, 144, 157, 295, 350
북주(北周) 119, 130, 157
북한산주 143
불천설(不遷說) 288

브이월드(V-world) 323
비(備) 240
비류시대 326
비열홀주(比列忽州) 143

ㅅ

사(奢) 18, 187
사리주도독부(舍利州都督府) 237
사부대부(司府大夫) 200
『사분율』 355
사비 324, 325, 328, 329
사인통사 203
사자계(使者系) 관등 175, 178
사진측량학(photogrammetry) 323
『삼국사기』 287, 308, 326
3년상 381, 382, 384
삼론종 356, 357
3묘9묘로(三畝九畝路) 316
3묘로 321
『삼한금석록(三韓金石錄)』 301, 303, 305
상(相) 183
상사(垧事) 199
상위사(上位使) 213
상위사자 177, 185, 213
『서기』 388
서위 130, 133
석표(石標) 316, 320
선덕여왕 382

선도해(先道解) 391
선무제(宣武帝) 128, 129
선인(先人) 177, 185
〈선천방원도(先天方圓圖)〉 316
섭론종(攝論宗) 354
성벽석각(城壁石刻) 301
성왕 66, 74, 82, 84, 91, 93, 104
성종 315
세군(細群) 23, 25, 90, 107, 188, 292, 338, 341~345, 349, 383
세종 나성유적 64
세종 남성골(南城谷) 63, 69, 71, 72
세키노 다다시(關野貞) 290
소대사자(小大使者) 212
소대형(小大兄) 176, 212
소로(小路) 323, 324
소수림왕 339, 378
소연(蕭衍) 124
소지왕 78
소형(小兄) 176, 185, 210, 213, 215
속말말갈(粟末靺鞨) 162, 274
쇼토쿠태자(聖德太子) 156, 357, 358
수(隋) 296, 320
수곡성(水谷城) 66, 81
수사 239
『수서』 227
숙종 301
승랑 338
『신당서』 226

신라 138, 141, 153, 295
신성(新城) 131, 132, 133, 365
신성도독부(新城都督府) 237
신성로 262
신주(新州) 103
『신증동국여지승람(新增東國輿地勝覽)』 288, 316
『신집(新集)』 30, 203, 379, 386~389
10군 97~99, 102, 103
13관등제설 183
12관등제설 183
『십지론(십지경론)』 344, 353~355
쌍현성(雙峴城) 66, 84

ㅇ

아단성(阿旦城) 109
아차산 65, 78, 87, 96
아차산고구려보루 87
안성 도기동산성 63, 69, 73
안승 364
안원왕(安原王) 21~23, 89, 90, 107, 121, 124, 127, 339, 340, 343, 345, 382
안장왕(安臧王) 19, 20, 38, 44, 62, 66, 82~85, 89, 90, 119, 124, 339, 382
안주(安州) 126
안학궁(安鶴宮) 288, 318, 326, 328
알사(謁奢) 176

양(梁) 119, 120, 124, 125, 127, 129
양단외교(兩端外交) 123
양명(羊皿) 371, 392
『양서』 245
양원왕 24, 25, 62, 91, 108, 135, 292, 299, 341
여·라 밀약 105, 106
역학(易學) 316
연가(延嘉) 340, 381
연개소문 40, 42, 52, 55, 194, 196, 200, 339, 361, 364, 367, 368, 371, 372, 374, 376~378, 380, 392, 393
연복사(延福寺) 361
연정토 364
『열반경』 365
영강7년명금동광배 352
영류왕 367, 369, 370, 374
영명사 308
영북부여수사(領北夫餘守事) 179
영양왕(嬰陽王) 29, 30, 31, 39, 156
영주(營州) 126, 130, 158, 159, 162~164
영탑사(靈塔寺) 365
예속(翳屬) 183
예실불(芮悉弗) 128
오경석 289, 303
오곡원전투 71, 72, 89, 93
오골성욕살 234

오두미교(五斗米敎) 367, 376
오졸(烏拙) 183
오탄 303
옥류교 306
옥저방면로 261
『옥편』 380
온달(溫達) 38, 39, 109, 162, 391
완산주 361
왕경 324
왕고덕(王高德) 35, 349, 351, 353, 355
왕도 228, 326, 328
왕도 5부 228
왕산악(王山岳) 35
왕진이(王辰爾) 148
왕필(王弼) 375
왜(國) 123, 138, 142, 146, 147, 149, 151, 152, 154
외성 285, 298, 305, 308, 310~315, 318, 321, 325, 326
외평(外評) 227
외평 욕살 249
요동 125
요부도독(遼府都督) 233
요서 120, 124~127, 159, 160, 163
요성주도독부(遼城州都督府) 237
요좌 225
요주(遼州) 235
요하(遼河) 119, 132, 133, 163

욕사(褥奢) 183
욕살(褥薩) 201, 224, 342
용흥사지(龍興寺址) 141
우중문 368, 390
웅진 328
원효 367
월희주도독부(越喜州都督府) 237
위덕왕 382
위두대형 185, 188, 201, 206, 210, 215
위락주도독부(衛樂州都督府) 237
위진남북조 298
『유기(留記)』 203, 379, 386~388
유연(柔然) 130, 132~134
유인(流人) 120~122, 131~133, 135, 269
6군(郡) 63, 96, 98~101, 102
6진의 난 119, 126
윤두수(尹斗壽) 286
은제(殷制) 316
을력지(乙力支) 128, 161
을지문덕(乙支文德) 39, 368, 390
응용소프트웨어 프로그래밍 인터페이스(API) 323
의사사(意俟奢) 183, 188
의연 338, 351, 353, 355
이경(李景) 164, 165
이규보 363
이도설(移都說) 288

이문진(李文眞) 379, 386, 389, 203
이불란사(伊弗蘭寺) 337
이세적(李世勣) 133
이자현 364
이적(李勣) 377
〈이타인묘지명〉 272
『인왕경』 349
인현의불(因現義佛) 340, 345
1구(區) 322
1묘로 321
일본 도성제 317
『일본서기(日本書紀)』 292
『일본세기』 389
일본 참모본부 육지측량부 320
일연 363, 373, 374
1전(田) 322
일천제(一闡提) 366

ㅈ

『자림』 380
자비령로 84, 86
자사 225
자위(自位) 184
자차(自此) 304
『자치통감』 244
『자통』 380
장수왕(長壽王) 34, 37, 61~63, 65, 78, 93, 122, 123, 127, 128, 287, 318, 319, 340

장안사 348
장안성(長安城) 28, 137, 145, 146, 155, 157, 283, 287, 318, 323, 324, 326, 329
재령로 84
전(甸) 322
전객 203
전기 평양성 327
전(田)자형 324
정릉사 340
정방형 322
정양문(正陽門) 322
정전(井田) 315, 318, 320
〈정전도〉 322
정전제(井田制) 290
제가회의(諸加會議) 192
제성 224
제소성 225
제형(諸兄) 185, 213
조방제 318
『조선금석총람(朝鮮金石總覽)』 301, 302
조의두대형 210
졸본시대 326
종대상(從大相) 212
종리전(鍾離戰) 120
종심방어선 258
주부(主簿) 177, 185
『주서(周書)』 224

『주서』 고려전 189
주작대로 324
죽령로 73
중국식 나성 323
중국의 도성제 323
중로(中路) 323, 324
중리(中裏) 207
중리계 관등 208
중리도독 208
중리소형 208
중리위두대형(中裏位頭大兄) 206
중리제 52, 189
중리태대형(中裏太大兄) 196
중성 285, 286, 298, 304, 305, 308, 312~314, 326
중심대로 324
중앙집권적 관료체계 328
지두우(地豆于) 159
지론종(地論宗) 354
지리정보체계(GIS) 323
지방 5부 227, 229
지방통치제도 224
지증왕 79, 80, 383
지황 355
진(陳) 123, 158, 297
진대덕(陳大德) 190
『진춘추』 380
진평왕 382
진흥왕(眞興王) 122, 139, 143, 346

〈집안고구려비〉 390

ㅊ

창광산 298
책봉·조공(冊封朝貢) 122
책봉·조공 관계 127, 138, 139, 141
책성도독 233
책성로 262
척발도 374
〈천남산묘지명〉 182, 201
〈천남생묘지명〉 31, 41, 51, 53, 196
천불신앙 340
천존상(天尊像) 370
철륵(鐵勒) 133
청암리토성 291, 308, 318, 326
초문사(肖門寺) 337
최치원 363, 388
최호 374
추군(麤群) 23, 25, 90, 107, 188, 292, 338, 341~345, 349, 382, 383
추남(楸南) 392, 393
추세차별(麁細差別) 344
〈충주고구려비〉 64, 213, 347

ㅌ

탄천로 72, 87
탄현(炭峴) 79
태대대로(太大對盧) 194, 202
태대사자 185, 205, 212

태대형 50, 185, 196, 212
태막리지 195
태부시 205
태사(大奢) 176
태수 240
태학(太學) 378

ㅍ

팔관회(八關會) 346
패려(稗麗) 133
패자(沛者) 198
평강공주 391
평대(評臺) 199
평양(平壤) 287, 326
평양동황성 287, 319
평양성 326~328
〈평양성각자성석〉 210, 213
평양 세력 342
『평양속지(平壤續志)』 289, 301, 308, 313, 316, 321, 322
〈평양시가도〉 322
평양시대 326
평양·장안성시대 326
평양 정차장 319
『평양지(平壤志)』 286, 303
평양 천도 34
평원왕(平原王) 28, 119, 136, 147, 287, 294, 296, 299, 310, 314, 318, 326, 350, 355

평지성 325
평천동 321
〈포항냉수리신라비〉 383
필역(畢役) 310

ㅎ

하상공(河上公) 375
한강 62, 122, 131, 136, 138, 142, 143
『한국금석문자료집(상)』 312
〈한기묘지(韓暨墓誌)〉 120, 125
한백겸(韓百謙) 286, 316, 321
한사정(閑似亭) 303
한산성(漢山城) 66, 68
한상(韓詳) 125
한성(漢城) 45, 62, 63, 65, 66, 68, 71, 74, 78, 86, 103
한성백제박물관 69
한씨(漢氏) 미녀 20, 38, 85
『한원』 225, 246
함구문(含毬門) 321, 322
해곡부도독(海谷府都督) 233
『해동고승전』 355

『해동금석원(海東金石苑)』 289, 301, 302
『해동역사(海東繹史)』 289
헤이조(平城)궁 318
헤이조쿄(平城京) 317, 318, 320
현도성(玄菟城) 133
현장 366
혈성(穴城) 71, 84
형계(兄系) 관등 175, 179
혜관 357
혜량(惠亮) 97, 108, 137, 346~349, 352, 363
혜자(惠慈) 148, 156, 157, 357, 358
혜편 358
호코사(法興寺) 358
홀승골성(紇升骨城) 327
홍려시 205
환도(丸都) 24
환도성 24, 342
환도시대 326
황궁지비 319
〈황초령비(黃草嶺碑)〉 142
효문제(孝文帝) 128

고구려통사 5
고구려 후기 정세 변화와 지배체제

초판 1쇄 인쇄 2021년 12월 20일
초판 1쇄 발행 2021년 12월 31일

엮은이 동북아역사재단 한국고중세사연구소
지은이 임기환, 장창은, 이성제, 여호규, 김현숙, 양정석, 조경철
펴낸곳 동북아역사재단

등록 제312-2004-050호(2004년 10월 18일)
주소 서울시 서대문구 통일로 81 NH농협생명빌딩
전화 02-2012-6065
팩스 02-2012-6189
홈페이지 www.nahf.or.kr
표지디자인 역사공간
제작·인쇄 역사공간

ISBN 978-89-6187-679-7 94910
978-89-6187-595-0 (세트)

• 이 책은 저작권법에 의해 보호를 받는 저작물이므로 어떤 형태나 어떤 방법으로도 무단전재와 무단복제를 금합니다.
• 책값은 뒤표지에 있습니다. 잘못된 책은 바꾸어 드립니다.